OMMENTARY & PHOTOGRAPH FOR ALL DREAMCAST FAN!

Dreamcast

드림캐스트 퍼펙트 카탈로그

다 히로유키 · 조기현 감수
문 옮김

samho MEDIA

머리말

2019년 9월 '메가 드라이브 퍼펙트 카탈로그'를 첫 출간한 이래, 세가 게임기 계열의 퍼펙트 카탈로그는 이 책으로 어느덧 3권 째가 되었다(한국 기준). 이제 세가 최후의 게임기인 드림캐스트 차례이니, 어느덧 세가의 주요 게임기 대부분을 카탈로그화해 세상에 내놓은 셈이다.

언젠가 드림캐스트의 퍼펙트 카탈로그가 나오리라는 것은 이 시리즈의 열렬한 팬이라면 충분히 예상한 바이겠으나, 사실은 이렇게 한 권의 책으로 완성하기까지 상당한 시간을 소비해야만 했다. 여러 이유가 있었으나, 드림캐스트에 얽힌 추억과 기억을 아무리 헤집어보아도 좀처럼 '드림캐스트는 이러한 게임기다'라는 최종적인 이미지가 영 잡히지 않았던 것이 가장 큰 이유였다. 표지부터 이 페이지의 사진, 본문의 기획 내용과 문장·단어 하나하나에 이르기까지, 실은 몇 번이고 다시 촬영하고 다시 집필한 끝에 나온 결과물이다. 이렇게까지 고생한 끝에 완성한 책은 정말로 오랜만이었다.

어째서였을까. '드림캐스트'라는 제품은 단순한 게임기가 아니라, 상품명의 의미대로 이 게임기를 만들어낸 수많은 사람들의 '꿈' 그 자체였기 때문이 아니었을까. 이를 어떤 문장으로 표현해야 할지를, 나는 내내 깊이 생각하고 고민해야 했다.

새로운 게임기의 런칭이란, 기본적으로 모두가 희망에 부풀어 뛰어드는 작업이다. 런칭 과정에서 크든 작든 산고(産苦)는 치르게 마련이나, 출항을 준비하는 동안은 대체로 모두가 활력이 넘치고 원기왕성하다. 하지만, 드림캐스트는 프로젝트 초기 입안 시점부터 이미 배수진 상태였던, 즉 세가 입장에서는 사운을 걸고 내놓는 마지막 하드웨어였다.

그렇다보니 프로젝트 관계자는 물론 모회사인 CSK까지 모두가 한 배를 타고, 승리를 위해서라면 가능한 어떤 수단과 방법도 가리지 않았다. 거액의 홍보예산도 투입했다. 하드웨어 회사가 인터넷 인프라까지도 직접 개척한다는, 상식적으로는 무모하기 이를 데 없을 도전까지도 감행했다. 그야말로 이 제품을 위해 모든 것을 남김없이 불사르는 듯한 열기가, 드림캐스트에는 있었다. 생각해보면 상품명에 '꿈'이란 단어를 과감히 붙인 것부터가, 어지간한 각오로는 불가능한 일이리라.

우리 모두가 지금 아는 바와 같이, 드림캐스트는 안타깝게도 끝내 세가를 역경에서 구해내지 못했다. 세가는 결국 거액의 손해와 함께 게임기 사업에서 철수하고 소프트 제작사의 길을 걷게 된다. 이 책에, 그런 드림캐스트를 둘러싼 일련의 드라마와 그 전말을 최대한 담아내 보았다. 이 책을 읽는 독자 여러분에게도, 단순한 하드웨어·소프트웨어 소개를 넘어 드림캐스트에 담긴 '열기'가 전달되기를 바란다.

2021년 8월, 마에다 히로유키

SEGA
B
C
D
OPEN
Designed for
Microsoft®
Windows®CE

드림캐스트 퍼펙트 카탈로그

CONTENTS

CHAPTER 1
드림캐스트 하드웨어 대연구
Dreamcast Hardware Catalogue

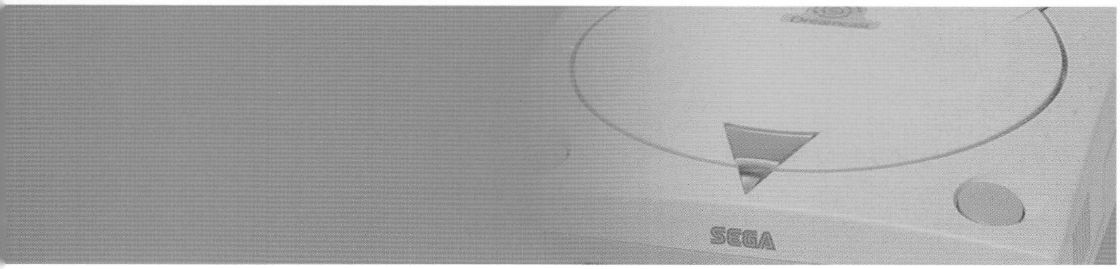

CHAPTER 2
드림캐스트 일본 소프트 올 카탈로그
Dreamcast Software All Catalogue

CHAPTER 3
드림캐스트 서양 소프트 카탈로그
Dreamcast Overseas Software All Catalogue

CHAPTER 4
드림캐스트 일본 소프트 가나다순 색인
Dreamcast Software Index

- 이 책 안에서 다루는 게임기, 소프트, 기타 각 상품은 ™ 및 ©, ® 표기를 생략했으나, 각종 권리는 해당 회사의 소유이며, 각 회사의 상표 또는 등록상표입니다.
- 이 책 안에서 다루는 게임기, 소프트, 기타 각 상품은 일부를 제외하고 현재 판매 종료되었습니다. 문의처가 게재되어 있는 상품을 제외하고, 이 책의 정보를 근거로 각 회사에 직접 문의하시는 것은 삼가 주십시오.
- 이 책에 실린 사진은 저자가 촬영한 것을 제외하고는 모두 당시의 카탈로그, 위키미디어 공용의 사진을 사용하였습니다. http://commons.wikimedia.org/wiki/Main_Page
- 회사명 및 상품명은 발매 당시 기준입니다. 또한, 일부 회사명 및 상품명이 정확한 표기가 아닌 경우가 있습니다만, 가독성을 위해 조정한 것이며 오독·오해 유발 목적이 아닙니다.
- 회사명 표기 시에는 '주식회사' 등의 표기를 생략했습니다. 또한 개인 이름의 경칭은 생략했습니다.
- 가격 표시는 원칙적으로 일본의 소비세 제외 가격 기준이지만, 당시 표기를 따라 소비세가 포함되어 표기된 경우가 일부 있습니다.

Special Thanks To

게임샵 트레더	
꿀딴지곰	고전게임 컬럼니스트, 유튜브 채널 '꿀딴지곰의 게임탐정사무소' 운영
오영욱	게임잡지의 DB를 꿈꾸는 게임개발자
이승준	'레트로장터' 행사 주최자
정세윤	http://blog.naver.com/plaire0
타잔	레트로 게임 컬렉터, 네이버 카페 '추억의 게임 여행' 운영자
홍성보	월간 GAMER'Z 수석기자

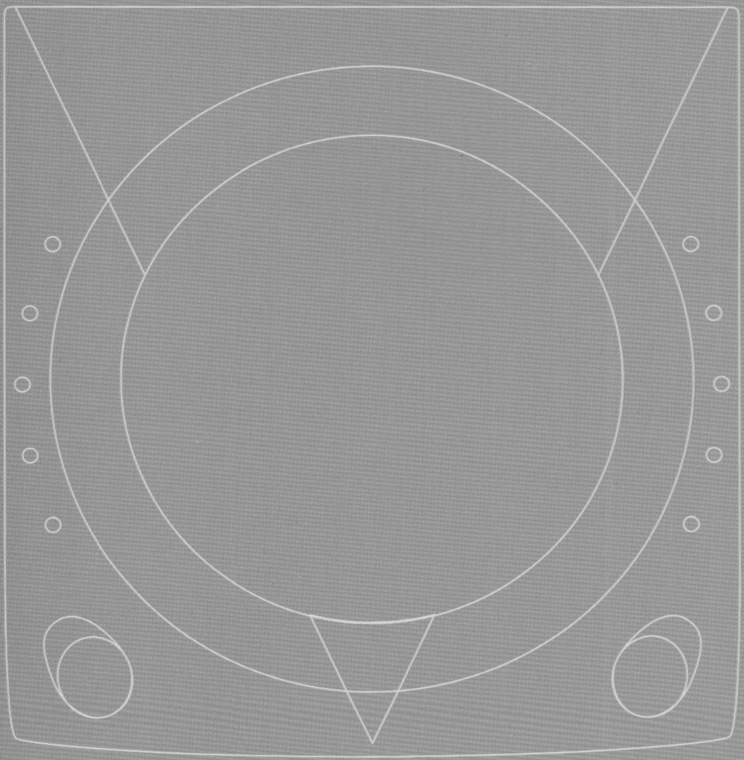

CHAPTER 1

드림캐스트 하드웨어 대연구

Dreamcast Hardware Catalogue

해설 세가의 마지막 도전, 드림캐스트
COMMENTARY OF DREAMCAST #1

세가는 이렇게 쓰러지고 마는가?

1997년의 세가 엔터프라이지스(현 세가)는 겹겹이 펼쳐진 난관의 최절정에 직면해 있었다. 당시의 아케이드 게임기 수준마저 능가했던 성능의 세가새턴을 자신만만하게 시장에 투입하였으나, 설계 당시 상정했던 라이벌인 닌텐도를 점유율로 꺾는 데 성공했음에도, 오히려 예기치 못했던 신예이자 타 업종 출신인 소니컴퓨터엔터테인먼트(현 소니인터랙티브엔터테인먼트. 이하 SCE로 약칭)의 플레이스테이션에게 결국 점유율 1위 자리를 빼앗기는 바람에, 일본 가정용 게임기 시장의 정상에 선다는 오랜 숙원을 이번에도 이루지 못했다. 게다가 하이스펙을 추구한 탓에 하드웨어 구성이 지나치게 복잡해져 단가절감이 어려웠는데도, SCE의 연이은 플레이스테이션 가격인하에 대항해 무리하게 정가를 계속 내리다 보니, 세가새턴 사업으로 인해 세가라는 기업의 기반까지도 서서히 무너져가는 상황에 처하고 말았다.

당시는 반다이와의 경영통합 진행이 결국 백지화되고, 모회사였던 CSK(현 SCSK)의 고(故) 오오카와 이사오 회장이 세가 회장으로 취임해 경영에 직접 참여하는 등 세가 전체에 대대적인 구조조정이 진행되던 와중이었다. 이때 사내 불채산사업 정리의 일환으로서 '가정용 게임기 사업 철수'도 검토대상에 올랐으나, "마지막 기회를 주겠다"라고 오오카와 회장이 최종 결단함으로써, 이전부터 연구 개발 중이었던 차세대 게임기의 발매가 결정되었다. 훗날 '드림캐스트'로 명명되는 이 게임기는, 말 그대로 세가의 사운이 걸린 제품이었다.

▲ 1998년 5월 21일, 세가가 일본의 5대 전국 조간신문에 일제히 게재한 전면광고.

드림캐스트의 시장 투입 과정에서 세가가 가장 중시했던 것은, 같은 업종의 타사가 성공했던 요인의 철저한 모방과, 세가새턴의 발목을 잡았던 결점의 해소였다. 구체적으로는 다음과 같다.

1. 먼저 치고 나간다

라이벌 타사의 플레이스테이션과 닌텐도 64가 아직 현역일 때 공격적으로 세대교체를 완료하여 차세대 시장의 우위점을 확보한다. 또한 초기 희망소비자가격을 29,800엔으로 잡아, 저렴함을 강점으로 내세운다.

2. 소프트 개발이 쉬운 하드웨어 설계

세가새턴의 큰 결점이었던 '잠재성능은 높지만 소프트 개발이 어려운' 설계를 지양하고 '심플하면서도 고성능'을 목표로 잡았으며, 개발 진입장벽을 낮추기 위해 Windows CE + DirectX를 도입한다.

3. 수익성이 높은 하드웨어 설계

SCE와의 가격경쟁을 교훈 삼아 훗날의 가격인하 여지를 충분히 두어, 부품 수가 적고 단순한 구조로 설계한다.

4. 자사 유통망의 정비

광매체의 장점인 디테일한 생산량 조정을 가능케 하고 소매점과 밀접하게 연계할 수 있도록, 자사 유통망(세가 뮤즈)을 강화한다.

5. 브랜딩 전략의 강화

SCE의 광고전략을 모방하여, 드림캐스트의 브랜드 가치를 높인다. TV 프로의 협찬사 크레딧도 '세가'가 아니라 '드림캐스트'로 한다.

특히, 브랜딩 전략을 전담할 홍보 프로듀서로 아키모토 야스시(역주 ※)를 초빙하여 세가 사외이사로 취임시켰고, 무려 130억 엔이라는 전례 없는 광고선전비를 투입해 드림캐스트의 지명도를 대대적으로 끌어올렸다. 1998년 5월 21일 일본 5대 전국 조간신문에 '세가는 이렇게 쓰러지고 마는가?'라는 충격적인 티저 광고를 내보낸 후, 그 다음날 '11월 ×일 — 역습이다, Dreamcast' 광고를 공개해 커다란 주목을 모았는데, 이것이 드림캐스트 프로젝트의 첫 대중 공개였다.

(역주 ※) 당시 일본 연예계를 대표하던 명 방송작가 겸 프로듀서. 수많은 영화·드라마·연예프로와 가수·그룹을 기획하고 히트곡을 작사하여 성공시켰다. 1985년의 오냥코 클럽과 소녀대, 2005년의 AKB48을 기획한 인물이기도 하다.

일약 시대의 아이콘이 된 '유카와 전무'

일본에서는, 1998~99년에 걸쳐 세가의 TV광고에 단골 출연했던 '유카와 전무'를 기억하는 사람이 아직도 많다. "세가 따위 이제 한물갔잖아~", "플스가 더 재미있지"라는 동네 아이들의 대화로 시작했던 당시 세가의 자학계 연속 스토리물 광고는, 그 주인공인 중년의 세가 사원 '유카와 전무'의 코믹하고도 애수 넘치는 캐릭터 효과와도 맞물려 일약 대인기를 누렸다. 광고는 총 8회로 제작되었으며, 제 38회 ACC 전일본 CM 페스티벌에서 최우수 TV CM 상을 수상했다.

이 '유카와 전무'라는 인물은 CSK의 파견직으로서 당시 실제로 세가의 전무이사였던 '유카와 히데카즈'로, 직함은 '컨슈머사업총괄본부 부총괄본부장'이었다. 처음 이 CM 시리즈를 기획할 때는 당시 세가 사장이었던 이리마지리 쇼이치로에 먼저 출연을 타진했지만 본인이 승낙하지 않았기에, 이미 1986년의 '로보 피처' 등으로 세가 TV광고 출연 경험이 있었던 유카와가 대타로 뛰어들었다는 경위가 있다.

▲ 드림캐스트의 초기출하 패키지에는 '유카와 전무' TV광고 시리즈의 명장면이 사용되었다.

유카와 전무는 이 광고로 일약 시대의 아이콘이 되어, 수많은 언론매체와 인터뷰하며 자신을 적극적으로 대중에 노출했다. 덕분에 유카와 전무의 음악 CD가 발매되기까지 하는 등 그를 중심으로 수많은 홍보전략이 전개되어, 사실상의 '드림캐스트 홍보대사'로 활약하였다. 심지어 초기출하분의 드림캐스트 외장 패키지에 아예 유카와 전무의 광고 장면들을 삽입해 발매했는데, 광고의 선전효과와 맞물려 순식간에 완매될 만큼 호조였다고 한다.

유카와는 드림캐스트 발매 직후 상무이사로 인사 이동한다. 뒤에 언급할 드림캐스트 생산량 확보 실패에 따른 인책성 인사라는 소문도 돌았었으나, 애초에 CSK의 파견직이었던 유카와와는 직접적 관계도 없었을 뿐더러, 오히려 이동 후 '유카와 전 전무'로서 자신의 캐릭터를 사용한 드림캐스트용 게임이 발매되기도 하고, 드림캐스트 이후에도 아케이드 게임 「세가 4인 대국 마작 MJ」에 등장하는 등의 캐릭터 전개가 지속될 만큼 꾸준한 인기를 누렸다.

▲ 가수로까지 데뷔한 유카와 전무. 드림캐스트를 안고 있는 모습이 포인트다.

'만드는 족족 팔리는' 상황을 만들어놓고도, 생산량 확보에 실패

여기까지는 완벽에 가까운 행보를 보여 왔던 드림캐스트였지만, 예상치 못한 사태로 그 기세에 제동이 걸리고 만다. 영국의 비디오로직 사와 NEC가 공동 개발했던 드림캐스트용 GPU 'PowerVR2'의 개발이 지연되는 바람에 수율(반도체 양산시의 정상품 비율)이 낮아져, 당초 수요량만큼의 드림캐스트 본체 제조가 불가능하다는 문제에 직면하고 만 것이다.

앞서 소개했던 신문광고도 실은 발매를 반년 남겨둔 시점임에도 발매일을 '11월 ×일'이라고만 공지한 것이었고, 후일 일단 '11월 20일'로 발매일을 확정했으나 그조차도 다시 1주일 연기했으며, 당초 예정했던 발매기념 캠페인도 황급히 취소했다. 발매 전의 선전효과 덕분에 기껏 '만드는 족족 팔리는' 상황을 만들어놓고도, 발매일 당일에 출하된 본체는 불과 15만대였고 이것도 당일 바로 완매돼 버렸다. 이런 통한의 전략 미스로 인해 이리마지리 사장의 목표였던 '1999년 1월까지 100만 대'는 끝내 이뤄지지 않았으니, 천재일우의 기회를 날려버린 셈이었다.

결국 기껏 벌어놓은 1~2년간의 선행 어드밴티지도 거의 살리지 못한 채 암운 속에서 출항한 셈이 되었으니, 세가에게는 불행이었다고 할 수밖에 없다.

HARDWARE
1998
1999
2000
2001
2002
2003
2004
2005
2006
2007
OVERSEA
INDEX

세가의 메시지가 담긴, 최후의 가정용 게임기

드림캐스트 Dreamcast

세가 엔터프라이지스　1998년 11월 27일　29,800엔

Dream + Broadcast

드림캐스트는 1998년 11월 27일 세가 엔터프라이지스(현 세가)가 일본에서 발매한 7번째 가정용 게임기다. 제품명은 '꿈'(Dream)과 '널리 전하다'(Broadcast)를 조합한 신조어로서, 이전까지의 세가 게임기 제품명과는 달리 이미지를 전면에 내세운 '제안형'이라는 독특한 접근법을 취했다. 드림캐스트 자체가 단순한 고성능 게임기를 넘어 온라인 접속을 통한 새로운 재미와 이를 제공하기 위한 인프라 구축까지 포함된 장대한 프로젝트였기에, 그런 의미로도 '세가가 세계의 게임 팬들에게 보내는 제안'이라는 메시지성이 강할 수밖에 없었다.

드림캐스트의 사양

형식번호	HKT-3000
CPU	SH-4 128비트 그래픽스 엔진 내장 RISC (200MHz, 360MIPS / 1.4GFLOPS)
메모리	워크 RAM : 16MB, 비디오 RAM : 8MB, 사운드 RAM : 2MB
그래픽	PowerVR2 DC CG 표현성능 : 300만 폴리곤/초 발색수 : 1677만 색 영상처리 기능 : 범프 매핑, 포그, 알파 블렌딩, 밉맵, 환경 매핑, 트라이리니어 필터링, 반사광 이펙트, 안티에일리어싱, Z버퍼, 플랫 셰이딩, 고러드 셰이딩
사운드	슈퍼 인텔리전트 사운드 프로세서 (32비트 RISC CPU 내장) 64채널 PCM/ADPCM
미디어	GD-ROM (신 규격·고밀도 기록매체) 용량 : 1GB (CAV 방식), 최고 12배속
모뎀	V.34 (33.6Kbps)
OS	마이크로소프트 Windows CE (커스텀 버전)
접속단자	컨트롤러 포트 4개, AV 단자, 시리얼 단자, 모듈러 잭
전원 / 소비전력	AC 100V±10% 50/60Hz / 약 22W
외형 치수	190(가로) × 195.8(세로) × 75.5(높이) mm　약 1.5kg
동봉품	드림캐스트 컨트롤러×1, 전원 케이블, 스테레오 AV 케이블, 모듈러 케이블(5m), 드림 패스포트, 취급설명서, 안전 가이드

고성능+개발 용이성을 양립시킨 게임기

하드웨어적으로는, CPU로 세가새턴에 이어 히타치의 최신 프로세서 'SH-4'를, GPU로는 영국 비디오로직 사와 NEC가 공동 개발한 'PowerVR2'를 채용했다. 또한 세가새턴이 '2D 표현 기반의 하드웨어에 3D 기능을 추가'하는 식으로 개발되는 바람에 설계가 복잡해진 것을 반성하여, 이번에는 3D 기반으로 심플하게 설계했다.

이러한 고성능 하드웨어 상에서 소프트를 효율적으로 개발하기 위해, 최초로 범용 OS인 Windows CE를 채

TOP VIEW

BOTTOM VIEW

FRONT VIEW

REAR VIEW

LEFT SIDE VIEW

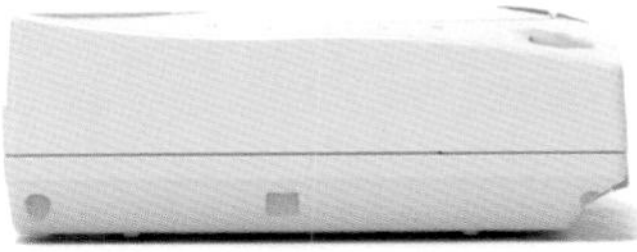

RIGHT SIDE VIEW

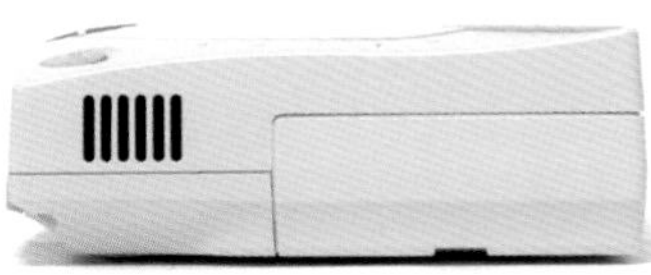

용해 '고성능이면서도 개발하기 쉬운 게임기'임을 어필했다. 실제로도 개발 현장에서 호평을 받아, 드림캐스트 기반의 아케이드 기판인 NAOMI는 오랫동안 현역으로 활약했다.

따뜻함이 느껴지는 오렌지색 소용돌이

세가는 회사의 상징색이 청색이다 보니 쿨하고 하드코어한 이미지가 강했지만, 드림캐스트는 '따뜻함'이란 이미지를 부여하기 위해 당시 모회사였던 CSK 오오카와 회장의 제안으로 '오렌지색'을 브랜드 컬러로 채용했다. 또한 중앙에서 바깥쪽으로 펼쳐지는 '인간의 가능성'을 형상화하여, 소용돌이 모양을 심벌마크로 삼았다. 이 소용돌이 로고도 기획 초기에는 똑바른 원형 소용돌이였지만, '따뜻함'을 표현하기 위해 마치 손으로 그린 듯한 현재 형태로 바뀐 것이다.

▲ 발매 초기(왼쪽)와 중기 이후(오른쪽)의 외장 패키지. 본체 사진 없이 이미지 컬러와 심벌마크, 상품명만을 전면에 내세운 대담한 디자인이다.

컨트롤러 단자를 4개나 설치한 용단

드림캐스트는 '비주얼 메모리'나 '모뎀 내장'처럼 딱 보면 바로 알 수 있는 변화뿐만 아니라, 내부적으로도 '게임 개발자를 배려한 개발환경 정비'와 '4개의 컨트롤러 포트' 등 이전까지의 세가 게임기에 없었던 시도를 여럿 도입하였다. 특히 4개의 컨트롤러 포트는 이를 선구적으로 도입했던 닌텐도 64의 영향을 받은 것으로 보이는데, '왜 게임기는 굳이 컨트롤러 포트가 2개여야 하나?'라는 근본적인 의문에 닌텐도 64가 내놓은 해답을 즉각 모방한 점은 실로 뛰어난 결단이라 할 수 있다.

애초에 세가의 게임기는 일본보다 서양 쪽에 팬이 많았고, 특히 북미는 스포츠 게임이 킬러 타이틀이다. 주요 시장이 이러한데도 '다인용 플레이를 위해 굳이 멀티탭을 사도록' 만든다는 것은 당연히 불합리할 터이다. 실제로 드림캐스트도, 서양 쪽에서는 다인용 플레이를 지원하는 소프트들이 적극 출시되었다.

OS에 Windows CE를 채용

드림캐스트는 표준 OS로 Windows CE를 채용했으며, 본체 정면에도 Windows CE 로고를 인쇄했다. Windows CE는 임베디드 용도를 상정해 개발된 OS로서, PC용 Windows와는 달리 데스크톱 UI나 마우스 오퍼레이션 등의 개념이 필수적이지 않다. 또한 Windows CE 내에 DirectX가 포함되어 API(컨트롤러 입력, 사운드, 3D 표현 등의 인터페이스)가 표준화돼 있기 때문에 게임 개발이 비교적 간단해진다는 장점이 있었으므로, 이러한 개발 지원적 측면이 Windows CE 탑재의 가장 큰 이유였다.

참고로 꼭 소프트 개발에 Windows CE를 사용할 필요는 없어, Windows에 의존하지 않고 독자적으로 소프트를 개발하는 회사도 있었다.

(역주 ※) Microsoft Windows CE 운영체제를 채용한 덕분에 소프트 개발환경이 쾌적해져, 다종다양한 고품질 소프트가 속속 등장할 예정입니다.

온라인 접속을 '기본 사양화'한, 모뎀 내장형 가정용 게임기

전화선을 연결하여 통신하는 장치인 '모뎀'은 컴퓨터업계 쪽에서는 오래전부터 보급되어온 기기로서, 게임기용 외장 주변기기로도 이미 메가 드라이브 시절부터 발매된 바가 있다. 하지만 별매되는 외장형 주변기기로는 온라인으로 게임을 즐기는 재미를 유저에게 제대로 전달하기가 어려웠고(실제로 사용해봐야만 이해할 수 있기 때문이다), 당시의 통신회선 인프라가 미흡했던 탓도 있어 적극적으로 활용되지 못했었다.

드림캐스트의 가장 큰 특징은 이전까지는 주변기기에 불과했던 모뎀을 드디어 표준 탑재시켜, 게임이 온라인화됨으로써 생겨나는 새로운 재미, 인터넷과 연동된 프로모션 및 통신판매 등의 편리함을 일본 대중에 널리 알리는 데 성공했다는 점이다.

드림캐스트가 발매될 당시는 통신기술이 나날이 발전하던 과도기였기에, 내장 모뎀도 성능 면에서 급속히 낙후돼 버릴 가능성이 높았다. 따라서 장래의 통신환경 발전에도 유연하게 대응할 수 있도록, 모뎀을 탈착 가능한 구조로 제작했다. 덕분에 내장 모뎀을 분리한 후 교체 장착하는 형태의 주변기기인 'LAN 어댑터'와 '브로드밴드 어댑터'가 나올 수 있었으며, 심지어는 드림캐스트 가라오케(32p)나 Zip 드라이브(이쪽은 프로토타입 단계까지만 진행되고 결국 발매되지 못했다) 등의 확장 주변기기도 연결할 수 있는 범용 확장 포트로서의 가능성까지 보여주었다.

드림캐스트의 최초 구동 화면

드림캐스트의 최초 구동 화면은 오렌지색 구슬이 통통 튀어 다니며 'Dreamcast' 문자를 출현시킨 다음 끝으로 심벌마크인 소용돌이 모양을 그려내는, 단순하면서도 코믹한 연출이다. 이 장면에서 사용되는 사운드 로고는 세계적인 뮤지션 겸 작곡가인 사카모토 류이치가 제작한 것으로서, 본인의 앨범인 'CM/TV'에도 수록되었다.

▲ TV 광고용 징글 사운드로도 그대로 쓸 수 있을 것 같은 드림캐스트의 초기 구동 화면. 경쾌하고도 질리지 않는, 잘 만들어진 애니메이션이다.

메인 메뉴를 이용하기

게임 소프트를 세팅하지 않은 상태로 드림캐스트를 구동하면 등장하는 메인 메뉴. 여기에서 드림캐스트의 기본 기능인 '플레이', '파일', '사운드', '세팅'의 4가지 항목을 선택할 수 있다.

배경은 푸른 하늘이 연상되는 상쾌한 디자인으로 통일했으며, 인터페이스 전체를 부드러운 색조로 다듬었다.

커서를 움직이면 폴리곤으로 입체화된 아이콘이 튀어오르며 춤추는 유머러스한 연출도 가미했다.

참고로, 지금의 게임기처럼 플레이 도중에 게임을 종료하고 메인 메뉴로 돌아올 수는 없다.

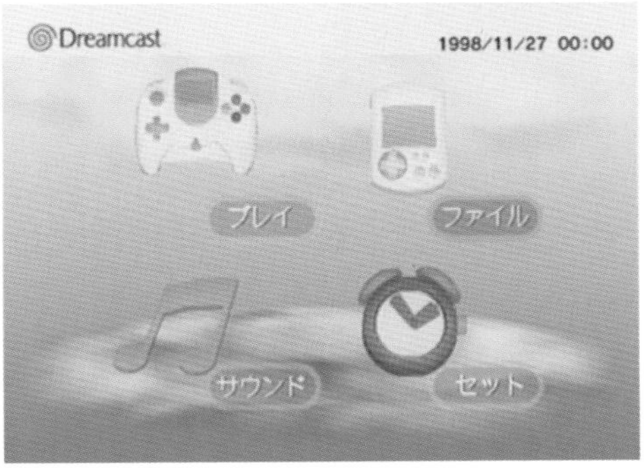

플레이

게임 디스크를 세팅한 후 이 아이콘을 선택하면 게임이 구동된다. 드라이브가 비어 있다면 디스크 세팅을 요구하는 메시지가 나온다.

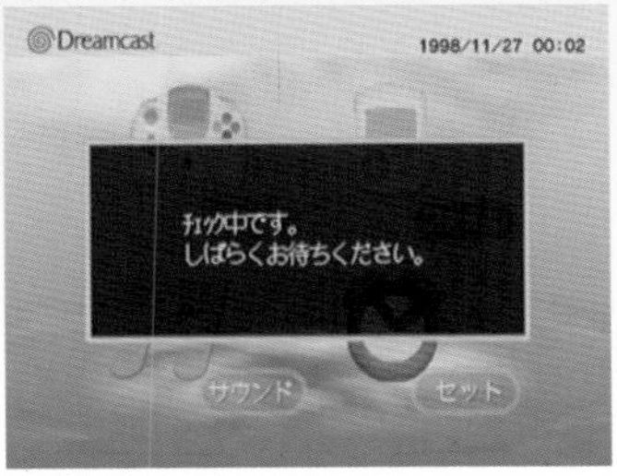

파일

세이브데이터를 관리하는 기능. A~D 단자에 접속된 컨트롤러의 확장 포트 간에, 세이브데이터의 삭제나 복사가 가능하다.

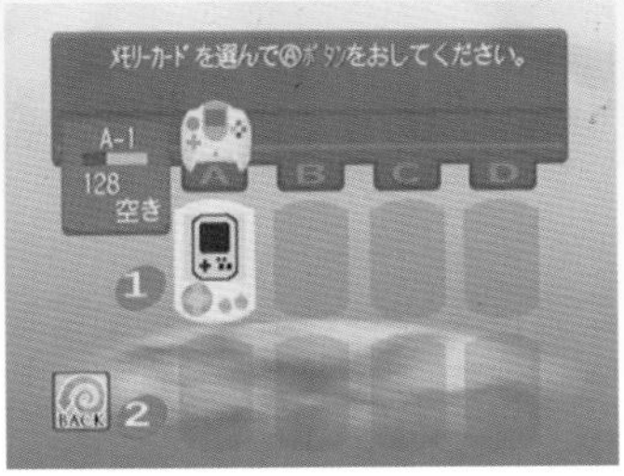

사운드

음악 CD를 재생하는 메뉴다. CD 모양은 기본적으로 오렌지·화이트의 투톤이지만, 일부 소프트는 전용 CD 그림이 나오기도 한다.

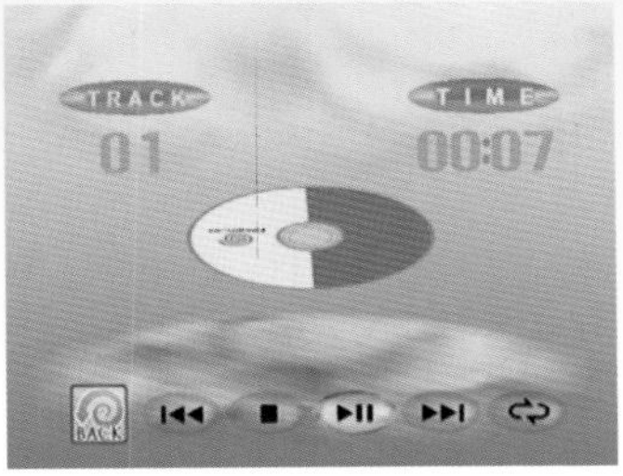

세팅

드림캐스트의 환경을 설정 가능한 메뉴. 언어표시·내장시계 설정 등의 각종 변경을 여기에서 할 수 있다.

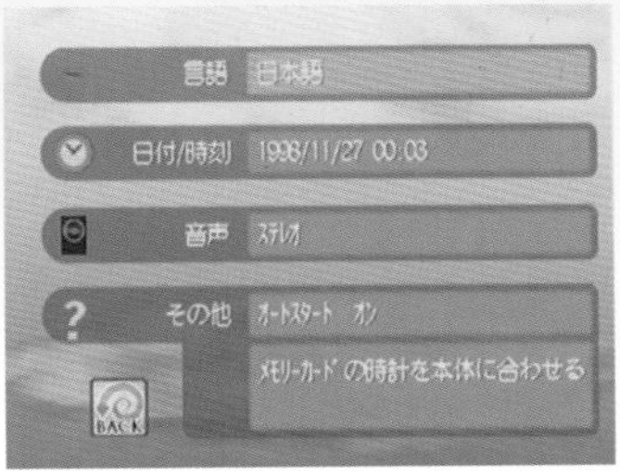

HARDWARE
1998
1999
2000
2001
2002
2003
2004
2005
2006
2007
OVERSEA
INDEX

다양한 컬러의 바리에이션 모델

드림캐스트 역시, 요즘의 게임기들처럼 다양한 컬러 바리에이션 모델을 전개했다. 당시는 인터넷 통신판매가 지금처럼 보편화되지 않았던 시대였음에도 드림캐스트 다이렉트(44p) 한정판매 모델이 의외로 많은데, 이것도 세가가 직접 인프라를 개척하면서까지 인터넷 통신판매 정착을 솔선해 추진했던 증거라 하겠다.

MODEL : SEAMAN
1999년 7월 29일　34,800엔
「시맨 : 금단의 애완동물」의 발매에 맞춰, HMV를 통해 500대 한정 판매했다. 유기물적인 이미지가 느껴지는 투명색이 특징이다.

MAZIORA
Limited Edition
1999년 8월 1일　28,500엔
보는 각도에 따라 색이 변화하는 분광성 도료 '마죠라'로 도색한 특별색 모델. 타이라 레이싱에서 500대 한정으로 통신판매했다.

Hello Kitty 드림캐스트 세트
스켈톤 핑크
1999년 11월 25일　34,800엔
헬로키티를 중앙에 장식한 디자인이 특징인 드림캐스트. 동일색의 키보드·비주얼 메모리를 동봉한 세트 상품이다.

Hello Kitty 드림캐스트 세트
스켈톤 블루
1999년 11월 25일　34,800엔
헬로키티를 중앙에 장식한 디자인이 특징인 드림캐스트. 동일색의 키보드·비주얼 메모리를 동봉한 세트 상품이다.

MODEL : SEAMAN
Xmas Package
1999년 12월 16일　34,800엔
「크리스마스 시맨」의 발매에 맞춰, HMV를 통해 850대 한정 판매한 모델. 크리스마스를 연상케 하는 컬러링이 특징이다.

사쿠라대전
DREAMCAST For Internet
2000년 12월 28일　25,800엔
「사쿠라대전」 팬을 흥분시키는, 도처에 로고와 캐릭터를 장식한 모델. 동봉한 「드림 패스포트 3」도 이 상품만의 특별 버전이다.

CODE : Veronica LIMITED BOX
클레어 버전
2000년 2월 3일　34,800엔
「바이오하자드 CODE : Veronica」의 발매에 맞춰 2,000대 한정으로 추첨 판매한 모델. 그중 1,800대가 이 클레어 버전이었다.

CODE : Veronica LIMITED BOX
S.T.A.R.S. 버전
2000년 2월 3일　34,800엔
왼쪽의 클레어 버전과 동일하지만, 2,000대 중 200대는 이 S.T.A.R.S. 버전이다. 어느 쪽인지 겉상자만으로는 구별할 수 없다.

드림캐스트 Limited Edition
슈퍼 블랙
2000년 7월　21,000엔
드림캐스트 다이렉트에서 100대 추첨 판매를 진행했던 모델. 호평을 받아 후일 추가 생산되기도 했다.

드림캐스트 Limited Edition
실버 메탈릭
2001년 3월 29일　14,000엔
드림캐스트 다이렉트에서 통신판매로만 한정 발매한 모델. 동일 색상의 드림캐스트 컨트롤러도 발매되었다.

드림캐스트 Limited Edition
펄 핑크
2001년 3월 29일　14,000엔
드림캐스트 다이렉트에서 통신판매로만 한정 발매한 모델. 동일 색상의 드림캐스트 컨트롤러도 발매되었다.

드림캐스트 Limited Edition
펄 블루
2001년 3월 29일　14,000엔
드림캐스트 다이렉트에서 통신판매로만 한정 발매한 모델. 동일 색상의 드림캐스트 컨트롤러도 발매되었다.

드림캐스트
Regulation #7
2001년 9월 6일　9,900엔
'Regulation #7'이란 일본의 풍속영업법 7호 업종(파친코)을 의미한다. 즉 원래 파친코점의 정보제공 서비스용 모델이었지만, 호평받아 일반용 모델로도 시판되었다.

드림캐스트
Special Model
1998년 11월 27일　29,800엔
세가 파트너즈의 한정 통신판매 상품. 구입자 이름과 이리마지리 사장의 사인이 새겨진 엠블렘을 붙인 특별사양 상품이다.

드림캐스트
CSK 건강보험조합 대여판
2000년 8월 21일　비매품
CSK 그룹의 건강보험조합에서 무료로 대여했던 모델. 카메라 '드림아이'와 전용 「드림 패스포트 3」를 함께 동봉했다.

드림캐스트
트라이얼 세트
1999년 9월 22일　비매품
전용 케이스에 담아, TSUTAYA 회원 한정으로 무료 렌탈 서비스를 진행했다. 모뎀이 없어 인터넷 연결이 불가능한 것이 특징.

CATALOGUE

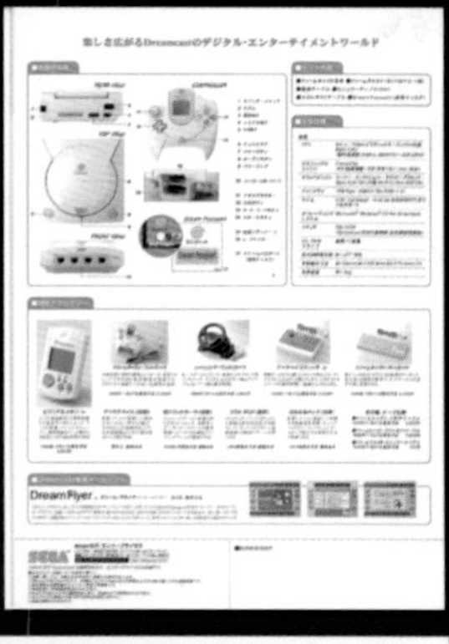

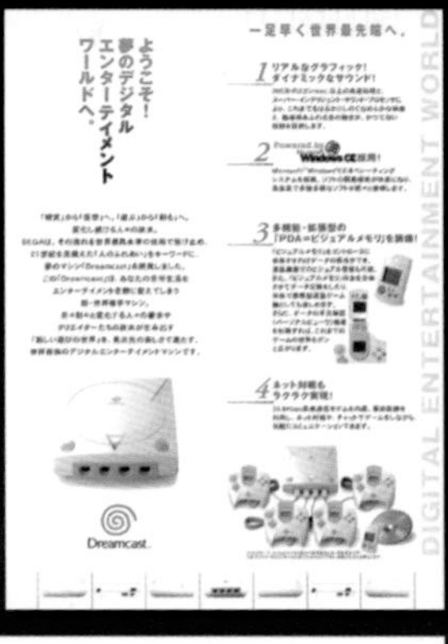

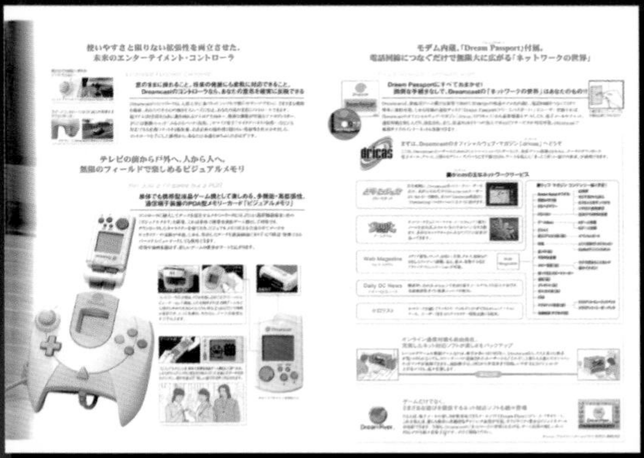

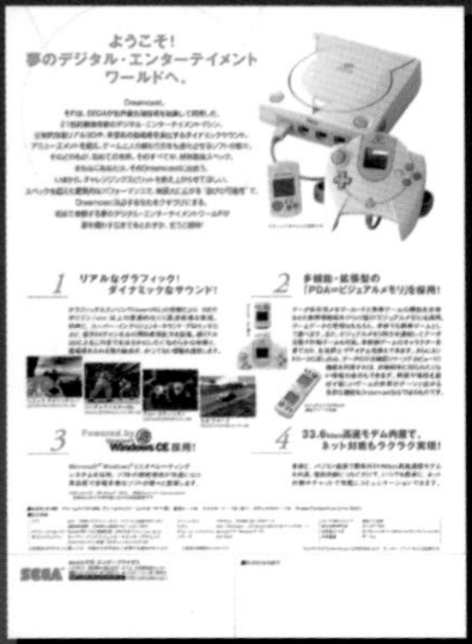

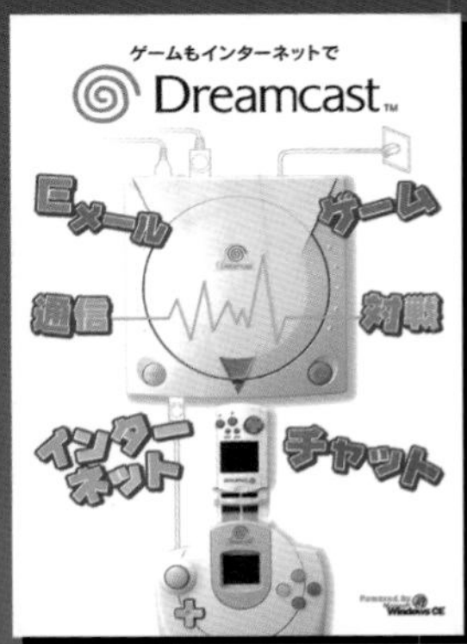

HARDWARE
1998
1999
2000
2001
2002
2003
2004
2005
2006
2007
OVERSEA
INDEX

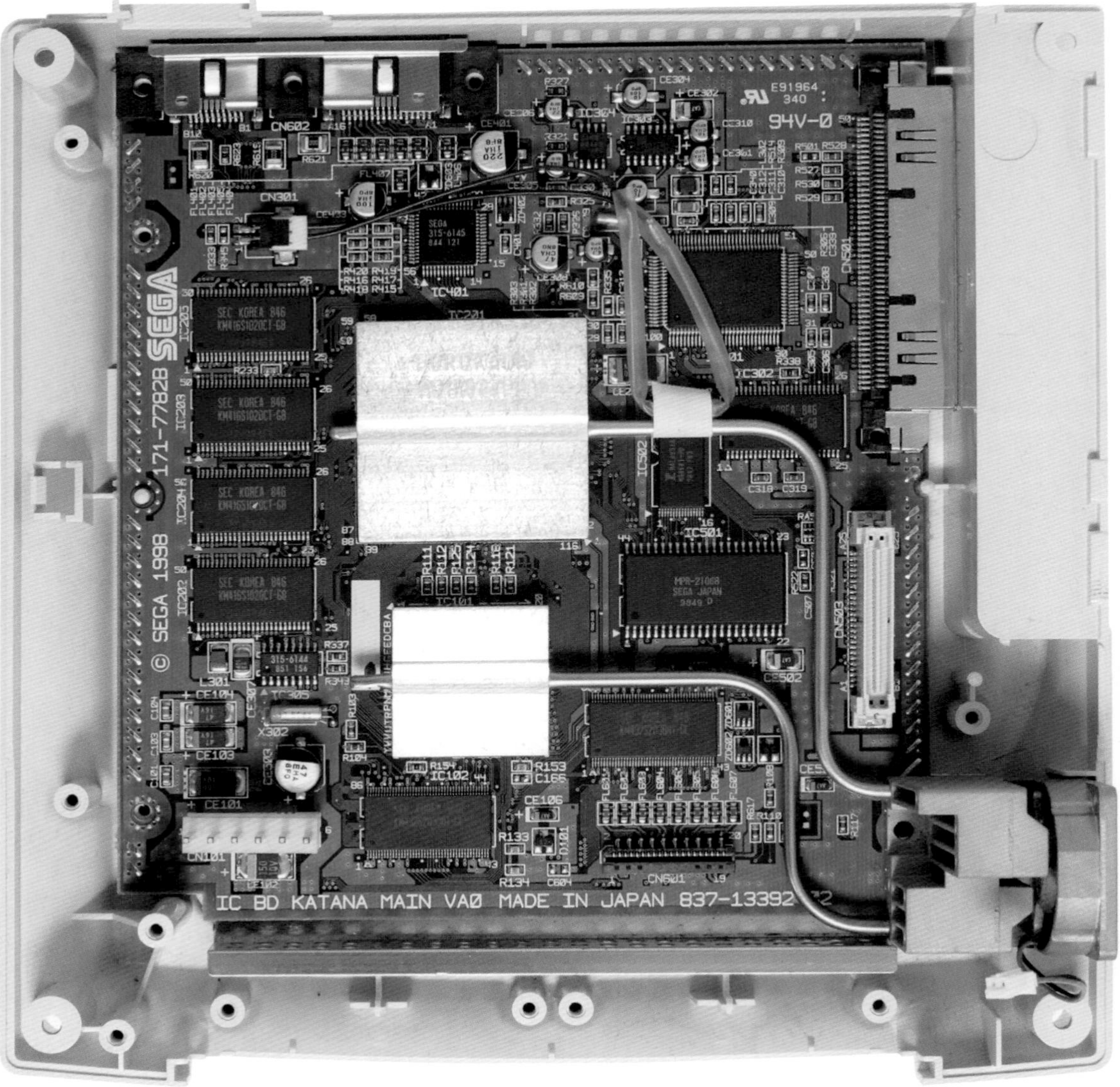

개발 코드네임은 'Katana'

드림캐스트의 메인 기판을 잘 보면 'KATANA'라는 실크 인쇄가 발견된다. 'Katana'(역주 ※)는 드림캐스트의 개발 당시 프로젝트 코드네임으로서, 당시 세가 사내에서 개발 진행 중이었던 두 하드웨어 프로젝트 중 하나였다. 참고로 또 다른 개발기의 코드네임은 'Blackbelt'였으니, 양쪽 모두 일본 문화를 반영했음이 엿보인다.

(역주 ※) '카타나'는 일본어로 도(刀)를 이르는 명칭이다.

빈틈없이 배치된 드림캐스트 내부

드림캐스트는 조그마한 본체 부피에도 불구하고 중량은 무려 1.5kg이라, 손으로 들어보면 예상외로 묵직함이 느껴진다. 중량의 원인은 철저하게 차폐된 메인 기판과 전원 유닛, GD-ROM 드라이브 유닛이 이 작은 부피 안에 응축 수납되어 있기 때문으로서, 자연방열을 기대할 수 없을 만큼 열이 빠져나가기 어려운 구조이기도 하다.

드림캐스트는 방열팬 소리가 제법 큰 게임기로도 유명한데, 고성능 CPU·GPU를 탑재했다 보니 충분한 방열대책을 세울 필요가 있었기 때문이다. CPU와 GPU에 부착된 히트싱크는 히트파이프를 통해 금속제 방열팬까지 직결되어 있어, 방열대책에 고심한 흔적을 엿볼 수 있다. 참고로 이 방열팬은 후기 생산품에서는 플라스틱으로 재질이 변경되어, 단가삭감 및 경량화에 기여했다.

CHECK POINT 1 CPU

연산능력은 세가새턴의 약 15배

드림캐스트의 CPU로는, 세가새턴의 CPU를 만들었던 히타치(현 르네사스 일렉트로닉스)가 제작한 임베디드용 프로세서 'SH-4'가 채용되었다. SH-4는 명칭대로 'Super Hitachi' 시리즈의 최신 프로세서로서, 세가새턴에 탑재되었던 SH-2의 손자 세대에 해당한다.

신형 게임기에 탑재되는 만큼 세가새턴을 아득히 뛰어넘는 연산성능이 필수였는데, 이를 위해 히타치가 낸 결론은 1클럭 내에 복수의 명령을 동시 실행하는 슈퍼스칼라 방식을 채용하는 것이었다. 이 덕분에 세가새턴의 15배에 가까운 연산능력인 360MIPS(참고로, 세가새턴의 연산능력은 25MIPS)를 구현해냈다.

SH-4는 처음부터 드림캐스트 탑재를 전제로 개발된 CPU로서, 벡터형 부동소수점 연산유닛으로 최대 4×4 행렬연산이 가능하며 128비트 그래픽 처리능력이 있는 등, 3D 연산을 대폭 강화한 점이 큰 특징이다. 또한 4채널 DMA 컨트롤러를 탑재해 CPU의 개입 없이도 대량의 효율적인 데이터 전송이 가능하여, 당시로서는 상당한 수준이었던 초당 800MB의 초고속 메모리 대역폭을 구현했다.

참고로, CPU에 전원이 들어가지 않아도 배터리 백업으로 시계 기능을 유지하는 RTC(리얼타임 클럭)도 내장돼 있는데, 아마도 '어차피 신규 설계 CPU이니 필요한 기능은 전부 담아 넣었으면 한다'라는, 부품 수를 가능한 한 줄여야 했던 세가의 의향이 반영된 것이 아니었을까.

Windows 탑재를 가능케 한 MMU

SH-4에서 시리즈 최초로 들어간 또 하나의 큰 기능이, 바로 MMU(Memory Management Unit)다. MMU는 작은 용량의 물리 메모리를 효율적으로 사용해 큰 가상 메모리를 구현하기 위해 필요한 기능으로서, 소규모 임베디드 시스템이나 게임 소프트 등의 애플리케이션 단계에서는 그다지 쓸모가 없다. 반면 OS처럼 빈번한 메모리 관리가 필요한 비교적 큰 시스템에게는 필수적인 기능인데, 드림캐스트가 Windows를 지원 가능한 것도 MMU가 존재하기 때문이다.

다만 임베디드 용도라 기능이 한정돼 있는 Windows CE 정도라면 한 세대 전의 SH-3로도 너끈히 지원되는데다, 드림캐스트는 HDD 등의 보조기억장치가 없기에 어차피 풀사이즈 Windows를 구동할 수 없는 것도 사실이다. 이런 관점에서 보면, 드림캐스트의 Windows CE 채용은 MMU 탑재와는 무관하게 결정된 것일지도 모른다.

여기서부터는 어디까지나 억측이지만, SH-4에 MMU가 굳이 탑재된 것은 Windows CE 지원을 발판 삼아 히타치가 SH 시리즈를 Windows 대응 프로세서로서 B2B 시장에 판매하고 싶었던 것이 이유가 아니었을까 싶다.

SH-4의 기본 사양

제조공정	: 250nm 256핀 BGA 패키지
클럭(연산지표)	: 200MHz (360MIPS)
부동소수점 연산	: 벡터형 부동소수점 연산유닛을 탑재 (1.4GFLOPS)
내부 데이터 정밀도	: 64비트 정수 & 128비트 부동소수점
외부 버스 대역폭	: 800MB/초(피크) 64Mbit SDRAM 4뱅크 방식 또는 64비트 데이터 버스 대응
캐시	: 명령어 8KB, 데이터 16KB
내장 유닛	: MMU, 4채널 DMA, RTC
대응 메모리	: SRAM, DRAM, SDRAM, PCMCIA

CHECK POINT 2 MEMORY

총 용량 26MB 이상의 메모리를 탑재

드림캐스트는 26.125MB의 시스템 RAM과 2MB의 시스템 ROM, 128KB의 플래시 메모리를 탑재하고 있다.

시스템 RAM의 내역은 메인 RAM이 16MB, VRAM이 8MB, 사운드 RAM이 2MB, GD-ROM 버퍼 RAM이 128KB이며, GD-ROM 버퍼 외에는 모두 세가새턴과 마찬가지로 동기식 DRAM(SDRAM)을 채용했다.

ROM에는 부팅용 BIOS만 존재하며, OS는 GD-ROM에 들어있으므로 본체 ROM에는 탑재돼 있지 않다.

플래시 메모리는 인터넷 계정 정보 등의 개인정보 저장 용도로서, 세가새턴처럼 본체 메모리에 게임의 세이브 데이터를 저장하는 것은 불가능하다. 이는 경쟁기종이었던 플레이스테이션이 세이브용 플래시 메모리를 내장하지 않은 것에 대한 모방이자, 설계 간소화 및 비용절감까지 고려한 결과로 여겨진다. 따라서 게임을 세이브하려면 별매품인 비주얼 메모리의 구입이 필수인지라, 이런 면은 세가새턴에 비해 다소 불편해졌다고도 할 수 있다.

드림캐스트는 SH-4 내부에 DMA가 탑재돼 있기도 하고 프로세서 수를 줄여 시스템을 간소화했기에, 세가새턴에서 메모리 관련 처리를 담당했던 SCU(System Control Unit)는 탑재되지 않았다.

CHECK POINT 3 SOUND

ARM7 기반의 프로세서를 내장

드림캐스트에 탑재된 음원은, 야마하 사가 드림캐스트용으로 개발한 '야마하 AICA'라는 프로세서다. ARM7TDMI와 DSP의 두 블록으로 구성하여 원칩화한 패키지로서, 이 칩 하나가 세가새턴의 CPU인 SH-2×2개의 연산성능을 능가한다. 눈여겨볼 만한 기능은, 하드웨어적으로 ADPCM 압축을 지원하므로 메인 CPU에 일체 부담을 주지 않고도 64채널 사운드를 처리해낸다는 것이다.

DSP는 ARM7 쪽에서 출력되는 음성 데이터에 이펙트를 거는 용도로 탑재되었으며, 게임 이외의 용례로는 '드림캐스트 가라오케'의 이펙트 기능이 대표적이다. 단가상승을 피하기 위해 돌비 사의 라이선스를 취득하지 않았으므로, 플레이스테이션 2나 게임큐브가 지원하는 돌비 디지털 등의 코덱은 탑재돼 있지 않다.

야마하 AICA 슈퍼 인텔리전트 사운드 프로세서의 기본 사양

아키텍처	: 32비트 RISC 프로세서 + DSP (Digital Signal Processor)
클럭 (연산지표)	: 45MHz (40MIPS)
캐시	: 32KB

CHECK POINT 4 GPU

고속이면서도 저전력인 PowerVR2

드림캐스트에 탑재된 GPU는 'PowerVR2'라는 이름의 칩으로서, 영국 비디오로직(현 Imagination Technologies) 사가 설계하고 NEC가 제조했다. PowerVR2의 특징은 내부 연산을 5개의 코어로 분할해 병렬 처리하여 대역폭과 소비전력을 절감한 것과, 폴리곤을 화면에 배치할 때 근거리의 폴리곤 뒤에 가려지는 원거리의 폴리곤을 그리지 않고 넘어가는 '은면 제거'를 자동으로 처리하여 CPU의 부하를 대폭 경감시켜주는 것이다. 또한 하드웨어적으로 텍스처를 압축하므로, 하드웨어 상의 전송 대역폭은 800MB/초이지만 실질적으로는 2.1~6.3GB/초에 상당하는 퍼포먼스를 내준다.

지오메트리 연산(폴리곤의 좌표연산)을 SH-4가 맡고 있기에, 폴리곤 표시는 실질 6코어로 처리하는 셈이 된다. 이들 각 코어 및 메인 RAM·VRAM 간의 전송은 4채널 DMA가 전담하므로, CPU에는 일절 부담이 가해지지 않는다.

지금 시점에서 보아도 기존 GPU에 비해 3D를 매우 효율적으로 처리하는 고성능 프로세서로서, 후일 PowerVR은 iPhone을 비롯한 수많은 스마트폰·태블릿에 널리 채용된다. 저소비전력에 고속·경량이라는 점이 모바일 기기와는 상성이 좋은 만큼, 당연하다면 당연한 일이다.

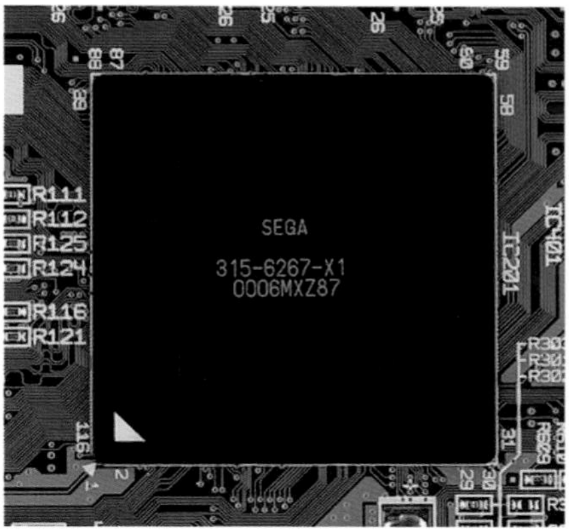

영상처리의 기본적인 흐름

코어 1 : SH-4 벡터 연산 유닛
- 폴리곤 정점 연산
- 텍스처 소트
- 디스플레이 리스트의 생성 (→ 코어 2)

※ 이 처리는 PowerVR2가 아니라 SH-4 내에서 진행된다.

코어 2 : TA (타일 액셀러레이터)
- 폴리곤 타일의 분할
- 타일 클리핑 처리
- 오브젝트 리스트의 생성 (→ 코어 3, → 코어 4)

코어 3 : ISP (영상 합성 프로세서)
- 타일/픽셀/폴리곤의 래스터라이즈 (→ 코어 5)
- 깊이값 소트 (Z버퍼링)
- 타일 폴리곤 압축

코어 4 : TSP (텍스처 & 셰이더 유닛)
- 픽셀 데이터를 텍스처 압축 (→ 코어 5)

코어 5 : 트라이앵글 셋업 FPU
- ISP 셋업 FPU : 100MHz 364MFLOPS
  폴리곤의 표면처리 및 은면 제거
- TSP 셋업 FPU : 100MHz 364MFLOPS
  타일의 셰이딩 및 텍스처 처리

(→ 코어 6)

코어 6 : RAMDAC (랜덤 액세스 메모리 D/A 컨버터)
- 실제로 표시될 영상 데이터를 생성
- 영상 표시 완료

PowerVR Series 2(CLX2)의 기본 사양

제조공정	: 250nm
클럭(연산지표)	: 100MHz 728MFLOPS (FPU 렌더링 부)
외부 버스 대역폭	: 800MB/초(피크)
화면 해상도	: 320×240 ~ 800×608픽셀(디스플레이 해상도), 320×240 ~ 1600×1200픽셀(내부 해상도) 인터레이스 및 프로그레시브 스캔, TV 및 VGA

CHECK POINT 5 DISC&DRIVE

지름 12cm의 독자규격 광디스크

드림캐스트의 소프트 공급매체로는 세가와 야마하가 공동 개발한 독자규격 광학매체인 'GD-ROM'이 채용되었다. 이 디스크는 겉보기에는 일반적인 12cm CD-ROM과 차이가 없지만, 독자 포맷의 고밀도 기록으로 1GB라는 대용량을 구현했다.

GD-ROM을 채용한 이유는 대용량이라는 점도 있지만, 불법복제 대책이라는 측면이 강하다. 실제로 GD-ROM은 드림캐스트 및 호환 아케이드 기판 NAOMI 외에는 사용된 예가 없으며, 일반적인 CD/DVD-ROM 드라이브로는 읽어낼 수 없어 매우 유효한 대책이었다.

안쪽과 바깥쪽 색이 차이가 있는 디스크

GD-ROM은 멀티세션 포맷으로서, 디스크 안쪽의 35MB 분량은 일반적인 음악 CD 재생기나 CD-ROM 드라이브로도 읽을 수 있다. 여기에 일반 CD 플레이어로 재생할 경우를 대비해 음성 경고 메시지 트랙을 넣었으며, 소프트에 따라서는 텍스트 파일이나 그림 파일을 보너스 삼아 넣은 경우도 있었다. 이 안쪽 부분과 바깥쪽 부분은 기록밀도가 다르므로, 디스크의 기록면을 보면 포맷의 차이를 뚜렷한 경계로 확인할 수 있다. 참고로 안쪽 부분과 바깥쪽 부분 사이에는 공백영역이 존재하며, 여기에는 'SEGA ENTERPRISES' 등의 문자열이 각인돼 있다.

게임 소프트의 외장 패키지는 기존의 세가 게임기용 광매체 소프트처럼 일반 주얼 케이스를 채용하였으며, 매뉴얼도 일반적인 CD 부클릿 형태이다. 초회한정판이나 일부 타이틀처럼, 독자규격의 케이스를 사용한 특별 패키지 형태도 존재했다.

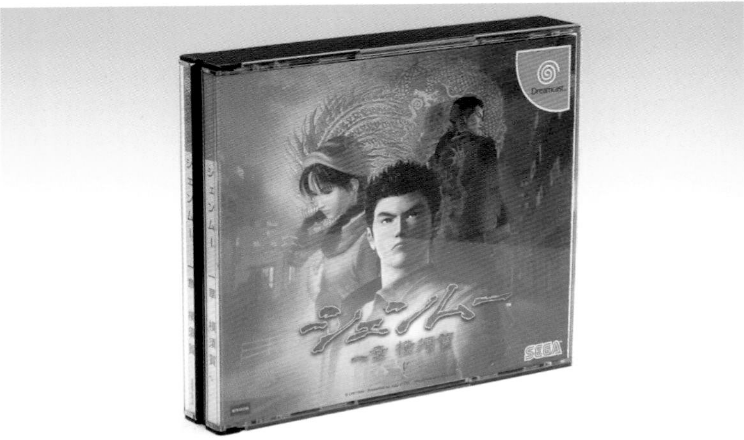

▲ 드림캐스트에 탑재돼 있는 GD-ROM 드라이브.

▲ 드림캐스트용 소프트의 레이블면.

▲ 드림캐스트용 소프트의 기록면.

▲ 드라이브 구석에는 야마하의 회사명도 새겨져 있다.

GD-ROM의 기본 사양

사이즈	: 12cm 독자규격 광디스크
용량	: 1GB (안쪽 영역 35MB / 바깥쪽 영역 984MB)
전송속도	: 1.8MB/초 (CAV 모드)
평균 액세스 타임	: 250ms

드림캐스트로 보는 CD, 'MIL-CD'란?

드림캐스트에서 재생 가능했던 디스크 중에는 'MIL-CD'라는 게 있는데, MIL-CD란 대체 어떤 규격일까? 간단히 한 마디로 설명하자면, '드림캐스트로 구동하면 영상을 즐길 수 있는 음악 CD'다(역주 ※).

음악 CD용 표준규격 중에는 프로그램이나 데이터를 첨부할 수 있는 규격인 'CD EXTRA'라는 것이 있는데, MIL-CD는 바로 이를 응용한 기술이다. 일반 CD 플레이어로 재생하면 평범한 음악 CD이지만, 드림캐스트에서 재생하면 영상까지 함께 나온다는 개념이다.

이 규격은 주로 홍보 목적의 무료 배포 CD에 사용되었는데, 단순히 동영상이 재생되는 것부터, 디스크에 브라우저 프로그램을 내장해 특정 웹사이트를 띄우는 것도 가능했다.

그 자체로는 '편리한 CD' 정도에 그칠 포맷이었지만, 문제는 이후 드림캐스트에서 MIL-CD를 악용하는 중대한 보안 취약점이 발견된 것이다. 이 탓에, 2000년 말기부터 출하된 드림캐스트는 MIL-CD 재생기능이 삭제되었다. 전체 유통량 중 MIL-CD 비대응 기종의 비율은 그다지 크지 않으나, 이제 와서 드림캐스트를 사려는 사람이라면 유념해둘 일이다.

(역주 ※) '미루시디'(見るCD: 일본어로 '보는 CD'를 의미)를 영문자화한 규격명칭.

▲ MIL-CD의 로고 마크.

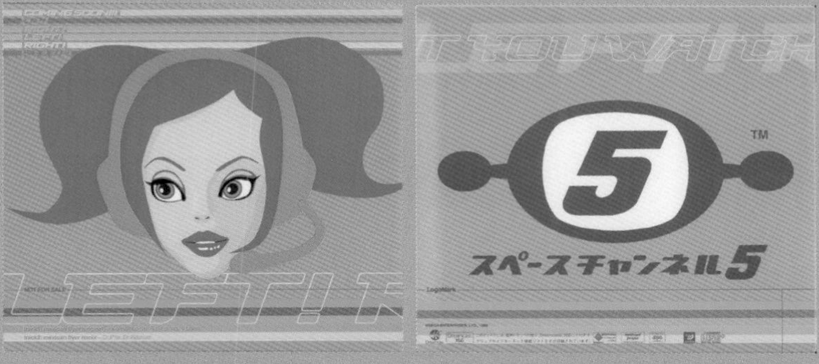

▲ MIL-CD 지원 소프트의 재킷 및 디스크 사진. 겉보기에는 일반적인 음악 CD와 똑같은지라, 재킷과 디스크에 인쇄된 로고가 아니면 구별이 안 될 정도다.

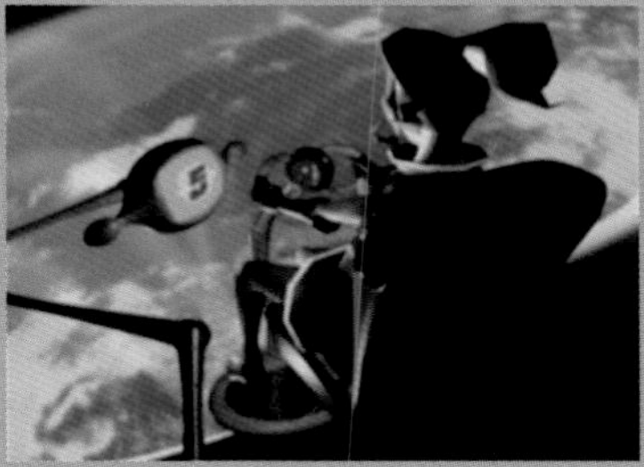

▲ 드림캐스트로 MIL-CD를 재생하면 프로모션 동영상이 나오고, 디스크의 내장 브라우저로 특정 웹사이트에 접속할 수도 있었다.

HARDWARE 1998 1999 2000 2001 2002 2003 2004 2005 2006 2007 OVERSEA INDEX

CHECK POINT 6 CONTROLLER

개성이 가득 담긴 컨트롤러

드림캐스트 컨트롤러는, 기존의 세가 게임기는 물론이고 타사 게임기들과 비교해도 무척이나 특이한 형태의 컨트롤러다. 외관은 과거 세가새턴용 주변기기로 발매되었던 '세가 멀티 컨트롤러'와 닮은 점이 있긴 하나, 이런 파격적인 컨트롤러가 표준으로 채용되기까지엔 상당한 우여곡절이 있지 않았을까 짐작된다.

가장 큰 특징은 컨트롤러에 메모리카드(비주얼 메모리)를 장착하는 확장 슬롯을 내장한 점으로서, 컨트롤러 중앙에는 비주얼 메모리의 액정화면이 보이도록 네모난 구멍을 냈다. 게임에 따라서는 여기에 부가정보를 표시할 수도 있어, 서브 모니터로서 활용할 수도 있다.

확장 슬롯은 컨트롤러 당 2개가 있으므로 비주얼 메모리를 2개 꽂아 상호 데이터 복사가 가능하며, 마이크 디바이스·부들부들 팩 등 비주얼 메모리 외의 주변기기도 장착할 수 있다. 다만 컨트롤러 상단에 확장 슬롯이 있다보니, 간섭을 피하기 위해 케이블이 컨트롤러 하단으로 빠지는 식이 되었다. 이런 변칙적인 구조도, 다른 기종의 컨트롤러에는 거의 없는 드림캐스트 컨트롤러만의 특징이다.

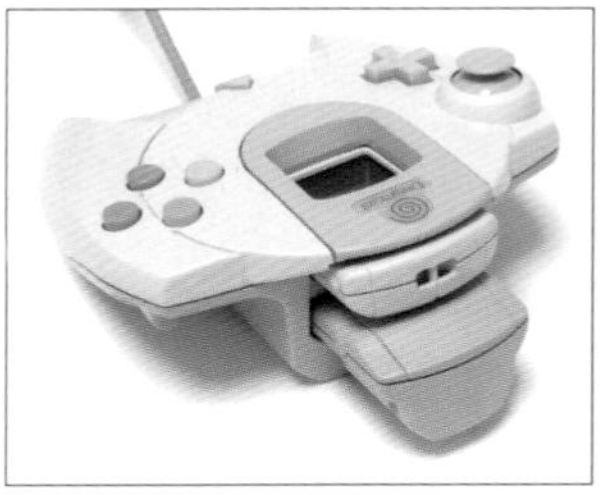

▲ 비주얼 메모리와 부들부들 팩을 동시에 장착한 실례.

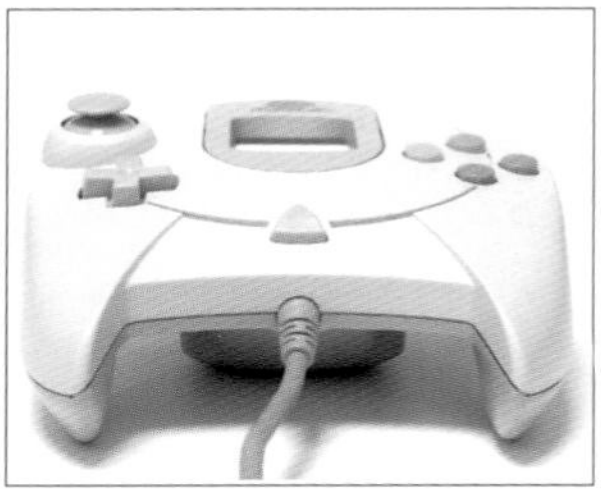

▲ 아래쪽에서 본 컨트롤러. 확장 슬롯의 영향으로 제법 두툼한 편이다.

컨트롤러의 컬러 바리에이션

컨트롤러는 다양한 컬러 바리에이션 모델로 발매되었다. 일반 발매품 외에도 한정판 본체에만 동봉된 것, 드림캐스트 다이렉트 한정 발매품, 포인트 교환 경품 등등으로 다양하게 판매·제공되었다.

화이트
본체와 동시 발매된 드림캐스트의 기본 컬러 모델.

밀레니엄 패션 핑크
서기 2000년(밀레니엄)을 기념한 기간·수량한정 모델.

밀레니엄 스모크
서기 2000년(밀레니엄)을 기념한 기간·수량한정 모델.

밀레니엄 아쿠아 블루
서기 2000년(밀레니엄)을 기념한 기간·수량한정 모델.

밀레니엄 라임 그린
서기 2000년(밀레니엄)을 기념한 기간·수량한정 모델.

패션 핑크
밀레니엄 모델의 호평을 계기로 일반 판매한 컬러.

스모크
밀레니엄 모델의 호평을 계기로 일반 판매한 컬러.

아쿠아 블루
밀레니엄 모델의 호평을 계기로 일반 판매한 컬러.

라임 그린
밀레니엄 모델의 호평을 계기로 일반 판매한 컬러.

펄 화이트
드림캐스트 다이렉트로 발매한 한정 모델.

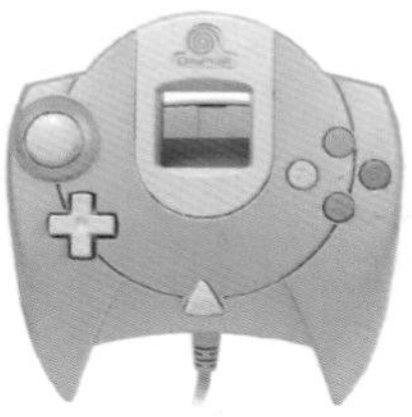

펄 핑크
드림캐스트 다이렉트로 발매한 한정 모델.

펄 블루
드림캐스트 다이렉트로 발매한 한정 모델.

실버 메탈릭
드림캐스트 다이렉트로 발매한 한정 모델.

클리어
후일 일반 판매된 컬러 바리에이션 중 하나.

사쿠라대전
드림캐스트판 「사쿠라대전」의 발매에 맞춰 일반 판매했다.

위장색
드림 포인트 뱅크의 교환용 경품.

카본 블랙
드림 포인트 뱅크의 교환용 경품.

나무무늬
드림 포인트 뱅크의 교환용 경품.

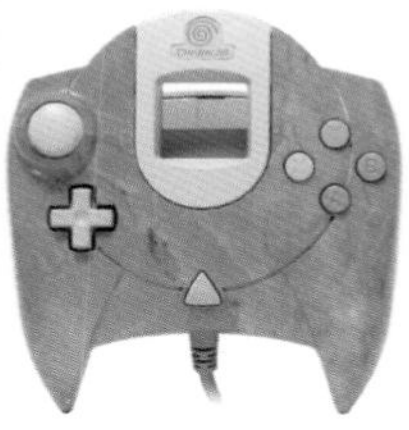

대리석무늬
드림 포인트 뱅크의 교환용 경품.

표범무늬
드림 포인트 뱅크의 교환용 경품.

스켈톤 오렌지
「츄츄 로켓! 컨트롤러 동봉판」에 동봉된 컬러.

스켈톤 핑크
Hello Kitty 드림캐스트 세트(28p)에 동봉된 컬러.

스켈톤 블루
Hello Kitty 드림캐스트 세트(28p)에 동봉된 컬러.

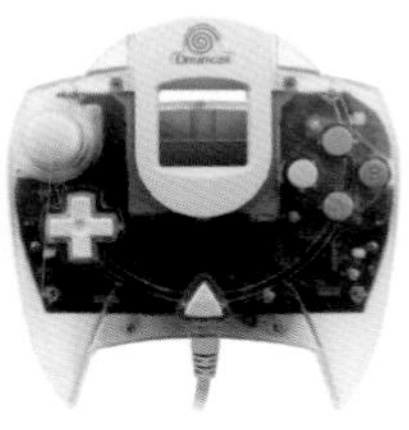

시맨
드림캐스트 Model : SEAMAN에 동봉된 컬러.

크리스마스 시맨
드림캐스트 Model : SEAMAN Xmas Package에 동봉된 컬러.

클레어 버전
바이오하자드 CODE : Veronica LIMITED BOX에 동봉된 컬러.

S.T.A.R.S. 버전
바이오하자드 CODE : Veronica LIMITED BOX에 동봉된 컬러.

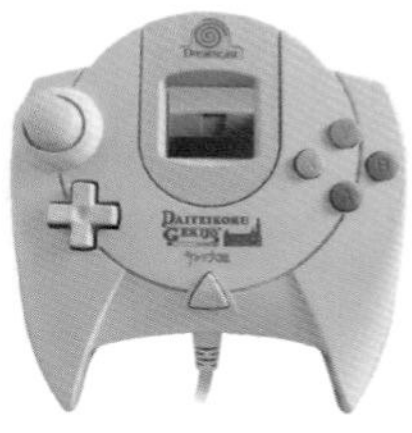

사쿠라대전
사쿠라대전 DREAMCAST For Internet에 동봉된 컬러.

슈퍼 블랙
드림캐스트 다이렉트로 판매한 슈퍼 블랙 본체의 동봉품.

Regulation #7
드림캐스트 Regulation #7에 동봉된 컬러.

CX-1
CX-1(30p)에 동봉된 컬러.

마죠라
드림캐스트 MAZIORA Limited Edition에 동봉된 컬러.

단독형 게임기로도 활용 가능한 외부 저장매체

비주얼 메모리 Visual Memory

세가 엔터프라이지스　1998년 11월 27일　2,500엔

▲ 비주얼 메모리의 외장 패키지.

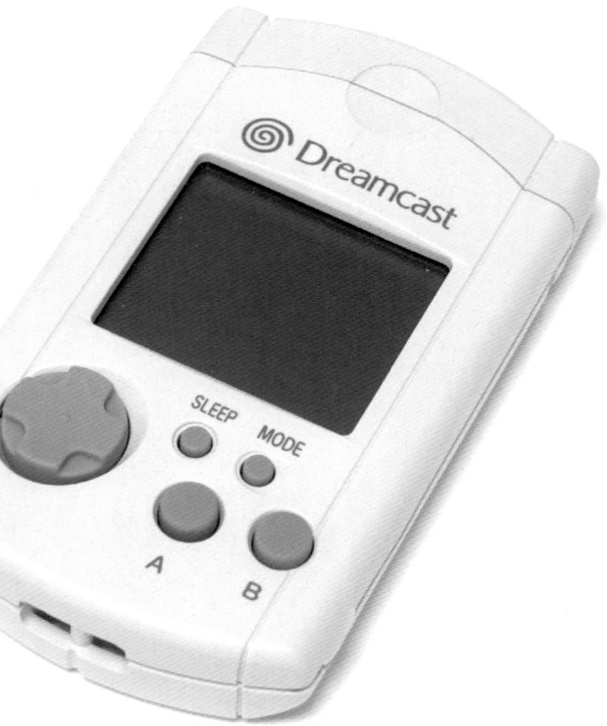

▲ 상단의 커버를 벗긴 사진. 한 쌍의 단자가 보인다.

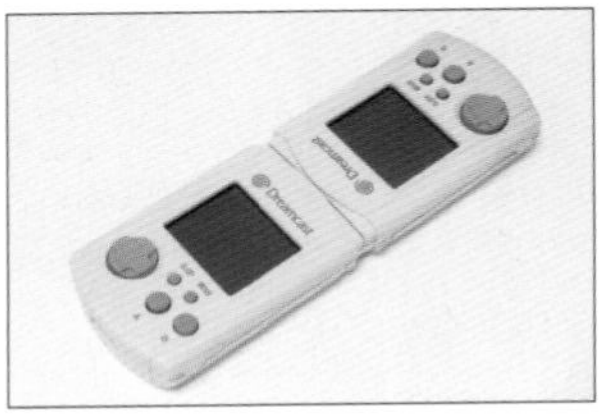

▲ 단자끼리 맞물려 연결시키면 2대 간에 직접 통신이 가능하다.

▲ 비주얼 메모리의 뒷면. 스피커와 전지 커버, 리셋 버튼이 보인다.

작은 본체 내에 다기능을 채워넣다

비주얼 메모리(약칭 VM)는 드림캐스트용 외부 저장매체다. LCD 디스플레이와 입력용 버튼을 갖추고 있어, 자체적으로도 단독형 휴대용 게임기가 되는 것이 최대의 특징이다. 게다가 드림캐스트 컨트롤러와 연결하는 단자 부분이 암수 겸용이라, 비주얼 메모리끼리 서로 연결시키면 드림캐스트 본체를 경유하지 않더라도 데이터를 교환할 수 있도록 배려했다.

데이터 용량은 128KB로서, 이중 28KB가 시스템용으로 예약돼 있으므로 유저가 자유롭게 쓸 수 있는 용량은 100KB다. 이는 시스템 상에서 '블록'이라는 단위로 관리되며, 1블록=512바이트이므로 총 200블록만큼의 저장이 가능하다.

비주얼 메모리에 탑재된 LCD는 48×32픽셀이라 해상도가 낮지만, 드림캐스트에 장착돼 있을 때는 부가정보를 보여주는 서브 모니터 기능도 하여, 소프트별로 다양한 그래픽이나 문자 정보가 표시된다.

이렇게 선구적인 아이디어가 가득 담긴 비주얼 메모리이지만, 휴대기기 용도를 제거한 단순 대용량 메모리 카드를 바라는 유저도 많았기에, 후일 4배의 용량을 내장한 '메모리 카드 4X'도 발매되었다.

비주얼 메모리의 사양

형식번호	HKT-7000
CPU	산요 제 LC8670 8비트 CPU (드림캐스트 연결시 6MHz / 내부전원 사용시 32kHz)
메모리	BIOS ROM : 16KB 메인 RAM : 512KB (시스템용 256KB + 애플리케이션용 256KB) 플래시 메모리 : 128KB (프로그램/데이터용 64KB + 데이터용 64KB) VRAM : 96바이트(상위) + 96바이트(하위) + 6바이트(아이콘용)
그래픽	48×32픽셀 모노크롬 LCD
사운드	1채널 PWM 음원
접속단자	시리얼 통신 단자×2　전송속도 최대 2Mbps
전원	CR2032 전지×2개 사용 (시계 사용시 130일 정도, 게임 사용시 100시간 정도)
외형 치수 / 중량	47(가로) × 80(세로) × 16(두께) mm　약 45g

게임이 처음부터 내장된 비주얼 메모리

비주얼 메모리는 단품 미니 게임기 형태로도 발매되었는데, 총 5개 타이틀이 존재한다. 이 타이틀은 각기 대응되는 드림캐스트용 소프트와 조합하면 추가요소를 즐길 수도 있다. 참고로 이 비주얼 메모리를 초기화해버리면 내장 게임도 지워지니, 무심결에 초기화해버리지 않도록 주의하자.

수집하자 고질라 : 괴수대집합

1998년 7월 30일　2,980엔

괴수의 알을 키우는 육성 시뮬레이션 게임이 내장된 VM. 키우는 목장의 종류나, 통신대전으로 물리친 상대의 DNA 조합에 따라 괴수의 모습이 30종류 이상으로 변화한다.

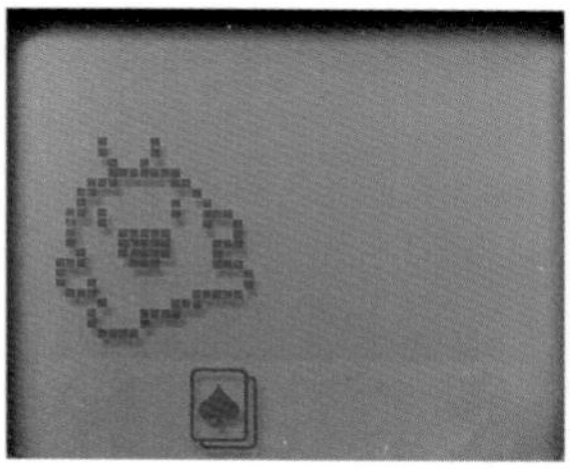

모스라 드림 배틀

1998년 12월 23일　2,980엔

괴수끼리 대결시킬 수 있는 게임이 내장된 VM. 능력 포인트를 배분하고 작전을 결정해 토너먼트에 도전하여, 명예의 전당에 입성하자. 「가메라 드림 배틀」과의 대전도 가능하다.

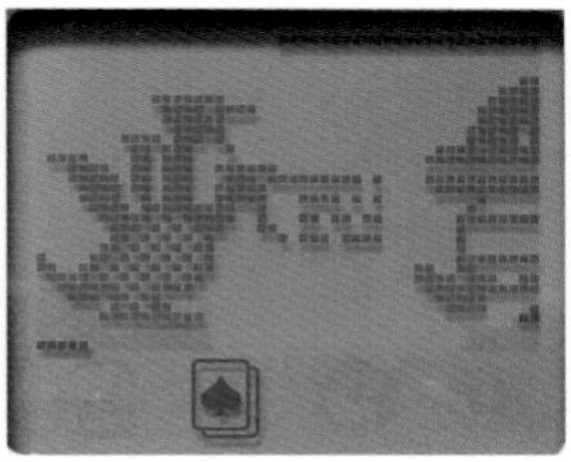

가메라 드림 배틀

1999년 3월 25일　2,980엔

「모스라 드림 배틀」의 어나더 버전. 쇼와 가메라, 헤이세이 가메라 등에서 원하는 괴수를 골라 명예의 전당에 입성시키면, 친구의 괴수와 결투시키거나 팀 배틀에 보낼 수 있다.

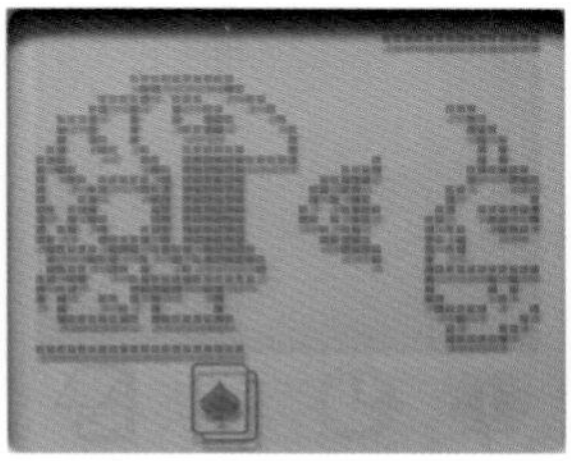

초발명 BOY 카니팡 : 놀자! 키드 DCDC

1999년 4월 22일　2,980엔

「초발명 BOY 카니팡 : 폭주 로보토의 수수께끼!?」와 연동시키면 전용 이벤트가 나오는 VM. 키드의 능력치를 관리하며 다양한 모습으로 육성하는 게임이 내장돼 있다.

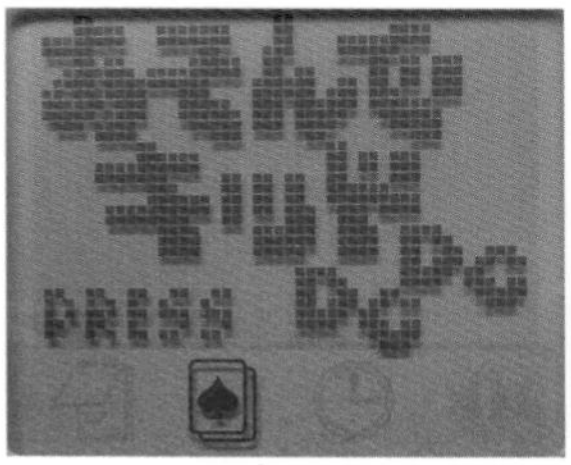

자이언트 채널

1999년 5월 20일　2,980엔

「자이언트 그램 : 전일본 프로레슬링 2 IN 닛폰 부도칸」과 연동 가능한 VM. 현재 시각이 반영된 TV프로를 보여주는 모드, 가위바위보식으로 싸우는 프로레슬링 모드가 있다.

세이브데이터 관리도 비주얼 메모리에서 직접 한다

메모리 카드형 외부 저장매체를 채용한 가정용 게임기는 플레이스테이션이나 게임큐브 등 여럿 존재하지만, 비주얼 메모리처럼 단독으로 직접 데이터 관리까지 할 수 있는 제품은 드물다. 이것도 LCD 화면과 조작 키가 제대로 갖춰져 있기 때문이며, 일일이 게임기에 연결하지 않아도 '어떤 데이터가 들어있는지'를 바로 확인할 수 있어 매우 편리하다.

보여주는 데이터는 세이브데이터의 파일명과 저장 일시의 타임스탬프, 남은 블록 수 등이다. 물론 2대의 비주얼 메모리 간에 복사·삭제 등의 파일 관리도 가능하다(일부 데이터는 복사불가 제한이 걸리기도 한다). 유저의 편의를 제대로 배려한 사양이라 하겠다.

▲ 슬립을 해제한 직후의 인포메이션 화면.

▲ 어떤 세이브데이터인지를 파일명으로 보여준다.

▲ 남은 블록 수도 보여준다. 삽입하기 전에 알 수 있어 편리하다.

비주얼 메모리의 컬러 바리에이션

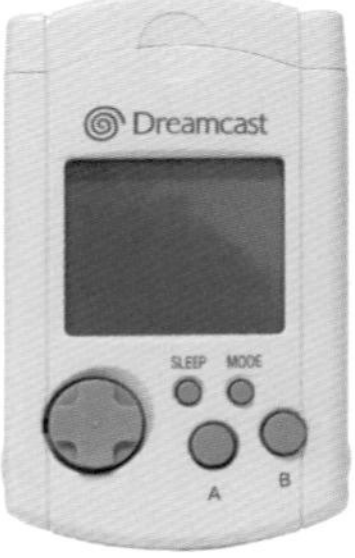

화이트
1998년 11월 27일 2,500엔
드림캐스트 본체 색상과 같은 기본색 비주얼 메모리.

패션 핑크
2000년 3월 30일 2,500엔
일반 판매된 컬러 바리에이션 중의 하나.

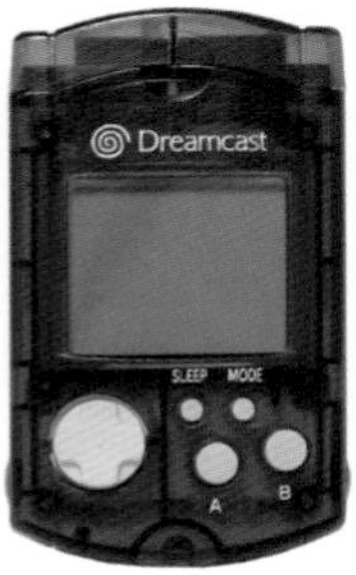

스모크
2000년 3월 30일 2,500엔
일반 판매된 컬러 바리에이션 중의 하나.

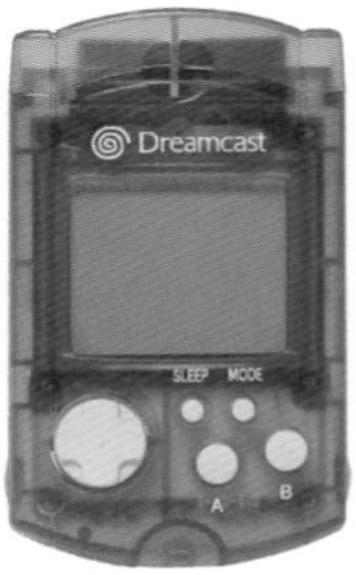

아쿠아 블루
2000년 3월 30일 2,500엔
일반 판매된 컬러 바리에이션 중의 하나.

라임 그린
2000년 3월 30일 2,500엔
일반 판매된 컬러 바리에이션 중의 하나.

클리어
2000년 12월 14일 2,500엔
일반 판매된 컬러 바리에이션 중의 하나.

US 레드
2001년 11월 1일 2,500엔
북미에서 발매된 컬러의 일본 발매 버전.

US 블루
2001년 11월 1일 2,500엔
북미에서 발매된 컬러의 일본 발매 버전.

수집하자 고질라
1998년 7월 30일 2,500엔
드림캐스트 본체보다 먼저 발매되었다. 게임 내장형.

초발명 BOY 카니팡
1999년 4월 22일 2,980엔
게임이 처음부터 내장된 비주얼 메모리.

자이언트 채널
1999년 5월 20일 2,980엔
게임이 처음부터 내장된 비주얼 메모리.

Model : SEAMAN
1999년 7월 29일 7,800엔
「시맨」 비주얼 메모리 동봉팩의 동봉품.

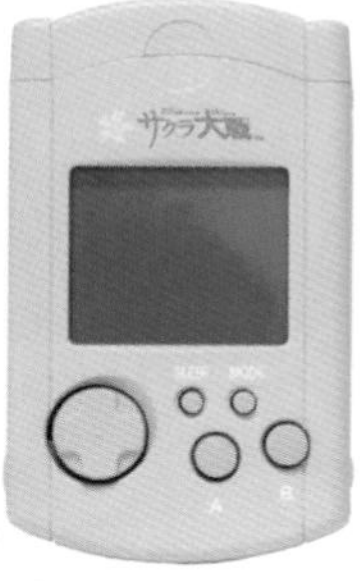

사쿠라대전
2000년 5월 25일 6,800엔
「사쿠라대전」 초회한정판 비주얼 메모리 동봉 세트의 동봉품.

사쿠라대전 3
2001년 3월 22일 9,800엔
「사쿠라대전 3 : 파리는 불타고 있는가」 초회한정판 B의 동봉품.

디지캐럿 판타지
2001년 9월 6일 7,800엔
「디지캐럿 판타지」 초회한정판의 동봉품.

스켈톤 핑크
1999년 11월 25일 34,800엔
Hello Kitty 드림캐스트 세트(28p)의 동봉품.

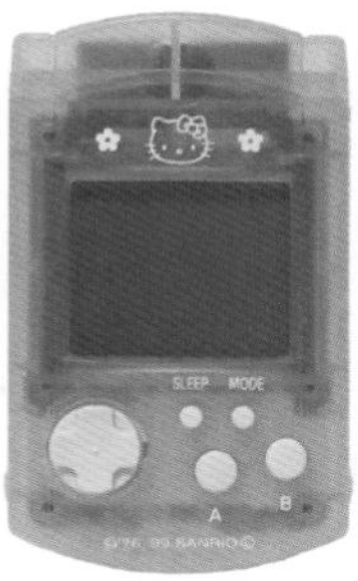

스켈톤 블루
1999년 11월 25일 34,800엔
Hello Kitty 드림캐스트 세트(28p)의 동봉품.

Model : SEAMAN Xmas Package
1999년 12월 16일 34,800엔
드림캐스트 Model : SEAMAN Xmas Package의 동봉품.

CODE : Veronica
2000년 2월 3일 34,800엔
바이오하자드 CODE : Veronica LIMITED BOX의 동봉품.

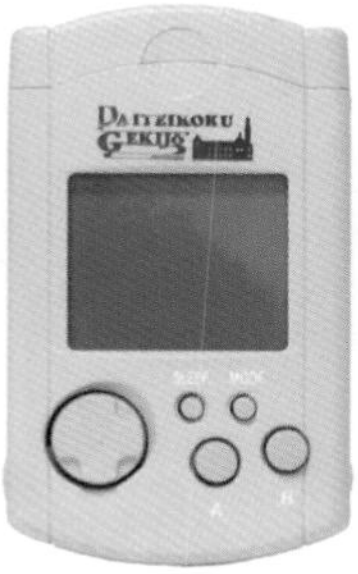

사쿠라대전 DREAMCAST For Internet
2000년 12월 28일 25,800엔
사쿠라대전 DREAMCAST For Internet의 동봉품.

위장색
1999년 2,500pt
드림 포인트 뱅크의 교환용 경품.

카본 블랙
1999년 2,500pt
드림 포인트 뱅크의 교환용 경품.

나무무늬
2000년 9월 1일 3,500pt
드림 포인트 뱅크의 교환용 경품.

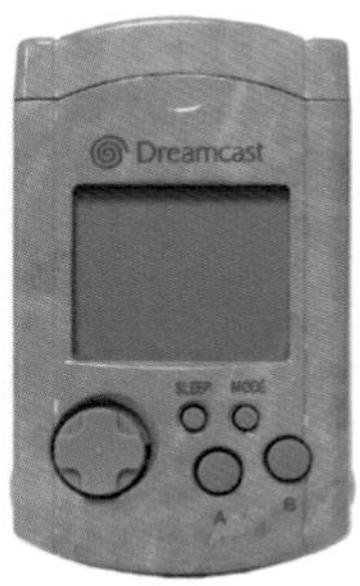

대리석무늬
2000년 9월 1일 3,500엔
드림 포인트 뱅크의 교환용 경품.

표범무늬
2000년 9월 1일 3,500pt
드림 포인트 뱅크의 교환용 경품.

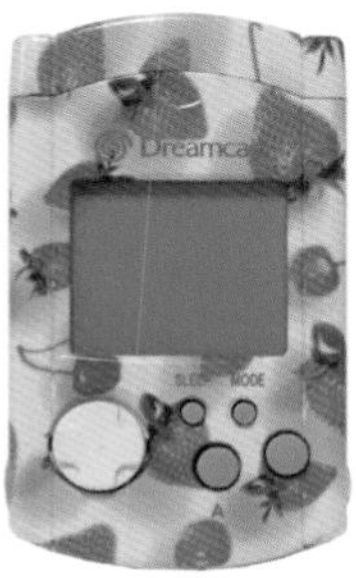

딸기 버전
2001년 5월 17일 3,500pt
드림 포인트 뱅크의 교환용 경품.

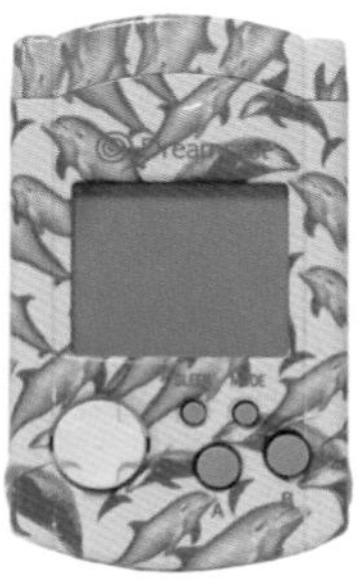

돌고래 버전
2001년 5월 17일 3,500pt
드림 포인트 뱅크의 교환용 경품.

넘버 버전
2001년 5월 17일 3,500pt
드림 포인트 뱅크의 교환용 경품.

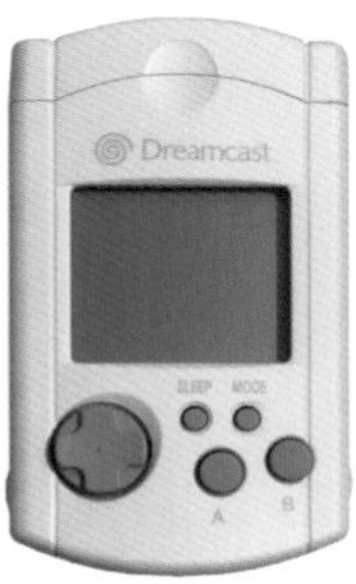

펄 화이트
2000년 8월 31일 2,800엔
드림캐스트 다이렉트의 한정 판매품.

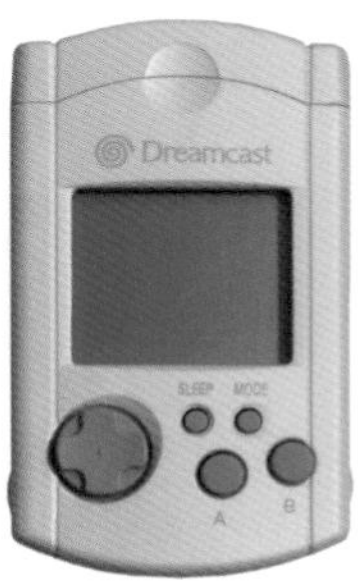

펄 핑크
2000년 8월 31일 2,800엔
드림캐스트 다이렉트의 한정 판매품.

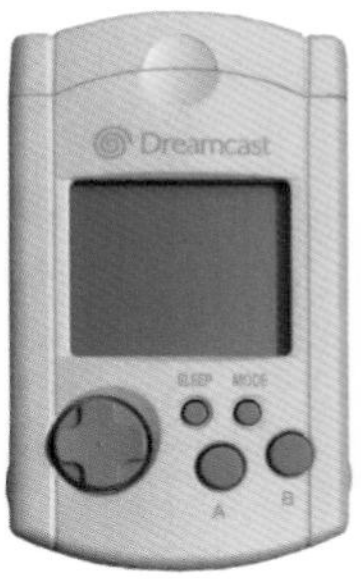

펄 블루
2000년 8월 31일 2,800엔
드림캐스트 다이렉트의 한정 판매품.

퓨어 블랙
2000년 12월 21일 2,800엔
드림캐스트 다이렉트의 한정 판매품.

소닉 팀 버전
2000년 12월 21일 2,800엔
드림캐스트 다이렉트의 한정 판매품.

캡콤 디자인
2000년 12월 22일 2,800엔
드림캐스트 다이렉트의 한정 판매품.

세가가가
2001년 3월 29일 2,800엔
드림캐스트 다이렉트의 한정 판매품.

타이쇼로만도 버전
비매품
타이쇼로만도 신사이바시점 개점 기념 추첨 증정품.

HARDWARE
1998
1999
2000
2001
2002
2003
2004
2005
2006
2007
OVERSEA
INDEX

산뜻한 파스텔 컬러의 드림캐스트 세트

Hello Kitty 드림캐스트 세트

Hello Kitty Dreamcast Set

세가 엔터프라이지스　1999년 11월 25일　34,800엔

키보드와 VM까지 완전한 풀 세트!

Hello Kitty 드림캐스트 세트는 헬로키티의 일러스트가 실크 인쇄된 특별 사양의 드림캐스트다. 일반판 본체의 모든 구성물은 물론이고 동일 색상의 키보드 및 비주얼 메모리까지 동봉돼 있어, 이 세트만 구비하면 바로 게임도 인터넷도 즐길 수 있도록 했다.

바디의 상부에 반투명 파츠를 사용해, 일반적인 클리어 바디와는 달리 유백색의 포근한 분위기를 연출한 것이 특징. 참고로 컬러는 스켈톤 핑크와 스켈톤 블루로 2가지를 마련했으며, 기능·부속물은 양 컬러 모두 동일하다.

Hello Kitty 드림캐스트 세트의 사양

형식번호	HKT-3000
CPU	SH-4　128비트 그래픽스 엔진 내장 RISC (200MHz, 360MIPS / 1.4GFLOPS)
메모리	워크 RAM : 16MB, 비디오 RAM : 8MB, 사운드 RAM : 2MB
그래픽	PowerVR2 DC CG 표현성능 : 300만 폴리곤/초 발색수 : 1677만 색 영상처리 기능 : 범프 매핑, 포그, 알파 블렌딩, 밉맵, 환경 매핑, 트라이리니어 필터링, 반사광 이펙트, 안티에일리어싱, Z버퍼, 플랫 셰이딩, 고러드 셰이딩
사운드	슈퍼 인텔리전트 사운드 프로세서 (32비트 RISC CPU 내장) 64채널 PCM/ADPCM
미디어	GD-ROM (신 규격·고밀도 기록매체) 용량 : 1GB (CAV 방식), 최고 12배속
모뎀	V.34 (33.6Kbps)
OS	마이크로소프트 Windows CE (커스텀 버전)
접속단자	컨트롤러 포트 4개, AV 단자, 시리얼 단자, 모듈러 잭
전원 / 소비전력	AC 100V±10% 50/60Hz / 약 22W
외형 치수	190(가로) × 195.8(세로) × 75.5(높이) mm　약 1.5kg
동봉품	드림캐스트 컨트롤러×1, 비주얼 메모리×1, 키보드×1, 전원 케이블, 스테레오 AV 케이블, 모듈러 케이블(5m), 전용 동봉 소프트 2개, 취급설명서, 안전 가이드

▲ 외장 패키지에도 귀여운 헬로키티의 일러스트가 있다.

TOP VIEW

BOTTOM VIEW

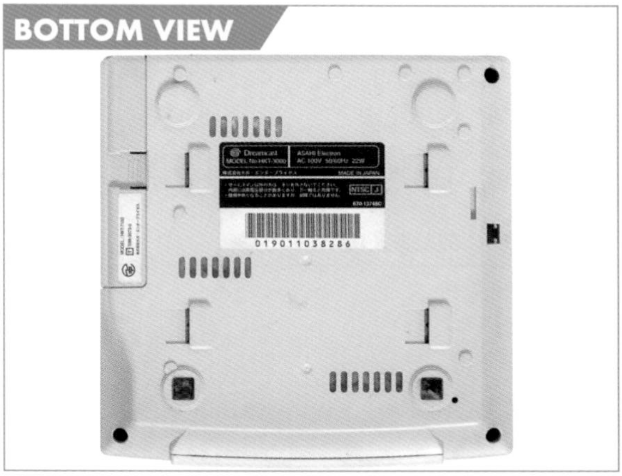

FRONT VIEW

REAR VIEW

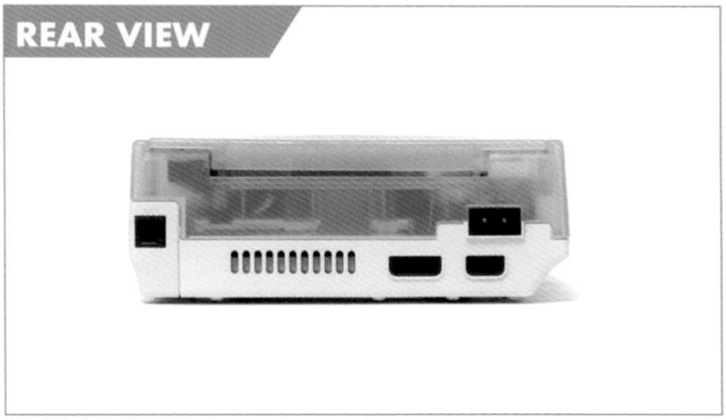

LEFT SIDE VIEW

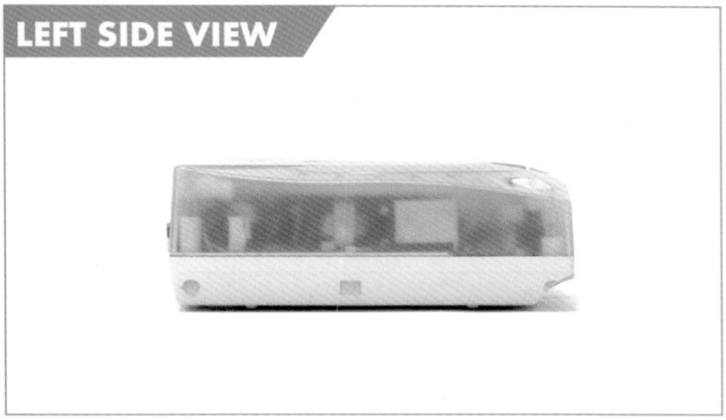

RIGHT SIDE VIEW

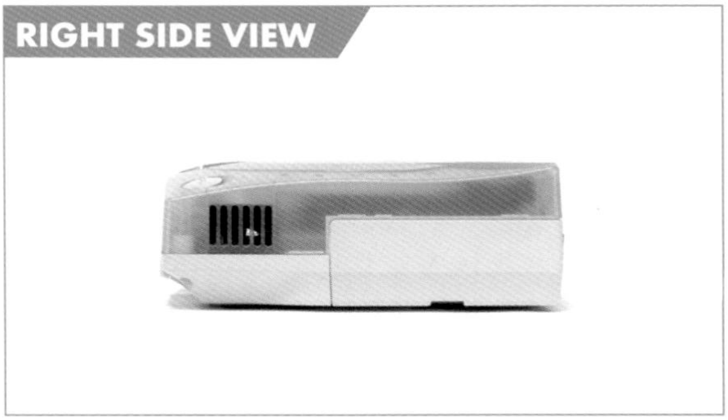

전용 소프트도 2종 동봉했다

이 세트에는 드림캐스트용 소프트인「헬로키티 드림 패스포트 2」와「헬로키티의 가든 패닉」 2종이 동봉되어 있는데, 양쪽 모두 이 세트로만 입수할 수 있는 전용 소프트다.

「헬로키티 드림 패스포트 2」는 등장 캐릭터를 헬로키티로 교체했으며, 효과음 및 스크린세이버도 헬로키티 버전으로 변경했다.「헬로키티의 가든 패닉」은 오리지널 퍼즐 게임으로서, 정원의 해충을 퇴치한다는 내용이다.

단순한 본체 컬러 바리에이션을 넘어 다양한 추가요소를 가미한 이 세트는, 새로운 유저층을 발굴하는데 기여한 제품이라 할 수 있다.

▲ 전용「드림 패스포트 2」로서, 단독 판매되지 않았다.

▲ 이쪽은 스켈톤 블루 세트. 핑크보다 출하량이 적었다.

후지 텔레비전이 기획한 드림캐스트 내장형 TV

CX-1 Divers 2000 Series CX-1

후지 텔레비전 2000년 3월 88,888엔

▲ 히타치 맥셀 사의 쇼핑 웹사이트 'D-MAX'의 CX-1 판매 페이지.

뭐니 뭐니 해도 디자인이 개성적

CX-1은 후지 텔레비전 사가 기획하고 스마트 엑스 사가 개발한 멀티미디어 지원 TV다. '1970년대에 고안된 2000년의 TV'라는 디자인 컨셉대로 레트로퓨처 느낌이 넘쳐나는 개성적인 외관이 최대의 특징으로서, 이미 평면 브라운관이 주류가 된 시기의 제품인데도 일부러 곡면 브라운관을 채용하는 등 디자인의 주관이 뚜렷하다.

전용색의 드림캐스트 컨트롤러·키보드·드림아이를 동봉했으며, 통신판매로 5,000대 한정 발매했다. 참고로, 후일 드림캐스트 다이렉트에서도 소량 판매되었다.

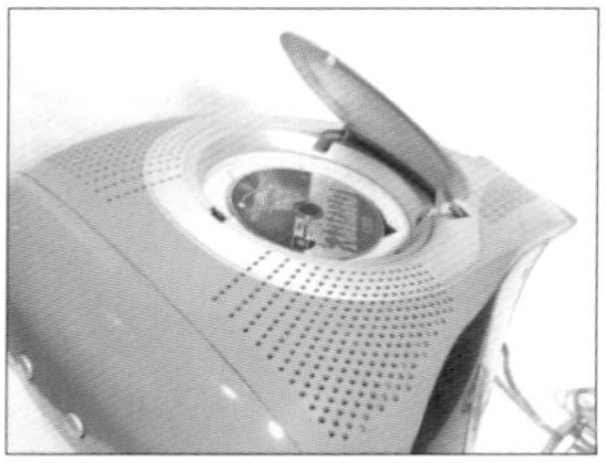

▲ GD-ROM 드라이브는 윗면에 위치한다. 커버를 가볍게 누르면 열리는 팝업 개폐식이다.

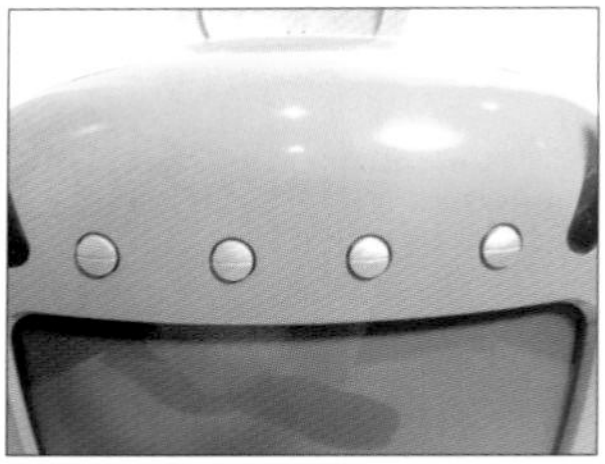

▲ 화면 상단의 스위치들. 왼쪽부터 전원, 입력전환, 볼륨, 채널 버튼이다.

REAR VIEW

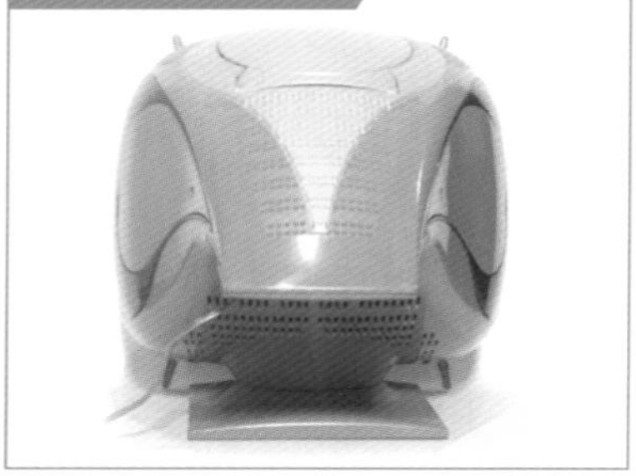

LEFT SIDE VIEW

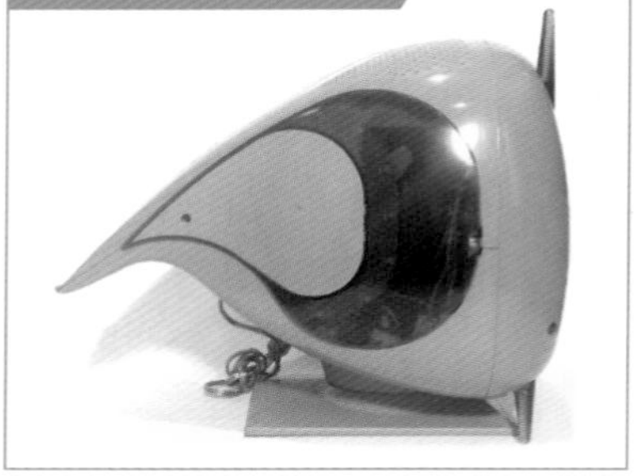

RIGHT SIDE VIEW

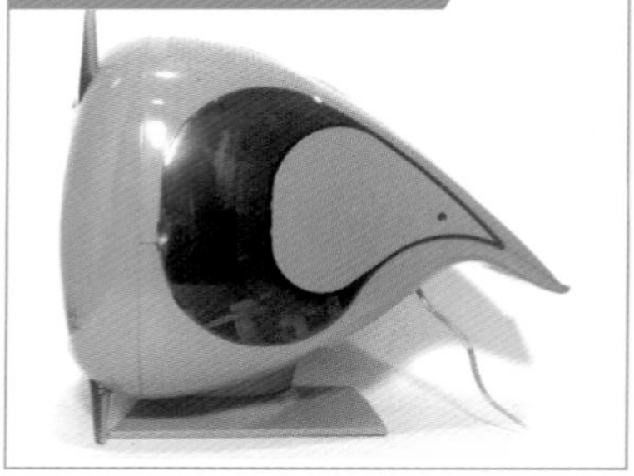

장기간 현역이었던, 드림캐스트 기반의 아케이드 시스템 기판

NAOMI

New Arcade Operation Machine Idea

세가 엔터프라이즈이지스 1998년 11월

고성능을 증명한 호환 아케이드 기판

NAOMI는 드림캐스트를 기반으로 삼아 제작된 아케이드용 시스템 기판이다. 고성능과 저가격의 양립을 목적으로 개발된 시스템으로서, 드림캐스트용 소프트 개발이 쉬웠던 덕분에 가정용 게임기로의 이식성도 뛰어나서, 업계의 호평을 받아 오랫동안 현역으로 애용되었다.

기본 성능은 드림캐스트와 동일하나, 메모리와 VRAM이 각각 32MB와 16MB이며, 사운드 RAM은 드림캐스트의 4배인 8MB로 강화되었다.

소프트 공급매체는 본체 상단에 장착하는 ROM 보드 형태가 대부분이었지만, 드림캐스트처럼 GD-ROM 형태로도 공급되었다. 이 경우, 불법복제 방지를 위해 전용 동글이 한 세트로 제공된다.

앞서 서술한 대로 상당히 호평받은 기판이었기에, PowerVR2를 2개 탑재하여 그래픽 능력을 향상시킨 NAOMI2, 지오메트리 연산용으로 전용 칩을 탑재해 라이팅 표현을 강화시킨 HIKARU, 사미 사가 개발한 ATOMISWAVE 등 NAOMI 기반의 파생 기판도 여럿 출시되었다.

▲ 블랙 바디로 바뀐 후계 기판, NAOMI2. 하위호환성이 있어, NAOMI용 소프트도 구동이 가능했다.

▲ NAOMI용 GD-ROM 드라이브 유닛. DIMM 보드를 경유하여 NAOMI 본체와 연결한다.

▲ NAOMI2용 소프트 「버추어 파이터 4」. 오른쪽에 있는 작은 부품이 보안대책용 동글.

드림캐스트를 세가카라로 만들어주는 인터넷 노래방 어댑터

드림캐스트 가라오케 Dreamcast Karaoke

세가 엔터프라이지스　2001년 3월 29일　9,800엔

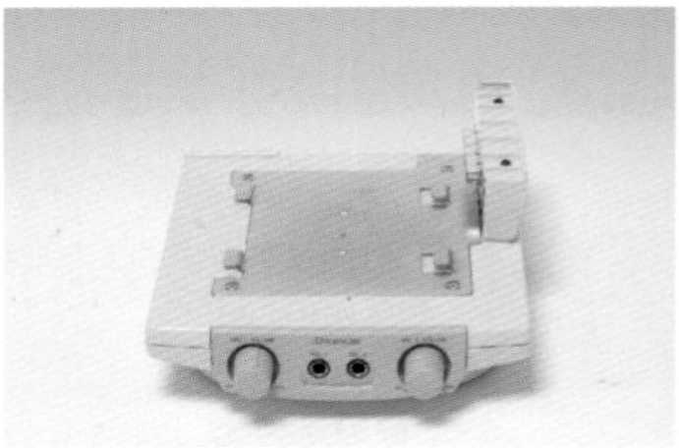

▲ 드림캐스트 가라오케의 본체.

▲ 드림캐스트와 합체시킨 상태.

본격적인 가정용 인터넷 노래방 세트

드림캐스트 가라오케는 드림캐스트 본체 하단에 장착해 드림캐스트를 인터넷 노래방 기기로 이용하는 주변기기다. 모뎀이 표준 내장된 드림캐스트였기에 구현 가능했던 제품으로서, 당시 세가가 일본에서 제공하던 인터넷 노래방 서비스 '세가카라'(현재는 서비스 종료)와 완전히 동일한 품질의 곡을 집에서 즐길 수 있었던, 당시로서는 획기적인 제품이었다.

드림캐스트와의 연결은 본체의 모뎀 어댑터를 분리하고 대신 장착하는 식이며, 분리한 모뎀은 가라오케 본체에 동일한 연결단자가 있어 그곳에 장착하면 된다. 모뎀 어댑터 대신 브로드밴드 어댑터를 사용할 수도 있었다.

가라오케 본체는 마이크 입력과 음성 믹싱만을 담당하며, 음원·이펙트를 비롯한 각종 주요 기능은 드림캐스트 쪽에서 소프트웨어로 구현했다. AV 단자도 음성 믹싱을 위해 중계만 담당하는 식인데, 영상신호가 전부 연결되는 것은 아닌지라 S단자 케이블이나 VGA 박스는 아쉽게도 지원하지 않았다.

드림캐스트 가라오케의 사양

형식번호	HKT-4301
접속단자	마이크 단자×2 (입력감도 10mV 모노럴)
전원 / 소비전력	AC 100V±10% 50/60Hz / 약 2.8W
외형 치수 / 중량	202.8(가로) × 190(세로) × 99.8(높이) mm 약 910g
동봉품	드림캐스트 가라오케 전용 마이크×1, 드림캐스트 가라오케용 AV 케이블, 조견표, 마이크 식별용 스티커, 드림캐스트 가라오케 전용 소프트 디스크, 취급설명서

드림캐스트 가라오케 전용 마이크의 사양

형식번호	HKT-4350
형식	모노럴 다이내믹형
정면 감도	53dB±4dB (0dB=1V/Pa at 1kHz)
임피던스	600Ω±30% (at 1kHz)

▲ 외장 패키지는 드림캐스트 본체와 동일한 사이즈다.

TOP VIEW

BOTTOM VIEW

FRONT VIEW

REAR VIEW

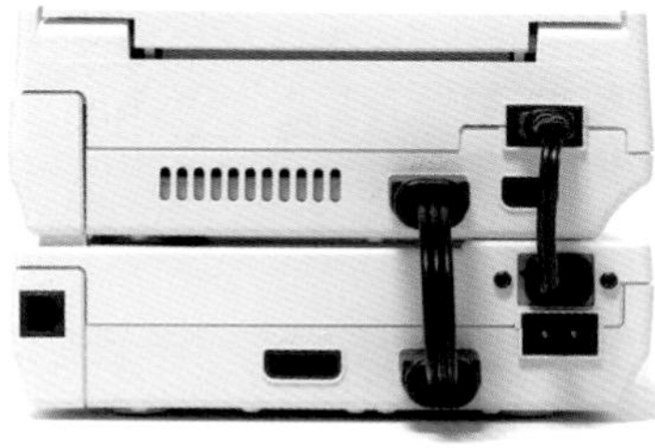

LEFT SIDE VIEW

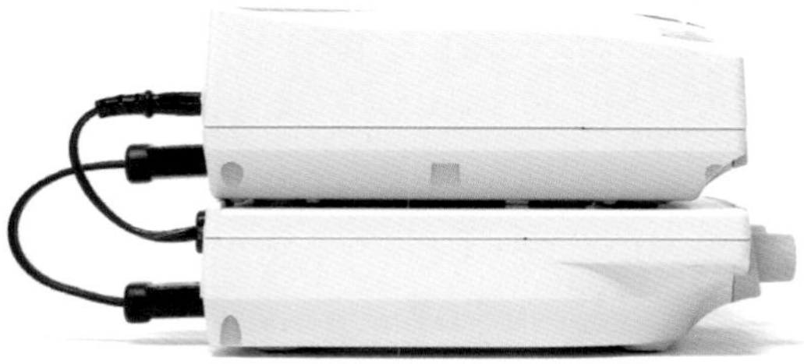

RIGHT SIDE VIEW

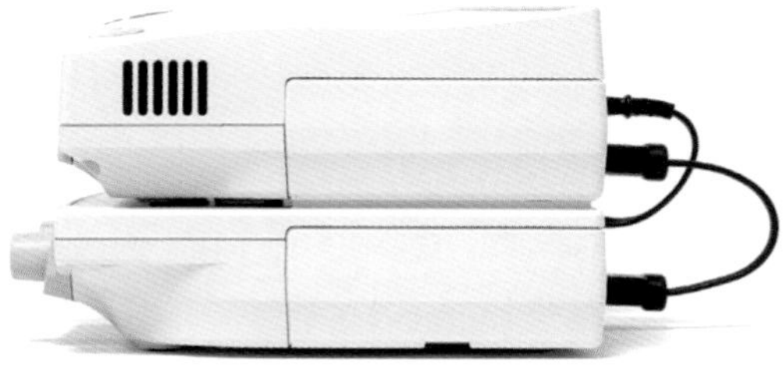

SONG BOOK

MICROPHONE

동봉품은 드림캐스트 로고가 붙은 전용 마이크 1개와 세가카라 수록곡 번호책 1권이다. 번호책은 당시 일본의 세가카라 계 노래방에 비치되었던 것과 같은 디자인이라, (노래가 추가된들 페이지를 늘릴 수는 없긴 해도) 제법 본격적인 노래방 기분을 낼 수 있었다. 현재는 서비스가 종료된지라 무의미한 주변기기이긴 하나, 장식용으로라도 써볼만한 제품이라 하겠다.

드림캐스트의 주변기기

케이블 CABLE

드림캐스트 스테레오 AV 케이블

HKT-7900 세가 엔터프라이지스
1998년 11월 27일 1,500엔

본체 동봉품과 동일한, 컴포지트(비디오) 단자가 있는 TV에 연결하기 위한 케이블.

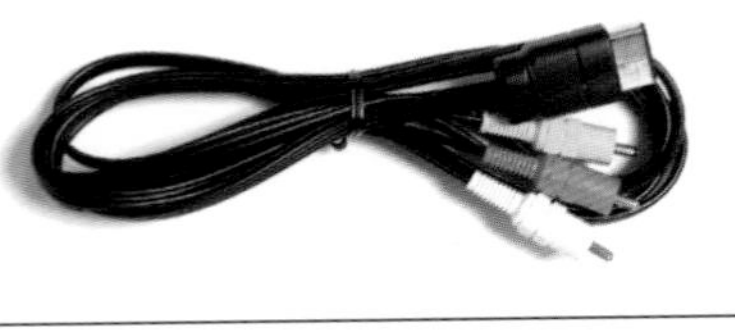

◀ 드림캐스트용 영상 케이블 중에선 가장 일반적이다.

드림캐스트 S단자 케이블

HKT-8000 세가 엔터프라이지스
1998년 11월 27일 3,000엔

컴포지트(비디오) 신호보다 고품질로 영상을 보여주는 케이블. 연결하려면 TV에 S단자가 있어야만 한다.

◀ 요즘은 S단자가 달린 TV를 보기가 쉽지 않아졌다.

드림캐스트 VGA 박스

HKT-8100 세가 엔터프라이지스
1999년 1월 14일 7,000엔

VGA 박스 지원 소프트를 PC용 모니터의 고화질로 즐길 수 있는 어댑터. 고화질을 중시하는 유저라면 필수 아이템이다.

◀ 비지원 소프트도 있으니, 소프트 카탈로그로 체크해보자.

드림캐스트 모듈러 연장 케이블

HKT-8200 세가 엔터프라이지스
1998년 11월 27일 1,200엔

모듈러 케이블을 15m 더 연장시켜주는 케이블. 시중의 제품과 동등하므로 굳이 순정품을 고르지 않아도 무방하다.

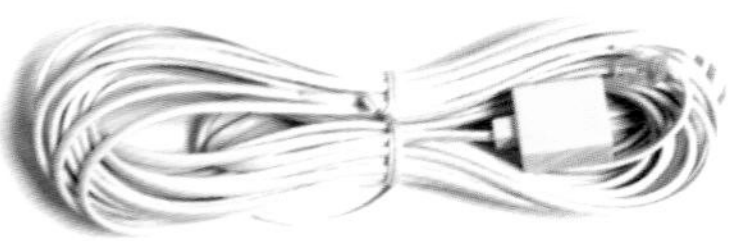

◀ 길이가 충분한 편이라, 다른 방에서 회선을 끌어올 수도 있다.

드림캐스트 음성 접속 케이블

HKT-8300 세가 엔터프라이지스
1999년 1월 14일 800엔

VGA 케이블로는 음성신호가 전달되지 않기 때문에, 시중의 스피커로 음성을 출력하기 위해 사용하는 케이블.

◀ VGA 박스와 조합하여 사용할 것을 상정하여 발매되었다.

드림캐스트 모듈러 케이블

HKT-8500 세가 엔터프라이지스
1998년 11월 27일 700엔

본체 동봉품과 동일한, 가정의 전화선 모듈러 커넥터와 접속하기 위한 케이블.

◀ 이쪽도 범용 케이블이므로, 시중의 케이블로 대용이 가능하다.

드림캐스트 MIDI 인터페이스 케이블

HKT-9200 세가 엔터프라이지스 2000년 1월 20일 3,000엔

시리얼 단자에 연결하여, 전자 피아노 등의 MIDI 지원기기와 접속하는 인터페이스 장치. 지원 소프트는 「소·리·넣·기 : 드림캐스트 시퀀서」(71p) 단 하나뿐이다.

◀ 사용 목적이 한정적이라, 제법 희귀한 주변기기다.

드림캐스트 대전 케이블

HKT-9500　세가 엔터프라이지스
1999년 12월 9일　3,000엔

두 대의 드림캐스트를 연결시켜 통신대전을 즐길 수 있다. 지원 소프트로는 「에어로 댄싱 F」 등, 총 5개 타이틀이 발매되었다.

◀ 본체와 TV가 각각 두 대씩 필요한지라, 지원 소프트가 적다.

네오지오 포켓 / 드림캐스트 접속 케이블

NEOP22020　SNK　1999년 6월 24일　2,800엔

타사 휴대용 게임기와의 데이터 교환이 가능한, 진기한 접속 케이블. 숨겨진 캐릭터의 추가나 특전 포인트 획득 등에 사용된다. 지원 소프트로는 6개 타이틀이 발매되었다.

■ 지원 타이틀

- 「더 킹 오브 파이터즈 드림 매치 1999」
- 「더 킹 오브 파이터즈 '99 EVOLUTION」
- 「캡콤 VS. SNK : 밀레니엄 파이트 2000」
- 「빅쿠리맨 2000 : 비바! 페스티바!」
- 「캡콤 VS. SNK 2 : 밀리어네어 파이팅 2001」
- 「리듬 코믹 : 쿨쿨 툰」

드림캐스트의 주변기기　확장 소켓용 EXPANSION

비주얼 메모리

HKT-7000　세가 엔터프라이지스
1998년 11월 27일　2,500엔

게임의 세이브데이터를 비롯한 각종 개인 데이터를 저장할 수 있는 저장매체. LCD 디스플레이와 버튼을 제대로 갖춰, 단독형 게임기로도 활용 가능하다.

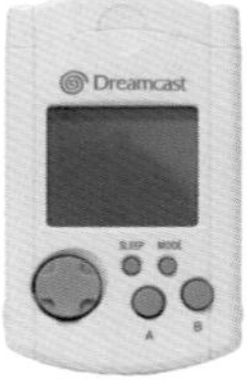

◀ 다양한 패키지와 컬러 바리에이션 모델이 발매되었다.

메모리 카드 4X

HKT-4100　세가
2000년 12월 4일　4,800엔

비주얼 메모리에서 LCD·버튼을 삭제한 대신, 4배의 저장용량을 구현했다. 데이터 세이브에만 특화시킨 제품.

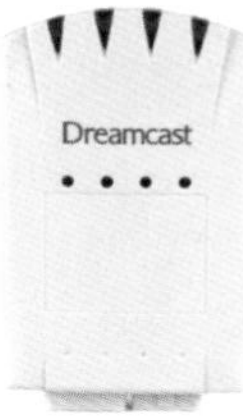

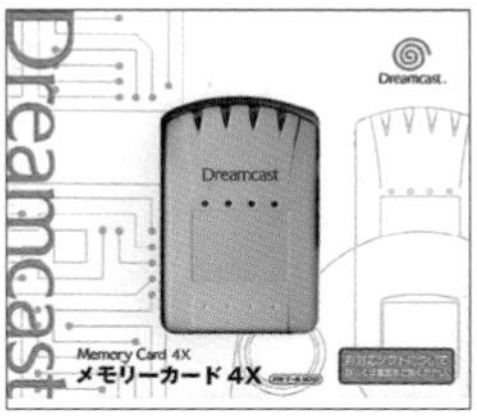

◀ 본 제품 이전의 소프트 중엔 비지원작도 있으니 주의.

부들부들 팩

HKT-8600　세가 엔터프라이지스
1999년 3월 4일　1,800엔

드림캐스트 컨트롤러에 진동 기능을 추가시키는 주변기기. 장착하면 지원 소프트의 몰입감이 한층 더 높아진다.

◀ 게임의 리얼리티가 대폭 증가하는 주변기기.

드림캐스트 마이크 디바이스

HKT-7200　세가 엔터프라이지스
1999년 11월 25일　2,500엔

드림캐스트에 음성 입력 기능을 추가하는 주변기기. 「시맨 : 금단의 애완동물」을 비롯해 총 16개 타이틀을 지원한다.

◀ 「드림 패스포트 3」에서 보이스 채팅에 사용할 수도 있었다.

드림캐스트의 주변기기

드림캐스트 컨트롤러

HKT-7701　세가 엔터프라이지스
1998년 11월 27일　2,500엔

본체 동봉품과 동일한 컨트롤러. 여럿이 함께 즐기는 스타일의 게임을 플레이하려면 추가구입은 필수다.

아스키 패드 FT

ASC-1301P　아스키
1999년 11월 25일　2,980엔

세가새턴의 컨트롤 패드와 흡사한 디자인의 디지털 컨트롤러. 격투 게임을 즐기기에는 최적의 버튼 배치라 할 수 있다.

아스키 패드 FT CAPCOM Version

ASC-1301M　아스키
2000년 9월 6일　3,300엔

아스키 패드 FT와 완전히 동일 성능이지만 성형색이 다른 버전. 친구와 대전 플레이를 하려면 2개 준비해두도록 하자.

아스키 패드 FT SNK Version

ASC-1301K　아스키
2000년 9월 6일　3,300엔

이쪽은 SNK의 이미지 색상을 채용한 아스키 패드 FT. 3개 제품 모두 비주얼 메모리를 장착할 수 있으므로 세이브도 문제없다.

아케이드 스틱

HKT-7300　세가 엔터프라이지스
1998년 11월 27일　5,800엔

본체와 동시 발매된 조이스틱. 제법 묵직하게 제작되어, 안정적인 플레이를 즐길 수 있다.

아스키 미션 스틱

ASC-1305MS　아스키
1999년 4월 22일　7,600엔

플라이트 시뮬레이터 계 게임 등, 아날로그 조작이 필요한 게임을 위해 제작된 독특한 형태의 컨트롤러. 모든 버튼에 연사 기능이 지원된다.

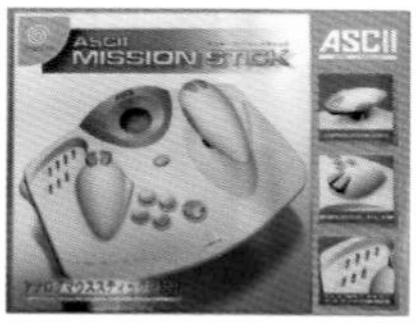

레이싱 컨트롤러

HKT-7400　세가 엔터프라이지스
1999년 1월 28일　5,800엔

드림캐스트로 다수 발매된 레이싱 게임을 지원하는 스티어링 휠 컨트롤러. 별매 형태로 페달 컨트롤러의 발매도 검토했었다고 하나, 프로토타입으로 끝나고 실제로는 발매되지 않았다.

■ 지원 타이틀

- 「세가 랠리 2」
- 「세가 GT : 호멀러게이션 스페셜」
- 「크레이지 택시」
- 「크레이지 택시 2」
- 「F355 챌린지」
- 「슈퍼 스피드 레이싱」
- 「모나코 그랑프리 레이싱 시뮬레이션 2」
- 「Roadsters」
- 「Alien Front Online」
- 「Looney Tunes: Space Race」
- 「Mag Force Racing」
- 「Metropolis Street Racer」
- 「Speed Devils: Online Racing」
- 「Walt Disney World Quest: Magical Racing Tour」
- 「스피드 데빌」
- 「르망 24 아워즈」
- 「F1 월드 그랑프리 for Dreamcast」
- 「F1 월드 그랑프리 II for Dreamcast」
- 「슈퍼 런어바웃」
- 「슈퍼 런어바웃 : 샌프란시스코 에디션」
- 「스피리트 오브 스피드 1937」
- 「4×4 Evo」
- 「Demolition Racer: No Exit」
- 「Exhibition of Speed」
- 「F1 Racing Championship」
- 「Racing Simulation 2: Monaco Grand Prix On-line」
- 「V-Rally 2: Expert Edition」
- 「에이티 휠러」
- 「버기 히트」
- 「데이토나 USA 2001」
- 「도쿄 버스 안내」
- 「수도고 배틀」
- 「수도고 배틀 2」
- 「Stunt GP」
- 「Test Drive 6」
- 「Taxi 2」
- 「Toy Racer」
- 「Vanishing Point」
- 「Wacky Races」
- 「POD 2」

트윈 스틱

HKT-7500　세가 엔터프라이지스
1999년 12월 9일　5,800엔

「전뇌전기 버추얼 온 : 오라토리오 탱그램」과 동시 발매된 전용 컨트롤러. 지원 소프트도 이 게임 하나뿐이다.

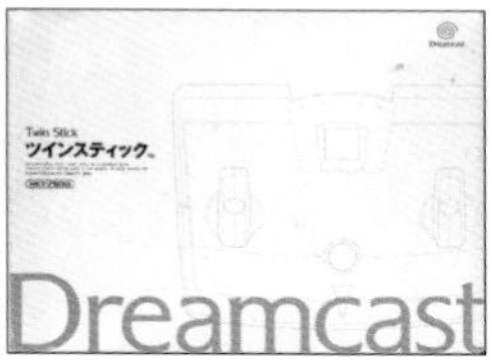

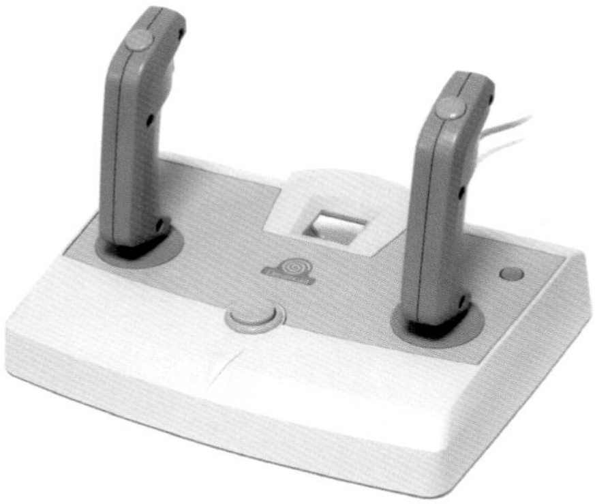

■ 지원 타이틀

- 「전뇌전기 버추얼 온 : 오라토리오 탱그램」

드림캐스트의 주변기기

드림캐스트 건

HKT-7801 세가 엔터프라이지스
1999년 3월 25일 4,500엔

건 슈팅 게임에 최적인 주사선 감지식 광선총. 브라운관의 주사선을 검출하는 원리이므로, 현재의 LCD·OLED TV에서는 사용할 수 없다.

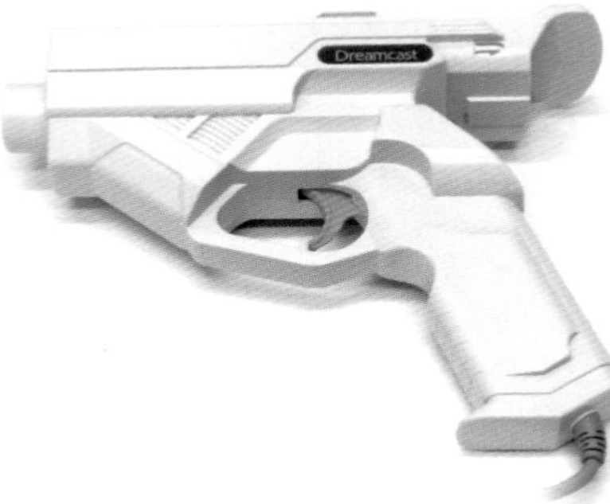

■ 지원 타이틀

- 「버추어 캅 2」
- 「더 하우스 오브 더 데드 2」
- 「데스 크림즌 2 : 메라니트의 제단」
- 「데스 크림즌 OX」
- 「컨피덴셜 미션」
- 「Demolition Racer: No Exit」
- 「Sega SmashPack Volume 1」

낚시 컨트롤러

HKT-8701 세가 엔터프라이지스
2000년 3월 22일 5,800엔

낚시를 테마로 삼은 게임을 즐기기 위해 마련된 전용 컨트롤러. 자이로 센서가 내장되어, 컨트롤러 자체를 전후좌우로 움직이는 식으로 로드 액션을 재현할 수 있다. 컨트롤러 자체에 진동 기능이 있어, 더욱 감각적인 플레이가 가능하다.

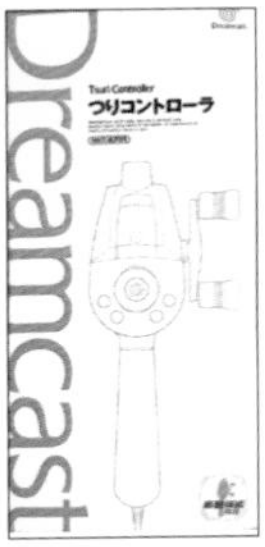

■ 지원 타이틀

- 「겟배스」
- 「겟배스 2」
- 「세가 마린 피싱」
- 「피시 아이즈 와일드」
- 「레이크 마스터즈 PRO : Dreamcast plus!」
- 「배스 러시 드림 : ECOGEAR PowerWorm Championship」

드림캐스트 마라카스 컨트롤러

HKT-9700 세가 엔터프라이지스
2000년 4월 27일 7,800엔

「삼바 DE 아미고」 전용 컨트롤러다.

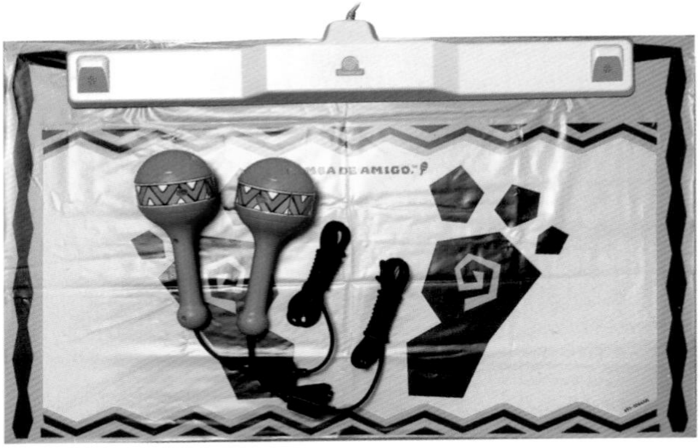

■ 지원 타이틀

- 「삼바 DE 아미고」
- 「삼바 DE 아미고 Ver.2000」

드림캐스트 마우스

HKT-9900　세가 엔터프라이지스
2000년 8월 17일　2,500엔

3버튼 + 1휠을 갖춘, 실로 평범한 디자인의 마우스. 광학식이 아니라, 발매 당시 시점의 주류였던 볼 방식을 채용했다.

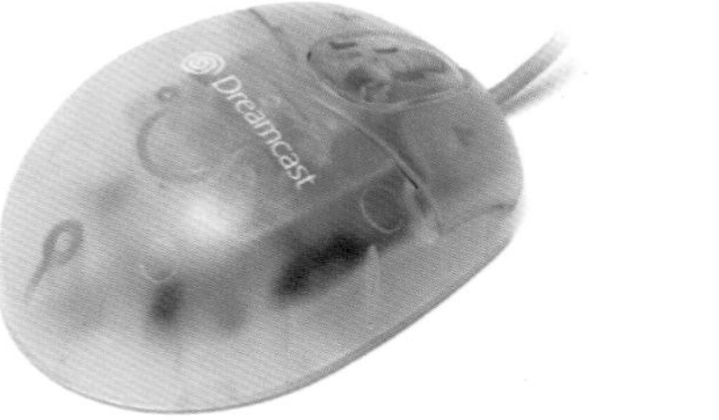

■ 지원 타이틀

- 「드림 패스포트 3」
- 「드림 패스포트 프리미어」
- 「데지코의 마이 브라우저」
- 「신세기 에반게리온 : 아야나미 육성계획」
- 「Soldier of Fortune」
- 「Tom Clancy's Rainbow Six : Rogue Spear」
- 「파이어 프로레슬링 D」
- 「두근두근 아이돌 스타 시커 Remix」
- 「나코루루 : 그 사람이 준 선물」
- 「Railroad Tycoon II」
- 「Unreal Tournament」
- 「발드 포스 EXE」
- 「아웃트리거」
- 「Stupid Invaders」
- 「Quake III Arena」
- 「Hidden & Dangerous」

전차로 GO! 전용 컨트롤러

TCPP-20004　타이토
2000년 1월 20일　5,800엔

같은 회사의 「전차로 GO! 2 : 고속편 3000번대」와 동시 발매된 컨트롤러.

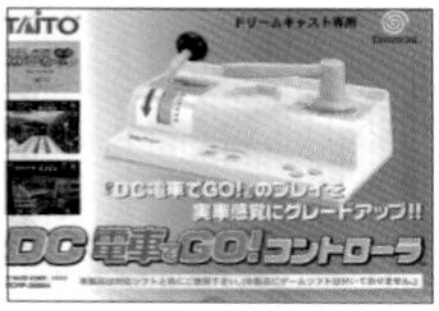

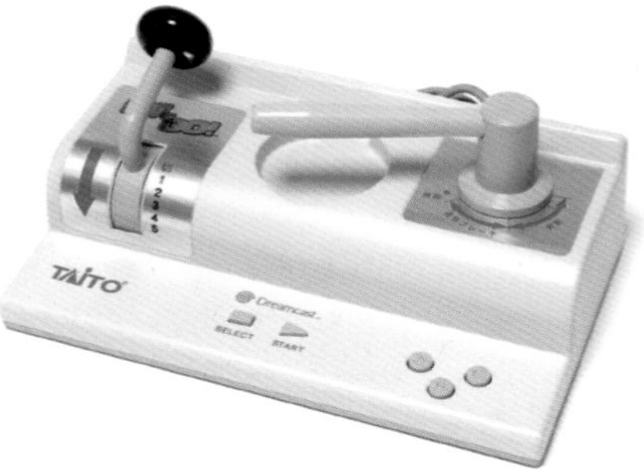

■ 지원 타이틀

- 「전차로 GO! 2 : 고속편 3000번대」

팝픈 컨트롤러

RU-015　코나미
1999년 12월 9일　4,980엔

「팝픈 뮤직」 전용 컨트롤러.

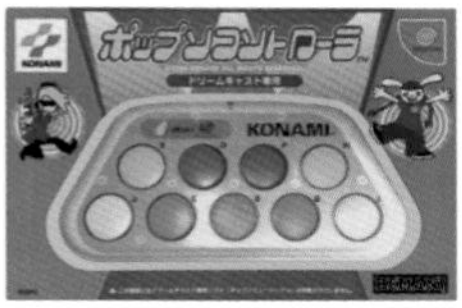

■ 지원 타이틀

- 「팝픈 뮤직」
- 「팝픈 뮤직 2」
- 「팝픈 뮤직 3 : 어펜드 디스크」
- 「팝픈 뮤직 4 : 어펜드 디스크」

댄스 댄스 레볼루션 전용 컨트롤러

RU-022　코나미　2000년 2월 26일　5,800엔

「댄스 댄스 레볼루션」과 동시 발매된 컨트롤러. 시리즈의 2개 작품을 지원한다.

■ 지원 타이틀

- 「댄스 댄스 레볼루션 2nd MIX : Dreamcast Edition」
- 「댄스 댄스 레볼루션 CLUB VERSION : Dreamcast Edition」

드림캐스트의 주변기기

모뎀 어댑터

HKT-7100　세가 엔터프라이지스
드림캐스트 본체에 기본 장착

본체에 처음부터 장착돼 있는 아날로그 모뎀으로서, 단품으로는 판매하지 않았다. 통신규격으로는 V.34(33.6Kbps), V.42 MNP5를 지원하며, 고속 인터넷 회선이 보급되기 전까지는 드림캐스트의 인터넷 이용이 모두 이 모뎀을 통해 이뤄졌다.

드림캐스트 LAN 어댑터

HKT-0300　세가 엔터프라이지스
비매품

일부 인터넷 서비스사를 통해 시범 서비스용으로만 배포된 기기. 이때는 시범 서비스 단계였기 때문에 시판 중인 소프트 중엔 지원품이 없어, 당시의 활용상황에 대해서는 불명확한 점이 많다. 아래의 브로드밴드 어댑터와 매우 닮았으나, 10BASE-T만 지원한다.

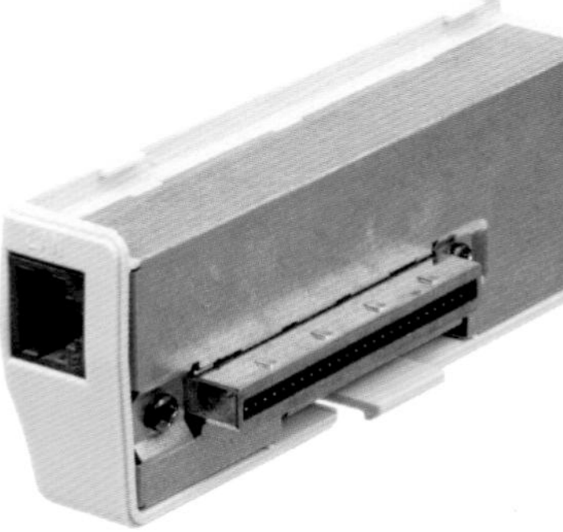

브로드밴드 어댑터

HKT-0401　세가 엔터프라이지스
2000년 7월 15일　8,800엔

드림캐스트 다이렉트에서 통신판매로만 발매했던 브로드밴드 모뎀. 10BASE-T 및 100BASE-T를 지원하며, 인터넷은 동봉품인 「브로드밴드 패스포트」로 접속한다. 지금 시점에서 드림캐스트를 통해 인터넷을 이용하려면 필수라 할 만한 아이템.

인터넷 스타터 키트

HKT-2000　세가 엔터프라이지스
2000년 9월 14일　7,800엔

드림캐스트를 통해 처음으로 인터넷을 이용하려는 사람들을 위한 입문자 세트로서, 키보드·마우스·마우스 패드, 초보자를 배려해 쉽게 쓴 인터넷 입문서를 동봉했다.

드림캐스트 키보드

HKT-7600　세가 엔터프라이지스
1998년 11월 27일　4,500엔

본체와 동시 발매된 주변기기 중 하나. 「드림 패스포트」 등의 소프트에서 문자를 원활히 입력할 수 있다.

드림캐스트 키보드

HKT-4000　세가 엔터프라이지스
2000년 8월 17일　4,500엔

기존 키보드보다 소형화되어, 무릎 위 등에 올려놓고 사용하기 좋아진 신형 키보드. 드림캐스트 다이렉트 전매판인 흑색, 「사쿠라대전 온라인」 한정판 동봉품인 핑크 등의 컬러 바리에이션 모델도 존재했다.

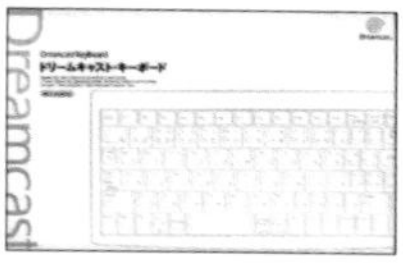

드림캐스트 키보드

HKT-7601　세가 엔터프라이지스
1999년 11월 25일　Hello Kitty 드림캐스트 세트에 동봉

겉보기에는 위의 HKT-4000과 닮았지만, 밑면에 틸트 스탠드가 신설되었고 케이블의 위치와 일부 키 배열 등에서 자잘한 차이점이 있다. Hello Kitty 드림캐스트 세트(28p)에 동봉되었으며, CX-1(30p)에도 색상이 다른 버전이 동봉되어 있다.

드림아이

HKT-9400　세가 엔터프라이지스
2000년 9월 14일　14,800엔

웹 카메라와 마이크 포함 헤드셋으로 구성된 주변기기로서, 동봉 소프트인 「비주얼 파크」를 이용하면 인터넷 혹은 전화선을 통해 화상전화 통화를 즐길 수 있었고, 촬영한 사진을 이메일에 첨부하는 것도 가능했다.

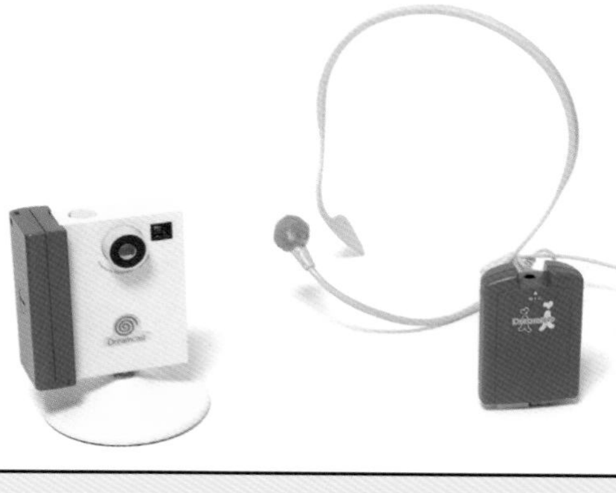

일본에서 드림캐스트로 제공했던 온라인 서비스를 일괄 소개하는

드림캐스트의 네트워크 서비스

Network Service for Dreamcast

드림캐스트의 최대 세일즈포인트였던 인터넷 통신 기능. 아직 인터넷이 널리 보급되지 않았던 시대에 인터넷의 매력을 전파하기 위해, 세가(와 CSK)는 일본 내에서 다양한 인터넷 서비스를 직접 운영했다. 드림캐스트가 과거의 산물이 된 지금, 본 페이지에서 소개하는 서비스는 모두 종료된 지 오래이다. 하지만 당시에도 이만큼 매력 넘치는 서비스가 많았다는 점과, 그 서비스들에 담겨있던 열의를 전하기 위해 여기에 기록해두고자 한다.

PORTAL 드림 패스포트 DREAM PASSPORT

드림 패스포트는, 모든 드림캐스트 본체에 동봉품으로 제공된 인터넷 관련 기본 소프트다. 웹브라우저·이메일 등의 기본 기능은 물론, 네트워크 설정 등도 이 소프트로 할 수 있다. 유저로 등록하고 나면 새로운 버전의 디스크를 꾸준히 발송해주었으며, 최종적으로는 5종류의 드림 패스포트가 출시되었다.

웹브라우저는 NetFront 기반이며, 당시의 일반적인 웹사이트라면 화면이 조금 좁긴 해도 문제없이 보여주었다. 현재도 브로드밴드 어댑터 + 「드림 패스포트 프리미어」를 조합하면 사용할 수 있긴 하나, SSL은 지원하지 않으니 주의해야 한다.

타이틀 화면

화면은 「드림 패스포트 3」 기준. NetFront의 개발사인 액세스 사의 라이선스를 명시했다.

네트워크 설정

설정 화면. 세가와 CSK가 공동출자한 ISP인 'isao.net'의 가입자라면 설정이 더 편리해진다.

웹브라우저

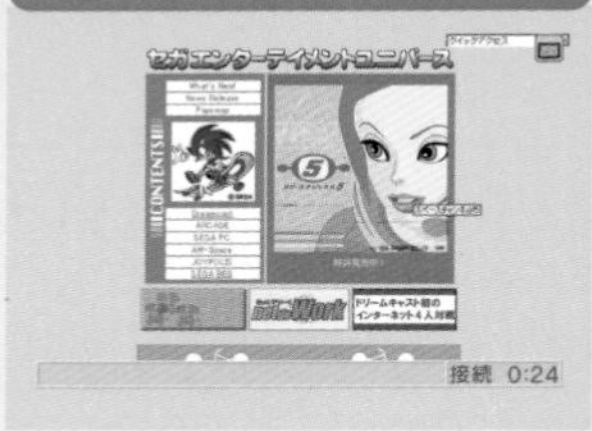

인터넷의 꽃은 역시 웹 서핑. 아마 유저들이 가장 많이 활용한 기능이었으리라.

이메일

일반적인 메일 소프트. 참고로, 송수신 가능한 문자 수가 최대 5만 자라는 제한이 있었다.

어디서나 채팅

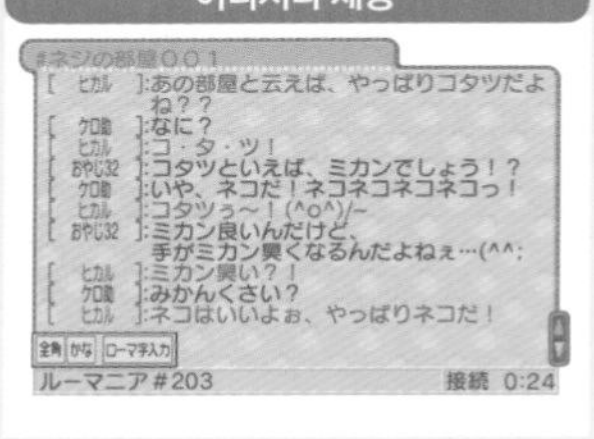

같은 웹사이트를 보면서 대화하는 채팅 소프트. 테마와 흥미가 같다면 대화도 재미있다.

IRC 채팅

IRC 서버를 이용한 메신저 서비스도 제공했다. IRC는 당시 세계에서 가장 인기 있던 메신저였다.

GAME 통신 대전

ONLINE PLAY GAME

화면 너머에 있는 다른 유저와 함께 게임을 플레이하는 것이 통신 플레이의 매력이다. 실력을 경쟁할 수도 있고, 하나의 목적을 향해 여럿이 협력할 수도 있고, 최고기록에 도전할 수도 있는 등, 통신 지원 게임을 즐기는 방법은 다양하다. 이 책의 소프트 카탈로그에서는 네트워크 지원 소프트를 NET 마크로 표시했다.

ネットワーク対応

◀ 통신 대전을 지원하는 소프트는, 띠지에 '네트워크 지원' 마크를 붙여 표시했다.

모여라! 빙글빙글 온천

유카와 전 전무의 보물찾기

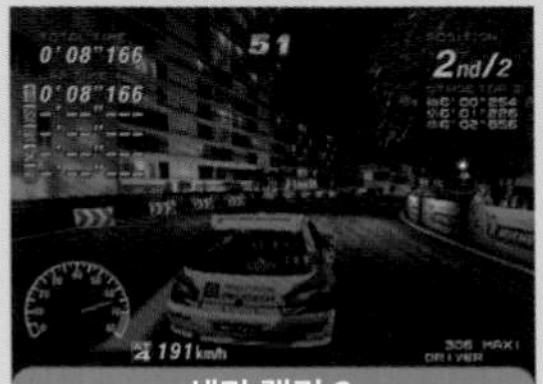

세가 랠리 2

판타지 스타 온라인

MAGAZINE dricas

DRICAS

ISAO가 운영했던 드림캐스트의 공식 웹 매거진으로서, 드림캐스트 및 세가의 최신 정보를 제공했다. 유용한 정보는 물론이고 만화와 읽을거리도 연재되는 등, 그야말로 '잡지' 감각의 미디어였다.

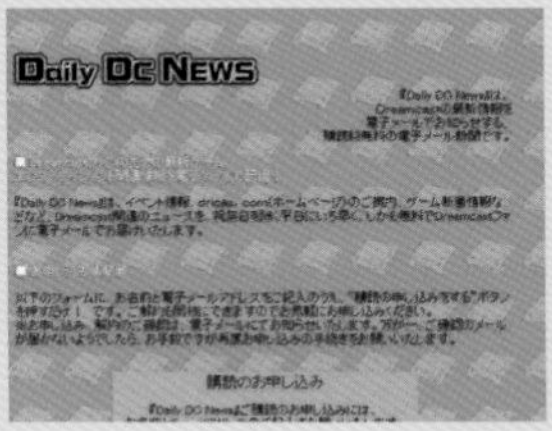

PORTAL WebTV

WEB TV

마이크로소프트가 운영했으며, PC 없이도 전용 단말기를 TV에 접속하여 웹페이지나 이메일을 이용할 수 있었던 인터넷 TV 서비스의 드림캐스트판. 월정액 2,000엔으로 가족 6명까지 계정을 만들 수 있었다.

TOOL 드림 플라이어

DREAM FLYER

'P-Rabbit'이라는 포맷으로 작성된 이메일의 송수신이 가능한 소프트. 스탬프 그림부터 손글씨, 일러스트까지 넣어 화려한 비주얼의 이메일을 만들 수 있었던 것이 특징이다. P-Rabbit 지원 소프트를 설치한 Windows·Mac과도 메일 교환이 가능했다.

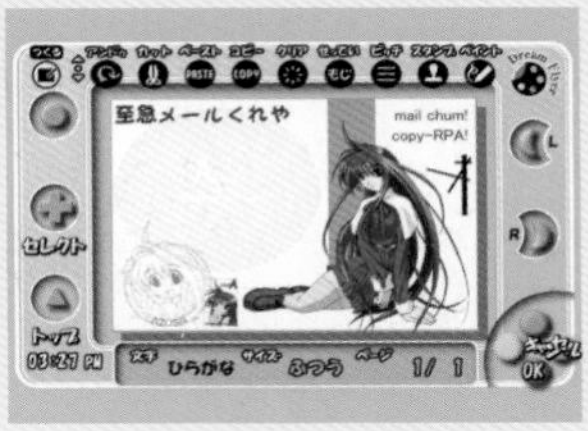

HARDWARE
1998
1999
2000
2001
2002
2003
2004
2005
2006
2007
OVERSEA
INDEX

STORE 드림캐스트 다이렉트 DREAMCAST DIRECT

드림캐스트 본체 및 게임 소프트는 물론, 오리지널 굿즈도 다수 취급했던 공식 통신판매 웹사이트. 여기에서만 구매할 수 있는 오리지널 컬러 본체와, 브로드밴드 어댑터 등의 특수한 주변기기도 판매했었다.

GAME 드림 라이브러리 DREAM LIBRARY

드림 패스포트 내의 가상통화인 '드림'을 지불해, PC엔진 및 메가 드라이브용 고전 게임을 1박 2일간 렌탈(다운로드)할 수 있었던 서비스. 훗날의 '버추얼 콘솔'과 같은 구작 다운로드 판매 서비스의 시초라 할 수 있다.

TOOL 비주얼 파크 VISUAL PARK

드림아이에 동봉된 소프트로서, 화상전화를 비롯해 사진 촬영, 비디오 녹화, 정지영상 및 비디오 메일의 송수신이 가능하다. 독자적인 프로토콜을 이용하는지라 지금은 화상전화 용도로 사용할 수 없다.

네트워크 서비스는 아니지만 보너스로 소개하는 드림 포인트 뱅크

드림캐스트의 소프트 패키지 내에 동봉된 포인트 용지의 번호를 계정에 등록해, 포인트가 일정량만큼 모이면 오리지널 굿즈와 교환해주었던 서비스. 드림캐스트 다이렉트에서 쇼핑할 때, 모아둔 포인트를 상품 대금 지불에 사용할 수도 있었다.

◀ 소프트에 동봉돼 있던 포인트 등록용지. 중앙의 포인트 번호를 웹사이트에서 등록한다.

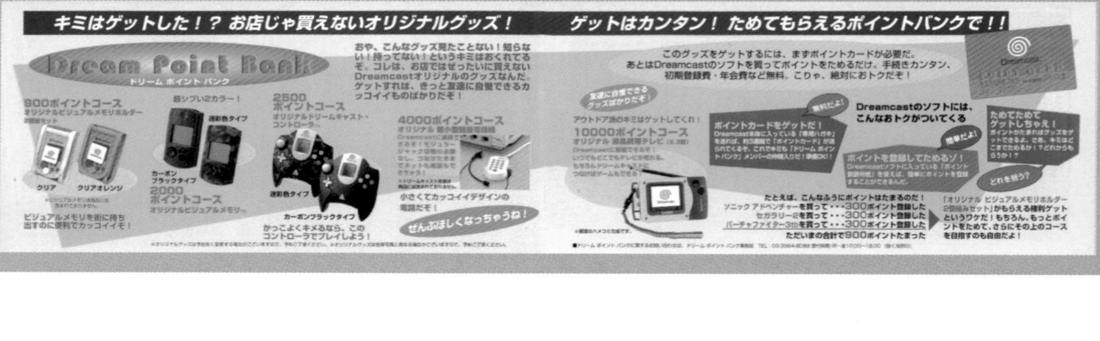

CATALOGUE

DreamNetwork
ドリームキャストでEメール
インターネットも楽しめます。
19,900円

接続は、電話回線につなぐだけの簡単さ。
はやりのインターネットだって、すぐできる！
ぱしと、Dreamcastはすばらしい!!
安くてカンタン！ Eメール！
Dreamcastで、メールフレンドどんどん増やそ。
Internet インターネット
E-mail Eメール
Game 通信対戦

ドリームキャストでEメール
&インターネット
19,900円
SEGA

Dream Point Bank
http://www.dpb.port.ne.jp

Dreamcast DIRECT
http://www.d-direct.ne.jp

Information
'1998 11.27 FRI
当たる、もらえる、ダブルチャンス!!
このチャンスを、見逃すな！
当たる、もらえる、の大盤振る舞い！ これはDreamcastを手に入れたキミだけが受けられる超おトクな特権だ！ 1998年11月27日、やるしかないねDreamcast !!
ハンカチおとしキャンペーン
Dream Point Bank
ソフトを買うと、たまってトクする！
ドリーム ポイント バンク
無料!!
キャンペーン期間：1998年11月27日(金)〜1999年1月20日(水)

未知の世界へネットワークでかけよう！
Eメール
インターネット
通信対戦
もっと楽しく、もっと快適になる周辺機器

Clip Board
ダウンロードは面白い！
Dream Point Bank

NETWORK
ドリームキャストでインターネットの世界へ
ネットワークで新しい遊びにトライ！
DreamPassport
「DreamPassport2」で快適度UP！
DreamFlyer
ネットワーク対応ゲーム
WebTV
18
19

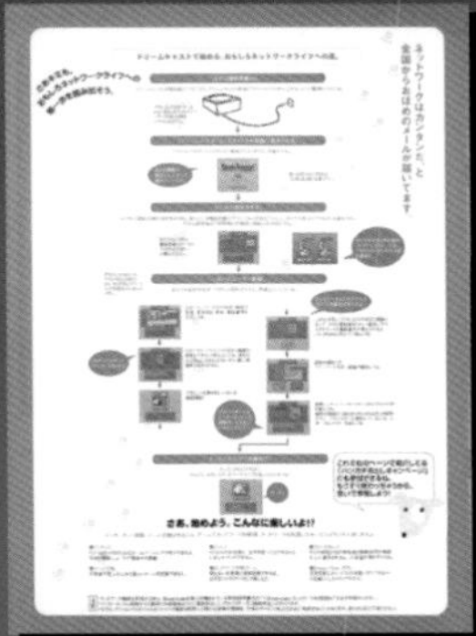

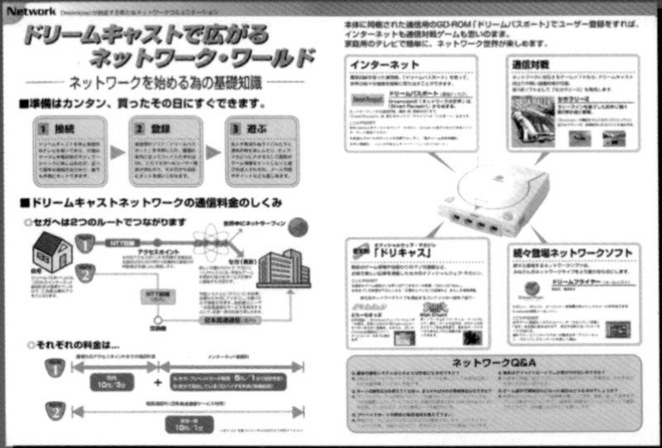
Network
ドリームキャストで広がるネットワーク・ワールド
ネットワークを始める為の基礎知識
■準備はカンタン、買ったその日にすぐできます。
1 接続
2 登録
3 遊ぶ
■ドリームキャストネットワークの通信料金のしくみ
インターネット
通信対戦
「ドリキャス」
続々登場ネットワークソフト
ネットワークQ&A

Luck'n Luck WebTV
らくらくウェブ・ティービー
Dreamcastでインターネットの巻
webtv

세계 각국에 발매되었던 드림캐스트

드림캐스트는 다른 가정용 게임기와 마찬가지로, 일본을 넘어 세계 각국에서도 발매되었다. 특히 대규모 시장이었던 북미와 유럽에서는, 하드웨어의 잠재능력이 뛰어났고 드림캐스트에서만 플레이할 수 있었던 매력적인 타이틀이 다수 나온 덕분에 지금도 드림캐스트의 팬이 많다.

본체의 디자인 및 상표는 일본 발매 전부터 세계 발매를 염두에 두었기에 전 세계가 공통이다. 다만 드림캐스트 특유의 문제로서, 국가별로 통신 인프라 보급상황이 달랐기에 내장 모뎀의 규격이 달라진 경우도 있고, 아예 모뎀 자체를 빼고 판매한 지역도 있었다. 지금 드림캐스트를 즐긴다고 하면 최대의 난관이 통신환경 관련인데, 브로드밴드 어댑터는 일본에만 발매된지라 서양에서는 아예 Raspberry Pi를 활용해 네트워크 어댑터를 자작하는 마니아도 존재한다.

또한 서양의 경우 드림캐스트의 판매기간이 2년 정도에 불과했기에, 제법 인기가 있었음에도 하드·소프트 정보가 전반적으로 부족했던 점 역시 서양 드림캐스트 팬들의 난관이었던 것 같다.

북미

북미에서는 1999년 9월 9일 발매되어, 일본의 225만 대를 뛰어넘는 약 390만 대라는 큰 시장을 형성했다. 발매일을 의도적으로 맞춘 '9.9.99' 캠페인을 전개한데다 「소울 칼리버」·「소닉 어드벤처」가 큰 호응을 얻어, 발매 2주일 만에 50만 대의 판매량을 기록했다.

하드웨어는 지역코드가 다른 것 외엔 일본과 동일하나, 내장 모뎀의 성능을 55.6Kbps로 상향했다. 또한 일본의 isao.net처럼 미국 세가가 직접 인터넷 서비스인 SegaNet을 운영해, 북미 온라인 게임 인구의 확충에 크게 기여했다.

◀ 일본 외 지역 중에선 유일하게 오리지널 컬러 모델이 발매되었다. 'SEGA SPORTS' 로고가 붙은 것이 특징.

ADVERTISING

일본판과는 다른, 서양판의 키보드·마우스

서양에서 발매된 드림캐스트용 키보드·마우스는 일본판과는 다른 독자적인 디자인이다. 특히 키보드 쪽은 텐키패드까지 갖춘 풀사이즈 키보드로서, 타이핑에 적합한 본격 사양이었다. 물론 ANSI 배열인지라 일본 표준과는 약간 다르며 일본어 입력도 불가능해, 일본에선 쓸 수 없다. 일본에서도 풀사이즈 키보드가 나왔더라면 싶어 아쉬울 따름이다.

◀ 일반적인 PC용 풀사이즈 키보드 같지만, 오른쪽 상단에 드림캐스트 로고가 있어 제법 멋지다.

유럽

유럽 각국에서는 북미보다 1개월 늦은 1999년 10월 14일부터 순차 발매되었다. 외관은 타국과 동일하나, 이미지 컬러가 청색으로 변경되었고 소용돌이 로고도 마찬가지로 청색이다. 이는 독일의 소프트 개발사인 Tivola가 이미 오렌지색 소용돌이 로고를 사용하고 있었기에, 상표권 침해 우려를 피하기 위해서라고 알려져 있다.

판매대수는 191만 대로서, 거액의 홍보예산을 들였음에도 일본의 판매량을 밑도는 성적을 기록했다. 결국 북미처럼 2001년 3월 31일을 기해 판매를 종료했고, 유럽에서도 게임기 사업에서 철수하였다.

온라인 인프라 면에서는 내장 모뎀(33.6Kbps)을 사용하는 '드림 아레나'라는 무료 온라인 서비스를 운영해, 인터넷 접속 및 온라인 플레이 기능을 제공했다.

ADVERTISING

기타 지역

앞 페이지에서 소개했던 북미·유럽 외에도, 여러 나라에서 드림캐스트가 발매되었다. 본 지면에서는 현재 알려진 범위 내에서 각국의 판매 상황을 정리했다.

러시아 (2000년 11월 10일 발매)

유럽판 PAL 버전으로 발매되었다. 인터넷이 가능한 셋톱박스에 가까운 포지션의 상품이었다.

호주 (1999년 11월 30일 발매)

유럽판 PAL 버전으로 발매되었다.

한국 (2001년 8월 11일 발매)

현대세가엔터테인먼트(역주 ※)가 일본판을 발매하려 했었으나 일본대중문화 수입규제를 넘지 못해 백지화되었고, 후일 별개 회사가 북미판 NTSC 버전을 병행수입해 발매했다.

브라질 (1999년 10월 4일 발매)

세가 마스터 시스템 시절부터 세가와 관계가 깊었던 TecToy 사가 PAL 버전을 발매했다.

기타

인도·모로코·동남아시아 각국 등에서도 발매되었으나, 상세한 사항은 불명이다. 아시아 일부 국가의 경우, 인터넷 인프라 낙후와 단가절감을 이유로 모뎀이 없는 버전을 발매하기도 했다.

(역주 ※) 현대그룹과 세가 엔터프라이지스의 합작법인으로서 1996년 설립. 아케이드용 게임 수입·개발이 본업이었으며, 가정용 게임기 시장 진출을 위해 2000년경 드림캐스트 한국 발매를 준비했었으나 결국 백지화되었다. 2001년 사명을 현대디지털엔터테인먼트로 변경했다.

▲ 러시아판 패키지.

▲ 호주판 패키지.

▲ 브라질판 패키지.

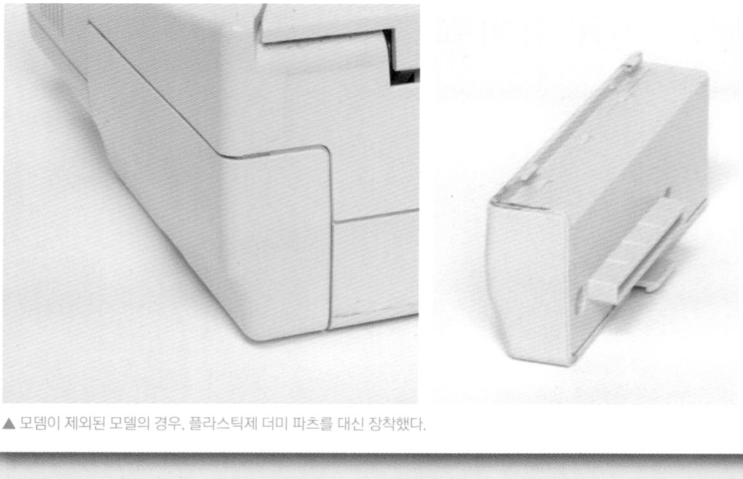
▲ 모뎀이 제외된 모델의 경우, 플라스틱제 더미 파츠를 대신 장착했다.

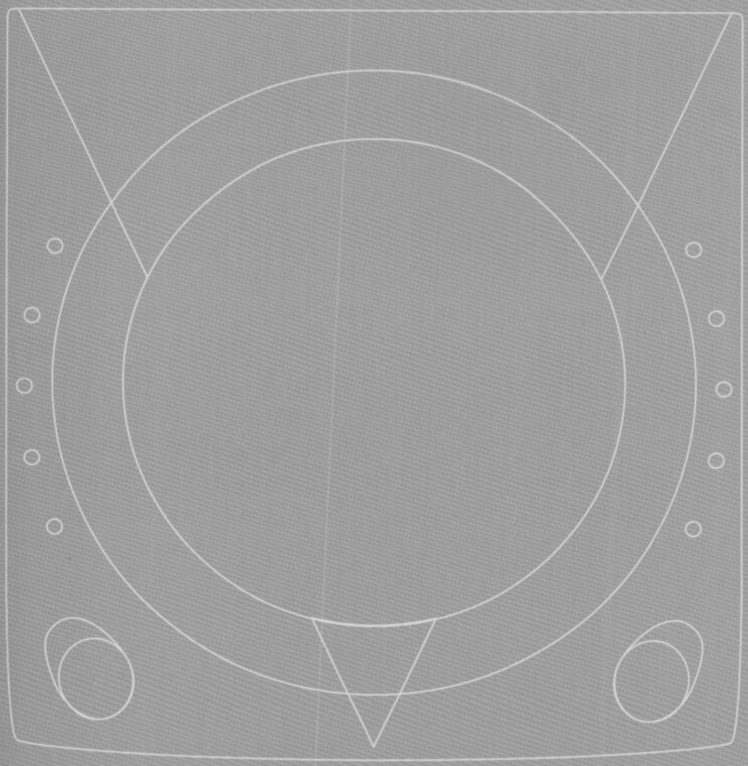

CHAPTER 2

드림캐스트 일본 소프트 올 카탈로그

Dreamcast Software All Catalogue

해설 소프트 개발이 쉬운 게임기

COMMENTARY OF DREAMCAST #2

하드웨어가 주도하는 시대에서, 소프트웨어가 주도하는 시대로

드림캐스트 이전까지는, 게임기 개발 경쟁이란 곧 하드웨어 스펙 경쟁이었다. 스프라이트를 몇 개 표시할 수 있고, BG는 몇 중 스크롤까지 가능하고, 색수는 최대 몇 색을 쓸 수 있으며, 사운드는 몇 중 화음까지 재생할 수 있고……. 이런 '스펙 경쟁'이 된 이유는 소비자들에게 전달하기도 쉽고, 그런 스펙이라면 어떤 게임의 제작이 가능할지를 개발자들 역시도 비교적 쉽게 상상해낼 수 있었기 때문이다. 특히 아케이드용 게임의 이식이 핵심 콘텐츠였던 1990년대까지가 이런 경향이 강했는데, 당대의 인기 아케이드 게임을 가정에서 즐길 수 있어야 하므로 스펙이 뛰어난 하드웨어를 모두가 원했던 것이다.

하지만, 고도의 스펙은 당연히 소프트를 개발하는 사람들 쪽에 커다란 부담을 강요한다. 할 수 있는 일이 많다는 것은, 능숙하게 다루게 되기까지 그만큼의 시간을 들이고 기술력을 쌓아야 한다는 의미이기 때문이다.

돌이켜보면, 세가새턴이 바로 딱 그런 하드웨어였다. 궁극의 2D 그래픽 머신을 목표로 개발했기에 당시의 아케이드 게임에 육박하는 고성능을 내장한 이 기기는, 분명 그만큼 다채로운 표현력을 지니고 있었다. 하지만 그 뛰어난 스펙을 남김없이 활용해낸 소프트 개발사는 얼마 되지 않았다. 심지어 그 기기를 만들어낸 세가조차도, 스펙에 휘둘린 나머지 제대로 성능을 짜낸 작품을 그다지 많이 내놓지 못했으니 말이다.

라이벌인 닌텐도 쪽도 이런 딜레마에 빠진 것은 마찬가지여서, 닌텐도64 역시 하드웨어의 잠재성능은 뛰어났으나, 그 성능을 제대로 활용하기가 쉽지 않았다. 게다가 '이 스펙을 제대로 써먹지 못하는 서드파티는 필요 없다'라며 소프트 개발사들을 가지치기하는 정책을 펴기까지 했다.

그로부터 시간이 흘러, 우수한 소프트 개발사들을 자기 플랫폼으로 어떻게 끌어들일지가 중요해지게 되자 하드웨어 스펙 일변도의 전략은 낡은 시대의 산물이 되어갔다. 아무리 성능이 뛰어나든 이를 능숙하게 사용하지 못하면 아무 의미가 없기 때문이다. 게다가 여러 게임기로 동일한 소프트를 발매하는 '멀티플랫폼' 전략이 보편화되기도 하여, '개발하기 쉬운 하드웨어'를 원하는 목소리가 업계 일선에서 날로 강해져 갔다.

드림캐스트의 설계방침을 '게임 개발이 쉬운 하드웨어'로 대전환한 이유는 바로 이 때문으로서, 당연히 뛰어난 스펙이면서도 그와 동시에 개발하기 쉽다는 점을 서드파티 대거 확보를 위한 무기로 삼았다. 세가가 표준 OS로 Windows CE를 선택한 이유는, 당시 개발환경 기준에서 비교적 게임 개발에 적합했던 'DirectX'라는 API(Application Programming Interface)를 내장했기 때문이다. DirectX는 게임 제작 과정에서 발생하는 개발부담을 경감시켜주는 소프트웨어 집합체로서, 요즘 말로 하면 '게임 엔진'의 일종이다. 그중 일부를 아래에 소개한다.

▲ Windows CE의 로고가 함께 나오는, 드림캐스트용 소프트의 첫 구동 화면.

Direct3D : 3D 그래픽 연산
DirectDraw : 2D 그래픽 표시
DirectInput : 컨트롤러 입력 제어
DirectPlay : 통신 네트워크 제어
DirectSound : 오디오 제어

하드웨어 제조사가 샘플 프로그램을 제공해주긴 하나, 새로운 하드웨어로 게임을 바닥부터 자체 개발하는 것은 그야말로 고난의 길이다. DirectX는 소프트 개발사들의 그러한 부담을 줄여주려는 목적으로 도입된 것이다. 다만 Windows CE와 DirectX가 드림캐스트용 소프트 개발에 꼭 필수불가결한 것은 아니었으므로, 자체 기술력으로 이를 커버할 수 있었던 개발사는 독자적인 환경을 구축해 소프트를 개발했다.

이 '게임 소프트의 개발지원'이라는 발상은 현대의 게임 개발환경에서는 주류로 정착하여, 유니티·언리얼·Cocos2d-x 등의 우수한 게임 엔진들이 PC는 물론이고 대부분의 가정용 게임기용으로까지 제공되고 있다. 그런 의미에서 보면, 드림캐스트의 이러한 발상은 시대를 선도한 것이었다고 할 수 있으리라.

NAOMI의 존재 덕에, 드림캐스트가 좀 더 연명할 수 있었다

아케이드 게임 기판은 애초에 업무용인지라 고가화되기 십상이다 보니, 세가 마크 Ⅲ 호환 기판인 '시스템 E', 메가 드라이브 호환 기판 '시스템 C', 세가새턴 호환 기판 'ST-V'처럼, 충분히 제조비가 낮아진 당시의 현역 가정용 게임기를 기반으로 아케이드 기판을 설계해 염가에 제공한다는 수법을 세가를 비롯한 여러 회사들이 이미 오래 전부터 전개해 왔다.

그런 의미에서 드림캐스트 호환 아케이드 기판인 'NAOMI'의 아케이드 시장 투입은 매우 자연스러운 발상이었는데, 지나치게 고가였던 MODEL3를 NAOMI로 대체하여 판매단가를 낮추고자 했던 세가의 내부사정도 한몫했다. 무엇보다, 아케이드 기판과 가정용 게임기의 아키텍처를 공통화하면 아케이드로 가동 중인 소프트를 곧바로 드림캐스트용으로도 발매할 수 있고, 반대로 드림캐스트용 소프트를 아케이드로도 바로 출시할 수 있어 편리해진다.

개발이 편리하고 고성능이며 심지어 염가이기까지 해 장점이 무궁무진했던 NAOMI는 제조사인 세가를 넘어 캡콤·테크모 등의 서드파티 타사들도 크게 호평하여 자사 게임 개발에 적극 활용했고, 심지어는 과거에 아케이드 게임 개발경험이 없었던 신규 서드파티들까지도 NAOMI를 적극 도입해 아케이드용 타이틀을 개발하게 되는 선순환까지도 창출했다.

이후 드림캐스트 시장이 사실상 종언을 고한 뒤에도 NAOMI는 계속 현역으로 가동되었으며, 그 영향으로 아케이드에 출시된 NAOMI 기반의 신작이 드림캐스트용 소프트로도 이식

▲ NAOMI로 선행 가동되었던 「트리거하트 이그젤리카」. 드림캐스트로도 이식되었다.

발매되는 사례가 꾸준히 이어졌고, NAOMI 역시 아케이드 기판으로는 이례적인 롱셀러 상품이 되었다.

드림캐스트에 미소녀 게임의 이식판이 범람한 이유

다음 쪽부터 펼쳐질 일본 소프트 올 카탈로그를 훑다 보면 바로 알게 되겠으나, 드림캐스트는 2001년 후반 언저리부터 성인용 PC 미소녀 게임의 이식판이 차지하는 비율이 가파르게 증가한다. 특히 2003~4년 사이에 발매된 드림캐스트용 게임은 거의 대부분이 미소녀 게임 이식판으로서, 그야말로 이례적인 패턴이다.

사실 PC엔진·세가새턴 등 과거 게임기들의 사례를 돌아보더라도, 일본에서는 하드웨어 말기가 되면 보통 미소녀 게임의 비중이 늘어나는 경향이 있다. 이미 개발기재 도입비용 상각이 완료된 시점이라 염가에 개발이 가능하고, 적당히 히트해도 안정적인 판매량을 기대할 수 있을 만큼 시장과 수요층이 탄탄한 장르이기 때문이다.

드림캐스트에 유독 미소녀 게임 이식작이 많았던 이유 역시 기본적으로는 위와 같으나, 또 하나 짚어둘 것이 당시 매우 활황세였던 일본 미소녀 게임업계의 팽창이 끼친 영향이다. 1999년에 「To Heart」, 2000년에 「Kanon」이 가정용 게임기로 이식돼 히트하고 심지어 TV 애니메이션화까지 되는 등 대성공하자, 미소녀 게임업계는 순식간에 주류로 발돋움했다. 이에 자극받아 신참 개발사들이 우후죽순으로 설립되었고, 2002년에는 개발사 수와 발매 타이틀 수가 정점에 도달한다. 이때 세워진 회사들은 너나할 것 없이 미디어믹스 진출을 꿈꿨던 이른바 '모에'계 성인용 게임 개발사로서, 게임들 역시 하나같이 성애묘사 장면을 몽땅 삭제해도 작품성에 문제가 없도록 제작했다는 공통점이 있다.

때마침 당시의 현역 가정용 게임기 중에선 드림캐스트가 시기적절하게도 시장 말기에 접어든 데다, 심지어 PC와 동등한 VGA 해상도 및 광매체를 채용한 기기였기에 PC판 원작의 그래픽·사운드 자원을 유용하기 쉬웠으므로, 개발부담을 줄이고자 했던 미소녀 게임 개발사들 입장에서도 안성맞춤이었다.

이리하여, 드림캐스트는 본의 아니게도 당시 미소녀 게임들의 미디어믹스 전개에 일익을 맡게 된 것이다.

▲ 미소녀 게임 가정용 이식 발매 붐의 효시가 된, 드림캐스트판 「Kanon」.

1998

Dreamcast
Software
All Catalogue

드림캐스트가 출시된 1998년의 발매작은 총 8개 타이틀로서, 이중 본체와 동시 발매된 런칭 타이틀은「버추어 파이터 3tb」등의 5개 타이틀이었다. 하드웨어 제조 과정에선 트러블이 있었으나, 소프트 쪽은 시간적 여유가 있었던 덕분인지 대전격투·액션·슈팅·어드벤처·RPG·레이싱 등등의 폭넓은 라인업을 초기부터 갖추는 데 성공했다.

그중에서도 킬러 타이틀로 주목받은 게임은「버추어 파이터 3tb」로서, 당시 아케이드에서도 고성능으로 꼽히던 MODEL3용 소프트를 높은 수준으로 이식해내 드림캐스트의 능력을 여실히 보여주었다. 또한 기기보다 선행 발매된 한정 VM「수집하자 고질라」와 연동되는「고질라 제네레이션즈」등, 새로운 형태의 게임을 제안하기도 하였다.

버추어 파이터 3tb

Dreamcast

세가 ACT 1998년 11월 27일 5,800엔 아케이드 스틱 지원

1-2 | 12- | NET | VGA

▲ 대전 모드가 따로 없고 난입으로만 대전 플레이가 가능한 등, 아케이드판과 유사한 사양이다. 아키라가 '제 3회 세계 격투 토너먼트'에 도전한다는 것이 메인 스토리다.

세가 AM2가 개발한 3D 대전격투 게임 시리즈의 제 3탄. 원작인 아케이드판은 당시의 최신 기판 'MODEL3'를 사용했다. 'tb'란 '팀 배틀'의 약자로서, 개인전이었던 이전작들과는 달리 플레이어가 자유롭게 팀을 편성할 수 있다. 등장 캐릭터는 아키라·파이부터 3편의 신 캐릭터인 우메노코지 아오이·타카아라시까지 총 12명. 스테이지는 모두 13종류다. 최대 특징은 이 작품에만 도입된 '언듈레이션'(고저차) 개념으로서, 공중 콤보 등에 영향을 준다.

고질라 제네레이션즈

Dreamcast

세가 ACT 1998년 11월 27일 5,800엔
'수집하자 고질라' VM, 부들부들 팩 지원

1-4 | 6 | NET | VGA

'헤이세이 고질라'·'메카고질라' 등의 거대 괴수로 후쿠오카·오사카·나고야·요코하마·도쿄 등의 대도시를 마음껏 파괴하는 액션 게임. 카메라 앵글과 역대 원작 영화의 BGM 등을 적절히 섞어 연출해, 영화 속의 고질라를 직접 조작하는 듯한 감각을 선사한다.

July

Dreamcast

포티파이브 AVG 1998년 11월 27일 5,800엔

1 | 4- | NET | VGA

토니 타케자키와 우메츠 야스오미를 캐릭터 디자이너로 기용한 어드벤처 게임. 타카무라 마코토와 요슈아, 두 명의 시점을 전환하며 스토리를 진행하는 시스템이다. 세기말과 오컬트가 뒤섞인 세계관이 특징이며, 150명의 캐릭터가 등장한다.

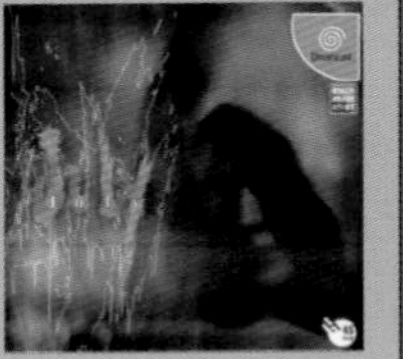

펭펭 트라이아이슬론

Dreamcast 제너럴 엔터테인먼트 RCG 1998년 11월 27일 5,800엔 부들부들 팩 지원

1-4 | 5 | NET | VGA

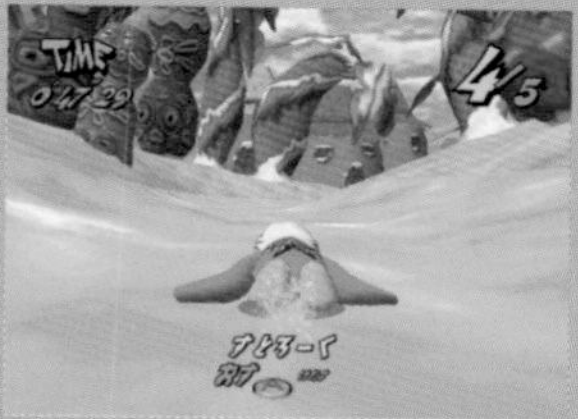

'펭펭' 등의 코믹한 캐릭터들이 달리기·활강·수영의 3가지 종목으로 경쟁하는 철인 3종 게임. '활강' 지역에서는 정확한 타이밍에 버튼을 눌렀다 떼는 '스트로크'가 중요한 등, 종목마다 특유의 조작과 코스 디자인에 차이가 있어 재미있는 작품이다.

인커밍 : 인류 최종결전

Dreamcast 이매지니어 STG 1998년 12월 17일 5,800엔

1-2 | 28 | NET | VGA

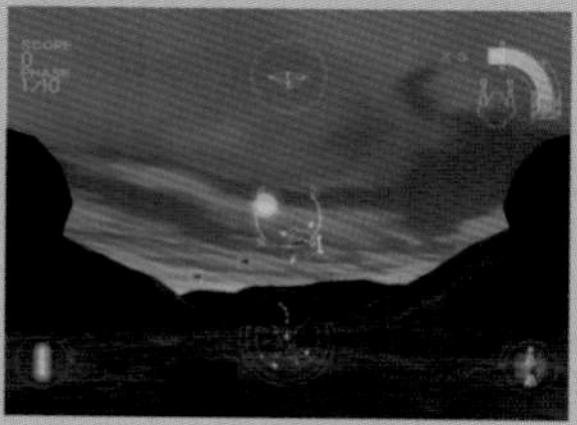

영국산 PC 게임의 이식작. 2008년의 아프리카를 무대로, 지구를 습격해온 외계인에게서 특수 탐지추적 시설을 방위해야 하는 슈팅 게임이다. 포탑으로 지상에서 공중의 적을 격추하거나, 전차·헬기로 지상의 적을 파괴하는 통쾌함이 넘치는 타이틀이다.

세븐스 크로스

Dreamcast NEC 홈 일렉트로닉스 RPG 1998년 12월 23일 5,800엔

1 | 172 | NET | VGA

어느 별에서 탄생한 원생생물이 되어, 약육강식의 세계를 헤쳐 나오며 생태계 최상위를 노리는 시뮬레이션 게임. 자신 이외의 생물을 물리쳐 '진화치'라는 점수를 얻으면, 10×10칸짜리 시트에 그린 패턴 디자인에 따라 다양한 형태로 진화할 수 있다.

테트리스 4D

Dreamcast BPS PZL 1998년 12월 23일 5,800엔 부들부들 팩 지원

1-4 | - | NET | VGA

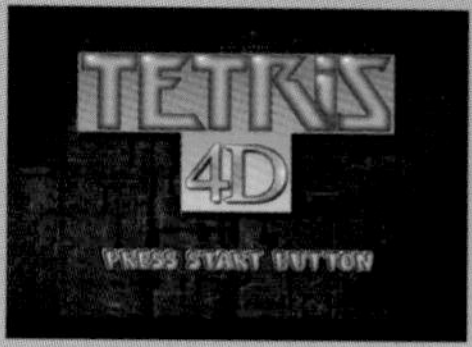

정사각형 블록 4개가 조합된 특정 모양의 테트리미노를 낙하시켜 차근차근 없애나가는 대인기 퍼즐 게임. 게임 모드는 기본 룰로 플레이하는 'CLASSIC', 2~4명까지 즐길 수 있는 대전 전용 모드 'BATTLE'로 2종류가 있다.

소닉 어드벤처

Dreamcast 세가 ACT 1998년 12월 23일 5,800엔 부들부들 팩 지원

1 | 10- | NET | VGA

▲ 시리즈의 특징인 속도감은 3D화되어도 여전해, 경쾌한 액션을 즐길 수 있다. 신규 액션으로 도입된 '호밍 어택'은 후속작들에서도 정규 시스템이 된다.

「소닉」 시리즈 최초의 3D 액션 게임. '소닉' 등의 주요 캐릭터들에 음성이 붙는 시리즈 최초의 타이틀이기도 하다. 커다란 하나의 메인 스토리를 6가지 스토리로 나누어 전개하며, 모든 스토리를 클리어하면 마지막 시나리오가 개방된다. 드림캐스트의 뛰어난 성능을 제대로 발휘한 그래픽이 일품이며, 두더지 잡기·슈팅 등의 미니게임도 다수 수록했다. 6명의 주인공별로 고유 테마곡·보컬곡이 있을 만큼 화려하고도 풍성한 BGM도 호평을 받았다.

HARDWARE 1998 1999 2000 2001 2002 2003 2004 2005 2006 2007 OVERSEA INDEX

1-2 플레이 가능 인원 | 99- 메모리 백업 용량 | NET 네트워크 지원 | VGA VGA 박스 지원

1999

Dreamcast
Software
All Catalogue

1999년에 발매된 소프트는 총 115개 타이틀. 런칭 후 불과 1년 사이에 소프트 라인업이 상당히 풍성해져, 유저 입장에서는 '뭘 사서 즐길지 고민될' 정도로 즐거웠던 한 해였다.

이 해의 주목 타이틀로는 역시 세가의 아케이드용 게임 이식작이 많았는데, 「세가 랠리 2」·「더 하우스 오브 더 데드 2」·「겟배스」·「다이너마이트 형사 2」·「전뇌전기 버추얼 온 : 오라토리오 탱그램」 등 안정적인 인기 타이틀들이 다수 나와 유저들을 기쁘게 했다.

한편 「시맨 : 금단의 애완동물」·「스페이스 채널 5」·「쉔무 : 1장 요코스카」 「D의 식탁 2」 등 후일 드림캐스트를 대표하는 명작 타이틀들도 이미 이 해에 발매되는 등, SCE·닌텐도보다 한발 먼저 시장 기반을 다지려 했던 세가의 강한 의지가 엿보인 해이기도 하다.

센고쿠 TURB

Dreamcast
NEC 홈 일렉트로닉스 RPG 1999년 1월 14일 5,800엔 부들부들 팩 지원

1 | 19 | NET | VGA

▲ 당시의 최첨단 기기인 드림캐스트용 게임이면서도, 의도적으로 몇 세대 전 느낌의 그래픽을 연출했다. 하지만 게임 내용과 매우 잘 어울려, 작품의 괴짜스러움이 잘 드러난다.

'다마고치'의 기획·개발자 중 한 사람인 쿠로야나기 요코가 캐릭터를 디자인한 액션 RPG. 주인공인 소녀 '지노짱'이 '라이용 별'에서 '고양이 대 양의 전쟁'에 휘말린다는 스토리다. 부조리극 블랙유머 세계관이 특징으로서, 고양이 병사들을 지휘해 지역을 제압한다. 고양이 병사를 만들려면 곰이나 토끼를 변환시켜야 하고(실패시 '무용지물'이 된다), 아이템인 '요정'은 '먹어야' 효과가 나는 등 표현이 강렬하다. 얼핏 천진하지만 곱씹으면 신랄한 대사도 많다.

신기세계 에볼루션

Dreamcast
세가 RPG 1999년 1월 21일 5,800엔
부들부들 팩 지원

1 | 8 | NET | VGA

선사시대의 초문명이 멸망한 후 수만 년이 지난 세계가 무대인 3D RPG. 주인공 '매그 런처'와 신비한 힘을 지닌 소녀 '리니어 캐논'이 유적을 탐험한다는 스토리다. 특징은 선사문명의 유산인 '사이프레임'이라는 유닛으로서, 공격·방어 등에 활용할 수 있다.

파워 스톤

Dreamcast
캡콤 ACT 1999년 2월 25일 5,800엔
부들부들 팩, 아케이드 스틱 지원

1-2 | 4- | NET | VGA

어떤 소원이든 들어준다는 전설의 돌 '파워 스톤'을 둘러싼 스토리가 전개되는 대전격투 게임. 특징은 벽을 타고 오르거나 아이템을 던지는 등의 다양한 액션으로서, 파워 스톤을 모아 변신하는 등 기존의 대전격투 게임에 없었던 시스템을 다수 집어넣었다.

세가 랠리 2

Dreamcast
세가 RCG 1999년 1월 28일 5,800엔 드림캐스트 키보드, 레이싱 컨트롤러 지원

1-2 | 81- | NET | VGA

▲ 대히트 타이틀의 이식판. 기본 제공 차종은 8대이지만, 추가 모드인 '텐 이어즈 챔피언십'에서 우승하면 차종이 추가된다.

1998년 첫 가동했던 아케이드용 원작을 이식한 레이싱 게임. 아케이드판을 재현한 모드부터 '타임 어택'·'2P 배틀'까지의 총 6가지 모드와, WRC에 참전한 실존 차량 및 온라인 기능도 탑재했다. 시스템은 세가 새턴판을 개량했으며, 일부 모드에서는 악천후도 구현했다. 덕분에 미리 코스 정보와 차량 거동을 파악해 잘 세팅해야 하는 등 게임에 깊이가 더해졌다. 코스는 아케이드판의 4종류에 MUDDY와 ISLE을 추가했고, 숨겨진 코스까지도 있다.

팝픈 뮤직

Dreamcast
코나미 SLG 1999년 2월 25일 5,800엔
부들부들 팩, 아케이드 스틱, 팝픈 컨트롤러 지원

1-4 | 9- | NET | VGA

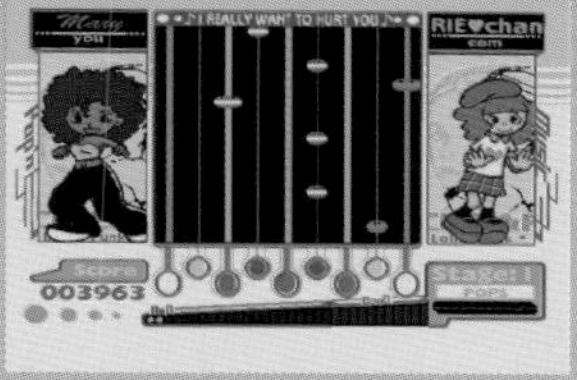

연주되는 곡에 맞춰 컬러풀한 버튼 9개를 두드리는 아케이드용 음악 게임을 이식한 작품. 표준 컨트롤러로도 플레이할 수 있으며, 전용 컨트롤러인 '팝픈 컨트롤러'도 발매되었다. '트레이닝 모드'·'프리 모드'는 물론이고, 신곡도 추가했다.

에어로 댄싱 : featuring Blue Impulse

Dreamcast
CSK 종합연구소 SLG 1999년 3월 4일 5,800엔
부들부들 팩, ASCII 미션 스틱 지원

1-4 | 15- | NET | VGA

조종기술을 연마하며 비행을 즐기는 플라이트 시뮬레이션 게임. 일본 항공자위대의 곡예비행팀 '블루 임펄스'에 입대해 다양한 훈련을 클리어하자. 등장 기체도 자위대기 중심이며, 이 계통의 수많은 게임들 중에서도 특이하게 곡예비행이 소재인 귀중한 타이틀이다.

사이킥 포스 2012

Dreamcast
타이토 ACT 1999년 3월 4일 5,800엔
부들부들 팩, 아케이드 스틱 지원

1-2 | 9- | NET | VGA

초능력자들이 하늘을 날며 3D 공간에서 입체적인 배틀을 펼치는 대전격투 게임 시리즈의 신작. 같은 제목의 아케이드판 게임 이식작으로서, DC판은 스토리 모드의 풀 보이스화와 트레이닝 모드 추가 등의 신규 요소가 있다.

뿌요뿌욘

Dreamcast
세가 PZL 1999년 3월 4일 5,800엔
부들부들 팩, 아케이드 스틱 지원

1-4 | 6- | NET | VGA

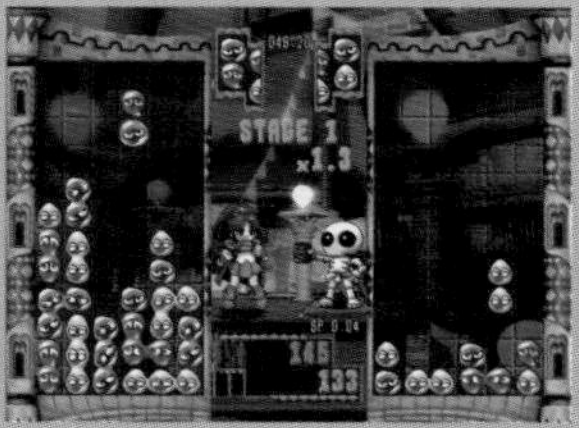

인기 낙하계 퍼즐 게임 시리즈의 제 4탄. 2편인 「뿌요뿌요 투」를 기반 삼아, 다양한 효과가 발휘되는 '특기'와 대전 룰이 변화하는 '스테이지' 시스템을 도입했다. 캐릭터에 음성이 추가된 것도 이 작품이 처음이며, 디테일한 애니메이션 효과도 가미했다.

1-2 플레이 가능 인원 | 99- 메모리 백업 용량 | NET 네트워크 지원 | VGA VGA 박스 지원

마작대회 II Special

Dreamcast
코에이 TBL 1999년 3월 4일 6,800엔

1 | 11- | NET | VGA

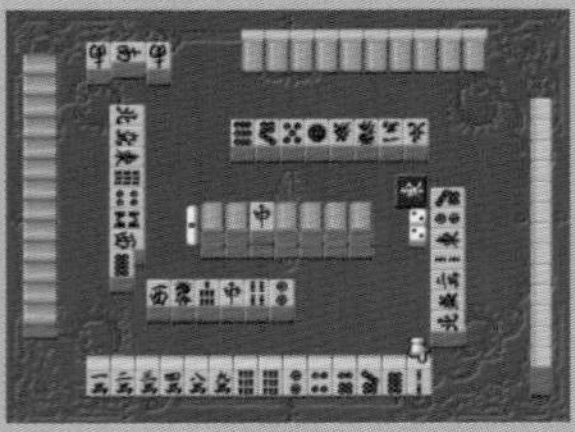

'작장'·'대회'로 게임 모드가 2가지인 마작 소프트. 23명의 개성적인 마작사들이 등장하여, 마작 대회의 재미를 만끽할 수 있다. 캐릭터별 표정이 희로애락 등 10종류로 변화하며, 반장 개시·종료시에 나오는 캐릭터의 대사도 풍부하고 개성적이다.

모나코 그랑프리 레이싱 시뮬레이션 2

Dreamcast
UBISOFT RCG 1999년 3월 11일 5,800엔
부들부들 팩, 레이싱 컨트롤러 지원

1-2 | 25- | NET | VGA

최신 디지털 기술과 박력 넘치는 음향효과로 F1 경기를 재현한 레이싱 게임. 11개 팀이 참가하여 총 17코스를 돌면서 챔피언 자리를 경쟁하며, 모나코 시가지 코스는 완벽하게 재현했다. 코스 외곽의 잔디나 물웅덩이를 통과하면 타이어 자국이 남기도 한다.

북으로. : White Illumination

Dreamcast
허드슨 AVG 1999년 3월 18일 5,800엔

1 | 20- | NET | VGA

▲ 허드슨 사의 드림캐스트 참가 후 첫 게임. 홋카이도 활성화 캠페인의 협력 작품이다. 당시 홋카이도에 실존했던 점포·레스토랑 등이 실명으로 등장한다.

홋카이도가 무대인 여행 커뮤니케이션 게임. 홋카이도에 체류 중인 주인공이 여행 도중에 만나는 소녀들과의 교류를 그린 작품으로서, 오오야리 아시토(NOCCHI)가 그린 가련한 미소녀들로 인기를 얻었다. 스토리가 여름 편·겨울 편으로 나뉘며, 특징은 소녀와의 대화 도중 특정 타이밍에 버튼을 누르면 주인공의 액션이 나온다는 점. 게임 기간은 14일간. 등장하는 소녀 8명은 관광지 주변에 살고 있다. 출연 성우들도 하나같이 일류급이라, 스토리가 한층 빛난다.

리얼 사운드 : 바람의 리그렛

Dreamcast
워프 AVG 1999년 3월 11일 4,800엔
부들부들 팩 지원

1 | 4- | NET | VGA

세가새턴으로 발매되었던, 영상 없이 소리로만 플레이하는 어드벤처 게임의 이식작. 음성을 들으며 스토리를 진행하다, 차임벨이 울리는 타이밍에 버튼을 눌러 다음 행동을 선택하는 식이다. DC판에서는 화면에 배경 이미지가 나오도록 했다.

유카와 전 전무의 보물찾기

Dreamcast
세가 TBL 1999년 3월 20일 980엔
부들부들 팩 지원

1 | - | NET | VGA

드림캐스트 판매촉진용으로 염가에 보급했던 소프트. 당시 세가가 개최했던 '유카와 전 전무의 보물찾기' 이벤트의 온라인 응모권도 겸했다. 이 소프트를 통해 서비스에 접속하여 출제된 '보물'을 찾아내는 식으로서, 조각을 모아 퍼즐을 완성하면 응모가 가능했다.

HARDWARE | 1998 | 1999 | 2000 | 2001 | 2002 | 2003 | 2004 | 2005 | 2006 | 2007 | OVERSEA | INDEX

더 하우스 오브 더 데드 2

Dreamcast
세가 STG 1999년 3월 25일 5,800엔 부들부들 팩, 아케이드 스틱, 드림캐스트 건 지원

1-2 | 7 | NET | VGA

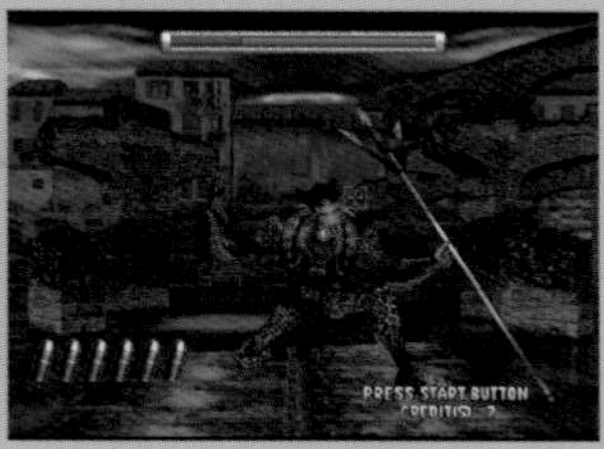

▲ 드림캐스트가 NAOMI 기판과 호환성이 있다 보니, 이식도는 거의 완벽하다. 다만 총구를 화면 바깥으로 향하기만 해도 재장전되는 기능은 삭제했다.

1998년 가동된 아케이드 게임의 이식작. 끊임없이 달려드는 좀비들과 싸우는 건 슈팅 게임이다. 전작의 1년 수개월 후 베니스를 무대로, 시민들을 무차별 공격하는 좀비들을 소탕하자. 그래픽이 전작에 비해 대폭 향상됐으나, 피 색깔을 녹색으로 바꾸는 등 잔혹성을 낮추었다. 루트 분기와 장탄수 6발 등, 기본 시스템은 전작을 답습했다. 플레이어의 선택으로 보스전 장소나 다음 스테이지의 시작지점이 바뀌기도 한다. BGM도 인상적인 곡이 많다.

삼국지 VI

Dreamcast
코에이 SLG 1999년 3월 25일 9,800엔

1-8 | 100- | NET | VGA

삼국시대의 군웅이 되어 중국 전토의 통일을 노리는 시리즈의 제 6탄. 기존처럼 통일이 목표인 시나리오 외에, 특정 조건을 충족하면 클리어되는 단편 시나리오를 새로 추가했다. 전투는 미리 지시를 내리는 실시간식이며, 무장별로 이상·이념 등의 속성을 부여했다.

슈퍼 스피드 레이싱

Dreamcast
세가 RCG 1999년 3월 25일 5,800엔
레이싱 컨트롤러 지원

1-2 | 12- | NET | VGA

과거에 있었던 오픈휠 레이스 대회 'CART'가 소재인 3D 레이싱 게임. 공식 라이선스로 제공받은 1998년도 실제 데이터를 기반 삼아, 미국을 중심으로 한 세계 19개 코스를 돌며 챔피언을 노린다. 타원형 서킷을 고속으로 질주하는 맛이 이 게임의 매력이다.

노부나가의 야망 : 장성록 with 파워업 키트

Dreamcast
코에이 SLG 1999년 3월 25일 9,800엔

1-8 | 200- | NET | VGA

센고쿠 다이묘가 되어 일본 통일을 노리는 시리즈의 제 7탄. 일본 전역을 단일 맵으로 표현한 정원식 내정 시스템을 채용해, 전답·도시의 발전도를 시각적으로 플레이어에게 알려준다. 파워업 키트 포함이므로, 추가 역사 이벤트와 공성전도 처음부터 제공된다.

블루 스팅어

Dreamcast
세가 AVG 1999년 3월 25일 5,800엔
부들부들 팩 지원

1 | 4- | NET | VGA

휴가를 맞아 방문한 섬에서 이변에 휘말린 주인공이 다양한 수수께끼를 풀어나가는 어드벤처 게임. SF와 호러가 융합된 세계관으로서, 적으로 수많은 크리처가 등장한다. 주인공 '엘리엇'과 '독스'를 장면별로 전환해 가며 스토리를 진행하자.

1-2 플레이 가능 인원 | 99- 메모리 백업 용량 | NET 네트워크 지원 | VGA VGA 박스 지원

겟배스

Dreamcast 세가 SLG 1999년 4월 1일 5,800엔 부들부들 팩, 낚시 컨트롤러 지원

1 | 50 | NET | VGA

▲ 배스 낚시 게임에 흔한 로드·라인 고르기 등의 복잡한 시스템을 의도적으로 없앤 게임. 초보자라도 배스 낚시의 쾌감과 재미에 바로 빠져들 수 있다.

1997년 가동된 아케이드 게임의 이식작. 당시 일본에서 붐이었던 배스 낚시가 소재인 타이틀로서, 다양한 루어 액션을 펼치고 라인 브레이크에 주의하며 배스를 건져 올리는 등 배스 낚시 특유의 쾌감을 즐길 수 있다. 입문자부터 배스 프로까지 모이는 '레이크 파라다이스'에서 최고의 배스 앵글러가 되어보자. 제한시간 내에 지정 무게 이상의 배스를 낚으면 된다는 간단한 룰이 특징. DC판은 대회에 출장해 우승을 노리는 토너먼트 모드를 추가했다.

마블 VS. 캡콤 : 클래시 오브 슈퍼 히어로즈

Dreamcast 캡콤 ACT 1999년 3월 25일 5,800엔
부들부들 팩, 아케이드 스틱 지원

1-4 | 5 | NET | VGA

캡콤과 마블 코믹스의 인기 캐릭터들이 2 : 2로 싸우는 대전격투 게임. 이번 작품에서는 20명 이상의 어시스트 전용 캐릭터를 선택할 수 있으며, 일정시간 동안 2명을 동시 조작하면서 게이지도 무제한으로 사용할 수 있는 '배리어블 크로스' 시스템을 새로 탑재하였다.

디지털 경마신문 : 마이 트랙맨

Dreamcast 쇼에이 시스템 SLG 1999년 4월 8일 6,800엔

1 | 200 | NET | VGA

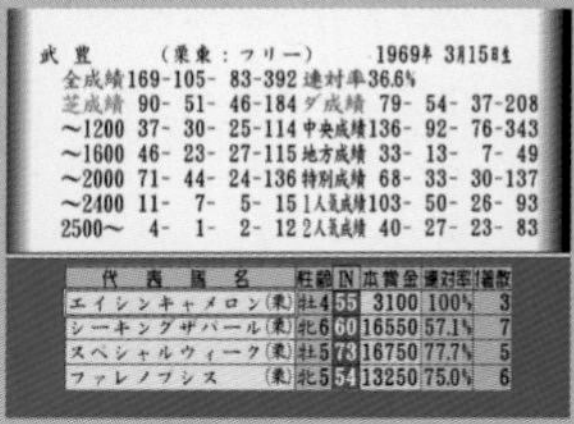

칸토 경마신문협회와 제휴하여 제작한 경마예상 소프트. 드림캐스트의 통신 기능을 이용해, 발매사인 쇼에이 시스템의 서버에서 최신 경마신문 정보를 1년간 무료 다운로드로 제공했다. 실제 경주상황을 세팅하여 모의 레이스를 진행하는 기능도 있다.

모리타의 최강 쇼기

Dreamcast 랜덤 하우스 TBL 1999년 4월 15일 5,800엔

1-2 | 66- | NET | VGA

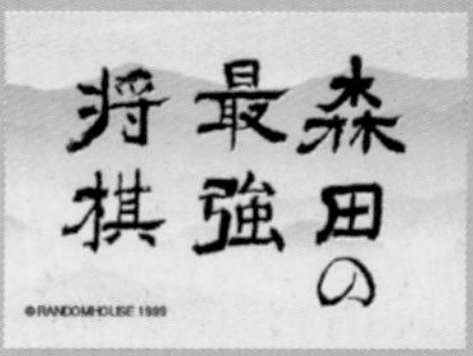

개발자인 모리타 카즈로의 이름을 딴 쇼기(일본 장기) 소프트. 1991년의 세계컴퓨터쇼기선수권에서 우승한 사고루틴의 최신판을 탑재했다. 박보장기 모드에서도 강력한 알고리즘을 채용했으며, 비주얼 메모리에 기보를 저장한 후 대국을 재개하거나 열람할 수도 있다.

모리타의 최강 리버시

Dreamcast 랜덤 하우스 TBL 1999년 4월 15일 2,800엔

1-2 | 66- | NET | VGA

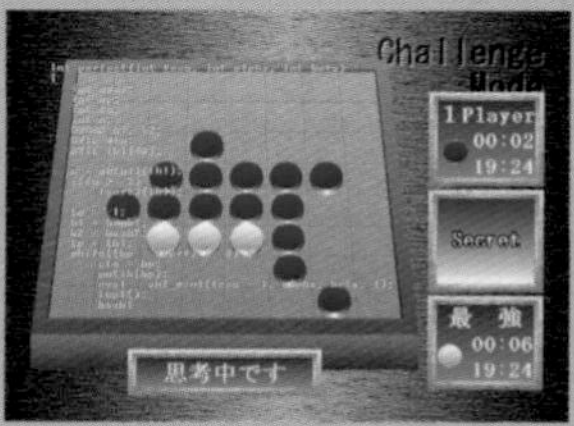

당시 세계최고 수준으로 일컬어졌던 '모리타 Reversi' 사고엔진을 채용한 소프트. CPU의 난이도는 5단계 중에서 선택할 수 있으며, '해설' 모드로 규칙 설명도 제공한다. '연습' 모드에서는 한 수 무르기나 조언 등의 기능도 자유롭게 사용할 수 있다.

웹 미스터리 : 예지몽을 꾸는 고양이

Dreamcast

뫼비우스 / 세가 AVG 1999년 4월 22일 6,800엔

1 | 12- | NET | VGA

실사 동영상을 사용한 어드벤처 게임. 진행되는 스토리에 맞춰 실사 동영상이나 정지영상+텍스트가 표시되는 시스템이다. '인터넷'과 '초능력'을 결합시킨 스토리이며, 일본의 초창기 '인터넷 바'를 비롯해 홍콩·한국의 풍경도 촬영해 사용했다고 한다.

레드라인 레이서

Dreamcast

이매지니어 RCG 1999년 4월 29일 5,800엔

1-2 | 12 | NET | VGA

하이스피드로 전개되는 박력의 3D 슈퍼 바이크 레이싱 게임. 영국산 PC 게임의 이식작으로서, 300km/h를 넘나드는 치열한 배틀을 즐긴다. 3단계의 난이도, 6종류의 코스를 수록했다. 각 레이스에서 우승하면 머신과 코스가 추가된다.

다이너마이트 형사 2

Dreamcast

세가 ACT 1999년 5월 27일 5,800엔 아케이드 스틱 지원

1-2 | 5 | NET | VGA

▲ 아케이드판은 MODEL2 기판으로 제작된 마지막 타이틀이다. 전작보다 난이도는 낮으나, 분위기·설정·사용 가능한 무기 등등은 한층 더 개그 요소가 강해졌다.

1998년 가동된 같은 제목 타이틀의 이식작. 전작의 '다이 하드'적인 분위기를 싹 날리고, 통쾌함 위주의 화끈한 게임이 되었다. 캐릭터 3명 중 하나를 골라, 카리브 해에서 벌어진 하이재킹 사건을 해결하자. 전작의 조작계를 계승하면서도 플레이어 캐릭터의 성능을 올리고 회복 아이템도 늘려, 전작보다 난이도를 낮췄다. 반면 디자인·설정 등은 아예 개그 일변도로 바뀌, 적 캐릭터가 '테러리스트'나 '해적'만으로는 표현이 안될 만큼 개성이 과하다.

엘리멘탈 기믹 기어

Dreamcast

허드슨 RPG 1999년 5월 27일 5,800엔

1 | 6- | NET | VGA

패미컴용 RPG 「패수 이야기」의 개발사인 버스데이의 액션 RPG. 주인공 레온(슬립맨)이 'E.G.G.'를 조작해 고대유적 포그나를 탐색한다는 스토리다. 적에게서 모은 엘리먼트를 소비하면 '엘리멘탈 파워'라는 강력한 공격을 사용할 수 있다.

더 킹 오브 파이터즈 드림 매치 1999

Dreamcast

SNK ACT 1999년 6월 24일 5,800엔
아케이드 스틱, 네오지오 포켓 접속 케이블 지원

1-2 | 7- | NET | VGA

아케이드용 인기 대전격투 게임 시리즈의 이식작. 타이틀명은 「더 킹 오브 파이터즈 드림 매치 1999」이지만, 실은 「더 킹 오브 파이터즈 '98」의 이식판이다. DC판은 오프닝 동영상을 애니메이션화하고, 배경 연출을 폴리곤화하는 등 일부 요소를 변경했다.

자이언트 그램 : 전일본 프로레슬링 2 IN 닛폰 부도칸

Dreamcast 세가 SPT 1999년 6월 24일 5,800엔 아케이드 스틱 지원

1-4 11- NET VGA

당시의 전일본 프로레슬링 소속 레슬러들을 사용할 수 있는 타이틀. 같은 시기에 아케이드판도 가동되었다. 당시 매 4분기마다 개최했던 부도칸 대회를 재현했으며, 태그 매치와 4인 동시 플레이도 가능해졌다. 비주얼 메모리로 미니게임도 플레이할 수 있다.

수도고 배틀

Dreamcast 겐키 RCG 1999년 6월 24일 5,800엔 부들부들 팩, 레이싱 컨트롤러 지원

1-2 15- NET VGA

도쿄의 수도고속도로를 달리는 스트리트 레이서들의 세계를 그린 작품. 라이벌을 발견하면 패싱하여 대결을 시작하자. 상대를 앞서면 상대의 게이지가 줄어들며, 게이지를 0으로 만들면 배틀에서 승리한다. 배틀로 얻은 포인트를 지불해 차를 강화시키자.

생체병기 익스펜더블

Dreamcast 이매지니어 STG 1999년 6월 24일 5,800엔 부들부들 팩 지원

1-2 4 NET VGA

지구에서 멀리 떨어진 행성을 무대로 삼아, 인간형으로 만들어진 살인 머신을 조종하는 액션 게임. 습격해오는 외계인을 몰살하여 미션 클리어를 노리자. 등장하는 10종류의 무기는 꾸준히 사용할수록 레벨이 올라가, 플레이가 한층 더 통쾌해진다.

영세명인 Ⅲ : 게임 크리에이터 요시무라 노부히로의 두뇌

Dreamcast 코나미 TBL 1999년 7월 8일 3,980엔

1-2 17 NET VGA

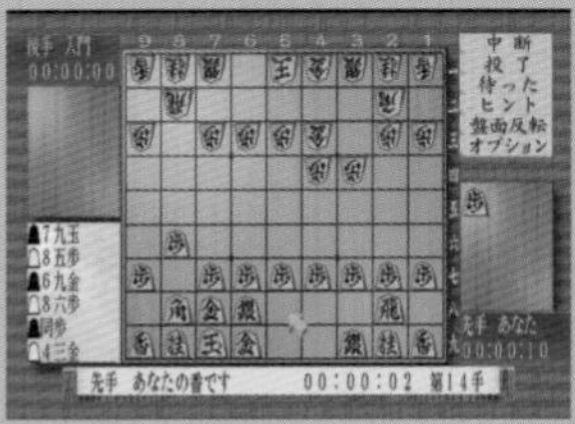

인기 시리즈의 제 3탄. 쇼기 게임 중에서는 「카키노키 쇼기」·「모리타 쇼기」에 버금가는 뿌리 깊은 시리즈다. 사고루틴을 기존의 6배로 고속화했으며, 수읽기 기능을 탑재해 종반에 경이적으로 강하다. 고단자용 기능으로서, 에도 시대의 명 기보도 수록했다.

스트리트 파이터 ZERO 3 : 사이쿄 류 도장

Dreamcast 캡콤 ACT 1999년 7월 8일 5,800엔 부들부들 팩, 아케이드 스틱 지원

1-3 37 NET VGA

인기 대전격투 게임 시리즈의 이식작. 시리즈 과거작의 시스템을 계승하면서도 여러 요소를 추가했다. 드림캐스트판은 숨겨진 캐릭터와 숨겨진 모드를 처음부터 사용할 수 있으며, 드라마틱 배틀에서도 2 : 1 대전이 가능한 등 타 기종판과 차이가 있다.

초발명 BOY 카니팡 : 폭주 로보토의 수수께끼!?

Dreamcast 세가 RPG 1999년 7월 8일 5,800엔 부들부들 팩 지원

1 18- NET VGA

당시 일본에서 방영했던 같은 제목 애니메이션의 게임판. 아이템을 발명하며 스토리를 진행하는 '크리에이티브 RPG'다. 부품·재료를 모아 장비와 무기를 제작하자. 배틀에서는 자신이 만든 로보토를 사용하며, 발명해낸 장비로 로보토를 커스터마이즈할 수 있다.

버기 히트

Dreamcast

CSK 종합연구소 RCG 1999년 7월 8일 5,800엔
부들부들 팩, 레이싱 컨트롤러 지원

1-2 | 65- | NET | VGA

다이내믹하고도 와일드하게 오프로드를 달리는 레이싱 게임. 개성만점의 캐릭터 8명과 차량 중에서 하나를 골라, 13종의 대회에서 승리를 노리자. 커스터마이즈한 버기의 거동은 물론, 물보라가 튀는 광경이나 위험한 노면 등을 리얼하게 재현했다.

프레임 그라이드

Dreamcast

프롬 소프트웨어 ACT 1999년 7월 15일 6,800엔
부들부들 팩, 드림캐스트 키보드 지원

1-2 | 2- | NET | VGA

판타지 세계가 무대인 3D 대전형 로봇 액션 게임. 자국 국민을 지키기 위해, 세계에 군림하는 '기사'를 물리쳐야 한다. 대전 스테이지를 클리어해 플레이어 기체를 성장시키자. 비주얼 메모리를 활용하는 화면분할 대전과, 네트워크 대전도 가능하다.

월드 네버랜드 플러스 : 오를루드 왕국 이야기

Dreamcast

리버힐 소프트 SLG 1999년 7월 15일 5,800엔
드림캐스트 키보드 지원

1 | 150- | NET | VGA

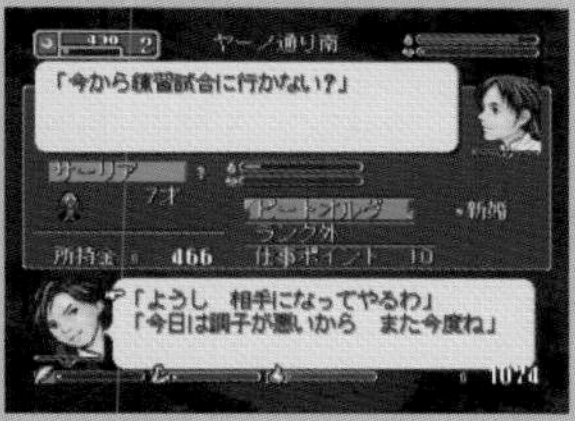

플레이스테이션용 게임의 이식작. 판타지 세계의 국가 '오를루드 왕국'의 국민 한 명이 되어, 또 하나의 인생을 체험하자. 오를루드 왕국은 밤낮 개념이 있어서 현실과 같은 생활을 보낼 수 있다. 드림캐스트판에서는 네트워크 기능이 추가되었다.

진 본격 화투

Dreamcast

알트론 TBL 1999년 7월 22일 4,800엔
부들부들 팩 지원

1 | 2- | NET | VGA

일본의 전통 카드 게임 '화투'를 즐기는 소프트. 강적이 기다리는 수많은 토너먼트에서 승리해, 화투왕의 영예를 쟁취해보자. 즐길 수 있는 게임은 '코이코이'·'하나아와세'·'하치하치'·'오이쵸카부' 4종류이며, 각각 토너먼트와 프리 대전을 제공한다.

세계 불가사의 발견! 트로이

Dreamcast

TBS AVG 1999년 7월 22일 5,800엔

1 | 15 | NET | VGA

과거의 세계로 시간여행이 가능해진 미래를 무대로, TV프로 관련 조사를 위해 기원전 12세기에 존재했던 환상의 도시 '트로이'로 가게 된 플레이어가 트로이 멸망의 날까지의 7일간을 목격한다. 거대 목마가 등장하는 그리스군과의 전투 등을 체험할 수 있다.

전파소년적 응모생활 소프트 : 나스비의 방

Dreamcast

허드슨 ETC 1999년 7월 22일 1,480엔
드림캐스트 키보드 지원

1 | 56 | NET | VGA

당시 일본의 인기 TV프로가 소재인 게임으로서, 통신 기능으로 실제 개최 중이던 이벤트에 '전자엽서'를 보내 응모할 수 있었다. 게임 내에서만 즐길 수 있는 '버추얼 응모' 이벤트에 당첨되면 '나스비의 방'이 충실해지며, 나스비의 '당첨 댄스'도 보여준다.

아키하바라 사이버 팀 : 파타Pies!

Dreamcast 세가 SLG 1999년 7월 29일 5,800엔

1 | 8- | NET | VGA

같은 제목의 인기 애니메이션을 게임화했다. 아키하바라 제3중학교에 다니는 1학년 학생이 되어, 자신의 애완로봇 '파타Pi'와 친구의 파타Pi를 교류시켜 네트워크를 확장해가는 것이 목적이다. 게임 도중 만화 형식·이메일 등의 다양한 이벤트가 발생한다.

에어포스 델타

Dreamcast 코나미 STG 1999년 7월 29일 5,800엔

1 | 14- | NET | VGA

록히드 마틴 및 보잉 사의 협력을 받아 실제 전투기를 리얼하게 재현한 플라이트 슈팅 게임. 냉전 후를 무대로, 용병부대의 활약을 그린 스토리다. 실존하는 전투기는 물론, '빅 바이퍼' 등 코나미 슈팅 게임들에 등장하는 가상의 전투기도 조종할 수 있다.

시맨 : 금단의 애완동물

Dreamcast 비바리움 SLG 1999년 7월 29일 6,800엔 마이크 디바이스 지원

1 | 64 | NET | VGA

▲ 음성인식을 이용한 가상생물과의 소통을 선보여, 당시의 게이머들과 게임업계에 일대 충격을 준 타이틀. 수많은 상을 받았고, 일반인들에게도 유명해진 작품이다.

수조에 담긴 의문의 인면어 '시맨'을 기르는 시뮬레이션 게임. 육성법이 독특해, 일단 '머시루머'라는 유체를 키워 '노틸러스'(소라고둥을 닮은 생물)에게 먹이면 시맨의 유체가 만들어진다. 특징은 음성인식을 통한 대화와 리얼한 그래픽으로서, 게임 내에 등장하는 생물을 매우 디테일하게 묘사했다. 음성인식 대화도 패턴을 세분화해, 대화를 이어가다 보면 유저의 성격·버릇을 학습해 기억하며 시맨의 자손에게까지 계승되는 등, 오래 즐길수록 자연스럽게 애착이 생기게 했다.

마리오넷 핸들러

Dreamcast 마이크로네트 SLG 1999년 7월 29일 5,800엔

1 | 31- | NET | VGA

'마리오넷'이라 불리는 AI 제어 로봇을 조작해 싸우는 대전 시뮬레이션 게임. 200종류에 달하는 무기·부품을 자유롭게 골라 장착한 후, 마리오넷끼리 배틀을 붙여 보자. 마리오넷은 행동 프로그램과 구입한 개조 부품을 조합해 자신의 의도대로 강화시킬 수 있다.

북으로. : Photo Memories

Dreamcast 허드슨 AVG 1999년 8월 5일 3,800엔

1 | 20 | NET | VGA

「북으로. : White Illumination」(56p)의 팬디스크. 전작의 후일담을 그린 미니 어드벤처 게임과, 오오야리 아시토(NOCCHI)의 그림을 감상하는 일러스트 갤러리를 수록했다. 초회한정판에는 트레이딩 카드도 동봉되어 있다.

소울 칼리버

Dreamcast
남코 ACT 1999년 8월 5일 5,800엔 부들부들 팩, 아케이드 스틱 지원

1-2 | 12- | NET | VGA

▲ 캐릭터가 도검·쌍절곤·곤봉 등의 무기를 이용해 싸운다. 8방향 자유이동이 가능해, 필드를 넓게 활용하여 대전할 수 있다.

1998년 아케이드용으로 출시된 3D 무기 대전격투 게임의 이식작. 이 작품이 가정용 게임기로 이식 발매된 것은 이 드림캐스트판이 처음이며, 남코 사의 드림캐스트 참가작 제 1탄이기도 하다. 조작 가능한 캐릭터 전원이 무기를 활용해 싸우는 것이 최대의 특징. 아케이드 모드는 물론이고 VS 배틀, 팀 배틀, 맵 상의 과제를 클리어하는 미션 배틀에 이르기까지 다양한 모드를 수록했으며, 아트웍과 캐릭터 연무를 감상하는 '뮤지엄'도 준비했다.

프로야구 팀을 만들자!

Dreamcast
세가 SLG 1999년 8월 5일 5,800엔
드림캐스트 키보드 지원

1-2 | 160- | NET | VGA

당시의 실존 일본 프로야구 12개 구단 중 하나를 골라, 세계 제일의 구단으로 육성해가는 경영 시뮬레이션 게임. 플레이어는 시합 도중의 선수를 직접 조작하지 않으며, 구단 경영부터 선수·스탭 인사이동, 선수 육성, 출전순서 결정, 투수 교대 등을 담당한다.

기동전함 나데시코 : NADESICO THE MISSION

Dreamcast
카도카와쇼텐 / ESP AVG 1999년 8월 26일 6,800엔

1 | 17- | NET | VGA

극장판 애니메이션 '기동전함 나데시코'의 설정을 활용한 시뮬레이션 게임. 플레이어가 나데시코 호의 신임 함장 겸 에스테바리스의 파일럿으로서 작전을 수행한다. 애니메이션 본편의 감독 사토 타츠오와 캐릭터 디자이너 고토 케이지가 게임 제작에 참여했다.

기동전사 건담 외전 : 콜로니가 떨어진 땅에서…

Dreamcast
반다이 STG 1999년 8월 26일 6,800엔
부들부들 팩 지원

1 | 6- | NET | VGA

'기동전사 건담' 시리즈의 1년 전쟁 말기에 콜로니 낙하의 피해지가 되었던 오스트레일리아를 무대로, 지구연방군의 '화이트 딩고 부대'를 이끄는 주인공 '마스터 피스 레이어'의 활약을 그린 1인칭 3D 슈터 게임이다.

쿨 보더즈 번!

Dreamcast
우엡 시스템 SPT 1999년 8월 26일 5,800엔
부들부들 팩 지원

1-2 | 4- | NET | VGA

플레이스테이션용 게임의 이식작. 슬로프를 자유롭게 활주하는 호쾌한 스노보드의 세계를 만끽하자. 선택할 수 있는 캐릭터 6명에게는 각각 고유의 BGM이 설정돼 있다. 코스로는 설산 외에도 도시, 협곡, 유적 등 다양한 무대를 준비했다.

1-2 플레이 가능 인원 | 99- 메모리 백업 용량 | NET 네트워크 지원 | VGA VGA 박스 지원

신일본 프로레슬링 : 투혼열전 4

Dreamcast

토미 SPT 1999년 9월 2일 6,800엔
부들부들 팩 지원

1-4 | 91- | NET | VGA

'신일본 프로레슬링'의 프로레슬러들이 3D로 등장하는 프로레슬링 게임의 제 4탄. 같은 시기에 아케이드판도 가동되었다. 빅 매치에 참전한 텐류·오오니타·오가와 등의 타 단체 소속 선수들도 등장한다. 오리지널 레슬러 제작 모드는 선택 가능한 파츠 종류를 늘렸다.

dancing blade 천방지축 복숭아 천사! 완전판

Dreamcast

코나미 AVG 1999년 9월 2일 5,800엔

1 | 2- | NET | VGA

플레이스테이션용 게임의 이식판. 한 회차가 약 30분이면 끝나며, 동영상 재생 도중 곳곳에서 선택지가 표시된다. 복숭아에서 태어난 미소녀 '모모히메'가 자신의 출생의 비밀을 찾아 여행한다는 스토리이며, 에피소드로 시리어스 편과 코믹 편을 수록했다.

팝픈 뮤직 2

Dreamcast

코나미 SLG 1999년 9월 14일 4,800엔
부들부들 팩, 아케이드 스틱, 팝픈 컨트롤러 지원

1-4 | 6- | NET | VGA

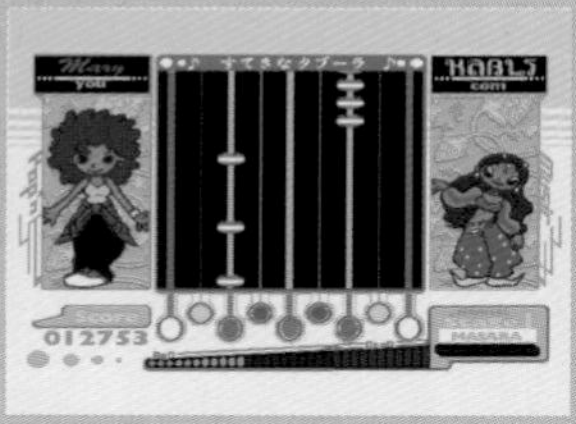

1999년 가동된 같은 제목 아케이드용 게임의 이식판. 1편 발매와 동시에 전용 컨트롤러(팝픈 컨트롤러)도 발매된 바 있다. 악곡은 아케이드판을 베이스로 숨겨진 신곡 5곡을 추가했고, 오리지널 요소로 '프리 모드'와 '트레이닝 모드'를 탑재하였다.

클라이맥스 랜더즈

Dreamcast

세가 RPG 1999년 9월 15일 5,800엔
부들부들 팩 지원

1 | 16- | NET | VGA

메가 드라이브로 「샤이닝 포스」, 슈퍼 패미컴으로 「레이디 스토커」를 개발했던 클라이맥스 사가 제작한 RPG. 판타지 기반에 SF 요소를 첨가한 세계관으로서, 던전 자동 생성 시스템을 탑재했다. 비주얼 메모리를 활용하는 미니게임도 다수 수록하였다.

아이돌 작사를 만들어보자♡

Dreamcast

잘레코 TBL 1999년 9월 23일 6,800엔

1 | 4- | NET | VGA

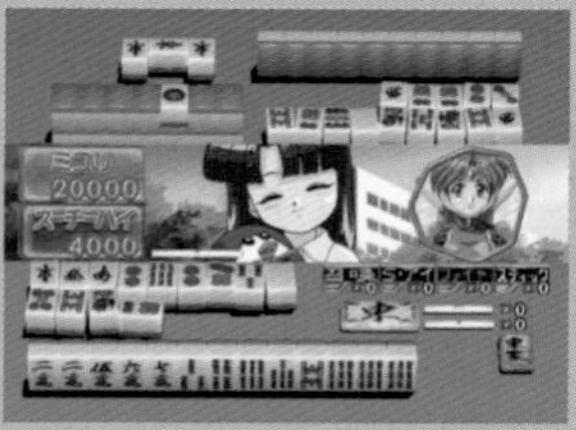

「스치파이」 시리즈의 캐릭터들이 다수 등장하는 마작 게임. 아케이드판 「아이돌 작사 스치파이 Ⅲ」 기반의 게임이며, 여기에 신 캐릭터 3명을 추가해 오리지널 스토리를 전개한다. 시나리오 모드 2종을 클리어하면 메이킹 모드가 개방된다.

모여라! 빙글빙글 온천

Dreamcast

세가 TBL 1999년 9월 23일 4,800엔
부들부들 팩, 드림캐스트 키보드 지원

1-4 | 62- | NET | VGA

네트워크 대전을 지원하는 테이블 게임 모음집. 마작·쇼기·트럼프 게임을 제공하며, 특히 트럼프로는 대부호·나폴레옹·세븐스·유콘(솔리테어)·프리셀을 플레이할 수 있다. 온라인 모드일 때는 최대 6명까지 참가할 수 있는 채팅방도 제공했다.

에스피오네이전츠

Dreamcast
NEC 홈 일렉트로닉스 SLG 1999년 9월 23일 5,800엔
부들부들 팩, 아케이드 스틱 지원

1 | 7 | NET | VGA

산업스파이 집단의 리더가 되어 활동하는 실시간 시뮬레이션 게임. 플레이어는 요원들에게 지시를 내려 클라이언트의 의뢰를 수행해야 한다. 트랩 해체가 특기인 요원, 격투 전문인 요원 등을 잘 활용하여 미션 클리어를 노려보자.

환상의 달밤

Dreamcast
심스 AVG 1999년 9월 23일 5,800엔
부들부들 팩 지원

1 | 20- | NET | VGA

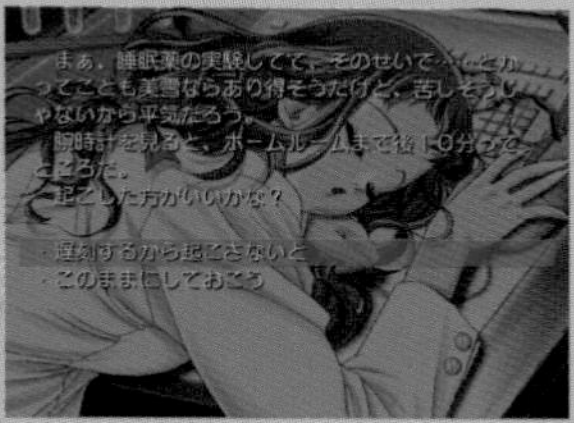

드림캐스트용 오리지널 어드벤처 게임. 비주얼 노벨 스타일로서, 분기를 고르면 스토리가 변화한다. 주인공과 2개월 후 소멸하게 되는 유령소녀 간의 교류를 중심으로, 9명의 히로인들이 펼치는 기묘하고도 애절한, 그러면서도 훈훈한 러브스토리를 즐길 수 있다.

그라우엔의 새장 : Kapitel 1 – '계약'

Dreamcast
세가 ETC 1999년 9월 30일 2,800엔
드림캐스트 키보드 지원

1 | 2- | NET | VGA

일본에서 1999년 10월부터 1년간에 걸쳐 방송된 인터넷 드라마를 게임화했다. 이 작품은 그 제 1탄으로서, 최초의 2개월분을 수록하였다. 웹판보다 고화질로 즐길 수 있도록 했으며, 드림캐스트판 한정으로 스페셜 인터뷰 영상도 함께 수록했다.

J리그 프로 사커 클럽을 만들자!

Dreamcast
세가 SLG 1999년 9월 30일 6,800엔
드림캐스트 키보드 지원

1 | 132- | NET | VGA

축구 클럽의 오너가 되어 클럽 운영과 선수 육성을 즐기는 경영·육성 시뮬레이션 게임. 자신의 클럽으로 J2 리그부터 참전하여, 세계 최강의 클럽으로 길러나간다. 네트워크를 지원하여, 온라인으로 선수 다운로드나 대회 개최 이벤트 등도 제공했다.

dancing blade 천방지축 복숭아 천사 II 완전판 : Tears of Eden

Dreamcast
코나미 AVG 1999년 9월 30일 5,800엔

1 | 2- | NET | VGA

「천방지축 복숭아 천사!」(64p)의 속편. 플레이스테이션판을 이식한 멀티 엔딩형 어드벤처 게임이다. 애니메이션은 전작과 마찬가지로 교토 애니메이션이 제작했다. 등장하는 캐릭터들은 '모모타로' 등 일본의 전래동화를 모티브로 삼았다.

블랙 매트릭스 어드밴스드

Dreamcast
NEC 인터채널 RPG 1999년 9월 30일 6,800엔

1 | 7- | NET | VGA

1998년 세가새턴으로 발매했던 「블랙 매트릭스」의 리메이크판. 성경을 모티브로 삼았으면서도 선악 개념을 역전시킨 다크 판타지 작품이다. 원작과는 일러스트레이터가 다르며, 애니메이션 영상과 함께 원작보다 뒷맛이 깔끔한 엔딩을 추가했다.

1-2 플레이 가능 인원 | 99- 메모리 백업 용량 | NET 네트워크 지원 | VGA VGA 박스 지원

플러스 플럼

Dreamcast
TAKUYO PZL 1999년 10월 7일 3,800엔
아케이드 스틱 지원

1-2 | 2 | NET | VGA

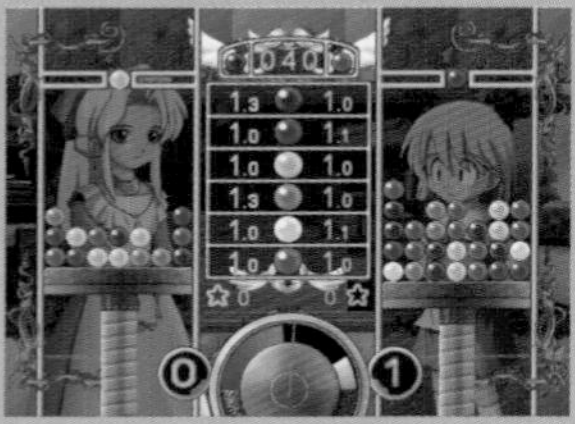

화면 위쪽에서 떨어지는 구슬을 같은 색끼리 3개 이상 붙여가며 없애는 퍼즐 게임. 스테이지가 천칭 구조라 구슬이 쌓일수록 아래로 내려가며, 일정 이상 내려가면 게임 오버다. 등장 캐릭터별로 고유 필살기가 있어, 위기일 때도 일발역전을 노릴 수 있다.

마리오넷 컴퍼니

Dreamcast
마이크로캐빈 SLG 1999년 10월 7일 6,800엔

1 | 10- | NET | VGA

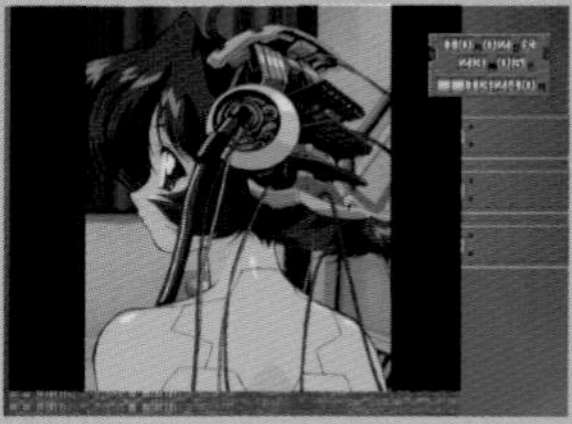

PC판 원작을 이식한 미소녀 육성 시뮬레이션 게임. 소녀형 로봇 '마리오넷'과 생활하며 그녀의 성장을 지켜보자. 150종류 이상의 이벤트가 있으며, 세심하게 육성하다 보면 점차 인간성을 갖추게 된다. 비주얼 메모리를 사용하는 미니게임도 탑재했다.

소닉 어드벤처 인터내셔널

Dreamcast
세가 ACT 1999년 10월 14일 5,800엔 부들부들 팩 지원

1 | 12- | NET | VGA

▲ 5개국어 지원을 추가한 「소닉 어드벤처」. 게임 자체에 큰 변경점은 없으나, 온라인 랭킹을 지원했으며 일부 버그도 수정했다.

1998년 발매된 「소닉 어드벤처」(53p)의 마이너 체인지판. 개발거점을 샌프란시스코로 옮기면서 일본어·영어 등 5개국어 지원을 추가했다. 인터넷을 이용한 세계 랭킹도 넣었으며, 결과도 온라인으로 확인할 수 있었다. 또한 총 130개의 엠블렘 획득상황을 리스트식으로 열람 가능해졌고, 카지노 스테이지와 핀볼에서는 남은 구슬 수도 알려주는 등, 유저 편의성을 크게 개선했다. 음성과 자막을 자유롭게 조합할 수 있어, 어학 공부용으로도 써볼 만하다.

꿈의 마권 '99 인터넷

Dreamcast
상그릴라 SLG 1999년 10월 21일 2,800엔
드림캐스트 키보드 지원

1 | 9- | NET | VGA

인터넷 연결이 필수인 경마예상 소프트. 적중률 70%, 회수율 250%라는 고확률을 표방했다. 매주 갱신되는 출주마 데이터를 다운로드하여 승리마를 예상해준다. 당시 이 작품을 활용하려면, 드림 패스포트는 필수였고 월회비 1,500엔도 지불해야 했다.

리바이브... : 소생

Dreamcast
데이터 이스트 AVG 1999년 10월 28일 6,800엔

1 | 12- | NET | VGA

세가새턴으로 발매되었던 「통곡, 그리고…」의 속편에 해당하는 어드벤처 게임. 주인공은 소녀 6명 및 다른 인물들과 함께 어느 연구소에 갇히고 만다. 연구소 안에 설치된 수많은 트랩을 해체하면서, 숨겨진 비밀을 풀어내 무사히 탈출해보자.

창강의 기병 : 스페이스 그리폰

Dreamcast 판사 소프트웨어 STG 1999년 11월 3일 5,800엔
부들부들 팩 지원

1 □29- NET VGA

PC-9801용으로 발매되었던 「HAMLET」의 이식작. 월면 최대의 건조물 'HAMLET'이 무대인 액션 슈팅 게임이다. 전투화면이 강화되어 적의 움직임이 복잡해졌다. 추가로 캐릭터 일러스트도 모두 리뉴얼했고, 성우들의 음성도 추가했다.

랑그릿사 밀레니엄

Dreamcast 메사이아 SLG 1999년 11월 3일 5,800엔

1 □36- NET VGA

세계관과 캐릭터를 모두 리뉴얼한 신생 「랑그릿사」. 시스템을 기존작들의 스테이지 클리어형 시뮬레이션 RPG에서, 월드 맵을 이동하는 실시간 시뮬레이션 게임 스타일로 바꿨다. 캐릭터 디자이너도 우루시하라 사토시에서 카이샤쿠로 변경했다.

기가 윙

Dreamcast 캡콤 STG 1999년 11월 11일 5,800엔
부들부들 팩, 아케이드 스틱 지원

1-2 □12- NET VGA

아케이드용 게임의 이식작인 가로화면 종스크롤 슈팅 게임. 대량의 적탄을 반사시켜 반격에 이용하는 '리플렉트 포스'를 구사하며 진행한다. 적탄을 많이 반사시킬수록, 득점 배율이 상승하는 훈장 아이템이 대량 방출되어 점수가 천문학적으로 불어나게 된다.

슈퍼 프로듀서즈 : 노려라! 쇼 비즈니스 업계

Dreamcast 허드슨 SLG 1999년 11월 11일 6,800엔

1 □190- NET VGA

음악업계 프로듀서가 되어, 가수를 신인 때부터 키워나가는 육성 시뮬레이션 게임. 무명의 신인을 데뷔시켜 1위 가수로까지 만들어보자. 라이브 활동·타이업 등의 프로모션 활동을 거듭하여, 가까운 장래에 가요대상과 홍백전 출장 기회를 잡아야 한다.

츄츄 로켓!

Dreamcast 세가 PZL 1999년 11월 11일 2,800엔 부들부들 팩, 아케이드 스틱, 드림캐스트 키보드 지원

1-4 □3- NET VGA

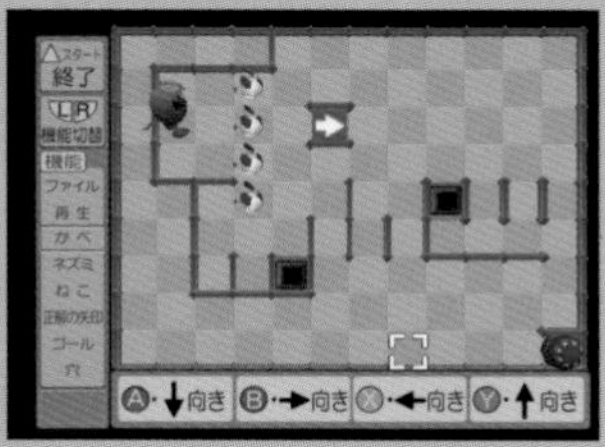

▲ 소닉 팀이 제작한 퍼즐 게임. 스피드가 빠르고 온갖 돌발 상황이 벌어지는 룰렛까지 있다보니, 4인 플레이 시에도 템포가 매우 경쾌하다.

최대 4명까지 동시 플레이 가능한 대전형 퍼즐 게임. 화면에 나타나는 쥐 '츄츄'가 고양이 '가푸가푸'에게 먹히지 않도록 로켓까지 잘 유인해 발사시키자. 츄츄와 가푸가푸는 일정한 법칙에 따라 행동하며, 화살표 패널을 설치해 어느 정도 이동제어가 가능하다. '?' 마크가 붙은 츄츄가 로켓에 타면 룰렛 이벤트가 일어나, 츄츄가 대량 발생하거나 가푸가푸가 증식하는 등의 일이 벌어진다. 퍼즐 모드는 총 100종류의 문제가 있으며, 직접 만들 수도 있다.

다나카 토라히코의 울토라 류 쇼기 : 앉은비차 굴곰 편

Dreamcast 아크시스템웍스 TBL 1999년 11월 11일 5,800엔

1-2 | 8- | NET | VGA

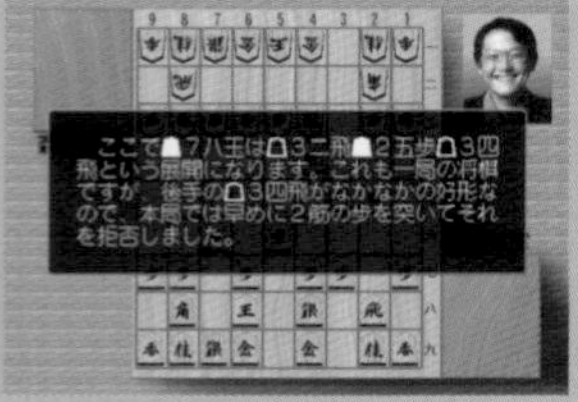

'초반의 에디슨'이란 별명으로 유명한 다나카 토라히코가 감수한 쇼기 게임. '앉은비차 굴곰'이란 쇼기판 왼쪽 구석에 옥을 가두는 전술로서, 당시 인기였던 몰이비차 전술의 대항 수단으로 적격이었다. 게임으로 초반 전술부터 공격법·싸움법에 끝내기까지 전수해준다.

기태평 골드

Dreamcast 넷빌리지 TBL 1999년 11월 18일 9,800엔
드림캐스트 키보드 지원

1-2 | 121- | NET | VGA

일본의 PC용 유명 쇼기 게임 「기태평」(棋太平) 시리즈의 당시 최신판. 일반 대국과 박보장기는 물론, 인터넷 경유로 PC판 유저와의 통신대전도 지원했다. 그 외에도 플레이할수록 강해지는 교육 기능과, 기보 녹화·재생 기능도 탑재했다.

스피드 데빌

Dreamcast UBISOFT RCG 1999년 11월 18일 5,800엔
부들부들 팩, 레이싱 컨트롤러 지원

1-2 | 27- | NET | VGA

상금을 벌어 차량을 커스터마이즈해, 세계 최고속 레이서를 목표로 달리는 레이싱 게임. 12대의 차종 중 하나를 선택해, 사막·해안·마천루 사이를 질주해보자. 동일한 코스라도 시간·계절·날씨에 따라 주행상황이 바뀐다. 영화를 방불케 하는 코스도 존재한다.

일본프로마작연맹 공인 테츠만 : 면허개전

Dreamcast 나그자트 TBL 1999년 11월 18일 5,800엔

1 | 7- | NET | VGA

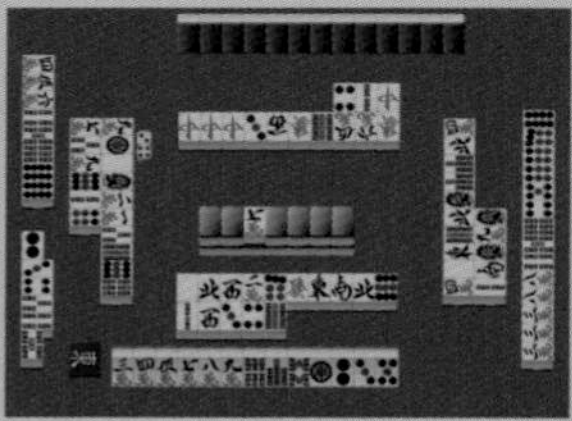

일본프로마작연맹이 공인한 4인 대국 마작 게임. 모리야마 시게카즈 8단이 감수한 인증 시험에 합격하여 단위 인증서를 따내자. 대회·프리 대전에는 나다 아사타로와 코지마 타케오 등의 유명 프로 작사가 실명으로 등장한다. COM의 실력도 3단계로 설정 가능하다.

F1 월드 그랑프리 for Dreamcast

Dreamcast 비디오 시스템 RCG 1999년 11월 25일 5,800엔
부들부들 팩, 레이싱 컨트롤러 지원

1-2 | 20- | NET | VGA

F1 공식 라이선스를 취득한 레이싱 게임. 당시 F1에 참전했던 11개 팀과 16개 코스, 22명의 드라이버가 실명으로 등장한다. 게임 모드로는 총 16시합을 펼치는 '챔피언십'부터 '타임 어택' 등까지, 모두 4종류를 탑재했다.

그라우엔의 새장 : Kapitel 2 – '새장'

Dreamcast 세가 ETC 1999년 11월 25일 2,800엔
드림캐스트 키보드 지원

1 | 2- | NET | VGA

일본에서 1999년 방송했던 인터넷 드라마를 소프트화했다. 줄거리는 거액의 빚을 진 남녀 10명이 어떤 계약에 따라 한 맨션 안에 들어가, 일정기간 내로 5명이 될 때까지 서로를 죽인다는 것. Kapitel 1 '계약'(65p)에 이은 2개월 분량의 영상을 수록했다.

HARDWARE | 1998 | 1999 | 2000 | 2001 | 2002 | 2003 | 2004 | 2005 | 2006 | 2007 | OVERSEA | INDEX

전환천사 대전마작 : 샹그릴라

Dreamcast

마벨러스 엔터테인먼트 TBL 1999년 11월 25일 5,800엔
아케이드 스틱 지원

1 | 6 | NET | VGA

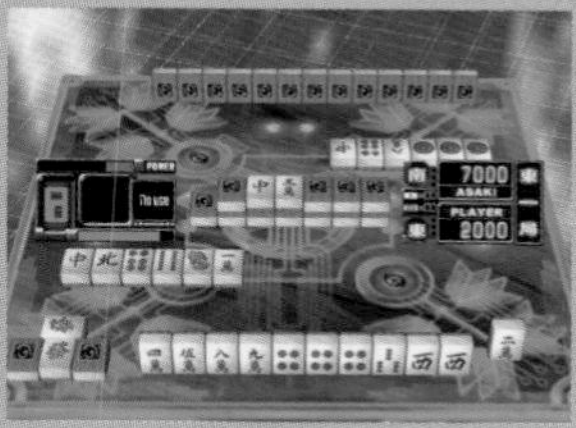

1999년 가동된 아케이드용 게임의 이식작. 만화가 코테가와 유아가 캐릭터를 디자인한 3D 마작 게임이다. 컴퓨터 도시 '샹그릴라'에서 개최된 마작대회에 참가해 최강의 칭호를 얻어내자. 게임에 등장하는 여성 6명의 캐스팅에 유명 성우를 기용했다.

죠죠의 기묘한 모험 : 미래를 위한 유산

Dreamcast

캡콤 ACT 1999년 11월 25일 5,800엔
부들부들 팩, 아케이드 스틱 지원

1-2 | 4- | NET | VGA

만화 '죠죠의 기묘한 모험'의 제 3부 '스타더스트 크루세이더즈'가 원작인 대전격투 게임. 아케이드판 1편과 속편「미래를 위한 유산」까지, 2개 작품을 합본 수록했다. 원작 재현도가 매우 높으며, '스탠드 유저'들 간의 뜨거운 배틀을 즐길 수 있다.

데스 크림즌 2 : 메라니트의 제단

Dreamcast

에콜 소프트웨어 STG 1999년 11월 25일 5,800엔 부들부들 팩, 드림캐스트 건, 마이크 디바이스 지원

1-4 | 5- | NET | VGA

▲ 소수의 컬트 팬들을 거느린 건 슈팅 게임의 속편. 공식 장르명은 '암흑 미소녀 게임 슈팅'. 전작의 문제점을 어느 정도 개선한 타이틀이다.

1996년 발매된 세가새턴용 건 슈팅 게임「데스 크림즌」의 속편. 전작과 거의 동일 개발진이 제작해, 전작의 분위기가 짙게 남아있다. 전작의 20년 후가 무대로서, 주인공 일행이 악마의 총 '크림즌'을 둘러싼 싸움에 휘말린다는 스토리다. 시스템이 건 슈팅 파트, 폴리곤 캐릭터들의 풀 보이스 이벤트 신, 탐색 중심의 어드벤처 파트로 구성돼 있으며, 난이도도 6단계 중에서 선택 가능하다. 어드벤처 파트의 비중이 높아, 전작에 비해 제법 볼륨이 커진 작품이다.

좀비 리벤지

Dreamcast

세가 ACT 1999년 11월 25일 5,800엔
부들부들 팩, 아케이드 스틱 지원

1-2 | 4- | NET | VGA

「더 하우스 오브 더 데드」 시리즈의 외전에 해당하는 격투 액션 게임.「다이너마이트 형사」와 유사한 시스템으로서, 던질 수 있는 무기도 풍부하게 제공한다. 이식 과정에서 어레인지 모드, 보스 배틀만을 플레이하는 모드 등을 추가했다.

넷파치 : 10연속 잭팟으로 라스베가스 여행

Dreamcast

다이코쿠 전기 TBL 1999년 11월 25일 5,800엔

1 | 10- | NET | VGA

온라인 대회 이벤트를 통해 진짜 상품까지도 받을 수 있었던 파친코 게임. 10연속 잭팟에 성공한 사람에게는 라스베가스 여행권을 증정했다. 수록된 게임은 '아레딘'·'CR 몬스터 하우스'·'CR 내가 마코짱'까지 3종류이며, 실기의 프로그램을 완전 재현했다.

헬로키티의 가든 패닉

Dreamcast
세가 PZL 1999년 11월 25일
Hello Kitty 드림캐스트 세트에 동봉

1 | 3- | NET | VGA

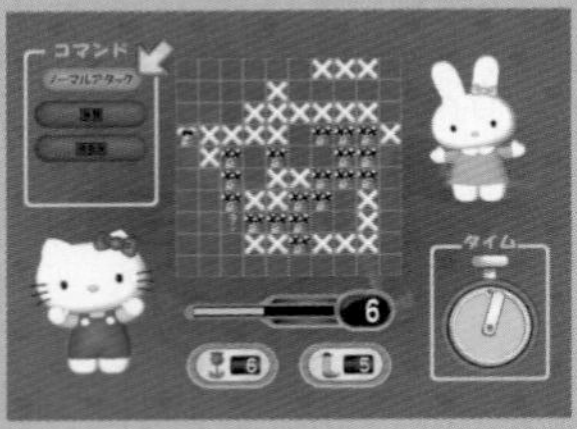

Hello Kitty 드림캐스트 세트(28p)에만 동봉한 비매품 소프트. 단품으로는 판매되지 않았다. 키티가 예쁜 꽃을 지키기 위해 분투하는 퍼즐 게임으로서, 총 5개 스테이지로 구성돼 있다. 10×10칸짜리 꽃밭에 꽃을 잘 배치해, 숨겨진 애벌레 군을 찾아내자.

헬로키티의 러블리 프루츠 파크

Dreamcast
세가 PZL 1999년 11월 25일 2,800엔

1-4 | 2 | NET | VGA

헬로키티와 친구들이 등장하는 퍼즐 게임. 과일을 말로 삼아 필드에서 땅따먹기를 하는 퍼즐 게임이다. 종료 시점에서 상대보다 딸기 수가 많은 쪽이 승리하게 된다. 총 6개 스테이지로 구성했으며, 동시에 4명까지 대전 가능한 모드도 탑재하였다.

마검 X

Dreamcast
아틀라스 AVG 1999년 11월 25일 6,800엔
부들부들 팩 지원

1 | 10- | NET | VGA

의지를 지닌 '마검'이 되어, 타인의 뇌에 빙의해 신체를 지배하여 적과 싸우는 3D 액션 어드벤처 게임. '브레인잭'이란 능력으로 필요에 따라 캐릭터를 바꿔가며 월드 맵을 돌파해 진행한다. 빙의한 상대에 따라서, 전술은 물론이고 게임의 목적까지 변화한다.

선라이즈 영웅담

Dreamcast
선라이즈 인터랙티브 RPG 1999년 12월 2일 6,800엔
부들부들 팩 지원

1-2 | 29- | NET | VGA

선라이즈 사 애니메이션들의 캐릭터·로봇이 다수 등장하는 크로스오버 작품. 행성 선라이즈를 무대로, 건담·단바인 등의 작품세계가 대륙 단위로 나뉘어 등장한다. 스토리는 이 게임만을 위한 오리지널 작품인 '기갑세기 G브레이커'를 중심으로 전개된다.

버추어 스트라이커 2 Ver.2000.1

Dreamcast
세가 SPT 1999년 12월 2일 5,800엔
아케이드 스틱 지원

1-2 | 12- | NET | VGA

아케이드에서 인기였던 3D 축구 게임 시리즈 중, 「버추어 스트라이커 2 Ver.2000」의 시리즈 첫 가정용 게임기 이식작. 가정용 오리지널 모드인 '인터내셔널 컵'을 즐길 수 있다는 의미를 담아, 타이틀명을 「Ver.2000.1」로 붙였다.

버밀리온 데저트

Dreamcast
리버힐 소프트 RPG 1999년 12월 2일 5,800엔
부들부들 팩 지원

1 | 40- | NET | VGA

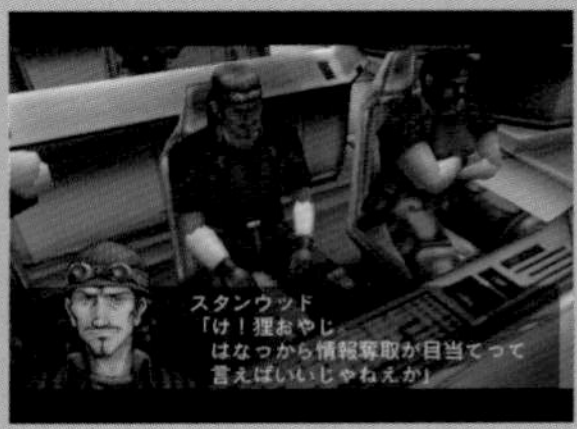

근미래가 무대인, 파워드 슈츠로 싸우는 실시간 전술 시뮬레이션 RPG. 전장의 정보를 바탕으로 작전과 이동루트를 결정하면, 대원들이 자동으로 행동한다. 세계관을 치밀하게 설정했으며, 저마다 다양한 과거를 지닌 캐릭터들이 뜨거운 드라마를 펼친다.

소·리·넣·기 : 드림캐스트 시퀀서

Dreamcast

와카 제작소 ETC 1999년 12월 9일 7,800엔
마이크 디바이스, 드림캐스트 MIDI 인터페이스 케이블 지원

1 | 2- | NET | VGA

퍼즐 게임을 즐기듯 음악을 만들 수 있는 음악 표현 툴. 4,000패턴 이상에 달하는 소리 트랙을 자유롭게 조합하여 작곡해보자. 에디트 화면에서 트랙을 끼워 넣기만 하면 되는 간단한 조작 덕에, 초보자라도 제법 멋진 작곡이 가능하다.

골프하자

Dreamcast

바텀 업 SPT 1999년 12월 9일 3,980엔
부들부들 팩 지원

1-4 | 12- | NET | VGA

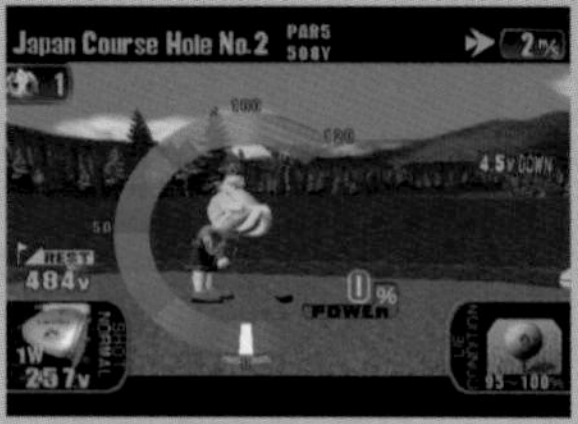

3D로 설계된 코스를 코믹한 캐릭터들과 함께 라운딩하는 골프 게임. 골프용구 제조사 '카스코'와 제휴하여 리얼한 클럽 데이터를 반영했고, 총 5개국 90홀의 월드 투어와 프리 라운딩을 즐길 수 있다. 충실한 완성도와 캐주얼함을 겸비한 작품이다.

제트코스터 드림

Dreamcast

빔보소프트 / 바텀 업 SLG 1999년 12월 9일 3,980엔
부들부들 팩 지원

1 | 75- | NET | VGA

자신만의 코스를 설계할 수 있는 제트코스터 시뮬레이터. 파츠를 연장하거나 각도를 바꾸는 등의 간단한 조작으로, 누구나 간편하게 제트코스터 코스를 만들 수 있는 것이 특징이다. 몰입도를 높여주는 배경과 효과음으로, 실제를 방불케 하는 흥분을 느껴보자.

스타 글래디에이터 2 : 나이트메어 오브 빌슈타인

Dreamcast

캡콤 ACT 1999년 12월 9일 5,800엔
부들부들 팩, 아케이드 스틱 지원

1-2 | 6 | NET | VGA

사념을 물리화한 '플라즈마'로 싸우는 3D SF 대전격투 게임. 시리즈 2번째 작품으로서, 가드를 버튼식에서 레버 후진으로 바꾸고 플라즈마 콤보를 쓰기 쉽도록 간략화했으며, '플라즈마 필드'란 고유 특수능력을 발휘하는 시스템을 채용해 다채로운 대전을 연출했다.

전뇌전기 버추얼 온 : 오라토리오 탱그램

Dreamcast

세가 ACT 1999년 12월 9일 5,800엔 부들부들 팩, 드림캐스트 키보드, 대전 케이블, 트윈 스틱 지원

1-2 | 4- | NET | VGA

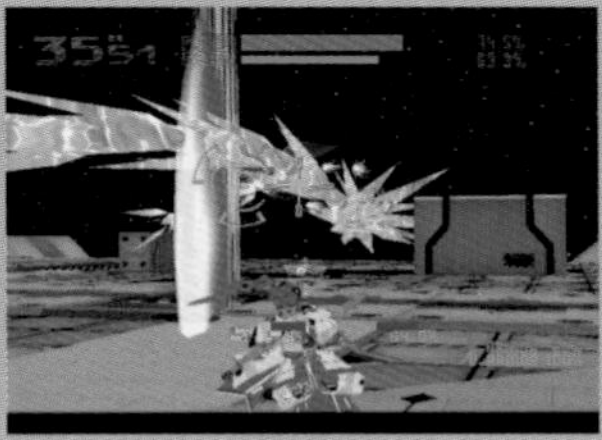

▲ '로봇물은 안 팔린다'라는 업계의 통설을 깨뜨린 「전뇌전기 버추얼 온」의 속편. 당시 최고봉의 그래픽과 압도적인 속도감으로 대히트작이 되었다.

1998년 가동된 같은 제목 아케이드용 게임의 이식작. '버추어로이드'라 불리는 로봇을 조작해 상대와 대결하는 3D 대전 액션 게임이며, 버전명은 'M.S.B.S. Ver.5.45'에 해당한다. 조작 가능 기체를 추가하고 통쾌함과 긴박감을 더욱 증가시켰으며, 캐릭터·스토리에도 매우 공을 들였다. 시스템 면에서도 'V-아머' 등의 시스템에 더해 '공중 대시' 등의 여러 액션을 추가했으며, 기능 면에서도 네트워크 대전·메시지 기능·기체 컬러 에디트까지 덧붙여 컨텐츠가 호화롭다.

HARDWARE
1998
1999
2000
2001
2002
2003
2004
2005
2006
2007
OVERSEA
INDEX

드림 플라이어

Dreamcast

세가 ETC 1999년 12월 9일 2,800엔
드림캐스트 키보드 지원

1 | 2- | NET | VGA

드림캐스트의 통신 기능을 활용해 비주얼한 이메일을 송신할 수 있는 소프트. 일러스트 포토 카드와 캐릭터 카드를 200종류 이상 수록했다. 등록된 1,000종류 이상의 스탬프 중에는 애니메이션이 있는 것도 존재한다.

폭렬무적 반가이오

Dreamcast

트레저 / ESP STG 1999년 12월 9일 5,800엔

1 | 5 | NET | VGA

닌텐도 64용 게임의 이식작. 플레이어 기체인 '반가이오'를 조작해 우주 야쿠자와 싸우는 전방향 스크롤 슈팅 게임이다. 주인공은 진행 도중 모드를 자유롭게 전환할 수 있어, '리키 모드'로는 호밍 미사일, '마미 모드'로는 반사 레이저를 쏘아 공격한다.

앙화봉신 : 앙화가 필 무렵

Dreamcast

ESP / 미디어웍스 RPG 1999년 12월 16일 6,800엔

1 | 20- | NET | VGA

당시 전격문고에서 대인기를 끌었던 테이블 토크 RPG를 게임화했다. 중국의 고전소설 '봉신연의'가 기반인 작품으로서, 스토리는 중화세계풍의 판타지 세계 '앙화'를 배경으로 펼쳐진다. 소설의 캐릭터는 물론, 트레이딩 카드 쪽의 캐릭터들까지 등장한다.

크리스마스 시맨 : 마음을 전하는 또 하나의 방법 (프레즌트 디스크)

Dreamcast

비바리움 ETC 1999년 12월 16일 980엔
마이크 디바이스 지원

1 | - | NET | VGA

1999년 12월 16~24일간, 딱 9일 동안만 발매했던 기간 한정 소프트. '천년기의 마지막 크리스마스'에, 아직까지 고백하지 못한 메시지를 시맨에 담아 상대에게 선물하기 위한 일종의 메신저 소프트다. 사전에 메시지 키트부터 먼저 사용해야 한다.

크리스마스 시맨 : 마음을 전하는 또 하나의 방법 (메시지 키트)

Dreamcast

비바리움 ETC 1999년 12월 16일 2,800엔
마이크 디바이스 지원

1 | 32- | NET | VGA

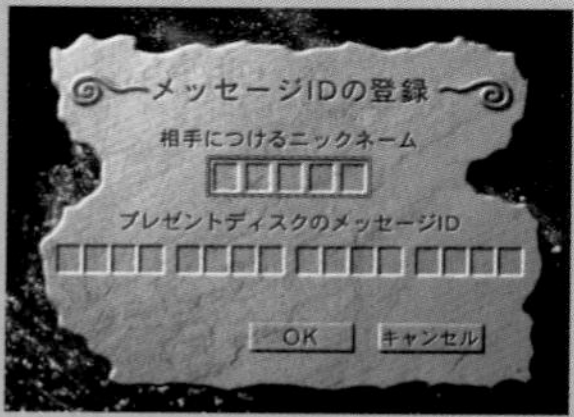

앞서의 프레즌트 디스크에 메시지를 담아 온라인에 실어 보낼 수 있는 메신저 소프트. 1999년 12월 16~24일의 9일간만 발매했던 기간 한정 소프트다. 이 작품의 시맨은 상대에게 마음을 전하러 갔다가, 상대의 답신을 받으면 다시 돌아온다.

스트리트 파이터 Ⅲ : 더블 임팩트

Dreamcast

캡콤 ACT 1999년 12월 16일 6,800엔
부들부들 팩, 아케이드 스틱 지원

1-2 | 4- | NET | VGA

아케이드용 게임의 이식작. 「스트리트 파이터 Ⅲ」와 「스트리트 파이터 Ⅲ 2nd IMPACT」를 동시 수록한 소프트로서, 아케이드판을 재현한 '아케이드 모드'와 대전 전용인 '버서스 모드'를 탑재했다. 고우키·길 등의 보스 캐릭터도 처음부터 사용 가능하다.

스페이스 채널 5

Dreamcast 세가 ACT 1999년 12월 16일 5,800엔 부들부들 팩 지원

1 | 5- | NET | VGA

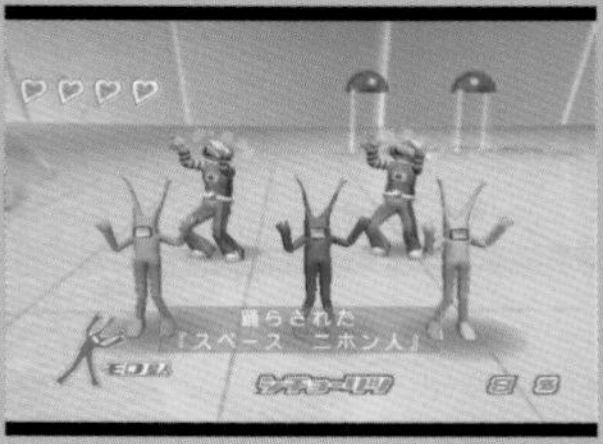

▲모로 성인의 춤동작을 정확히 따라하여, 댄스에 사로잡힌 지구인을 구출하자. 게임 화면에 동영상을 재생하면서, 그 위에 3D 모델을 겹쳐 표시하는 수법을 사용했다.

드림캐스트를 대표하는 명작 리듬 게임. 우주 저편에서 온 침략자 '모로 성인'이 지구인들에게 정체불명의 광선을 발사해 강제로 춤추게 만드는 사건이 발생했다. 플레이어는 우주방송국 '스페이스 채널 5'의 신입 리포터 '우라라'가 되어, 방송을 중계하면서 지구인을 해방시켜야 한다. 리듬에 맞춰 모로 성인의 춤을 따라하는 것이 기본 플레이이며, 춤의 성패로 '시청률'이 증감한다. 실로 엉뚱한 세계설정과 독특한 센스의 대사 등도 인기였던 작품.

노부나가의 야망 : 열풍전

Dreamcast 코에이 SLG 1999년 12월 16일 9,800엔

1-8 | 160- | NET | VGA

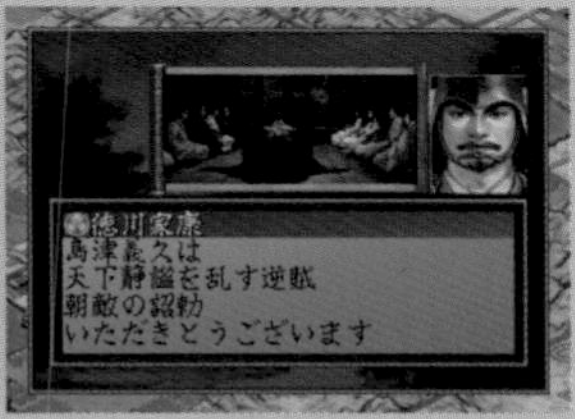

센고쿠 다이묘가 되어 일본 통일을 노리는 시리즈의 제 8탄. 일본 전토를 네모칸들로 나눈 대형 맵에서 내정을 진행한다. 군세의 크기로 규모가 변화하는 '진형'과, 다이묘의 권위에 따라 정략·외교의 성패가 결정되는 '위신' 등의 시스템을 추가했다.

뿌요뿌요DA! featuring ELLENA System

Dreamcast 컴파일 ACT 1999년 12월 16일 5,800엔 아케이드 스틱 지원

1-2 | 6- | NET | VGA

「뿌요뿌요」의 캐릭터들이 3D 캐릭터화되어 춤을 추는 리듬 액션 게임. 화면 아래에 표시되는 '화살표뿌요' 버튼을 리듬에 맞춰 누르자. 정확한 타이밍이면 최고 득점을 얻으며, 상대에게 '방해뿌요'도 보낼 수 있게 된다.

베르세르크 : 천년제국의 매 편 상실화의 장

Dreamcast 아스키 ACT 1999년 12월 16일 6,800엔 부들부들 팩 지원

1 | 6- | NET | VGA

미우라 켄타로의 인기 만화를 게임화했다. 주인공 '가츠'를 조작해 거대한 검 '드래곤 슬레이어'로 호쾌하게 싸우는 3D 액션 게임이다. 원작의 '단죄 편 탄생제의 장'과 '천년제국의 매 편 성마전기의 장' 사이에 위치하는 오리지널 스토리가 전개된다.

바이오하자드 2 : Value Plus

Dreamcast 캡콤 AVG 1999년 12월 22일 4,800엔 부들부들 팩 지원

1 | 8- | NET | VGA

플레이스테이션용 게임의 이식작. 대인기 서바이벌 호러 게임의 제 2탄으로서, 그래픽이 더욱 깔끔해졌다. 드림캐스트판에는 BGM 12곡을 수록한 스페셜 디스크와, 당시 드림캐스트용으로 개발 중이었던 차기작 「CODE : Veronica」의 체험판을 동봉했다.

1-2 플레이 가능 인원 | 99- 메모리 백업 용량 | NET 네트워크 지원 | VGA VGA 박스 지원

판처 프론트

Dreamcast
아스키 SLG 1999년 12월 22일 6,800엔
부들부들 팩 지원

1 | 16 | NET | VGA

제2차 세계대전을 무대로, 특히 탱크전에 포커스를 맞춘 시뮬레이션 게임. 다양한 전투상황을 상정한 시나리오의 승리조건을 충족시켜야 하며, 그 과정에서 탄도계산을 비롯해 리얼함을 추구한 탱크 조종과 포격을 만끽할 수 있다. 가상의 탱크도 등장한다.

유구환상곡 3 : Perpetual Blue

Dreamcast
ESP / 미디어웍스 SLG 1999년 12월 22일 6,800엔

1 | 13- | NET | VGA

인기 시리즈의 제 3탄. 시스템·캐릭터를 리뉴얼했고, 무대도 '쉅크레스트'라는 연안도시로 바뀌었다. 육성 요소의 비중을 키우고 3D 전투 장면을 탑재하는 등의 시스템 변경도 가했다. 우정과 인연이 테마인 왕도 판타지 스토리를 즐길 수 있다.

우리반 짱돌이 : 짱돌이 왕국 대분쟁!

Dreamcast
세가 TBL 1999년 12월 23일 4,800엔
부들부들 팩 지원

1-4 | 24- | NET | VGA

카시모토 마나부 원작의 인기 만화·애니메이션(원제는 '학급왕 야마자키')의 게임판. 주인공 '짱돌이' 등의 캐릭터들이 말판놀이와 미니게임으로 싸우는 3D 보드 게임이다. 특정 칸에서 발생하는 미니게임을 클리어하며 영토를 늘려 '왕관 코인'을 모으자.

고질라 제네레이션즈 : 맥시멈 임팩트

Dreamcast
세가 ACT 1999년 12월 23일 5,800엔
부들부들 팩, 아케이드 스틱 지원

1 | 6- | NET | VGA

「고질라 제네레이션즈」(52p)의 속편이지만, 고질라를 조작해 마음껏 도시를 파괴하는 컨셉이었던 전작과 달리, 정해진 루트를 진행하며 스테이지 마지막에서 기다리는 괴수와 대결하는 3D 슈팅 게임으로 바뀌었다.

도쿄 버스 안내

Dreamcast
포티파이브 SLG 1999년 12월 23일 5,800엔
부들부들 팩, 레이싱 컨트롤러 지원

1 | 3- | NET | VGA

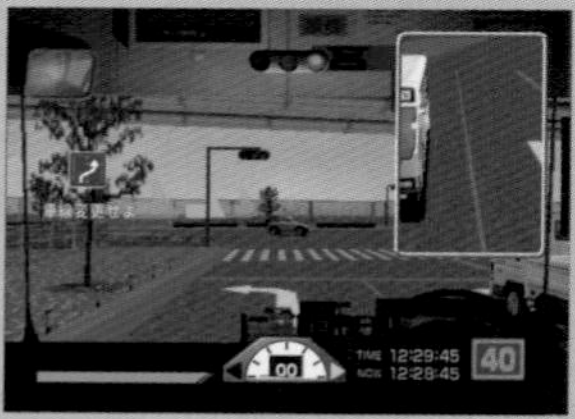

도쿄도 교통국의 협력을 받아 제작한, 도쿄 버스 팬의 꿈을 이뤄주는 리얼한 버스 운전 시뮬레이션 게임. 신참 운전기사가 되어 교통법규를 준수하며 시각표대로 버스를 운전하자. 낮·저녁·밤의 서로 다른 3가지 상황으로 즐길 수 있다.

프로야구 팀을 가지고 놀자!

Dreamcast
세가 SPT 1999년 12월 23일 5,800엔
부들부들 팩, 드림캐스트 키보드 지원

1-2 | 50- | NET | VGA

「프로야구 팀을 만들자!」(63p)와 세이브 데이터를 공유 가능한 야구 게임. 실존 선수는 물론, 「~만들자!」에서 육성한 오리지널 선수도 조작할 수 있다. 선수 데이터는 1998년도 최신판이다. 수비 시에는 몰입감 넘치는 선수 시점으로 플레이하게 된다.

신기세계 에볼루션 2 : 머나먼 약속

Dreamcast

ESP / 스팅 RPG 1999년 12월 23일 6,800엔
부들부들 팩 지원

1 | 10 | NET | VGA

「신기세계 에볼루션」(54p)의 속편. 새로운 무대 '뮤제빌'을 무대로, 주인공 '매그' 일행이 새로운 모험에 도전한다는 스토리다. 던전은 고정형으로 바뀌었지만, 새로운 트랩과 장치에 도전할 수 있다. 사이프레임도 종류가 늘어났다.

센고쿠 TURB : Fanfan I♡me Dunce-doublentendre

Dreamcast

NEC 홈 일렉트로닉스 ETC 1999년 12월 23일 4,800엔
부들부들 팩 지원

1-4 | 2- | NET | VGA

부조리한 세계관으로 인기를 얻은 「센고쿠 TURB」(54p)의 팬 디스크. 전작의 프리퀄에 해당하는 시나리오, 매우 위험한 위치에서 온갖 사진을 촬영하는 카메라맨 모드 등 16종류의 미니게임을 수록했다. 유저들의 응모를 받은 그림들도 감상할 수 있다.

D의 식탁 2

Dreamcast

워프 AVG 1999년 12월 23일 6,800엔 부들부들 팩 지원

1 | 9- | NET | VGA

▲ 3D CG로 '영화'처럼 제작한 게임 「D의 식탁」의 속편. 대규모 제작발표회로도 화제였으며, 이이노 본인이 직접 배달해주는 초한정판(가격 20만 엔)도 발매했다.

1995년 3DO 등으로 발매됐던 「D의 식탁」의 속편. 이이노 켄지가 원안·각본·디자인·음악을 맡았다. 주인공 '로라 버튼'을 조작해, 습격해오는 괴물들을 물리치며 설산에서 탈출하자. 시스템은 야외를 탐색하는 '어드벤처 파트'와, 휴대한 총·화기로 괴물과 싸우는 '건 슈팅 파트'로 나뉜다. 레벨 업 개념이 있어, 적을 물리쳐 성장하면 체력 최대치가 오르고 조준점도 덜 흔들리게 된다. 설산에서 사냥한 야생동물의 고기는 체력 회복에 쓸 수 있다.

쉔무 : 1장 요코스카

Dreamcast

세가 AVG 1999년 12월 29일 6,800엔

1 | 80- | NET | VGA

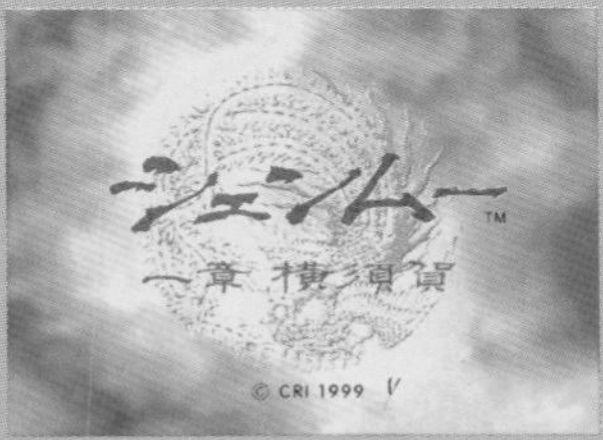

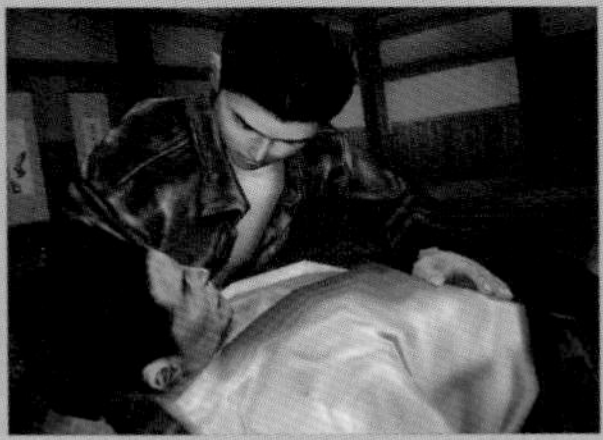

▲ 필드 내에서 자유롭게 행동하는, 'FREE'라는 신개념 게임 장르를 제창했다. 격투와 탈것 운전 등, 실시간 조작을 요구하는 장면도 등장한다.

세가 아케이드 게임 전성기의 상징, 스즈키 유가 제작한 3D 액션 어드벤처 게임. 무려 70억 엔의 총제작비로도 화제였다. 시리즈 제 1탄으로서, 고교생 '하즈키 료'가 되어 눈앞에서 아버지를 살해하고 '거울'을 강탈한 남자 '란디'의 단서를 찾는다는 스토리가 1986년의 요코스카 거리를 무대로 전개된다. '도부이타 거리' 등의 리얼한 소도시 묘사와 당시 기준으로는 압도적이었던 행동 자유도로 '오픈월드의 선구자'라 불리게 된, 게임 역사에 길이 남을 작품이다.

2000

Dreamcast Software All Catalogue

2000년에 발매된 소프트 수는 총 160개 타이틀로서, 드림캐스트 최다 타이틀 수를 기록한 해가 되었다. 세가 인기 아케이드 게임의 이식작은 물론이고 캡콤·SNK의 인기 격투 게임 이식작들까지 적극적으로 출시되어, 성능의 벽을 넘지 못했던 기존 기종 이식작들의 낮은 이식도에 불만이 많았던 매니아들을 만족시킨 해이기도 했다.

이 해의 최대 화제라면 역시 「판타지 스타 온라인」으로서, 일본 최초의 본격 온라인 RPG였다. 모뎀을 표준 내장한 드림캐스트였기에 가능했던 소프트로서, 시리즈 신작을 고대하던 오랜 팬들을 만족시키면서도, 이 작품으로 '멀리 있는 사람들끼리 함께 즐기는 듯한 온라인 게임만의 재미'를 처음으로 맛본 신규 팬층까지 개척해냈다.

돌격! 아장아장!! 토이 레인저

Dreamcast 세가 ACT 2000년 1월 6일 4,800엔
부들부들 팩 지원

1-4 | 14- | NET | VGA

프랑스의 게임 제작사 No Cliche가 제작한 「Toy Commander」의 일본어 로컬라이징 타이틀. 반역을 일으킨 적 장난감들과 다양한 미션으로 대결한다. 조종 가능한 장난감을 잘 활용하여, 공중전과 레이스를 플레이해 보자.

화조대전 컬럼스 2

Dreamcast 세가 PZL 2000년 1월 6일 5,800엔
부들부들 팩, 드림캐스트 키보드 지원

1-2 | 5- | NET | VGA

「사쿠라대전」의 캐릭터와 낙하계 퍼즐 게임 「컬럼스」로 대전하는 작품. 통신 기능을 이용한 온라인 대전도 지원한다. 화조 멤버들 간에 주인공 배역을 경쟁하는 1P 플레이 및 대전 모드, 캐릭터들의 일상을 그린 스토리 모드를 탑재했다.

초강전기 키카이오

Dreamcast 캡콤 ACT 2000년 1월 13일 5,800엔
부들부들 팩, 아케이드 스틱 지원

1-2 | 3- | NET | VGA

기획·제작을 카와모리 쇼지, 메카닉 디자인을 미야타케 카즈타카가 맡은 3D 대전격투 게임. 9종의 로봇과 15명의 파일럿이 뜨거운 히어로 배틀을 펼친다. 이식 과정에서 고화질화·풀 보이스화를 추가했으며, 신규 스토리 루트와 신 기체도 탑재했다.

레디 투 럼블 복싱 : 치고 박고 웃기는 메가톤 펀치!!

Dreamcast 세가 SPT 2000년 1월 13일 5,800엔
부들부들 팩, 아케이드 스틱 지원

1-2 | 2- | NET | VGA

미국 회사가 개발한 복싱 게임. 등장하는 권투선수 17명이 성별도 체급도 무시하고 난타전을 펼치는 코믹한 게임이다. 간단한 커맨드로 콤보가 발동되며, 'RUMBLE' 글자를 완성시키면 초필살기를 구사할 수 있는 '럼블 모드'에 돌입한다.

에어로 댄싱 : 토도로키 대장의 비밀 디스크

Dreamcast

CSK 종합연구소 ETC 2000년 1월 20일 2,980엔
부들부들 팩, ASCII 미션 스틱 지원

1 | 10- | NET | VGA

「에어로 댄싱」(55p)의 팬 디스크. 합계 5시간 이상에 달하는, 일본 전국의 팬들이 제공한 리플레이 데이터 총 151개를 수록한 볼륨 만점의 소프트다. 전작의 소유자를 위한 특전으로서, 스페셜 세이브데이터와 신규 기체도 수록했다.

NFL 2K

Dreamcast

세가 SPT 2000년 1월 20일 5,800엔
부들부들 팩 지원

1-4 | 191- | NET | VGA

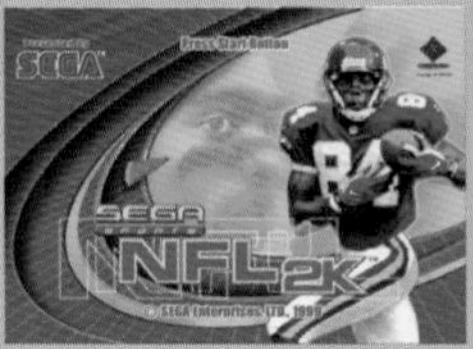

NFL의 공식 라이선스를 받은 타이틀. 총 31개 팀과 올스타 팀이 전부 실명으로 등장한다. 선수들의 모션을 리얼하게 재현했으며, 미식축구 TV 중계를 보는 듯한 실황 해설과 풍부한 카메라 앵글 덕분에 몰입감 넘치는 플레이가 가능하다.

전차로 GO! 2 : 고속편 3000번대

Dreamcast

타이토 SLG 2000년 1월 20일 5,800엔
부들부들 팩, DC 전차로 GO! 컨트롤러 지원

1 | 14- | NET | VGA

게임을 통하여 전철 기관사가 된 듯한 느낌을 체험해볼 수 있어, 일본의 철도 팬들 사이에서 대인기였던 시리즈 작품의 이식작. 이번 작품에선 신칸센 운전도 가능해졌으며, 오락실 기체의 느낌 그대로 조작할 수 있는 전용 컨트롤러도 발매했다.

7곳의 비관(祕館) : 전율의 미소

Dreamcast

코에이 AVG 2000년 1월 20일 6,800엔
부들부들 팩 지원

1-2 | 10- | NET | VGA

1996년 세가새턴으로 발매된 바 있는 「7곳의 비관」의 속편. 환경파괴가 심각한 지경인 근미래를 무대로, 의문이 의문을 낳는 중후한 스토리가 펼쳐진다. 주인공 캐릭터 2명을 두 플레이어가 분담 조작하는 '페어 컨 시스템'이 있어, 협력 플레이도 가능하다.

레인보우 코튼

Dreamcast

석세스 STG 2000년 1월 20일 5,800엔

1 | 4- | NET | VGA

원래는 과거 메가 드라이브로 발매되었던 「파노라마 코튼」의 속편으로서 기획했던 타이틀. 전설의 과자 'WILLOW'를 먹기 위해 마법사 코튼이 활약하는 3D 슈팅 게임이다. 체력은 게이지제이며, 샷은 아이템을 획득하다 보면 레벨 업된다.

언더커버 : A.D.2025 Kei

Dreamcast

펄스 인터랙티브 AVG 2000년 1월 27일 5,800엔
부들부들 팩 지원

1 | 12- | NET | VGA

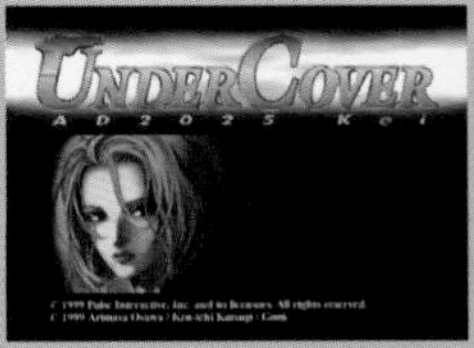

하드보일드 작가 오오사와 아리마사가 시나리오를 맡은 어드벤처 게임. 수사 4과 특수반, 일명 '잠입수사과'의 여형사 사메지마 케이의 고독한 싸움을 그린 스토리다. 게임의 무대는 베이 에어리어와 시티 호텔, 워터 타운까지의 세 지역이다.

1-2 플레이 가능 인원 | 99- 메모리 백업 용량 | NET 네트워크 지원 | VGA VGA 박스 지원

Dreamcast 크레이지 택시

세가 ACT 2000년 1월 27일 5,800엔 부들부들 팩, 레이싱 컨트롤러 지원

1 | 23 | NET | VGA

▲ 손님은 택시가 난폭운전하면 오히려 신나 하며, 제한시간을 넘기면 주행 도중이라도 냅다 뛰쳐나간다. 크레이지 택시답게 크레이지한 손님들이다.

아케이드용 게임을 이식한, 난장판 드라이빙 액션 게임. 레이싱 컨트롤러도 지원한다. 플레이어는 능력치가 다른 드라이버 4명 중 하나를 골라, 펑크 락 BGM과 함께 오픈카 택시로 도시를 누빈다. 길가에 선 손님을 태워 원하는 목적지에 내려주면 요금(득점)을 받는 식이다. '크레이지'라는 타이틀명답게 역주행은 기본이고 보도·잔디밭에 철도 선로까지도 가로질러 돌진할 수 있는 게임이며, 점프·드리프트 등으로 화려하게 달리면 보너스도 준다.

Dreamcast 그라우엔의 새장 : Kapitel 3 - '함정'

세가 ETC 2000년 1월 27일 2,800엔 드림캐스트 키보드 지원

1 | 2- | NET | VGA

일본에서 1999년부터 365일간에 걸쳐 매일 공개된 인터넷 드라마 제 3부의 드림캐스트판. 여고생 '카도타 나오'가 어느 맨션으로 이사를 오면서부터 살인게임에 휘말려든다는 스토리로서, 이번 작품은 「새장」 편(68p)에서 이어지는 2개월 분량의 영상을 수록했다.

Dreamcast 슈퍼 마그네틱 뉴뉴

겐키 ACT 2000년 2월 3일 5,800엔 부들부들 팩 지원

1 | 5- | NET | VGA

자기장을 이용하여 날거나 뛰며 진행하는 마그네틱 액션 게임. 악당이 점령하고 있는 파오파오 파크를 무대로, 주인공 뉴뉴가 활약한다. 적은 마치 자석처럼 고유의 자기장이 있으므로, 이를 이용해 적끼리 붙이거나 밟아 물리치는 식으로 싸운다.

Dreamcast 룸매니아 #203

세가 SLG 2000년 1월 27일 5,800엔 부들부들 팩 지원

1 | 15- | NET | VGA

▲ 일본에서는 타이틀명 표기가 실존 국명인 '루마니아'와 같아서 혼동이 생기기도 했다. 참고로 '#203'이란, 주인공이 사는 방의 번호를 의미한다.

어느 아파트에 사는 대학생 '네지 타이헤이'(통칭 '네지')의 삶에 제 3자 시점으로 개입해, 그의 평범한 인생을 바꿔나가는 어드벤처 게임. 네지의 방을 엿보며 개입하는 '엿보기 모드'와 네지 외출 시에만 가능한 '수색 모드'가 있으며, 특정 조건이 만족되면 내비가 발동해 시나리오가 바뀌는 시스템이다. 네지가 외출했을 때 그의 일기를 읽어보면 바깥에서 무슨 일이 벌어졌는지도 알 수 있다. 음악은 네지가 좋아하는 가상의 뮤지션 '세라니 포지'의 곡들이다.

바이오하자드 CODE : Veronica

Dreamcast

캡콤 AVG 2000년 2월 3일 6,800엔 부들부들 팩 지원

1 | 11- | NET | VGA

▲ 무대는 「바이오하자드」 1편의 5개월 후이며, 시설에서 탈출하는 것이 목적이다. 후일 여러 기종으로 '완전판'이란 타이틀명의 컨텐츠 추가판이 발매되었다.

대히트한 서바이벌 호러 게임 시리즈의 4번째 작품. 넘버링 타이틀은 아니나 정규 신작이며, 후속작에서도 이 작품의 스토리가 언급된다. 기본 시스템은 큰 변화가 없지만, 기존의 고정시점 배경이 이동시점으로 변경됐으며, 쌍권총 액션 추가 등의 변경점도 있다. 시나리오가 전반·후반으로 나뉘며, 볼륨도 기존작의 약 2배로 늘었다. 각종 퍼즐 요소도 풍부하게 준비했다. 그래픽도 본체 성능에 맞춰 풀 폴리곤화하는 등, 여러 면에서 강화된 작품이다.

팝픈 뮤직 3 : 어펜드 디스크

Dreamcast

코나미 SLG 2000년 2월 10일 2,800엔
부들부들 팩, 아케이드 스틱, 팝픈 컨트롤러 지원

1-4 | 7- | NET | VGA

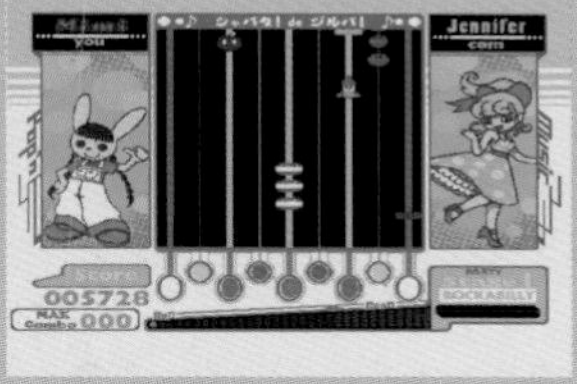

전작 「팝픈 뮤직 2」(64p)가 있어야만 구동할 수 있는 어펜드 디스크. 대신 가격은 저렴하게 책정했다. 아케이드판의 인기 곡들은 물론 가정용 오리지널 9곡을 추가했고, 전작까지 수록된 바 있던 어레인지 곡들까지 포함시켜 총 44곡을 수록하였다.

세가 GT : 호멀러게이션 스페셜

Dreamcast

세가 RCG 2000년 2월 17일 5,800엔
부들부들 팩, 레이싱 컨트롤러 지원

1-2 | 42- | NET | VGA

자동차공학에 기반해 충실한 차량 거동을 구현한 신차원 레이싱 게임. 당시의 최신 차종과 구 인기 차종, GT 카에 웍스 머신까지 총 155개 차종을 수록하였다. 카롯체리아(자동차 공장) 모드에서는 250만 종류에 달하는 오리지널 차량을 제작할 수도 있다.

댄스 댄스 레볼루션 2nd MIX : Dreamcast Edition

Dreamcast

코나미 SLG 2000년 2월 17일 5,800엔
부들부들 팩, 댄스 댄스 레볼루션 전용 컨트롤러 지원

1-2 | 9- | NET | VGA

전용 매트 컨트롤러를 사용해, 밑에서 올라오는 화살표에 맞춰 정확한 타이밍으로 스텝을 밟는 리듬 게임. 아케이드판 「2nd MIX」의 링크 버전까지의 곡들과 「3rd MIX」에 수록된 7곡을 포함해, 총 45곡을 3가지 난이도로 도전할 수 있다.

트레저 스트라이크

Dreamcast

키드 AVG 2000년 2월 17일 5,800엔
부들부들 팩, 드림캐스트 키보드 지원

1-4 | 24- | NET | VGA

보물이 잠든 신비의 유적을 무대로, 라이벌들보다 먼저 보물을 찾아내 아지트로 가져가야 하는 모험활극 액션 어드벤처 게임. 통신 기능을 통한 인터넷 대전을 지원하여, 최대 4명까지 배틀할 수 있다. 대전 시에는 직접 육성한 캐릭터도 사용 가능하다.

에어로 댄싱 F

Dreamcast
CSK 종합연구소 SLG 2000년 2월 24일 5,800엔
부들부들 팩, 대전 케이블, ASCII 미션 스틱 지원

1-2 | 8- | NET | VGA

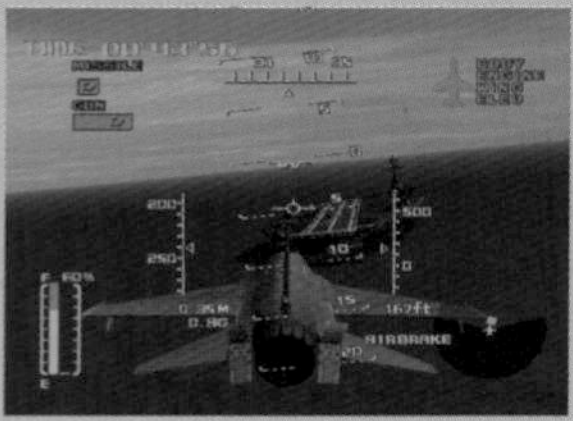

'하늘의 격투기'라 불리는 도그파이트를 게임화한 플라이트 시뮬레이션 게임. 일본 항공자위대 비행교도단의 자문을 반영하여, 항공역학에 기반한 기체성능과 조작성, 미사일의 거동 등을 정밀하게 시뮬레이트했다. 20종이 넘는 다양한 기체가 등장한다.

오오가미 이치로 분투기 : 사쿠라대전 가요 쇼 '붉은도마뱀'에서

Dreamcast
세가 TBL 2000년 2월 24일 5,800엔

1 | 36 | NET | VGA

1999년 8월 일본에서 실제 공연했던 사쿠라대전 가요쇼 '붉은도마뱀'을 소재로 삼은 타이틀. 주인공 '오오가미 이치로'가, 쇼를 성공시키기 위해 6가지 미니게임에 도전한다. 어드벤처 파트 진행 도중에는 실제 공연 동영상도 나오며, 편집도 가능하다.

캐리어

Dreamcast
잘레코 ACT 2000년 2월 24일 6,800엔
부들부들 팩 지원

1 | 42- | NET | VGA

행방불명되었던 거대 항공모함을 무대로 삼은 액션 게임. 조사를 위해 투입된 주인공이 무수한 크리처들과 싸운다는 처절한 스토리다. '스코프 시스템'을 활용해 고립무원의 상황에서 숨겨진 통로를 찾아내고, 인간으로 의태한 적을 간파해야 한다.

미아 골렘

Dreamcast
캐러멜팟 PZL 2000년 2월 24일 3,800엔
드림캐스트 키보드 지원

1-2 | 3- | NET | VGA

골렘이 되어, 미아가 된 임금님을 출구까지 유도하는 퍼즐 게임. 총 100스테이지 구성이며, 스테이지를 클리어하려면 출구로 왕을 잘 유도하면서, 동시에 지정된 수만큼의 벽을 연결해야만 한다. 스테이지 막간에는 그림책 형식으로 스토리가 진행된다.

링

Dreamcast
카도카와쇼텐 / 아스믹 에이스 AVG 2000년 2월 24일
6,800엔 부들부들 팩 지원

1 | 29- | NET | VGA

스즈키 코지의 같은 제목 공포소설을 게임화한, 미국이 무대인 3D 어드벤처 게임이다. 현실세계에서 수수께끼를 풀어나가는 '어드벤처 모드'와 가상세계에서 괴물과 싸우는 '액션 모드'를 탑재했으며, 두 세계를 왕래하면서 스토리를 진행한다.

버추어 캅 2

Dreamcast
세가 STG 2000년 3월 2일 2,800엔
아케이드 스틱, 드림캐스트 건 지원

1-2 | 2 | NET | VGA

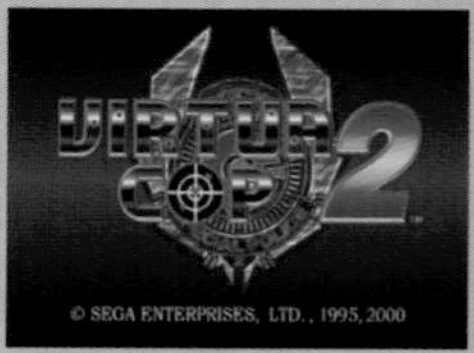

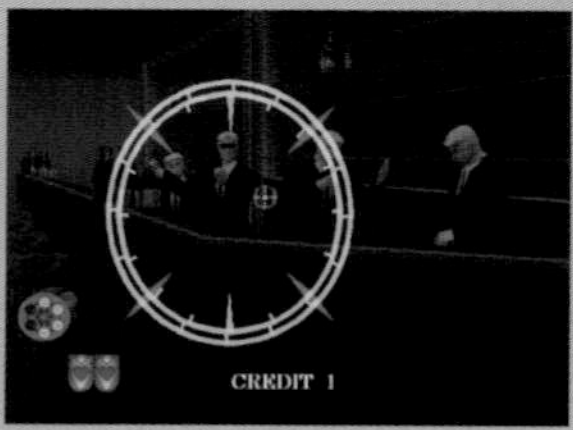

폴리곤으로 구현한 캐릭터들의 리얼한 모션으로 인기가 많았던 건 슈팅 게임. 시리즈 2번째 작품이며, 전작의 2배인 60fps 그래픽과 루트 분기 시스템 추가 등 여러 가지가 업그레이드되었다. 드림캐스트 건을 이용하면 마치 오락실 느낌으로 플레이할 수도 있다.

건버드 2

Dreamcast
캡콤 STG 2000년 3월 9일 5,800엔
부들부들 팩, 아케이드 스틱 지원

1-2 | 9 | NET | VGA

충전 샷·폭탄·근접공격 등을 구사해 지하 신전의 만능약을 입수하라. 아케이드판의 이식작이지만, DC판은 2인 동시 플레이 시의 스토리를 1인 플레이로 즐기는 '2캐릭터 모드'와 캡콤의 캐릭터인 '모리건' 추가 등의 오리지널 요소가 포함되어 있다.

상하이 DYNASTY

Dreamcast
석세스 PZL 2000년 3월 16일 3,800엔

1-4 | 17- | NET | VGA

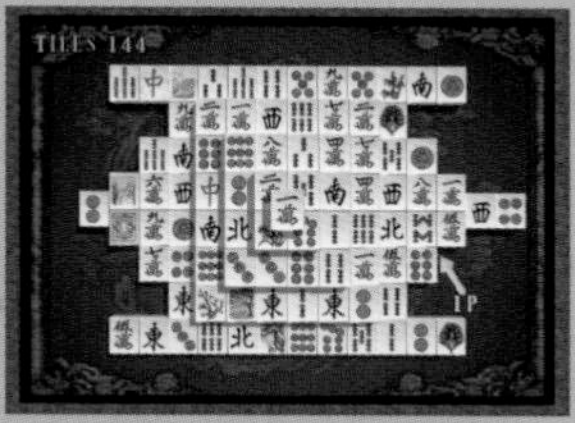

산더미처럼 쌓아놓은 마작패들 중에서 같은 패를 2개씩 집어 없애나가는 퍼즐게임. 풀 3D화하여 다양한 시점으로 플레이할 수 있도록 했다. 난이도는 3단계 중에서 선택 가능. 클래식·토너먼트·다이내스티 모드는 물론, 4인 대국 마작도 즐길 수 있다.

퍼즐 보블 4

Dreamcast
사이버프론트 PZL 2000년 3월 16일 5,800엔
부들부들 팩 지원

1-2 | 15 | NET | VGA

인기 퍼즐 게임 시리즈의 제 4탄. 각도를 맞춰 다양한 색의 거품을 쏘아, 천정에 붙어있는 거품들 중 같은 색과 붙여 터뜨려 나간다. 가정용 이식판은 스토리 데모를 풀 보이스화했으며, 유저가 직접 스테이지를 제작·편집하여 플레이해볼 수도 있다.

비질란테 8 : 세컨드 배틀

Dreamcast
시스컴 엔터테인먼트 ACT 2000년 3월 23일 5,800엔
부들부들 팩 지원

1-4 | 4- | NET | VGA

미국을 무대로, 적 차량을 파괴하며 달리는 드라이빙 컴뱃 액션 게임. 18종류의 무장차량을 업그레이드하며 과격하게 싸워보자. 오리지널 3D 랜드스케이프 엔진으로, 캘리포니아의 항구와 원자력발전소 등의 다양한 스테이지를 리얼하게 재현했다.

트윙클 스타 스프라이츠

Dreamcast
SNK STG 2000년 3월 23일 2,800엔 부들부들 팩, 아케이드 스틱 지원

1-2 | 4- | NET | VGA

▲ 개발사인 ADK가, 과거 개발했던 대전격투 게임들의 노하우를 살려 내놓은 타이틀. 슈팅 게임에 퍼즐·대전 시스템을 도입한 작품이다.

네오지오용으로 「닌자 코만도」·「닌자 컴뱃」 등을 개발했던 ADK 사의 작품. 귀여운 소녀 캐릭터들과 판타지풍 세계관으로 인기를 얻었다. 기본은 슈팅 게임이지만, 좌우 분할화면으로 다른 캐릭터와 싸우는 대전 요소를 섞었다. 이 시절 퍼즐 게임의 단골 시스템이었던 '연쇄'(이 게임에선 '연폭'이라 함)도 가능. 주인공으로 CPU와 대전하는 '스토리 모드', 임의의 캐릭터로 CPU와 대전하는 '캐릭터 모드', 2P 대전용 '대전 모드'를 탑재했다.

1-2 플레이 가능 인원 | 99- 메모리 백업 용량 | NET 네트워크 지원 | VGA VGA 박스 지원

NBA 2K

Dreamcast
세가 SPT 2000년 3월 23일 5,800엔
부들부들 팩 지원

1-4 | 198- | NET | VGA

NBA 공식 라이선스를 획득한 타이틀. 1999년 최신 데이터를 수록하여, 총 29개 팀의 모든 선수들이 실명으로 등장한다. 선수의 표정·액션을 리얼하게 재현했으며, 간단한 조작으로 슈퍼플레이부터 고도의 팀 플레이까지도 펼칠 수 있다.

레이크 마스터즈 PRO : Dreamcast plus!

Dreamcast
다즈 SLG 2000년 3월 23일 5,800엔
부들부들 팩, 낚시 컨트롤러 지원

1 | 9- | NET | VGA

실사 파노라마 스크롤로 일본 전역의 인기 호수 18곳을 재현한 배스 낚시 게임. 전국의 호수에서 벌어지는 토너먼트를 제패하고 '환상의 호수'에 도달해보자. 오리지널 루어를 만드는 모드와, 통신 기능을 사용하는 버추얼 토너먼트 기능도 탑재했다.

레이맨 : 해적선에서 탈출!

Dreamcast
UBISOFT ACT 2000년 3월 23일 5,800엔
부들부들 팩 지원

1 | 4- | NET | VGA

일본에서는 1995년 세가새턴 등으로 발매되었던 「레이맨」의 속편. 흉악한 해적단이 지배하는 행성에서, 레이맨이 다양한 액션을 펼치며 싸우는 액션 게임이다. 21종 이상의 스테이지를 준비했으며, 퍼즐 등의 미니게임도 즐길 수 있다.

위닝 포스트 4 : 프로그램 2000

Dreamcast
코에이 SLG 2000년 3월 30일 6,800엔

1 | 200- | NET | VGA

인기 경마 게임의 제 4탄. 자신만의 혈통을 구축해 일본 국내외의 레이스에서 이겨보자. 교배이론에 혈맥 활성화 개념을 도입했다. 또한 출주 가능한 국외 중상 레이스를 늘렸고 GⅡ·GⅢ에도 출주할 수 있도록 하는 등, 국외 레이스 쪽에 중점을 뒀다.

그라우엔의 새장 : Kapitel 4 - '해후'

Dreamcast
세가 ETC 2000년 3월 30일 2,800엔
드림캐스트 키보드 지원

1 | 2- | NET | VGA

일본에서 인터넷으로 방영했던 장편 서스펜스 드라마를 게임화했다. 주인공 카도타 나오가 입주한 맨션에서 벌어진 살인사건을 추리하는, 의혹과 놀라움이 교차하는 스토리다. 이 작품은 4권째로서, 「함정」(78p)에 이은 2개월 분량을 수록했다.

GET!! 콜로니즈

Dreamcast
세가 PZL 2000년 3월 30일 2,800엔

1-4 | 2 | NET | VGA

오델로와 비슷한 룰로 자신의 볼을 증식시켜가는 퍼즐 게임. 자신의 볼을 상대의 볼에 근접시키면 자기 볼로 만들 수 있으며, 종료 시 자기 볼이 제일 많은 사람이 승리한다. 평범족의 대표가 되어 다른 부족들을 물리치자. 대전은 최대 4명까지 가능하다.

더 킹 오브 파이터즈 '99 EVOLUTION

Dreamcast
SNK　ACT　2000년 3월 30일　5,800엔
부들부들 팩, 아케이드 스틱, 네오지오 포켓 접속 케이블 지원

1-2　7-　NET　VGA

1999년에 가동된 같은 제목의 아케이드용 게임을 개변 이식했다. 기본 시스템은 타 기종판과 동등하지만, 배경을 3D로 바꿨고 엑스트라 스트라이커를 추가한 것이 특징이다. 아케이드판의 보스 캐릭터인 크리저리드도 플레이어블 캐릭터로 사용 가능하다.

더 타이핑 오브 더 데드

Dreamcast
세가　TBL　2000년 3월 30일　4,800엔
드림캐스트 키보드 필수

1-2　22　NET　VGA

좀비들을 총으로 쏠어버리는 인기 건 슈팅 게임 「더 하우스 오브 더 데드 2」(57p)의 파생작품. 두 요원이, 총이 아니라 키보드를 들고 신속한 타자입력으로 좀비를 쓰러뜨린다. 튜토리얼·집중연습 모드 등 여러 가지 타자연습 모드가 충실하다.

실황 파워풀 프로야구 : Dreamcast Edition

Dreamcast
코나미　SPT　2000년 3월 30일　5,800엔　부들부들 팩 지원

1-2　36-　NET　VGA

▲ 드림캐스트로 발매된 처음이자 마지막 '파워프로' 시리즈. 실질적으로는 「~'99 결정판」의 리뉴얼이지만, 일부 차이가 있으며 버그도 수정됐다.

드림캐스트 유일의 '파워프로'계 작품. 세가 게임기로는 마지막 작품이기도 하다. 1999년 발매했던 「~'99 결정판」의 이식작으로서, 99년 페넌트레이스 종료 시점의 선수 데이터를 수록했다. 석세스 모드는 사회인야구 편. '명구도' 모드는 물리친 팀에서 4명을 영입해가며, 암흑일본선수권 토너먼트에서 우승하는 것이 최종 목적이다. 타 기종판과는 그 외에도 한신·킨테츠 팀의 시나리오가 '99 결정판과 다르고, 일부 선수가 빠진 것 등의 차이가 있다.

헬로키티의 매지컬 블록

Dreamcast
세가　PZL　2000년 3월 30일　2,800엔

1　2　NET　VGA

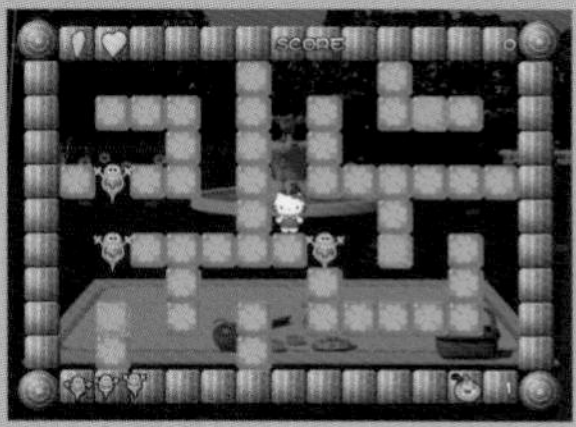

세가의 아케이드 게임 「펭고」를 모티브로 삼아 리뉴얼한 타이틀. 헬로키티가 블록을 사용해 유령을 물리치는 액션 퍼즐 게임으로서, 단순히 유령을 물리치는 것 외에도 빨간 블록을 3개 붙이거나 한 번에 다수의 유령을 물리치면 보너스 점수를 받는다.

프로 마작 키와메 D

Dreamcast
아테나　TBL　2000년 3월 30일　4,800엔

1　7　NET　VGA

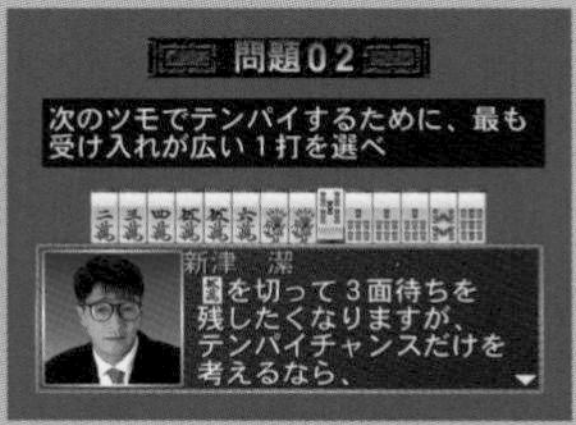

고품질·고해상도 그래픽으로 실력 일변도의 진검승부를 추구한 본격파 마작 게임. 코지마 타케오·키쿠치 토시유키 등 당시의 인기 프로 마작사가 실명으로 등장하며, 2가지 대회를 토너먼트 방식으로 플레이하거나 마작장 순례를 즐길 수도 있다.

마블 VS 캡콤 2 : 뉴 에이지 오브 히어로즈

Dreamcast
캡콤 ACT 2000년 3월 30일 5,800엔
부들부들 팩, 아케이드 스틱, 드림캐스트 키보드 지원

1-2 | 5- | NET | VGA

캡콤과 마블 코믹스의 캐릭터가 격돌하는 「VS」 시리즈의 제 4탄. 신규 캐릭터 10명을 포함해 총 50명 이상의 캐릭터가 등장하여 3 : 3 팀 배틀을 펼친다. 드림캐스트판은 온라인 대전을 지원하며, 아케이드판과의 연동 기능도 탑재했다.

월드 네버랜드 2 플러스 : 플루토 공화국 이야기

Dreamcast
리버힐소프트 SLG 2000년 3월 30일 5,800엔
부들부들 팩, 드림캐스트 키보드 지원

1 | 154- | NET | VGA

가상의 나라 '플루토 공화국'에서 또 하나의 인생을 체험하는 실시간 라이프 시뮬레이션 게임. 드림캐스트판은 통신 기능을 탑재하여, 플레이어의 감상을 게시판에 올리거나 타 기종판 플레이어와 메일을 교환하는 등, 전작과는 다른 플레이 경험을 제공했다.

삼국지 VI with 파워업 키트

Dreamcast
코에이 SLG 2000년 4월 6일 9,800엔

1-8 | 100- | NET | VGA

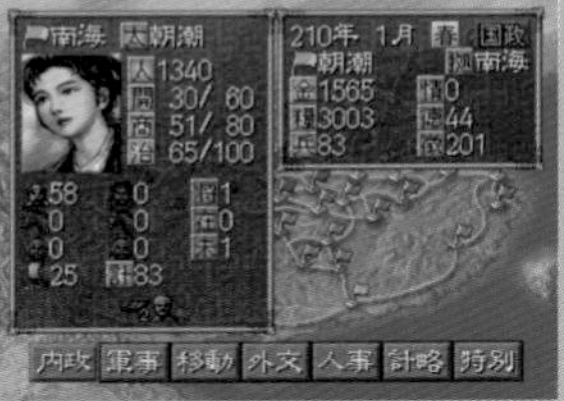

「삼국지 VI」(57p)의 업그레이드판. 일반·단편 시나리오에 신규 시나리오를 추가했으며, 역사상의 중요한 전투를 재현한 스테이지 클리어식 전술 시뮬레이션 모드를 탑재했다. 한 번 보았던 이벤트를 다시 감상할 수 있는 컬렉션 모드도 추가했다.

슈퍼 유로 사커 2000

Dreamcast
이매지니어 SPT 2000년 4월 6일 5,800엔
아케이드 스틱 지원

1-4 | 37- | NET | VGA

축구의 본고장인 유럽 축구의 현장감을 재현한 게임. 유럽 19개국 45개 클럽 팀과 73개국의 대표팀이 등장하며, 오리지널 팀 제작도 가능하다. 과거의 명 시합을 재현하는 클래식 모드를 비롯해, 9가지 이상의 게임 모드를 탑재했다.

헬로키티의 '소리 나는' 이메일

Dreamcast
세가 ETC 2000년 4월 13일 2,800엔
드림캐스트 키보드 지원

1 | 6- | NET | VGA

이메일을 헬로키티가 직접 운반해주며, 200종류 이상의 효과음도 이메일에 삽입해 보낼 수 있는 메일 관리 소프트. 총 100종류 이상의 편지지·스탬프를 수록했으며, 비주얼도 넣어 귀엽게 꾸밀 수 있다. 비주얼 메모리를 사용하는 미니게임도 탑재했다.

사쿠라 모모코 극장 : 코지코지

Dreamcast
마벨러스 엔터테인먼트 TBL 2000년 4월 20일 6,800엔
마이크 디바이스 지원

1-4 | 7- | NET | VGA

마이크를 통해 '코지코지'와 대화할 수 있는 '코지코지 극장'을 비롯해, 동화 나라에 사는 80명 이상의 캐릭터들과 최대 4명까지 함께 즐기는 보드 게임 및 미니게임도 수록했다. 만화가 사쿠라 모모코와 원작의 팬이라면 재미있을 만한 작품이다.

기상천외 보이'S 강가강

Dreamcast
세가 ACT 2000년 4월 27일 4,800엔
마이크 디바이스, 비주얼 메모리 혹은 메모리 카드 필수

1 | 3 | NET | VGA

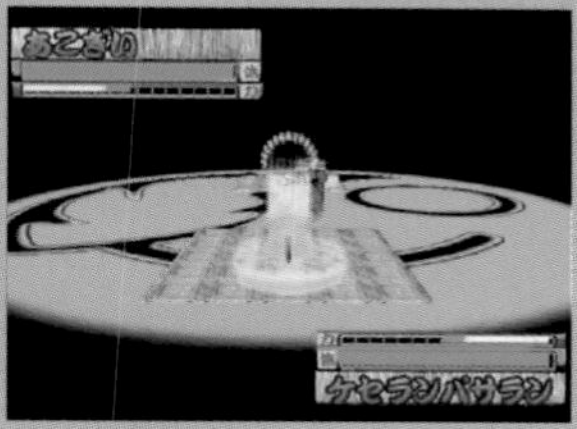

마이크 디바이스를 사용하는 액션 게임. 다양한 필드를 수색해, 사람들이 쏟아내는 '말'에 달라붙어 악행을 일삼는 '코토다마시'를 다시 봉인하는 것이 목적이다. 봉인하려면 거쳐야 하는 전투에서는, 실제로 마이크에 음성을 입력해 언령을 실체화시켜 공격한다.

삼바 DE 아미고

Dreamcast
세가 ACT 2000년 4월 27일 5,800엔
드림캐스트 마라카스 컨트롤러 지원

1-2 | 6- | NET | VGA

라틴 음악을 BGM 삼아, 6방향으로 퍼지는 리듬 구슬을 잘 보고 타이밍에 맞춰 마라카스를 흔드는 리듬 게임. 마라카스 컨트롤러를 사용하면 센서로 컨트롤러의 높이를 검출하기 때문에, 아케이드판처럼 요란한 포즈를 취하는 체감 플레이도 가능하다.

소서리언 : 칠성마법의 사도

Dreamcast
빅터 인터랙티브 소프트웨어 RPG 2000년 4월 27일 5,800엔

1 | 10- | NET | VGA

PC용으로 인기가 많았던 멀티 시나리오형 액션 롤플레잉 게임을 3D 폴리곤화한 작품. 원작의 시나리오 10종에 DC판 오리지널 5종을 추가하여, 총 15종의 시나리오를 수록했다. 특정 이벤트에서는 동영상도 삽입했으며, 음성도 추가돼 있다.

댄스 댄스 레볼루션 CLUB VERSION : Dreamcast Edition

Dreamcast
코나미 SLG 2000년 4월 27일 5,800엔
부들부들 팩, 댄스 댄스 레볼루션 전용 컨트롤러 지원

1-2 | 9- | NET | VGA

전용 매트 컨트롤러를 사용해, 아래에서 올라오는 화살표에 맞춰 스텝을 밟는 리듬 게임.「비트매니아 ⅡDX」시리즈와의 링크 기능이 있었던「클럽 버전」의 이식판으로서, 숨겨진 곡·어나더 버전을 포함해 총 52곡을 수록했다. 기본 패드로도 플레이 가능.

파워 스톤 2

Dreamcast
캡콤 ACT 2000년 4월 27일 5,800엔
부들부들 팩, 아케이드 스틱, 드림캐스트 키보드 지원

1-4 | 5- | NET | VGA

3D 공간을 종횡무진 누비면서 싸우는 대전 액션 게임의 제 2탄. 1 : 1 대전이었던 전작을 최대 4명까지 동시에 싸우는 대전으로 변경했으며, 신 캐릭터·액션 등을 추가해 여러모로 스케일이 커졌다. DC판 전용 캐릭터도 등장한다.

빅쿠리맨 2000 : 비바! 페스티바!

Dreamcast
세가 토이즈 ETC 2000년 5월 2일 4,800엔
부들부들 팩, 네오지오 포켓 접속 케이블 지원

1 | 20- | NET | VGA

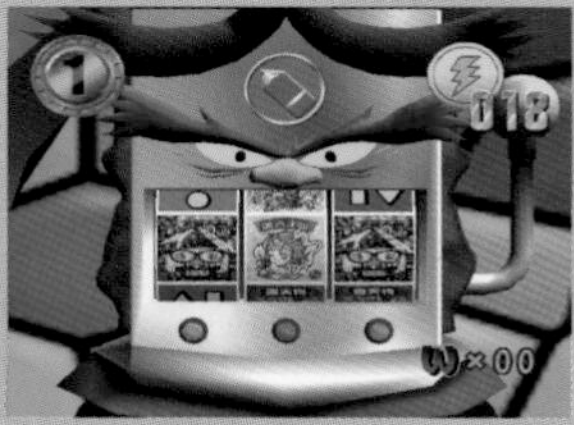

과자완구 '빅쿠리맨 2000'을 소재로 삼은 미니게임 모음집. 다양한 게임을 플레이하여 모은 코인으로 슬롯머신을 돌려, 나온 조합에 해당되는 그림의 스티커 총 88종류를 모으는 것이 목적이다. 동시 발매된 네오지오 포켓 컬러판과의 연동 시스템도 있다.

통신대전 로직 배틀 : 대설전

Dreamcast
포티파이브 PZL 2000년 5월 11일 3,800엔
부들부들 팩, 드림캐스트 키보드 지원

1-2 | 3- | NET | VGA

상대의 움직임을 예측해 공격하는 로직 배틀 게임. 언제나 한여름이던 섬에 불어 닥친 폭설을 멈추려면, 눈의 일족을 눈싸움으로 물리쳐야 한다. 캐릭터를 육성해 도전하는 육성 모드, 육성한 캐릭터를 쓰는 2P 대전이 가능하다. 통신 기능으로 채팅도 지원한다.

구원의 반 : 재림조

Dreamcast
포그 AVG 2000년 5월 18일 5,800엔
부들부들 팩 지원

1 | 30 | NET | VGA

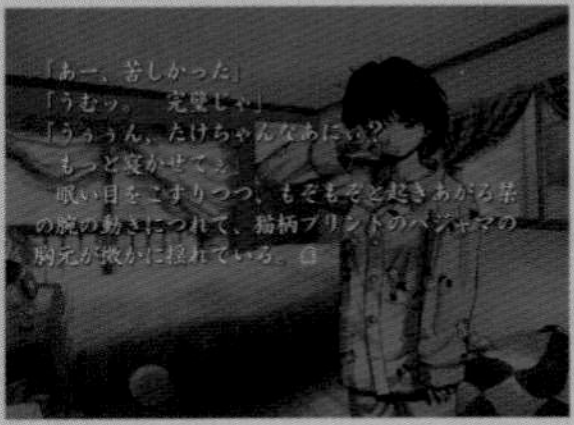

헤이안·겐로쿠·막부 말기·현대까지 4개 시대를 넘나드는 윤회전생이 테마인 연애 어드벤처 게임. 원작인 PS판을 기반으로, 시나리오 수정·추가를 가했다. 기본적으로는 비주얼 노벨식 게임이라 텍스트를 읽으며 플레이하지만, 미니게임 형식의 전투 신도 있다.

마리오넷 컴퍼니 2

Dreamcast
마이크로캐빈 AVG 2000년 5월 18일 6,800엔

1 | 7- | NET | VGA

1999년 발매된 「마리오넷 컴퍼니」(66p)의 속편. 마리오넷 기술자가 꿈인 주인공이 겪게 되는 1개월간의 시끌벅적 스토리를 그렸다. 육성 가능한 히로인이 6명으로 늘었으며, 육성 컨스트럭션 시스템을 심플하고 알기 쉽도록 개선했다.

그라우엔의 새장 : Kapitel 5 – '속죄'

Dreamcast
세가 ETC 2000년 5월 25일 2,800엔
드림캐스트 키보드 지원

1 | 2- | NET | VGA

1999년 10월부터 365회에 걸쳐 매일 인터넷으로 공개한 한 화당 1분 분량의 서스펜스 드라마. 모든 화를 합치면 6시간이 넘는 대작을, GD-ROM 6장에 나눠 순차 발매했다. 그중 5권 째이며, Kapitel 4 – '해후'(82p)에서 이어지는 2개월 분량이다.

사쿠라대전

Dreamcast
세가 ETC 2000년 5월 25일 4,800엔
부들부들 팩 지원

1 | 9- | NET | VGA

세가새턴으로 발매되어 대히트했던 드라마틱 어드벤처 게임. 어드벤처 게임에 시뮬레이션 요소를 조합한 독특한 게임 시스템 자체는 그대로 이식했으나, 하드웨어의 그래픽 성능 향상에 맞춰 더욱 깔끔해진 그래픽으로 리뉴얼했다.

슈퍼 런어바웃

Dreamcast
클라이맥스 RCG 2000년 5월 25일 5,800엔
부들부들 팩, 레이싱 컨트롤러 지원

1 | 12- | NET | VGA

플레이스테이션용 게임의 개변 이식판. 샌프란시스코로 무대를 바꿨으며, 실존 관광 명소도 다수 수록했다. 시나리오로는 낡은 자동차공장을 운영하는 부자(父子)가 주인공인 '부자 편'과, 수사과로 옮기려는 교통과 경찰관 콤비가 주인공인 '경찰 편'이 있다.

렌타 히어로 No.1

Dreamcast 세가 RPG 2000년 5월 25일 5,800엔 부들부들 팩 지원

1 | 20- | NET | VGA

▲ 체감형 게임을 주로 제작해온 세가 AM2의 작품. 화면 구성을 바꿨으며, 신 캐릭터 및 카게야마 히로노부가 부른 주제가 등을 추가했다.

1991년 메가 드라이브로 발매했던 「렌타 히어로」의 리메이크작. 2D 게임이었던 원작을 3D로 리뉴얼했으며, 히로인 등의 신규 요소를 추가했다. '일류 B급'이란 캐치프레이즈 하에 다채로운 패러디를 펼치는 액션 롤플레잉 게임이다. 세계의 행복을 추구하는 하이테크 기업 'SECA'의 컴뱃 아머를 착용하고, 정의의 히어로로 활약하자. 컴뱃 아머는 대여비를 미납하면 사용 불가능해지는데다 체력 회복·전철 이동도 자비부담이라, 의뢰를 계속 해결해 돈을 벌어야만 한다.

포켓여친 : 유미·시즈카·후미오

Dreamcast 데이텀 폴리스타 SLG 2000년 6월 8일 6,800엔
부들부들 팩, 아케이드 스틱 지원 / 비주얼 메모리 혹은 메모리 카드 필수

1 | 128 | NET | VGA

플레이스테이션용 게임의 이식작. 3명의 소녀를 비주얼 메모리에 넣어 휴대하며 언제 어디서나 육성할 수 있는 소프트다. 드림캐스트판의 오리지널 시스템으로서, 데이트 약속 이벤트 및 상점의 소녀 '미도리카와 노노'와의 대화 이벤트를 추가했다.

아니마스타

Dreamcast 아키 RPG 2000년 6월 15일 5,800엔

1-4 | 33- | NET | VGA

'아니마'라 불리는 몬스터를 길러, 최강·최고속의 아니마로 키워내는 게임. RPG + 육성 + 레이싱 장르를 합친 게임으로서, 등장하는 아니마가 200종류 이상이다. 육성한 아니마로 아니마스타 컵 우승을 노려보자. 비주얼 메모리로 데이터 교환도 가능하다.

어드밴스드 대전략 : 유럽의 폭풍·독일 전격작전

Dreamcast 세가 SLG 2000년 6월 22일 6,800엔

1-8 | 190- | NET | VGA

Windows용으로 발매되었던 「어드밴스드 대전략 98 Zwei」의 후계작. 가정용 게임기에 맞춰 초반의 난이도를 낮췄다. 전작의 시나리오는 물론이고 동맹국으로 일본군이 등장하는 시나리오도 수록했으며, 이메일과 인터넷으로 대전하는 기능도 탑재했다.

수도고 배틀 2

Dreamcast 겐키 RCG 2000년 6월 22일 5,800엔
부들부들 팩, 레이싱 컨트롤러 지원

1 | 40- | NET | VGA

1999년 발매했던 「수도고 배틀」(60p)의 속편. 완간선·요코하네선·후카가와선·다이바선 등의 실존 도로를 재현했다. 전장 180km 이상의 코스에서 300명이 넘는 라이벌들과 승부를 펼쳐보자. 머신 60차종은 물론, 에어로 파츠도 120종류나 등장한다.

인생게임 for Dreamcast

Dreamcast
타카라 TBL 2000년 6월 22일 5,800엔

1-4 35- NET VGA

타카라 사의 유명 보드 게임 시리즈의 드림캐스트판. 맵은 플레이할 때마다 갱신되므로, 매번 다른 인생을 즐겨볼 수 있다. 페어 모드·태그 모드 등 둘이서 플레이하는 모드가 충실하며, 이벤트를 일정 수 이상 클리어하면 상성 점술도 즐길 수 있다.

임페리얼의 매 : FIGHTER OF ZERO

Dreamcast
글로벌A 엔터테인먼트 STG 2000년 6월 29일 5,800엔
부들부들 팩 지원

1-2 8- NET VGA

플레이스테이션용 게임 「제로 파일럿」의 이식작. 프로펠러기를 조종하는 플라이트 시뮬레이터로서, 제로센 등 20기종 이상이 등장한다. 정찰·폭격·요격 등의 미션에 도전하자. 폭뢰 투하 시 관성의 영향을 받는 등, 실기의 거동을 리얼하게 재현했다.

젯 셋 라디오

Dreamcast
세가 ACT 2000년 6월 29일 5,800엔 부들부들 팩 지원

1 4- NET VGA

▲ 가상도시 '도쿄토'를 누비며, 스프레이를 벽에 칠해 그래피티를 그려보자. 라이벌 팀과 경찰, 군대 등 다채로운 적들이 등장한다.

언더그라운드 팝 컬처를 테마로 삼은 액션 게임. 가상의 도시를 인라인스케이트로 질주하며, 적의 방해를 뚫고 특정 위치에 자신의 그래피티를 그리는 것이 목적이다. 비주얼 메모리에 JPEG 파일을 저장해 그래피티로 사용할 수도 있다. 특징은 2D와 3D를 융합시킨 '만화 디멘션'이란 그래픽 기술로서, 작품의 독자적인 세계관과도 잘 어우러져 세계에서 수많은 상을 수상했다. 스케이트로 아크로바틱한 액션 플레이가 가능하며, 심리스 BGM도 스트리트 컬처를 잘 연출해낸다.

스트리트 파이터 Ⅲ 3rd STRIKE : Fight for the Future

Dreamcast
캡콤 ACT 2000년 6월 29일 5,800엔 부들부들 팩, 아케이드 스틱, 드림캐스트 키보드 지원

1-2 3- NET VGA

▲ 「스트리트 파이터 Ⅲ」 시리즈의 집대성이자 최종 진화판. 시스템을 가다듬고 밸런스를 잘 조정했으며, 배경과 BGM도 전부 리뉴얼했다.

1999년 가동된 같은 제목 아케이드판의 이식작. 블로킹을 축으로 삼은 심리전 중심의 심오한 대전을 만끽하는 게임이다. 기본 시스템은 전작 「~2nd IMPACT」(72p)와 그리 다르지 않으나, 하나하나를 세심하게 조정해 최고의 대전 툴로 거듭났다. 캐릭터가 5명이나 새로 추가됐으며, 그중 유일한 이전 시리즈의 부활 캐릭터인 '춘리'는 팬들의 요망에 부응하는 형태로 등장했기에, 광고·데모 등을 통해 대대적으로 부활을 선언하며 작품의 히트에 일조하였다.

기동전사 건담 : 기렌의 야망 - 지온의 계보

Dreamcast
반다이 SLG 2000년 6월 29일 6,800엔

1 | 100- | NET | VGA

'기동전사 건담'의 1년 전쟁을 무대로 삼은 시뮬레이션 게임. 세가새턴으로 발매된 시리즈 제 1편을 기반으로 삼아 Z건담 세력도 등장하는 2부를 추가했던 플레이스테이션판을 이식한 버전이다. CPU의 사고시간 등을 대폭 개선했다.

미스터 드릴러

Dreamcast
남코 ACT 2000년 6월 29일 4,800엔
부들부들 팩, 아케이드 스틱 지원

1 | 12- | NET | VGA

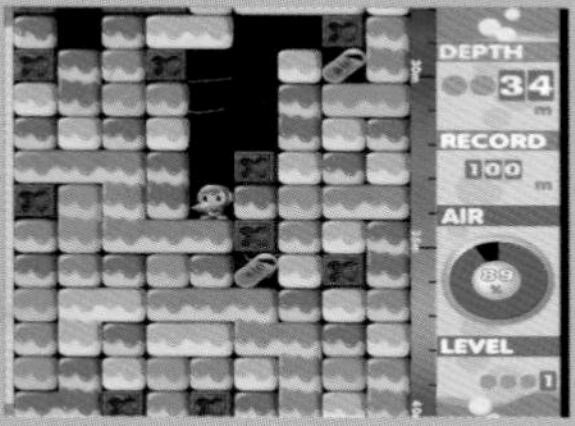

주인공 '호리 스스무'가 지하에서 갑작스레 대량 발생한 블록들의 수수께끼를 풀기 위해, 지하 1000m를 목표로 굴착해 내려가는 패닉 땅파기 게임. 아케이드판의 이식작이며, 타임어택 모드를 추가했다. DC판에서는 인터넷으로 웹 이벤트에 참가 가능했다.

메모리즈 오프 컴플리트

Dreamcast
키드 AVG 2000년 6월 29일 6,800엔

1 | 18- | NET | VGA

PS로 발매했던 연애 어드벤처 게임의 이식작이자, 시리즈 제 1편. 쓰라린 과거를 지닌 고교생 주인공이 소꿉친구 등의 소녀들과 교류해간다. 네오지오 포켓판 「~Pure」의 시나리오를 일부 음성과 함께 추가했고, 시나리오 수정과 CG 추가도 병행했다.

룸메이트 노벨 : 사토 유카

Dreamcast
데이텀 폴리스타 AVG 2000년 6월 29일 6,800엔
부들부들 팩 지원

1 | 5- | NET | VGA

「룸메이트」 시리즈의 세계관을 활용한 미소녀 게임. 과거 시리즈처럼 본체 내장시계와 연동되는 실시간 커뮤니케이션 게임이 아니며, 비주얼 노벨식으로 스토리를 전개한다. 캐릭터 원안은 타쿠마 토모마사, 캐릭터 디자인은 마루후지 히로타카가 담당했다.

로도스도 전기 : 사신강림

Dreamcast
카도카와쇼텐 RPG 2000년 6월 29일 6,800엔
부들부들 팩 지원

1 | 61- | NET | VGA

미즈노 료 원작의 소설 '로도스도 전기'를 모티브로 삼은 액션 RPG. 암흑의 섬 '마모'를 무대로, 게임만의 완전 오리지널 스토리를 전개한다. 캐릭터 그래픽에 모션 캡처를 도입하여 움직임이 리얼하며, 무기·방어구는 독자적인 시스템으로 강화시킬 수 있다.

넷파치 II @VPACHI : CR 파렴치 학원

Dreamcast
다이코쿠 전기 TBL 2000년 7월 9일 4,800엔

1 | 10- | NET | VGA

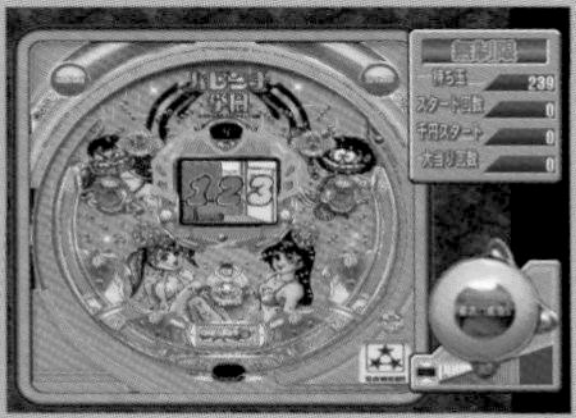

실제 경품을 받을 수 있었던 파친코 게임의 제 2탄. 나가이 고의 만화를 소재로 삼은 'CR 파렴치 학원'을 수록했고, 최고 10연속 잭팟을 터뜨리면 해외여행권이나 PC 당첨이 가능했다. 실기 공략에도 유용한 데이터 분석 기능과 핀 조정 기능도 있다.

1-2 플레이 가능 인원 | 99- 메모리 백업 용량 | NET 네트워크 지원 | VGA VGA 박스 지원

리볼트

Dreamcast 어클레임 / 타이토 RCG 2000년 7월 13일 3,800엔

1-4 | 36- | NET | VGA

RC 카를 조종하는 레이싱 게임. 버기 카나 투어링 카를 무선 조종해 박물관·고스트 타운 등을 달려보자. RC 카 특유의 조작성을 충실하게 재현했으며, 실제 RC카처럼 조작성을 튜닝할 수도 있다. 코스 에디트 기능도 탑재돼 있다.

툼레이더 4 : 라스트 레벨레이션

Dreamcast 캡콤 ACT 2000년 7월 19일 5,800엔
부들부들 팩 지원

1 | 35- | NET | VGA

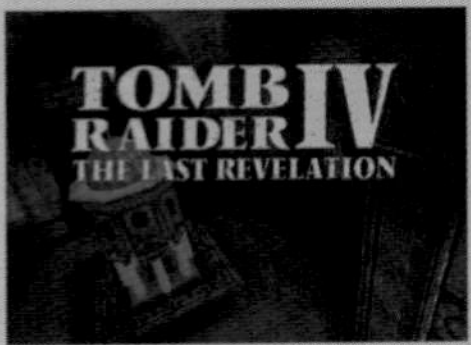

당시 전 세계 누계 2,000만 장 이상을 판매했던 초 인기 액션 게임 시리즈의 제 4탄. 주인공 '라라 크로프트'가, 이집트를 무대로 삼아 유적의 비밀을 파헤친다는 스토리다. 신규 시스템으로 로프 액션을 추가했으며, 아이템 결합도 가능해졌다.

그라우엔의 새장 : Kapitel 6 - '전율'

Dreamcast 세가 ETC 2000년 7월 27일 2,800엔
드림캐스트 키보드 지원

1 | 2- | NET | VGA

1999년 10월부터 인터넷을 통해 방송된 총 365화의 서스펜스 드라마. 완결편에 해당하는 디스크로서, 「Kapitel 5 '속죄'」(82p)에서 이어지는 2개월 분량을 수록하였다. 각성한 주인공 나오에 의해, 드디어 모든 수수께끼가 밝혀진다.

주사 바사

Dreamcast 리얼 비전 RCG 2000년 7월 27일 4,800엔
부들부들 팩 지원

1-2 | 4 | NET | VGA

메카닉 동물이 마구 날뛰는 신감각 레이싱 액션 게임. 메카닉 동물이 끌고 달리는 장갑차에 탑승하여, 과격한 랠리에서 승리를 쟁취하자. 동물과 차량의 조합에 따라 가속도나 조작성 등이 변화한다. 2P 대전과 타임 어택은 온라인 랭킹도 지원했다.

센티멘털 그래피티 2

Dreamcast NEC 인터채널 AVG 2000년 7월 27일 6,800엔

1 | 14- | NET | VGA

도쿄를 무대로, 12명의 소녀들과 교류하는 연애 어드벤처 게임. 전작에서 교체되거나 새로 투입된 캐릭터가 전혀 없이, 전작의 12명이 그대로 성장하여 재등장한다. 초회 한정판은 캐릭터 디자인을 담당했던 카이토모히사의 디지털 화집을 동봉했다.

더비츠쿠 : 더비 말을 만들자!

Dreamcast 세가 SLG 2000년 7월 27일 6,800엔

1 | 189- | NET | VGA

세가의 「만들자!」 시리즈 제 3탄. 2000년의 경마 프로그램에 대응하는 본격 경마 시뮬레이션 게임이다. 2,000종류 이상의 말을 실명으로 등록했으며, 일본 경마 역사에 이름을 남긴 명마들과도 대결할 수 있다. 레이스 장면을 리얼한 영상으로 재현했다.

특촬 모험활극 : 슈퍼 히어로 열전

Dreamcast 반프레스토 ACT 2000년 7월 27일 6,800엔
부들부들 팩 지원

1 | 16- | NET | VGA

SD화된 특촬 히어로들이 게임 하나에 집결한 크로스오버 타이틀. 이시노모리 쇼타로가 원작을 담당했던 '가면라이더'·'키카이다' 등의 역대 히어로들이 등장해 100화 이상의 괴 사건에 도전한다는 스토리다. 필살기 컷인은 CG 동영상으로 재현했다.

NET으로 파라다이스

Dreamcast TAKUYO SLG 2000년 7월 27일 6,800엔
드림캐스트 키보드 지원

1-4 | 65 | NET | VGA

밍크 사의 PC용 게임 「네코파라」(한국에선 「부킹 파라다이스」로 발매)의 이식작. 주사위를 굴려 전진하는 보드 게임이다. 소녀와 같은 칸에 멈추면 대화로 호감도를 올릴 수 있다. 입수한 아이템을 소녀에게 선물하거나, 방해꾼의 행동을 저지하자.

버추어 애슬리트 2K

Dreamcast 세가 SPT 2000년 7월 27일 5,800엔
부들부들 팩, 아케이드 스틱 지원

1-4 | 24- | NET | VGA

100m 달리기, 멀리뛰기, 투포환, 높이뛰기, 110m 허들, 창던지기, 1500m 달리기라는 육상 7종 경기를 거쳐 종합점수로 우승을 노리는 액션 게임. 버튼 연타와 타이밍이 중요한 심플한 조작성 덕에, 최대 4명이 모이면 대전 분위기가 꽤나 치열해진다.

F355 챌린지

Dreamcast 세가 RCG 2000년 8월 3일 5,800엔
부들부들 팩, 레이싱 컨트롤러, 대전 케이블 지원

1-2 | 22- | NET | VGA

아케이드로 가동되었던 페라리 사 공인 레이싱 게임의 이식작. 시뮬레이터에 가까운 게임이라 고도의 운전 스킬이 필요하나, 어시스트 기능을 켜 심플한 조작으로 즐길 수도 있다. DC판에서 추가된 코스를 포함해, 실존하는 11곳의 코스를 수록하였다.

그란디아 II

Dreamcast 게임 아츠 RPG 2000년 8월 3일 6,800엔

1 | 9- | NET | VGA

▲ 하드웨어의 진화 덕분에 표현의 퀄리티도 대폭 상승했다. 시스템은 기본적으로 전작을 답습했으며, 'IP 게이지'를 이용하는 독특한 배틀도 여전하다

세가새턴에서 대히트했던 명작 판타지 RPG의 속편. 'Ⅱ'이긴 하나 스토리는 전작과 연관성이 없다. 소년의 모험 활극이란 인상이 강했던 전작에 비해 이번엔 주인공의 연령대도 높게 설정했고, '신마전쟁'을 경험했던 세계를 무대로 삼아 다소 무거운 스토리를 전개한다. 전작은 3D 배경에서 2D 도트 캐릭터가 움직이는 게임이었지만, 이 작품은 캐릭터까지 모두 3D로 묘사했다. 보컬곡은 가사를 포르투갈어로 써, 신비적인 세계의 느낌을 잘 표현해냈다.

골프하자 : 코스 데이터집 어드벤처 편

Dreamcast
소프트맥스 SPT 2000년 8월 3일 1,900엔
부들부들 팩, 드림캐스트 키보드 지원

1-4 12- NET VGA

「골프하자」(71p)와 게임 시스템이 동일한 어펜드 디스크. 5개국 90홀을 새로 추가했으며, 이 소프트 단독으로도 즐길 수 있다. 전작의 디스크에서 캐릭터 데이터를 가져오면 총 16캐릭터로 플레이할 수 있지만, 코스 난이도는 제법 높은 편이다.

뱀파이어 크로니클 for Matching Service

Dreamcast
캡콤 ACT 2000년 8월 10일 4,800엔
부들부들 팩, 아케이드 스틱, 드림캐스트 키보드 지원

1-2 3- NET VGA

몬스터들이 격돌하는 대전격투 게임. 「뱀파이어 세이비어 2」의 시스템 기반으로서 시리즈의 역대 캐릭터들이 전부 등장하며, 시리즈 이전작들의 게이지·캐릭터 타입 등을 재현한 여러 버전으로 대전을 즐길 수 있다. 당시엔 네트워크 대전도 지원했다.

리듬 코믹 : 쿨쿨 툰

Dreamcast
SNK ACT 2000년 8월 10일 5,800엔
부들부들 팩, 네오지오 포켓 접속 케이블 지원

1-2 4- NET VGA

그림책을 보는 느낌으로 '소리'를 즐기는 리듬 코믹 게임. TV 속의 세계 '쿨쿨 타운'에서 댄스 챔피언 자리를 노려보자. 네오지오 포켓과의 연동 기능, 인터넷을 통한 신규 코스튬 다운로드 제공 등의 여러 새로운 기능을 탑재했다.

자이언트 그램 2000 : 전일본 프로레슬링 3 – 영광의 용사들

Dreamcast
세가 SPT 2000년 8월 10일 5,800엔
부들부들 팩, 아케이드 스틱 지원

1-4 14- NET VGA

1999년 발매되었던 「자이언트 그램」(60p)의 업그레이드판. 당시의 톱 레슬러들부터 왕년의 레슬러들까지 등장한다. 전작과 마찬가지로, 육성 모드로 키운 오리지널 레슬러를 비주얼 메모리에 저장해 아케이드판에서 사용할 수도 있었다.

스폰 인 더 데몬즈 핸드

Dreamcast
캡콤 ACT 2000년 8월 10일 5,800엔 부들부들 팩, 아케이드 스틱, 드림캐스트 키보드 지원

1-4 2-
NET VGA

▲ 원작은 DC·마블 양쪽에서 활약했던 토드 맥팔레인의 대표작. 미국 코믹스 특유의 잔혹한 표현을 게임 내 그래픽으로도 잘 묘사해낸 타이틀이다.

같은 해 8월 가동했던 아케이드판과 동시기에 발매한 이식작. 미국 코믹스가 원작인 타이틀로서, 보통의 액션 게임과 달리 몇 번 쓰러져도 게임 오버되지 않는 것이 특징이다. 제한시간 내에 보스를 물리치는 '보스 어택 모드'와 2P 대전이 가능한 '팀 배틀 모드', 플레이어가 3명 이상일 때 플레이하는 '배틀로얄 모드'가 있다. 조작이 복잡하지 않고, 무기도 검·창·총기류에 지뢰까지 풍부하게 제공되며, 특정 조건을 충족해야만 획득하는 무기까지도 있다.

도구우 전기 : 패왕

Dreamcast 빅터 인터랙티브 소프트웨어 SLG 2000년 8월 10일 5,800엔

1-2 19- NET VGA

일러스트레이터 미키모토 하루히코가 캐릭터 디자인을 맡은 전략 시뮬레이션 게임. 곤충형 병기 '메탈 클러스트'와 자연의 수호자 '도구우' 간의 싸움을 그렸다. 대자연을 부리는 엘리먼트 시스템을 탑재해, 필드를 자신에 유리한 속성으로 바꿀 수도 있다.

헬로키티의 두근두근 쿠키즈

Dreamcast 세가 PZL 2000년 8월 10일 2,800엔

1 2 NET VGA

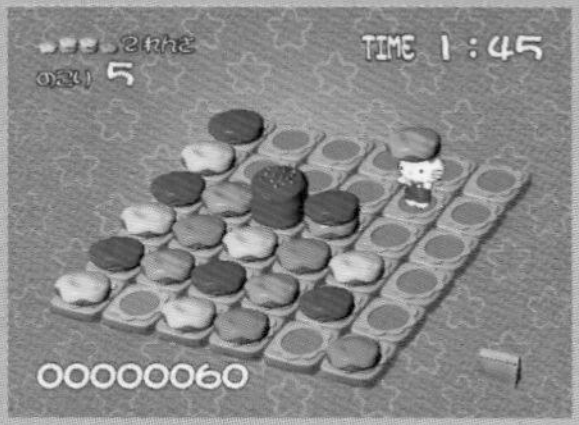

같은 색 쿠키끼리 붙이며 없애 가는 퍼즐 게임. 총 6스테이지 구성으로서, 키티의 가족과 친구도 등장한다. 쿠키는 같은 색끼리 3개 이으면 없앨 수 있으며, 3개를 아예 겹치면 고득점을 노릴 수 있는 빅 쿠키로 바뀐다. 키티의 귀여운 동영상도 수록했다.

프로야구 팀을 가지고 놀자 NET!

Dreamcast 세가 SPT 2000년 8월 10일 5,800엔
부들부들 팩, 드림캐스트 키보드 지원

1-2 5- NET VGA

1999년 발매했던 「프로야구 팀을 가지고 놀자!」(75p)의 인터넷 지원판. 선수 데이터는 2000년 시즌 최신판으로 수록했으며, 실시간 대전 플레이도 가능하다. 「좀 더 프로야구 팀을 만들자!」(96p)에서 육성한 팀도 사용할 수 있다.

프리즈머티컬리제이션

Dreamcast 아크시스템웍스 AVG 2000년 8월 24일 5,800엔

1 13 NET VGA

플레이스테이션용 게임의 이식작. 주인공을 포함한 등장인물들이 같은 하루를 몇 번이고 반복하는 시스템으로서, 플레이어는 플래그를 찾아내 루프에서 탈출하도록 노력해야 한다. 루프를 빠져나오기 위한 중요한 단서는 바로 히로인들이 가진 비밀이다.

룬캐스터

Dreamcast 노이지아 SLG 2000년 8월 24일 5,800엔
부들부들 팩 지원

1-2 134- NET VGA

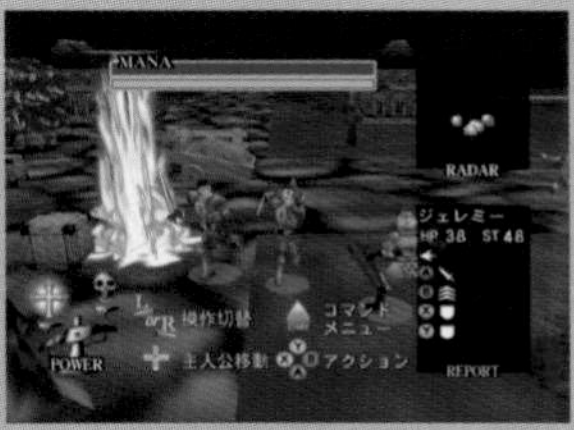

마물을 소환해 적과 싸우는 전략 시뮬레이션 게임. 스토리는 어드벤처 파트에서 진행하며, 전투는 실시간 시뮬레이션 형태로 플레이한다. 18가지 오리지널 몬스터를 만드는 '주문 창조' 모드를 탑재했으며, 2P 대전 모드도 있다.

룬 제이드

Dreamcast 허드슨 RPG 2000년 8월 24일 5,800엔
드림캐스트 키보드 지원

1 198- NET VGA

던전을 모험하며 마물들을 물리치는 판타지 RPG. 싱글플레이로 튜토리얼을 플레이한 뒤부터는 온라인 세계를 모험해 보자. 온라인에서는 4인 동시 플레이가 가능하며, 채팅으로 대화하거나 동료와 협력해 적과 싸우는 등의 전개가 펼쳐진다.

1-2 플레이 가능 인원 | 99- 메모리 백업 용량 | NET 네트워크 지원 | VGA VGA 박스 지원

Dreamcast 힘내라! 일본! 올림픽 2000

코나미 SPT 2000년 8월 31일 오픈 프라이스

1-4 | 11- | NET | VGA

일본올림픽위원회 공식 라이선스 상품. 육상경기 중심으로, 총 12개 종목을 수록하였다. 게임 모드로는 원하는 종목에서 금메달에 도전하는 '올림픽 모드'와, 나라별로 각 종목을 순서에 맞춰 플레이하는 '챌린지 모드'의 2종류가 있다.

Dreamcast 쟈멍

비지트 TBL 2000년 8월 31일 4,800엔
마이크 디바이스 지원

1 | - | NET | VGA

마이크 디바이스를 이용해 음성인식으로 진행하는 마작 게임. 목소리가 클수록 운이 상승하는 독자적인 시스템을 채용했으며, '론'·'리치' 등의 커맨드는 음성만으로도 실행 가능하다. '맛집 모드'에서는 전국의 강적들과 대전하며 각지의 특산품을 획득한다.

Dreamcast 캡콤 VS. SNK : 밀레니엄 파이트 2000

캡콤 ACT 2000년 9월 6일 5,800엔 부들부들 팩, 아케이드 스틱, 드림캐스트 키보드, 네오지오 포켓 접속 케이블 지원

1-2 | 9- | NET | VGA

▲ 두 대전격투 게임 명가가 콜라보한 타이틀. 시스템 등 여러 면에서 덜 다듬어진 느낌이 있으나, 후일의 속편을 수작으로 만들어준 기초가 되기도 했다.

캡콤과 SNK의 크로스 라이선스로 실현된 콜라보 타이틀의 제 3탄이자, 최초의 풀스케일 대전격투 게임. 캡콤 사이드의 캐릭터는 「스트리트 파이터」 시리즈 위주이며, SNK 사이드는 대부분 「더 킹 오브 파이터즈」 시리즈 참전 캐릭터다. 양사 게임 간의 시스템 차이를 반영해, 2가지 시스템을 '그루브'라는 형태로 구분해 탑재하고 플레이어에 선택권을 주었다. 각 캐릭터별로 강한 정도를 나타내는 수치가 설정돼 있으므로, 이 수치에 맞춰 팀을 구성해야 한다.

Dreamcast Kanon

NEC 인터채널 AVG 2000년 9월 14일 6,800엔

1 | 4- | NET | VGA

▲ 원작은 성인용 미소녀 어드벤처 게임. 당시의 이 계열 작품으로는 보기 드물게 성묘사보다 스토리에 공을 들여, '최루성 게임' 장르의 선구자가 되었다.

1999년 발매했던 PC용 게임의 이식판. TV 애니메이션화까지 됐으며, 드림캐스트를 비롯해 여러 가정용 게임기로 이식된 인기작이다. 주인공 '아이자와 유이치'가 되어 히로인들과 교류하자. 당시 게임으로는 드물게 오프닝·엔딩에 보컬곡을 넣었으며, 테마곡도 각 히로인별로 배정했다. 스케일이 장대한 작품은 아니나, 즐거운 일상에서 심각한 문제로 진행되고 기적이 일어나 결국 해결된다는 스토리가 유저들의 눈물샘을 제대로 자극해 대호평을 받았다.

디노 크라이시스

Dreamcast
캡콤 AVG 2000년 9월 6일 5,800엔
부들부들 팩 지원

1 | 8- | NET | VGA

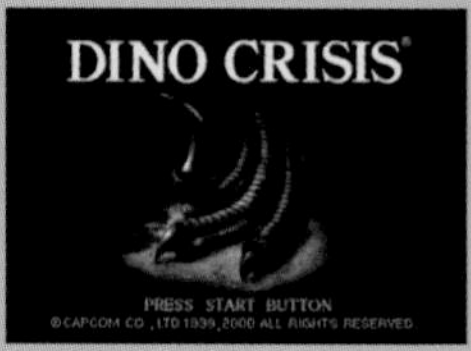

남쪽 바다의 외딴섬이 무대인 패닉 호러 게임. 주인공 '레지나'를 조작하여, 군사시설에 잠입해 과학자 탈환작전을 성공시키자. 섬에는 공룡들이 서식하며 주인공의 앞길을 막는다. 5시간 내로 클리어하면 보너스 모드가 개방된다.

사쿠라대전 2 : 그대여, 죽지 마오

Dreamcast
세가 AVG 2000년 9월 21일 5,800엔
부들부들 팩 지원

1 | 5- | NET | VGA

세가새턴으로 발매되었던 같은 제목 타이틀의 이식작으로서, 드라마틱 어드벤처 게임의 제 2탄이다. 원작의 게임 내용 자체는 변경되지 않았으나, 하드웨어적인 그래픽 성능 향상에 맞춰 더욱 선명해진 화면으로 게임을 즐길 수 있다.

데스피리아

Dreamcast
아틀라스 RPG 2000년 9월 21일 6,800엔

1 | 8- | NET | VGA

심층심리에 숨겨진 진실을 찾아내 표층심리의 허구를 밝혀내는 RPG. 사람의 마음을 조종하는 특수능력 '마인드'로, 연속 발생하는 사건들을 해결하자. 총 5장으로 구성된 스토리를, 아름답고도 살벌한 사이버펑크와 종교가 융합된 세계관으로 그렸다.

실전 파치슬로 필승법! @VPACHI : 콩덤

Dreamcast
맥스벳 TBL 2000년 9월 28일 4,800엔
부들부들 팩 지원

1 | 10- | NET | VGA

실제 경품을 획득할 수 있는 「넷파치」 시리즈의 파치슬로판. 야마사 사의 '콩덤'을 수록했다. 온라인으로 개최되는 파치슬로 대회에 30회까지 참가할 수 있었고, 7연속 잭팟을 확정시킨 사람에게는 실제 라스베가스 여행권을 증정했다.

성령기 라이블레이드

Dreamcast
윙키 소프트 SLG 2000년 9월 28일 5,800엔

1 | 8- | NET | VGA

'전술'과 '연애', 두 요소를 융합시킨 시뮬레이션 RPG. 연금술이 과도하게 발달한 세계 '아가르티아'에 오게 된 주인공이, 로봇 '성령기'의 파일럿이 되어 모든 사태의 원흉인 '제 오드'에 도전한다. 크게 '전술' 파트와 '프라이빗' 파트로 나뉘어 진행된다.

데드 오어 얼라이브 2

Dreamcast
테크모 ACT 2000년 9월 28일 6,800엔
부들부들 팩, 아케이드 스틱 지원

1-4 | 8- | NET | VGA

인기 대전격투 게임의 제 2탄. 전작의 화제 요소였던 '바스트 모핑'은 유지하고, 태그 배틀을 새로 도입했다. DC판은 추가 요소로서 특정 조건이 만족되면 보스 '텐구'와 부활 캐릭터 '베이먼'이 사용 가능해지며, 초회한정판에는 CG 감상 모드가 있다.

넷파치 Ⅲ @VPACHI : CR 명랑 개구리 2·CR 명랑 개구리 H

Dreamcast
다이코쿠 전기 TBL 2000년 9월 28일 4,800엔

1 | 10- | NET | VGA

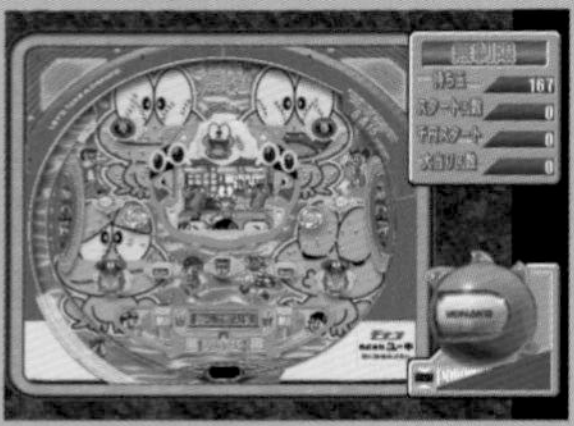

실제 경품 당첨이 가능했던 파친코 시뮬레이션 게임의 제 3탄. 온라인 파친코 대회에 25회까지 참가할 수 있으며, 'CR 명랑 개구리 H'는 조건이 있으나 단 4번만 잭팟을, 'CR 명랑 개구리 2'는 10연속 잭팟을 터뜨리면 최고 경품을 증정했다.

해피★레슨 : 퍼스트 레슨

Dreamcast
데이텀 폴리스타 ETC 2000년 9월 28일 4,800엔

1 | 5- | NET | VGA

본편보다 선행 발매한 팬 디스크. 갤러리에는 일러스트집, 러프 원화집, 캐릭터 설정집, 팬 디스크의 오리지널 이미지 송, 캐릭터 '로쿠마츠리 미나즈키'의 디자인 응모작 소개가 있다. 전용 브라우저로 작품의 최신 정보를 제공하는 기능도 있었다.

더욱더 프로야구 팀을 만들자!

Dreamcast
세가 SLG 2000년 9월 28일 5,800엔
드림캐스트 키보드 지원

1-2 | 158- | NET | VGA

야구단 단장이 되어 운영부터 선수 육성, 시합 감독까지 맡는 프로야구 시뮬레이션 게임. 일본시리즈를 제패하고 세계 야구대회의 제너럴 매니저가 되는 것이 목표다. 발매 당시에는 공식 홈페이지에서 네트워크 토너먼트도 개최했었다.

러브히나 : 갑작스러운 인게이지 해프닝

Dreamcast
세가 AVG 2000년 9월 28일 5,800엔
부들부들 팩, 드림캐스트 키보드 지원

1-2 | 5- | NET | VGA

인기 만화 '러브히나'를 어드벤처 게임화했다. '히나타장'이 무대로서, 플레이어는 주인공 우라시마 케이타로가 되어 게임 오리지널 캐릭터를 포함한 여러 히로인들이 벌이는 왁자지껄 스토리를 즐길 수 있다. 패키지 크기가 실로 거대한 한정판도 있다.

이터널 아르카디아

Dreamcast
세가 RPG 2000년 10월 5일 6,800엔
부들부들 팩 지원

1 | 27- | NET | VGA

범선들이 하늘을 나는 이세계에서 '공적'(空賊)이 되어 모험하는 RPG. 푸른 하늘이 무대인 왕도 판타지 스토리로서, 파티전과 포격전까지 펼쳐지는 전투 시스템이 특징이다. '보물섬'·'해저 2만리' 등의 유명 해양소설을 오마쥬한 이벤트도 있어 재미있다.

이터널 아르카디아 : @barai판

Dreamcast
세가 RPG 2000년 10월 5일 1,000엔
부들부들 팩 지원

1 | 27- | NET | VGA

같은 제목 작품의 '@barai'(역주 ※)판. 게임 자체는 왼쪽의 「이터널 아르카디아」와 동일하다. 일정 단계까지는 자유롭게 진행 가능하며, 인터넷을 통해 '@barai 키'를 유료 구매하면 엔딩까지 컨텐츠가 완전히 개방된다는 개념이다.

NET으로 테니스

Dreamcast
캡콤 SPT 2000년 10월 9일 1,980엔
부들부들 팩, 아케이드 스틱, 드림캐스트 키보드 지원

1-4 | 2- | NET | VGA

통신 대전이 주요 컨텐츠인 테니스 게임. 엑시비션 모드가 있어, 오프라인으로도 1~4인 대전을 즐길 수 있다. 국적과 성능이 다른 16명의 조작 가능 캐릭터가 있으며, 외모·능력 등을 직접 설정해 오리지널 캐릭터를 만들 수도 있다.

엘도라도 게이트 : 제1권

Dreamcast
캡콤 RPG 2000년 10월 10일 2,800엔
드림캐스트 키보드 지원

1 | 16- | NET | VGA

여러 권으로 연재되는 식의 '연작 유닛 RPG'. 귀신의 혼을 계승한 주인공들의 이야기로서, 총 18화 중 1~3화를 수록했다. 속성 상성이 전황을 좌우하는 장비 의존식의 캐릭터 강화, 마법 사용에 필수인 '마정석' 조합법 등의 독특한 시스템이 있다.

에이틴 휠러

Dreamcast
세가 RCG 2000년 10월 12일 5,800엔
부들부들 팩, 레이싱 컨트롤러 지원

1-2 | 5- | NET | VGA

트레일러 차량으로 미 대륙을 횡단하는 레이싱 게임. 같은 제목의 아케이드판처럼 라이벌보다 먼저 목적지에 도달하는 모드가 기본이며, 시간 내로 지정 위치에 차량을 정차시키는 '파킹 챌린지'와 보너스 카에 충돌시켜 점수를 버는 '스코어 어택'을 추가했다.

사일런트 스코프

Dreamcast
코나미 STG 2000년 10월 12일 오픈 프라이스
부들부들 팩 지원

1 | 20- | NET | VGA

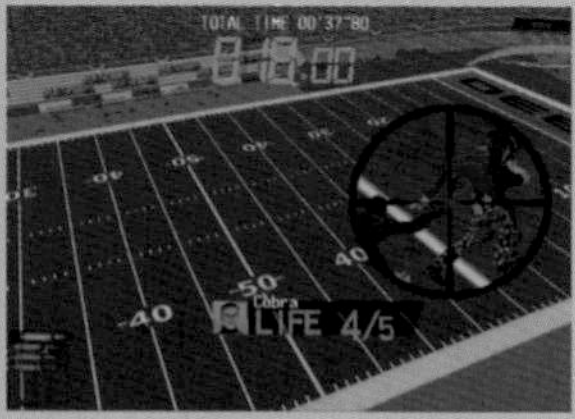

초일류 스나이퍼가 되어, 제한시간 내에 모든 테러리스트를 제압해야 하는 건 슈팅 게임. 범행조직을 괴멸시키고, 납치된 대통령 일가를 구출하자. 야간조준까지 지원되는 라이플 스코프로 조준하며 표적을 찾는 '저격' 특유의 감각을 훌륭하게 재현했다.

팝픈 뮤직 4 : 어펜드 디스크

Dreamcast
코나미 SLG 2000년 10월 12일 오픈 프라이스
부들부들 팩, 아케이드 스틱, 팝픈 컨트롤러 지원

1-4 | 7- | NET | VGA

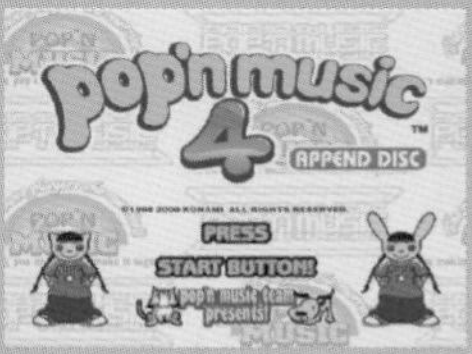

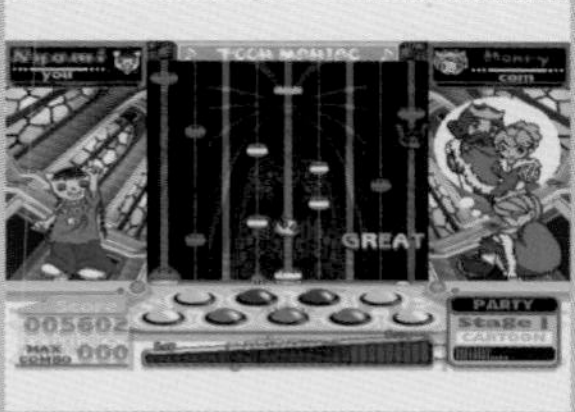

구동하려면 「팝픈 뮤직 2」가 필요한 어펜드 디스크. 아케이드판의 20곡, 가정용 오리지널 10곡, 숨겨진 곡 등까지 포함해 총 40곡 이상을 수록했다. 시리즈 자체는 이후에도 계속 이어지지만, 드림캐스트로는 이 작품이 마지막이다.

세가 마린 피싱

Dreamcast
세가 SPT 2000년 10월 19일 5,800엔
부들부들 팩, 낚시 컨트롤러 지원

1 | 4- | NET | VGA

아케이드판 원작을 이식한 낚시 게임. 액션으로 물고기가 루어를 물면, 줄의 텐션을 잘 유지해 거대 물고기를 낚아보자. 조작법을 배우는 '미니게임'과 낚은 물고기가 전시되는 '수족관', 물고기를 낚으면 이메일이 오는 '물고기 메일 피싱' 모드도 탑재했다.

1-2 플레이 가능 인원 | 99- 메모리 백업 용량 | NET 네트워크 지원 | VGA VGA 박스 지원

(역주 ※) '아토바라이(후불)'로 읽으며, 당시 세가가 시도했던 새 판매방식. 일정 지점까지만 진행되는 소프트를 염가에 판매하고, 나머지는 온라인 전자지불로 개방한다.

내플 테일 : Arsia in Daydream

Dreamcast 세가 RPG 2000년 10월 19일 5,800엔
부들부들 팩 지원

1 | 10- | NET | VGA

현실세계와 사후세계 사이에 있는 '내플 월드'가 무대인 액션 RPG. 주인공 '포치 아르시아'를 조작해, 사계절로 이루어진 과거와 미래를 모험하자. 여성층과 라이트 유저를 배려해 난이도를 의도적으로 낮췄으므로, 한 시나리오가 30분 정도면 끝난다.

열투 골프

Dreamcast 세가 SPT 2000년 10월 19일 5,800엔
부들부들 팩, 드림캐스트 키보드 지원

1-4 | 27- | NET | VGA

만화가 후지코 후지오 Ⓐ가 캐릭터 디자인을 맡은 골프 게임. 아날로그 스틱을 당겼다 놓는 간단한 조작으로, 초보자도 손쉽게 공을 칠 수 있다. 온라인 기능을 사용하면 일본 전국의 플레이어들과 4명까지 동시에 라운딩할 수 있었다.

시드니 2000

Dreamcast 캡콤 SPT 2000년 10월 26일 5,800엔
아케이드 스틱 지원

1-4 | 74- | NET | VGA

2000년 개최되었던 시드니 올림픽의 유일한 공식 게임. 12개 종목을 수록했으며, 조작이 간단해 누구나 즐길 수 있다. 원하는 경기를 선택해 플레이하는 '아케이드', 연습 모드인 '프랙티스', 선수를 육성하는 '올림픽' 모드를 탑재했다.

죠죠의 기묘한 모험 : 미래를 위한 유산 for Matching Service

Dreamcast 캡콤 ACT 2000년 10월 26일 3,800엔
부들부들 팩, 아케이드 스틱, 드림캐스트 키보드 지원

1-2 | 4- | NET | VGA

'죠죠의 기묘한 모험' 제 3부를 소재로 삼은, 1999년 11월 발매했던 아케이드용 대전격투 게임 이식작(69p)의 통신대전 지원판. 말 그대로 온라인 대전 기능을 추가했으며, 일부 버그도 수정했고 VGA 박스를 지원하도록 사양도 변경했다.

네오 골든 로그레스

Dreamcast 석세스 SLG 2000년 10월 26일 3,800엔

1 | 4- | NET | VGA

PC 및 플레이스테이션으로 발매했던 핀볼 게임의 이식작. 아더왕 전설을 모티브로 삼은 '카멜롯'·'랜즈 엔드'·'피셔 킹'을 수록했다. 원작은 각 기기를 적절히 전환하며 플레이하는 식이었으나, 이 작품은 기기별로 독립 플레이하는 형태로 바뀌었다.

헤이세이 마작장

Dreamcast 마이크로네트 TBL 2000년 10월 26일 5,800엔
드림캐스트 키보드, 마이크 디바이스 지원

1-4 | 11- | NET | VGA

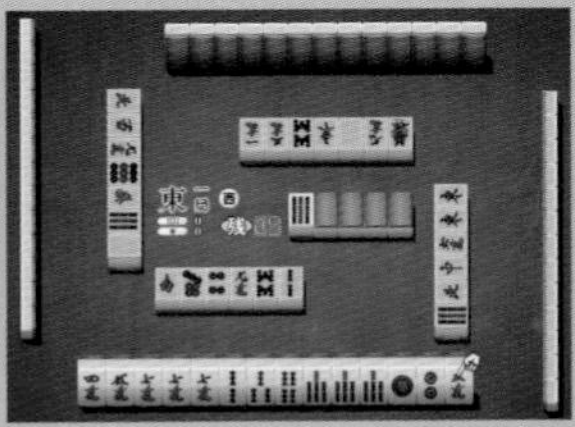

인터넷을 통해 일본프로마작연맹의 단위 인정을 받을 수 있었던 마작 소프트. CPU 대전보다 대인전 마작이 중심인 작품으로서, 당시 전용 서버 '헤이세이 마작 섬'을 통해 4인 대국 온라인 마작은 물론 정기적으로 '인정시험'·'전국마작대회'도 개최했다.

모여라! 빙글빙글 온천 BB

Dreamcast 세가 TBL 2000년 10월 31일 2,800엔
부들부들 팩, 드림캐스트 키보드 지원 / 브로드밴드 어댑터 필수

1-4 | 62- | NET | VGA

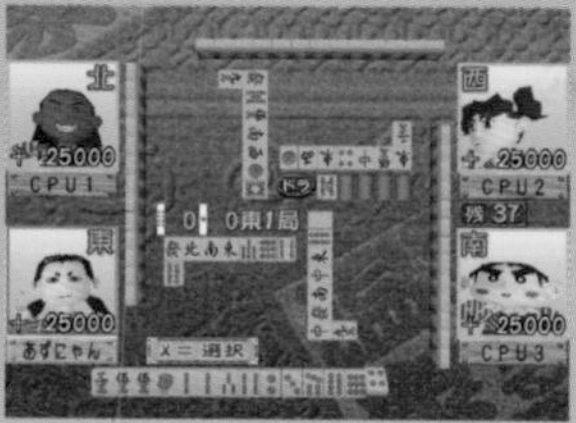

1999년 발매했던 「모여라! 빙글빙글 온천」(64p)의 브로드밴드 어댑터 전용 버전. 당시에는 인터넷 접속이 아직 전화선 위주여서 브로드밴드 어댑터가 나오긴 했어도 구작 중에 지원 소프트가 없었기에, 이 작품이 최초의 어댑터 지원 소프트다.

L.O.L. : LACK OF LOVE

Dreamcast 아스키 RPG 2000년 11월 2일 6,800엔

1 | 9- | NET | VGA

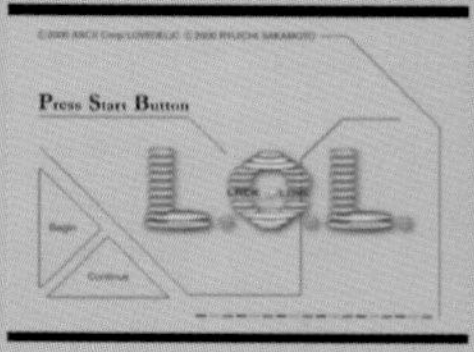

니혼 텔레네트에서 「천사의 시」, 스퀘어에서 「슈퍼 마리오 RPG」를 제작했던 니시 켄이치가, 남코에서 「마인드시커」를 제작했던 스즈키 히로시와 함께 제작한 RPG. 행성개발 로봇과 원주생물 간의 진화와 공생의 스토리다. 음악은 사카모토 류이치가 맡았다.

제트코스터 드림 2

Dreamcast 빔보소프트 SLG 2000년 11월 2일 5,800엔
부들부들 팩 지원

1 | 28- | NET | VGA

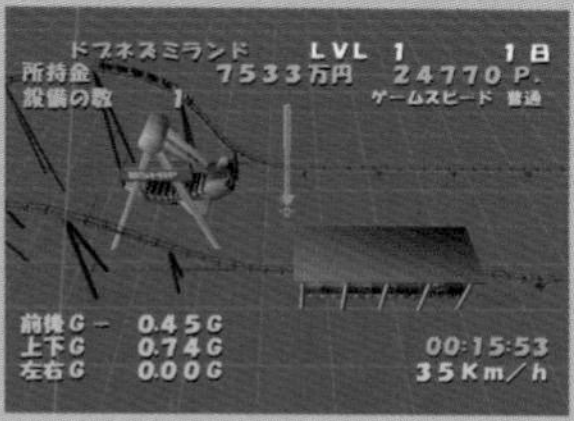

전작(71p)의 제트코스터 제작에 새로이 테마파크 경영 시스템을 추가했으며, 테마파크 내를 산책할 수도 있게 되었다. 코스터 제작 시 '왕복형'이 추가되었고, 테스트 주행시 스릴 평가의 척도가 되는 고객 반응도 실시간으로 표시되도록 개선했다.

드림스튜디오

Dreamcast 세가 ETC 2000년 11월 9일 6,800엔
부들부들 팩, 드림캐스트 키보드 지원

1 | 6- | NET | VGA

「RPG 만들기」를 제작했던 공상과학 사와 넥스테크 사가 개발한 3D 어드벤처 게임 개발 툴. 일본에서는 온라인상에서 유저들이 이 툴로 개발한 작품을 발표하며 다양한 테크닉을 활발히 공유하여, 뛰어난 아마추어 RPG·시뮬레이션 게임이 다수 배출되었다.

트리콜로르 크라이시스

Dreamcast 빅터 인터랙티브 소프트웨어 RPG 2000년 11월 9일
5,800엔 부들부들 팩 지원

1 | 16- | NET | VGA

세 소녀들의 활약을 귀엽게 그려낸 RPG. 3인 1조로 팀을 구성한 주인공 일행이 모든 마법사들이 동경하는 '탑의 주인'을 목표로 삼고, 시험관이 낸 과제들을 차례로 해결해 간다는 스토리다. 아이템 합성과 동료 소환 등, 독자적인 시스템을 탑재했다.

마즈 매트릭스

Dreamcast 캡콤 STG 2000년 11월 9일 5,800엔
부들부들 팩, 아케이드 스틱 지원

1-2 | 7- | NET | VGA

아케이드용 탄막 슈팅 게임의 이식판. 4종류의 공격이 원 버튼으로 발동되는 것이 특징이며, 적탄을 흡수해 단숨에 되쏘는 공격 '모스키토'의 활용법이 공략의 핵심이다. DC판은 카운터 스톱 방지책으로 스코어 자릿수를 늘렸고, 어레인지 모드도 추가했다.

1-2 플레이 가능 인원 | 99- 메모리 백업 용량 | NET 네트워크 지원 | VGA VGA 박스 지원

HARDWARE 1998 1999 2000 2001 2002 2003 2004 2005 2006 2007 OVERSEA INDEX

마리오넷 핸들러 2

Dreamcast

마이크로네트 SLG 2000년 11월 9일 5,800엔
마이크 디바이스 지원

1 | 46- | NET | VGA

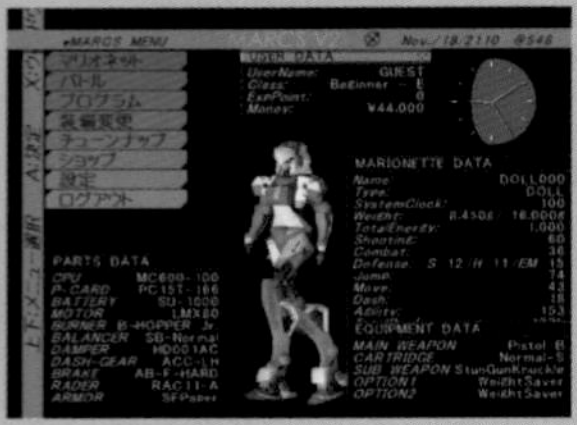

1999년 발매되었던 「마리오넷 핸들러」(62p)의 속편. 행동 프로그램을 마음대로 조합하여 상대와 대결하는 로봇 대전 시뮬레이션 게임이다. 선택 가능한 총 200종류의 무기·파츠는 튠업을 거쳐 더욱 강화시킬 수 있다.

에어로 댄싱 F : 토도로키 츠바사의 첫 비행

Dreamcast

CSK 종합연구소 ETC 2000년 11월 16일 3,800엔
부들부들 팩, 드림캐스트 키보드, ASCII 미션 스틱 지원

1 | 9- | NET | VGA

「에어로 댄싱 F」(80p)의 팬 디스크. 토도로키 대장의 딸 '토도로키 츠바사'(16세)가 내비게이터이며, 170종의 리플레이집과 추가 기체, 특별 데이터를 수록했다. 네트워크 대전도 지원해, 동시 접속한 다른 유저와 공중전을 즐길 수도 있었다.

바이오하자드 3 : LAST ESCAPE

Dreamcast

캡콤 AVG 2000년 11월 16일 5,800엔 부들부들 팩, 드림캐스트 키보드 지원

1 | 12- | NET | VGA

▲ 1999년 발매했던 3편의 이식판. 작중 시간대는 2편과 거의 동시로서, 질의 시점에서 사건을 그렸다. 후일의 「~아웃브레이크」 시리즈와도 연관성이 있다.

플레이스테이션으로 발매된 시리즈 3편의 이식판. 1편의 주인공 중 하나였던 질 밸런타인이 활약하는 서바이벌 호러 게임이다. 라쿤 시티에 만연한 좀비들을 물리치고, '추적자' 네메시스-T타입에게서 도망치자. 기존작의 공포에 더해, 압도적으로 강한 '추적자'와 '라이브 셀렉션' 등의 추가 요소를 탑재해 유저에게 새로운 공포를 제공한다. DC판은 일본판 '오리지널 모드'와 서양판 '어레인지 모드' 중에서 모드를 선택 가능하고, 질의 코스튬도 추가됐다.

요정전설 : end of the century

Dreamcast

NEC 인터채널 SLG 2000년 11월 16일 6,800엔

1 | 4- | NET | VGA

PC-9801용 게임이 원작인 작품의 속편. 연금술사가 되어 호문쿨루스를 육성하여, 버추얼 크리스탈 세계를 탐색시키는 시스템이다. 일러스트레이터를 원작의 나카무라 히로후미가 맡았고, 우루시하라 사토시·호리베 히데로·야마시타 이쿠토 등이 게스트로 참가했다.

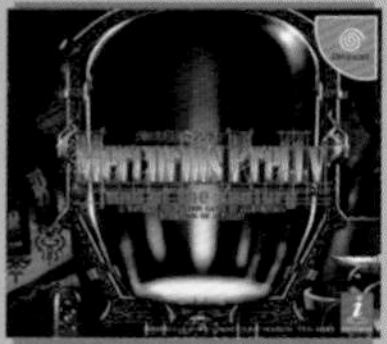

F1 월드 그랑프리 II for Dreamcast

Dreamcast

비디오 시스템 RCG 2000년 11월 22일 5,800엔
부들부들 팩, 레이싱 컨트롤러 지원

1-2 | 54- | NET | VGA

1999년 발매했던 「F1 월드 그랑프리」의 속편. FIA의 공식 라이선스를 받은 소프트로서, 팀·드라이버가 전부 실명으로 등장한다. 초보자용으로 조작계 서포트 기능을 탑재했으며, 2P 모드에서는 가로나 세로로 화면을 2분할시켜 플레이할 수 있다.

세가 테트리스

Dreamcast 세가 PZL 2000년 11월 23일 2,800엔
부들부들 팩, 아케이드 스틱, 드림캐스트 키보드, 대전 케이블 지원

1-2 | 5 | NET | VGA

블록을 빈틈없이 쌓아 없애가는 퍼즐 게임. 끝없이 진행되는 1인용 모드는 물론이고 일반적인 대전, 인터넷 대전, 케이블 대전도 지원한다. 화면 중앙의 캐릭터는 미니게임 'UFO 캐처'로 추가할 수 있다. 발매 1주년을 맞았을 때는 온라인 대회도 개최했다.

파워 스매시

Dreamcast 세가 SPT 2000년 11월 23일 5,800엔
부들부들 팩, 아케이드 스틱, 드림캐스트 키보드 지원

1-4 | 2 | NET | VGA

풀 폴리곤 그래픽의 3D 테니스 게임. 짐 쿠리어 등의 실존 프로 테니스 선수 8명이 등장하며, 리얼한 모션과 심플한 조작으로 테니스를 즐길 수 있다. DC판에서는 새로이 복식 모드가 추가되어, 최대 4명까지의 동시 플레이도 가능해졌다.

퀴즈 오! 나의 여신님 : 싸우는 날개와 함께

Dreamcast 세가 ETC 2000년 11월 30일 5,800엔
아케이드 스틱 지원

1-2 | 11 | NET | VGA

인기 만화 '오! 나의 여신님'이 원작인 퀴즈 게임. 아케이드용 게임의 이식작이다. 결계로 뒤덮인 묘실공과대학교가 무대로서, 여신들이 출제하는 퀴즈를 잘 맞혀 마법석을 회수하자. 선택한 여신에 따라 게임의 전개도 달라진다.

CHARGE'N BLAST

Dreamcast 심스 STG 2000년 12월 7일 4,800엔
부들부들 팩 지원

1-2 | 5- | NET | VGA

중화기를 퍼부어 우주생물을 섬멸하는 액션 슈팅 게임. 무기가 다른 3명의 캐릭터 중 하나를 선택해 우주생물을 물리치자. L 트리거와 R 트리거로 좌우 이동하며, 아날로그 스틱으로 조준한다. 대미지를 받다 보면 장갑이 조금씩 벗겨진다.

청의 6호 : 세월부대인(歳月不待人) TIME AND TIDE

Dreamcast 세가 AVG 2000년 12월 7일 5,800엔 부들부들 팩 지원

1 | 41- | NET | VGA

▲ 원작은 세계 최초의 풀 디지털 애니메이션. 당시에도 드물었던 테마인 해양탐색 위주의 작품이다. 위기를 어떻게 벗어날지는 플레이어의 판단에 달렸다.

1998~2000년에 발매했던 OVA '청의 6호'를 게임화했다. OVA의 프리퀠로서, 원작의 주인공인 하야미 테츠의 과거에 초점을 맞춘 스토리다. 시스템은 정보를 수집하고 의뢰를 받는 '어드벤처 모드'와 소형함을 조종하는 '샐비지 모드'로 나뉘며, 주 목적은 의뢰품 탐색이다. 바다 속에는 돌연변이화된 해양생물들이 출몰하므로 전투로 물리쳐야 한다. 뛰어난 자유도가 특징이며, 게임 곳곳에서 GONZO가 제작한 애니메이션 동영상도 나온다.

불타라! 저스티스 학원

Dreamcast

캡콤 ACT 2000년 12월 7일 5,800엔
부들부들 팩, 아케이드 스틱, 드림캐스트 키보드 지원

1-4 | 2- | NET | VGA

「사립 저스티스 학원」 시리즈의 제 2탄. 전작의 페어 대결에서 캐릭터 3명을 선택하는 트리오 대결로 바뀌었으며, '정의와 용기의 쓰리 플라톤' 등의 화려한 동시공격도 가능해졌다. DC판에서는 보드 게임 형식인 '불타라! 열혈청춘일기'도 즐길 수 있다.

엘도라도 게이트 : 제 2권

Dreamcast

캡콤 RPG 2000년 12월 12일 2,800엔
드림캐스트 키보드 지원

1 | 16- | NET | VGA

아마노 요시타카가 캐릭터 디자인을 맡은, 격월 발매형 '연작 유닛 RPG' 시리즈. 귀신의 혼을 계승한 주인공 일행을 그린 총 18화 규모의 RPG로서, 그중 제 4~6화를 수록했다. 수인 바드의 복수담을 비롯한 각 캐릭터별 스토리를 즐길 수 있다.

길티기어 젝스

Dreamcast

사미 ACT 2000년 12월 14일 5,800엔 부들부들 팩, 아케이드 스틱, 드림캐스트 키보드 지원

1-2 | 10- | NET | VGA

▲ 플레이스테이션으로 발매되었던 「길티기어」의 속편. 전작에서 호평받았던 호쾌한 게임 시스템을 발전시켰으면서도, 그래픽 등이 더욱 진화되었다.

같은 제목 아케이드용 게임의 이식판. 1998년 발매했던 대전격투 게임 「길티기어」의 속편이다. 전작의 호쾌함은 유지하면서도, 텐션 게이지 절반을 소비해 온갖 공격을 캔슬하는 '로망 캔슬'을 새롭게 탑재해 대전의 자유도를 크게 향상시켰다. 드림캐스트판은 거의 완벽에 가까운 이식도를 자랑하며, 오리지널 모드로서 게임 밸런스를 전작풍으로 조정한 'GG 모드'와, 체력이 바닥날 때까지 계속 등장하는 적과 싸우는 '서바이벌 모드'를 추가했다.

삼바 DE 아미고 Ver.2000

Dreamcast

세가 ACT 2000년 12월 14일 5,800엔
드림캐스트 마라카스 컨트롤러 지원

1-2 | 17- | NET | VGA

아케이드판과 거의 동시기에 발매된, 시리즈 제 2탄. 전작보다 수록곡이 늘어났으며, 정해진 조건을 달성하며 진행하는 '챌린지 모드'와 원하는 곡을 연습할 수 있는 '트레이닝 모드' 등을 새로 추가하였다. 새로운 형식의 미니게임도 수록했다.

데지코의 마이 브라우저

Dreamcast

세가 ETC 2000년 12월 14일 2,480엔

1 | 6- | NET | VGA

드림캐스트 전용 브라우저 「드림 패스포트 3」의 디자인을 애니메이션 '디지캐럿' 스타일로 바꾼 소프트. 오프라인 상태라도 캐릭터와 대화를 즐길 수 있는 '데지코 토~크' 모드를 수록했다. 넷서핑 이력 등으로 유저의 취향을 판단해 맞춤형 대화를 해준다.

넷파치 Ⅳ @VPACHI : CR 아아!! 꽃의 응원단 3

Dreamcast
다이코쿠 전기　TBL　2000년 12월 14일　4,800엔

1 | 10- | NET | VGA

온라인 대회에 참가할 수 있었던 네트워크 파친코 게임의 제 4탄. 연속 잭팟이 발생하면 실제로 경품을 주었다. 'CR 아아!! 꽃의 응원단 3'를 수록했으며, 드림 패스포트를 이용하면 'CR 아아!! 꽃의 응원단 3'의 공략정보도 볼 수 있었다.

넷파치 Ⅴ @VPACHI : CR 몬스터 하우스

Dreamcast
다이코쿠 전기　TBL　2000년 12월 14일　4,800엔

1 | 10- | NET | VGA

네트워크 파친코 게임의 제 5탄. 24시간 플레이할 수 있는 네트워크 파친코 대회에 참가하여 언제든 경품 획득에 도전할 수 있었다. 드림 패스포트를 이용하면 볼 수 있었던 온라인 정보에, 업소 데이터 분석도 추가했다.

건스파이크

Dreamcast
캡콤　STG　2000년 12월 21일　5,800엔
부들부들 팩, 아케이드 스틱 지원

1-2 | 8- | NET | VGA

사이쿄와 캡콤이 공동 개발한 3D 액션 슈팅 게임. 모터 부츠를 장비한 특수부대가 스피디한 공격으로 거대범죄조직과 싸워나간다. 사용 가능 캐릭터 중 대부분이, 역대 캡콤 작품들의 인기 캐릭터를 모티브로 삼은 디자인이다.

사커츠쿠 특대호 : J.LEAGUE 프로 사커 클럽을 만들자!

Dreamcast
세가　SLG　2000년 12월 21일　5,800엔
드림캐스트 키보드 지원

1 | 132- | NET | VGA

전작(65p)을 기반으로, J2 신규 참가 팀 및 선수들의 데이터를 최신판으로 갱신한 시뮬레이션 게임. 새틀라이트(2군) 개념을 도입해, 클럽에 재적시킬 수 있는 선수 수를 늘렸다. 네트워크 기능도 강화해, 선수 데이터 교환 및 랭킹 등이 충실해졌다.

탐정신사 DASH!

Dreamcast
아벨　AVG　2000년 12월 21일　6,800엔

1 | 9- | NET | VGA

▲ 『이브 버스트 에러』의 기획자인 칸노 히로유키가 제작한 어드벤처 게임. 성우·원화가·설정 등에서 해당 작품과의 느슨한 연관성이 엿보인다.

2000년 발매되었던 성인용 PC 게임의 이식판. 가정용 이식에 걸림돌이 되는 장면을 삭제한 대신, 유명 성우의 음성연기와 이벤트를 추가하는 등 대폭 리뉴얼했다. 국제 탐정조직 '아이들라'에 소속된 탐정 '아교 소마'가 되어 괴사건에 도전하자. 주인공의 모든 행동에 소요시간을 설정한 '리미트 시스템'이 게임의 특징이다. 여러 의뢰를 받아 동시 수사할 수도 있으나, 의뢰별로 시간제한이 걸리고 특정 시간이나 장소에서만 발생하는 이벤트도 있어 난이도가 높다.

소닉 셔플

Dreamcast 세가 TBL 2000년 12월 21일 5,800엔

1-4 | 4 | NET | VGA

「소닉」 시리즈 중에서는 꽤나 드문 장르인 보드 게임. 주어진 카드로 칸을 전진해, 다양한 조건을 충족하면 받게 되는 엠블렘을 많이 모으는 것이 목적이다. 최대 4명까지 동시 플레이가 가능하며, 이벤트로 발생하는 다양한 미니게임이 최대의 특징이다.

데이토나 USA 2001

Dreamcast 세가 RCG 2000년 12월 21일 5,800엔
부들부들 팩, 드림캐스트 키보드, 레이싱 컨트롤러 지원

1-2 | 24- | NET | VGA

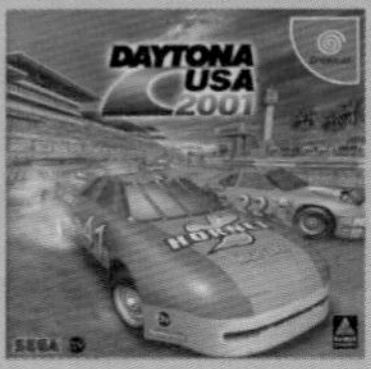

아케이드판 초대 「데이토나 USA」를, 「수도고 배틀」의 개발사인 겐키가 이식했다. 오리지널 코스가 추가되었고, 인터넷을 통한 통신대전과 주행 데이터 업로드 기능도 넣었다. 원작에 비해 차체가 잘 미끄러지는 등의 차이점도 존재한다.

Never7 : the end of infinity

Dreamcast 키드 AVG 2000년 12월 21일 6,800엔 부들부들 팩 지원

1 | 20- | NET | VGA

▲ 플레이스테이션과 네오지오 포켓으로 발매했던 「인피니티」의 완전판. 진정한 완결편 '이즈미 큐어'를 TV 화면으로 제대로 만끽할 수 있다.

PS판 「인피니티」의 모든 스토리와, 네오지오 포켓판 「인피니티 큐어」의 보완 스토리를 결합시킨 완전판. 「인피니티 큐어」의 내용에 맞춰 일부 스토리를 개정했다. 연애물이 많은 미소녀 어드벤처 장르에 루프물과 SF 요소를 첨가해 미스터리성을 강화시킨 게임이다. 특징은 '이즈미 큐어' 루트의 탑재로서, 「인피니티」의 최종 시나리오를 SF적으로 치밀하게 검증해 스토리를 남김없이 해명해줌은 물론, 다른 루트까지 아우르는 트릭과 놀라움, 카타르시스까지도 선사한다.

도쿄 버스 안내 : 미인 버스 가이드 동승 팩

Dreamcast 포티파이브 SLG 2000년 12월 21일 5,800엔
부들부들 팩, 레이싱 컨트롤러 지원

1 | 3- | NET | VGA

게이머들은 물론이고 도쿄 버스의 팬들까지도 사로잡아, 드림캐스트판이 아케이드로 역이식까지 되었던 「도쿄 버스 안내」의 히트 감사 기념판. 여성 버스 가이드가 각 코스를 안내해주는 동영상을 수록한 '버스 가이드 디스크'를 추가했다.

막말낭만 제 2막 월화의 검사 : Final edition

Dreamcast SNK ACT 2000년 12월 21일 5,800엔
부들부들 팩, 아케이드 스틱 지원

1-2 | 3- | NET | VGA

막부 말기를 무대로, 검사들이 싸우는 대전 격투 게임. DC판에서는 검질 '극'을 처음부터 사용할 수 있으며, 아트 갤러리·데모 뷰어 등의 감상 모드도 풍성하다. 숨겨진 요소로서, 등장 캐릭터들을 도안 모티브로 삼은 화투 게임도 즐길 수 있다.

판타지 스타 온라인

Dreamcast 세가 RPG 2000년 12월 21일 6,800엔 부들부들 팩, 드림캐스트 키보드 지원 / 비주얼 메모리 혹은 메모리 카드 필수

1 | 45- | NET | VGA

▲ 일본에 온라인 RPG의 재미를 대중화시킨 타이틀. 일본에서 이 장르의 게임으로는 최초로 성공한 작품으로서, 속편은 현재도 서비스가 지속되고 있다.

제 5회 일본게임대상 수상작. 가정용 게임기의 온라인 RPG로는 일본에서 최초로 성공한 타이틀이다. SF와 판타지를 융합한 세계관으로서, 스토리상 과거 시리즈와의 밀접한 연관성은 없다. '에피소드 1'이란 이름의 스테이지를 수록했으며, 최종 스테이지의 보스 '다크 팔스'를 물리치면 적이 더욱 강해지는 고난이도 스테이지(하드·베리 하드)에 도전할 수 있다. 전반적으로 초보자~중급자 기준의 난이도로서, 싱글로 플레이해도 충분히 재미있는 것이 특징이었다.

배스 러시 드림 : ECOGEAR PowerWorm Championship

Dreamcast 비스코 SLG 2000년 12월 21일 5,800엔 부들부들 팩, 낚시 컨트롤러 지원

1 | 11- | NET | VGA

닌텐도 64로 발매했던 같은 제목의 타이틀을 업그레이드 이식한 작품. 조건을 자유롭게 설정할 수 있는 '프리 피싱 모드'와 '토너먼트 모드' 2종류의 게임 모드를 탑재했다. 실존 루어 브랜드 '에코기어'의 허가를 받아, 대표상품 '파워웜'을 충실히 재현했다.

슈퍼 스트리트 파이터 IIX for Matching Service

Dreamcast 캡콤 ACT 2000년 12월 22일 4,800엔 부들부들 팩, 아케이드 스틱, 드림캐스트 키보드 지원

1-2 | 3- | NET | VGA

'스파 II' 시리즈의 결정판에 네트워크 대전 기능을 추가한 이식작. DC판에서는 숨겨진 캐릭터 '진 고우키'는 물론, 순옥살을 사용하는 '멸 고우키'도 사용할 수 있다. 라운드 수, 게임 스피드, 슈퍼 콤보 게이지의 라운드 공유 등 자잘한 대전 설정도 가능하다.

카드캡터 체리 : 지수의 비디오 대작전

Dreamcast 세가 ETC 2000년 12월 28일 5,800엔

1 | 48- | NET | VGA

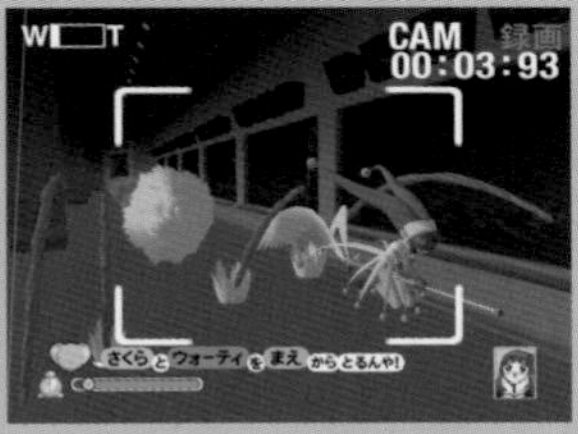

인기 애니메이션(원제는 「카드캡터 사쿠라」)의 게임판. 원작의 명장면이 3D로 재현되니, 체리가 활약하는 모습을 지시에 맞춰 촬영해보자. 특정 조건을 충족시키면 플레이할 수 있는 미니게임과, 비주얼 메모리에 다운로드하여 즐기는 게임도 있다.

사쿠라대전 : 키네마트론 화조 메일

Dreamcast 세가 ETC 2000년 12월 28일 2,800엔 드림캐스트 키보드 지원

1 | 6- | NET | VGA

「사쿠라대전」 시리즈에 등장하는 통신기 '키네마트론'이 모티브인 이메일 소프트. 화조 멤버가 디자인된 스탬프·편지지를 각각 60종류 이상 수록하였다. 텍스트 한정이긴 하나, 일반 PC나 휴대폰과도 이메일 교환이 가능하다.

1-2 플레이 가능 인원 | 99- 메모리 백업 용량 | NET 네트워크 지원 | VGA VGA 박스 지원

2001

Dreamcast Software All Catalogue

2001년에 발매된 드림캐스트용 소프트 수는 120개 타이틀이다. 상반기까지는 비교적 원활히 소프트가 공급되었지만, 1월 30일 세가가 드림캐스트 생산중지 및 하드웨어 사업 철수를 발표한 것이 큰 영향을 끼쳐, 이미 개발 도중이던 타이틀을 제외한 여타 발매예정작들이 타사 게임기로 플랫폼을 재빨리 옮겨가는 사례가 늘어갔다.

이렇듯 혼란스러운 상황이었음에도 「사쿠라대전 3 : 파리는 불타고 있는가」·「소닉 어드벤처 2」·「쉔무 Ⅱ」 등의 대작들은 안정적인 판매량을 기록했으며, 「세가가가」처럼 곤경에 처한 세가를 상징하는 듯한 작품까지도 발매되는 등, 화제가 만발했던 한 해라 하겠다. 또한, 작년의 「Kanon」을 기점으로 PC용 미소녀 게임의 이식작이 본격적으로 늘어난 것도 이 해부터다.

데 라 젯 셋 라디오

Dreamcast
세가 ACT 2001년 1월 1일 5,800엔
부들부들 팩 지원

1 | 4- | NET | VGA

스케이트 슈즈로 도시를 주파하며 그래피티를 그리는 「젯 셋 라디오」(88p)의 디럭스판. 통신판매 한정으로 T셔츠 동봉판도 판매했다. 이 버전에서는 신규 스테이지인 '아메리칸 스테이지'와, 초보자를 위한 '프랙티스 모드' 및 '사운드 모드'를 추가했다.

기가 윙 2

Dreamcast
캡콤 STG 2001년 1월 18일 5,800엔
아케이드 스틱, 부들부들 팩, 드림캐스트 키보드 지원

1-4 | 19- | NET | VGA

대량의 탄막을 반사해내는 시스템이 매력인 시리즈의 제 2탄. '리플렉트 레이저'란 배리어 시스템을 새로 선택 가능해졌으며, '아이템 볼카논'이란 배율 아이템의 증식 현상 덕에 천문학적 단위로 점수를 벌 수 있다. DC판은 최대 4인 동시 플레이도 가능해졌다.

초강전기 키카이오 for Matching Service

Dreamcast
캡콤 ACT 2001년 1월 18일 3,800엔
아케이드 스틱, 부들부들 팩, 드림캐스트 키보드 지원

1-2 | 3- | NET | VGA

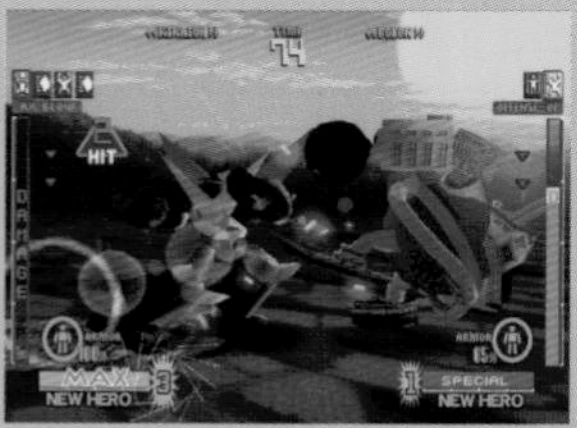

2000년 발매했던, 거대 로봇들이 1 : 1로 대전하는 3D 대전격투 게임 「초강전기 키카이오」에 네트워크 경유로 대전할 수 있도록 한 기능을 추가한 버전. 자잘한 수정이 가해졌지만, 게임 내용 자체는 오리지널판과 동일하다.

파이팅 바이퍼즈 2

Dreamcast
세가 ACT 2001년 1월 18일 5,800엔
부들부들 팩, 아케이드 스틱 지원

1-2 | 11- | NET | VGA

아머를 장비한 파이터들이 싸우는 3D 대전격투 게임의 제 2탄. 테크 가드와 하단 가드&어택의 추가로 공방의 폭이 넓어졌으며, 한 방에 2라운드를 따낼 수 있는 '슈퍼 KO' 등의 신규 시스템도 채용했다. 신 캐릭터도 3명 추가되었다.

얼티밋 파이팅 챔피언십

Dreamcast 캡콤 ACT 2001년 1월 25일 5,800엔
아케이드 스틱, 부들부들 팩 지원

1-2 | 4- | NET | VGA

종합격투기단체 'UFC'를 소재로 삼은 격투 액션 게임. 마크 콜먼·가이 메츠거 등의 실존하는 인기 선수 22명이 등장하며, 오리지널 선수도 만들 수 있다. 게임 모드로는 UFC 모드, 토너먼트, 챔피언십 등을 탑재했다.

에코 더 돌핀 : DEFENDER OF THE FUTURE

Dreamcast 세가 AVG 2001년 1월 25일 5,800엔
부들부들 팩 지원

1 | 8- | NET | VGA

돌고래가 되어 드넓은 바다를 탐색하는, 퍼즐 요소가 강한 어드벤처 게임. 메가 드라이브용 게임 「에코 더 돌핀」의 속편으로서, 그래픽을 3D화해 대폭 진화시켰다. 산소 부족이 되지 않도록 에어 미터를 잘 관리하며, 돌고래로 목적지까지 도착하자.

골프하자 2 : 새로운 도전

Dreamcast 소프트맥스 SPT 2001년 1월 25일 5,800엔
부들부들 팩, 드림캐스트 키보드 지원

1-4 | 29- | NET | VGA

브리지스톤 사의 실존 볼·클럽으로 플레이할 수 있는 골프 게임. 신규 캐릭터는 물론 통신대전 기능까지 추가해, 일본 전국의 플레이어와 실력을 겨룰 수 있게 되었다. 세계 7개국을 누비는 '월드 투어'와 '타임 어택' 등의 게임 모드가 있다.

나는 도라에몽

Dreamcast 세가 토이즈 AVG 2001년 1월 25일 5,800엔

1 | 5- | NET | VGA

도라에몽이 되어, 진구를 이슬이와 결혼하는 미래로 이끄는 어드벤처 게임. 진구와 대화하고, 적절한 비밀도구를 꺼내 도와주자. 애니메이션 기반의 각 시나리오를 플레이한 결과, '성공'이 많으면 이슬이와, '실패'가 많으면 퉁순이와 결혼하는 미래가 온다.

더 심리 게임

Dreamcast 비지트 ETC 2001년 2월 1일 4,800엔

1-4 | 7- | NET | VGA

다양한 모드를 제공하는 심리 게임. 질문에 대답하여 자신의 심층심리를 분석하는 '당신이라면 어떻게?'를 비롯해 상성진단, 음성심리 게임, 셀프 모니터링, 문장작성 진단 등을 수록했다. 대전 게임과 인터넷 설문조사 모드도 있다.

엘도라도 게이트 : 제 3권

Dreamcast 캡콤 RPG 2001년 2월 2일 2,800엔
드림캐스트 키보드 지원

1 | 16- | NET | VGA

아마노 요시타카가 캐릭터 디자인을 담당한 연작 RPG 시리즈의 제 3탄. 전체 스토리 중 제 7~8화를 수록했다. 제 7화는 카난을 비롯해 이미 등장한 동료들이 활약하는 내용으로서, 수몰 위기에 몰려있는 물의 도시 '바니스'에서 스토리가 펼쳐진다.

헌드레드 소드 : @barai판

Dreamcast 세가 SLG 2001년 2월 8일 980엔
부들부들 팩, 드림캐스트 키보드 지원

1 | 27- | NET | VGA

서로 다른 나라에 사는 소년 왕과 소녀 왕이 주인공인 총 6화의 시나리오로 세계관을 표현한 판타지계 실시간 전략 시뮬레이션 게임. 온라인 대전이 세일즈포인트다. @barai판은 일반판에 비해 내용 제한이 있으나, 추가요금을 지불하면 일반판과 동일해졌다.

에어로 댄싱 i

Dreamcast CSK 종합연구소 SLG 2001년 2월 15일 6,800엔
부들부들 팩, 드림캐스트 키보드, ASCII 미션 스틱, 대전 케이블 지원

1-2 | 14- | NET | VGA

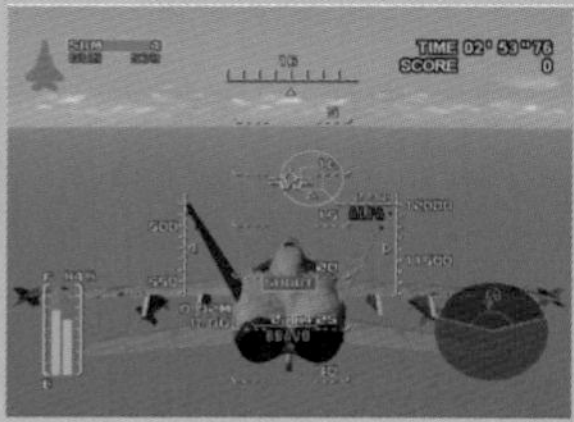

전투기의 리얼한 거동을 추구한 플라이트 시뮬레이터 시리즈의 제 3탄. 도그파이트·대지공격 등의 미션을 비롯해, 프리 플라이트·일반 대전·인터넷 대전·리플레이 감상 등의 모드를 수록했다. 조작법을 배우는 트레이닝 모드로 초보자도 배려했다.

스트리트 파이터 ZERO 3 : 사이쿄 류 도장 for Matching Service

Dreamcast 캡콤 ACT 2001년 2월 15일 3,800엔
아케이드 스틱, 부들부들 팩, 드림캐스트 키보드 지원

1-3 | 37- | NET | VGA

아케이드에서 인기였던 대전격투 게임 「스트리트 파이터 ZERO 3」의 이식작, 「스트리트 파이터 ZERO 3 : 사이쿄 류 도장」에 매칭 서비스(통신대전 기능)를 추가한 타이틀. 다만, 매칭 서비스는 종료되었기에 현재는 이용할 수 없다.

넷파치 VI @VPACHI : CR 보물 탐험대

Dreamcast 다이코쿠 전기 TBL 2001년 2월 15일 4,800엔

1 | 10- | NET | VGA

타케야 사가 2000년 출시한 인기 기종 'CR 보물 탐험대'를 재현한 파친코 시뮬레이터. 이 작품이 발매되었던 당시에는 네트워크 서비스도 지원하여, 이 소프트로 실제 경품까지도 당첨이 가능한 네트워크 파친코 대회에 반복 참가할 수 있었다.

헌드레드 소드

Dreamcast 세가 SLG 2001년 2월 15일 5,800엔
부들부들 팩, 드림캐스트 키보드 지원

1 | 27- | NET | VGA

자원을 모아 진지를 구축하고, 스킬·특수병 등을 활용해 적을 격파하는 판타지풍 실시간 전략 시뮬레이션 게임. 시나리오를 즐기는 '어드벤처', 전략을 연마하는 '미션', 최대 4명까지 동시 플레이가 가능한 '온라인', '프랙티스' 등의 모드를 수록했다.

서풍의 광시곡

Dreamcast 소프트맥스 RPG 2001년 2월 22일 5,800엔
드림캐스트 키보드 지원

1 | 40- | NET | VGA

'암굴왕'이란 별명으로도 유명한 소설 '몬테크리스토 백작'을 모티브로 삼은 중세 유럽풍 판타지 RPG. 악마숭배죄로 체포되어 오랜 감옥생활을 지낸 끝에 간신히 탈옥한 한 남자가, 자신에게 억울한 죄를 뒤집어씌운 자들에게 복수하는 스토리가 펼쳐진다.

피시 아이즈 와일드

Dreamcast
빅터 인터랙티브 소프트웨어 SPT 2001년 2월 22일
5,800엔 부들부들 팩, 낚시 컨트롤러 지원

1 | 25- | NET | VGA

실사 동영상을 활용한 낚시 게임. 일본뿐만 아니라 아마존·알래스카에서도 낚시에 도전할 수 있으며, 세계 최대급 담수어인 피라루쿠를 비롯해 도라도·노던파이크 등의 거대 물고기와도 대결해볼 수 있다. 인터넷 랭킹 등록 기능도 탑재했다.

마크로스 M3

Dreamcast
쇼에이샤 STG 2001년 2월 22일 6,800엔
부들부들 팩 지원

1 | 4- | NET | VGA

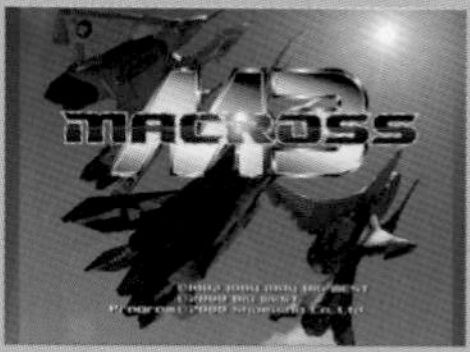

부부들로 구성된 특수부대 '댄싱 스컬'의 일원이 되어 싸우는 3D 슈팅 게임. '초시공요새 마크로스'와 '마크로스 7' 사이의 시대를 묘사한 스토리로서, 플레이어는 가변전투기를 조종해 인류와의 공존을 반대하는 젠트라디에 맞서 싸우게 된다.

파이어 프로레슬링 D

Dreamcast
스파이크 SPT 2001년 3월 1일 6,800엔
드림캐스트 마우스 지원

1-4 | 36- | NET | VGA

지금도 신작이 발매될 만큼 팬들의 지지가 두터운 인기 프로레슬링 게임 시리즈의 작품. 드림캐스트판은 그라운드에서의 공방 시스템과 장외에서 집을 수 있는 흉기, 최대 8명의 레슬러가 동시에 링 위에서 싸우는 모드 등의 신규 요소를 추가했다.

배틀 비스터

Dreamcast
스튜디오 원더 이펙트 SLG 2001년 3월 15일 5,800엔
마이크 디바이스 지원

1-2 | 23- | NET | VGA

인공생명체 '메탈 비스트' 간의 전투경기에 도전하는 시뮬레이션 게임. 팩토리를 물려받은 소년이 되어, 테이머를 고용해 다양한 비스트를 육성시켜 대회 승리를 노려보자. 배틀 시에는 플레이어의 목소리로 직접 지시하는 시스템을 채용했다.

르망 24 아워즈

Dreamcast
세가 RCG 2001년 3월 15일 5,800엔
부들부들 팩, 레이싱 컨트롤러 지원

1-4 | 32 | NET | VGA

프랑스에서 개최되는 르망 24시간 내구 레이스가 소재인 게임. 엔진음까지 재현한 40종류 이상의 머신에 탑승하여, 실존 서킷을 달려보자. 실시간으로 24시간동안 주행하는 모드도 탑재했으며, 최대 4명까지 플레이하는 내구 레이스도 구현했다.

이브 제로 완전판 : ark of the matter

Dreamcast
게임빌리지 AVG 2001년 3월 22일 7,800엔
부들부들 팩 지원

1 | 16- | NET | VGA

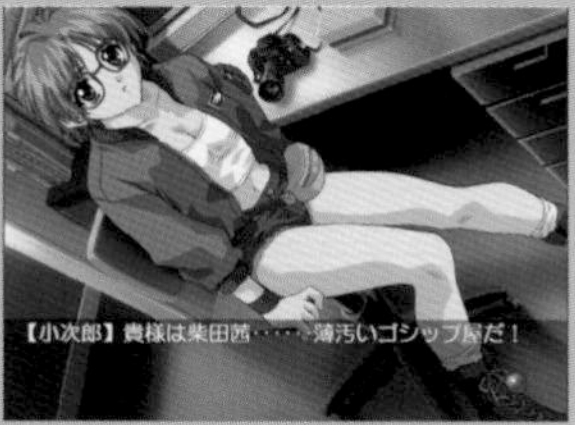

여러 시점을 전환하면서 스토리를 읽어 진행해가는 '멀티 사이트 시스템'을 도입한 어드벤처 게임. 사립탐정 '코지로'와 공안수사관 '마리나'의 시점으로 엽기 살인사건의 비밀을 밝혀내자. 초기판과는 다른 결말이 기다리는 추가 시나리오도 수록했다.

1-2 플레이 가능 인원 | 99- 메모리 백업 용량 | NET 네트워크 지원 | VGA VGA 박스 지원

사쿠라대전 3 : 파리는 불타고 있는가

Dreamcast 세가 AVG 2001년 3월 22일 7,800엔 부들부들 팩 지원 / 비주얼 메모리 혹은 메모리 카드 필수

1 | 11- | NET | VGA

▲ 어드벤처 파트는 제한시간 내에 행동을 고르는 'LIPS'에 신기능을 추가했다. 전투 파트는 3D화됐으며, 'ARMS' 시스템으로 다채로운 전투가 가능해졌다.

드라마틱 어드벤처 게임 「사쿠라대전」 시리즈의 3번째 작품. 전작까지는 세가새턴판의 이식이었지만, 이 작품은 처음부터 드림캐스트용으로 개발했다. '제국화격단'을 지휘해 제도의 위기를 두 번이나 구한 주인공 '오오가미 이치로'가 프랑스로 단신 부임해, 이번에는 '파리화격단' 대장이 되어 새로운 히로인들과 함께 싸운다. CG와 셀 애니메이션을 융합시킨 고퀄리티의 오프닝 동영상과 함께 흐르는 주제가 '깃발 아래에서'는 시리즈 전체에서도 손꼽히는 굴지의 명곡이다.

바이오하자드 CODE : Veronica 완전판

Dreamcast 캡콤 AVG 2001년 3월 22일 5,800엔 부들부들 팩 지원

1 | 11- | NET | VGA

주인공 '클레어'를 조작해 음모로 가득한 외딴섬에서 탈출하는 「바이오하자드 CODE : Veronica」(79p)에 이벤트 등의 추가 요소를 더한 타이틀. 초기판에서는 알렉시아에게 일방적으로 당하던 웨스커가 완전판에서는 제대로 맞서 싸우는 등의 차이가 있다.

하루사메 요일

Dreamcast NEC 인터채널 AVG 2001년 3월 22일 6,800엔 부들부들 팩 지원

1 | 15- | NET | VGA

고교 입학을 앞두고 숙모와 사촌누나가 있는 온천여관 '하루사메'에서 아르바이트를 시작한 소년이 주인공인 어드벤처 게임. 하루하루 일에 치이면서도, 하루사메에 모인 소녀들 사이에서 신뢰와 사랑을 키워간다. 다운로드로 추가 시나리오도 제공했다.

파워 제트 레이싱 2001

Dreamcast CSK 종합연구소 RCG 2001년 3월 22일 5,800엔 부들부들 팩 지원

1-2 | 8- | NET | VGA

제트스키로 수면을 달리는 레이싱 게임. 일반 레이스는 물론 뛰어난 조종기술을 요구하는 미니게임도 수록하여, 폭포에서의 장거리 점프, 벌룬 어택, 연속 배럴 롤 도전 등의 과제를 클리어하면서 조작법도 배울 수 있도록 했다.

월드 시리즈 베이스볼 2K1

Dreamcast 세가 SPT 2001년 3월 22일 6,800엔

1-2 | 120- | NET | VGA

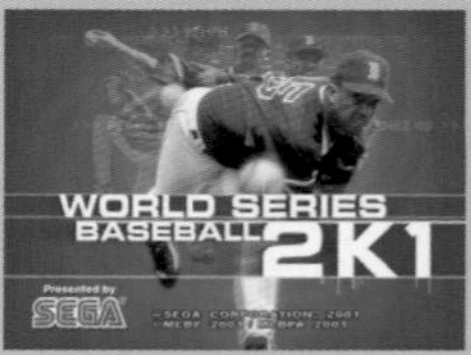

메이저리그를 소재로 삼은 3D 야구 게임. 특유의 몸짓과 버릇까지 재현한 실존 메이저리그 선수들 및 팀이 등장하여, 스타디움에서 뜨거운 시합을 펼친다. 엑시비션을 비롯해 시즌·플레이오프 등의 게임 모드를 탑재했다.

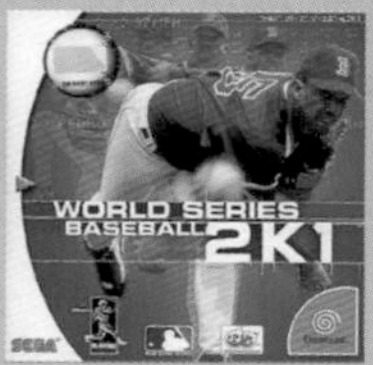

일블리드

Dreamcast 세가 ACT 2001년 3월 29일 5,800엔 부들부들 팩 지원

1 | 7- | NET | VGA

▲3D로 표현된 유령의 집을 탐색하는 호러풍 어드벤처 게임. 순수한 공포물에 그치지 않고, 개그와 황당무계한 전개까지도 펼쳐진다.

영화 프로듀서인 마이클 레이놀즈가 제작한 호러 어트랙션 '일블리드'에 도전하자. 일블리드는 유령의 집 7채로 구성된 시설로서, 살아나오면 1억 달러를 받지만 실패하면 죽음뿐이라는 가혹한 게임이다. 캐릭터별로 심박수·체력 수치가 설정돼 있어, 한쪽이 일정 수치에 도달하면 죽고 만다. 유령의 집 내에서는 시각·청각 센서 등을 참고삼아 함정을 잘 회피하여 넘어가야 한다. 진행 도중엔 여러 유명 공포영화의 패러디도 한가득 나온다.

NFL 2K1

Dreamcast 세가 SPT 2001년 3월 29일 5,800엔
드림캐스트 키보드 지원

1-4 | 180- | NET | VGA

미국의 인기 스포츠인 미식축구를 3D 그래픽으로 리얼하게 묘사한 스포츠 게임. 선수를 직접 조작하여 시합을 뛸 수 있을 뿐만 아니라, 제너럴 매니저 겸 코치가 되어 NFL 팀을 경영하면서 선수 급여와 인사권에까지 영향을 줄 수도 있다.

NBA 2K1

Dreamcast 세가 SPT 2001년 3월 29일 5,800엔
부들부들 팩, 드림캐스트 키보드 지원

1-4 | 150- | NET | VGA

현란한 카메라워크로 선수를 다이내믹하게 보여주는 리얼한 농구 게임. 50~80년대에 활약했던 과거의 유명 선수를 등장시킬 수도 있으며, 다양한 게임 모드를 수록하였다. 인터넷을 경유하는 다인수 플레이도 지원했다.

세가가가

Dreamcast 세가 SLG 2001년 3월 29일 5,800엔

1 | 15- | NET | VGA

▲ 2001년 1월 드림캐스트 사업 철수를 발표했던 세가가, 딱 2개월 뒤에 발매한 세가 경영 시뮬레이션 게임. 대기업이 선사하는 혼신의 자학 개그를 즐겨보자.

플레이어가 직접 세가를 경영해 업계를 제패해야 하는 경영 시뮬레이션 게임. 슈퍼컴퓨터에 의해 발탁된 주인공의 목표는 게임업계 점유율 100%! 시스템은 롤플레잉 게임 파트(RP.G는 반다이의 등록상표라서 사용 불가)와 시뮬레이션 파트로 나뉘며, 롤플레잉 게임 파트의 전투(말싸움)를 이기면 상대를 동료로 삼아 시뮬레이션 파트에서 쓸 수 있다. 개성이 지나쳐 플레이어를 가리긴 하나, 세가와 당시 서브컬처에 관련된 지식이 있는 사람이라면 마음이 울리는 작품이다.

러브히나 : 스마일 어게인

Dreamcast 세가 AVG 2001년 3월 29일 8,800엔
부들부들 팩 지원

1 | 5 | NET | VGA

털털한 도쿄대 대학생 누님 '후지사와 미즈호'가 오리지널 히로인으로 등장하는, 「러브히나 : 갑작스러운 인게이지 해프닝」의 속편. 주인공의 행동 성공 여부를 룰렛으로 결정하는 시스템은 유지한 대신, 전작보다 히로인 개별 에피소드의 깊이를 더했다.

에스

Dreamcast TV 아사히 / 세가 AVG 2001년 4월 5일 6,800엔
부들부들 팩 지원

1 | 10 | NET | VGA

행방불명된 소녀를 구출하기 위해, 인물의 애매한 기억 속으로 '다이브'하여 연쇄살인 사건의 비밀에 접근해가는 사이코 서스펜스 어드벤처 게임. 수사를 진전시키면 실사 동영상이 재생된다. 미카미 히로시를 비롯한 호화 배우진이 출연했다.

캔버스 : 세피아 빛깔의 모티브

Dreamcast NEC 인터채널 SLG 2001년 4월 5일 7,200엔

1 | 4- | NET | VGA

PC용 연애 어드벤처 게임에 신규 히로인과 추가 에피소드를 더한 이식작. 미술특기생이 되었지만 슬럼프에 빠진 주인공은, 다음 콩쿠르에서 좋은 성과를 내야만 한다. 그런 와중에 첫사랑 소녀와의 재회와 아버지의 재혼 등, 주변에도 변화가 일어난다.

스피리트 오브 스피드 1937

Dreamcast 어클레임 / 타이토 RCG 2001년 4월 5일 3,800엔
아케이드 스틱, 레이싱 컨트롤러, 부들부들 팩 지원

1 | 3- | NET | VGA

F1 레이스의 시조라 불리는 'AIACR 유러피언 챔피언십'이 개최되었던 1930년대를 재현한 클래식 카 레이싱 게임. 알파 로메오·메르세데스 등의 당시 명차들이 코스를 달린다. 게임 모드로는 싱글·시나리오·챔피언십을 수록하였다.

엘도라도 게이트 : 제 4권

Dreamcast 캡콤 RPG 2001년 4월 12일 2,800엔
드림캐스트 키보드 지원

1 | 16- | NET | VGA

격월간 발매형 연작 RPG로서, 총 18화 중 제 9~11화를 수록한 타이틀. 주인공은 각 화마다 달라지지만, 같은 시리즈 간에는 세이브데이터가 호환된다. 적대조직 '성기사단'과 기사단장의 딸 '기기'가 본격 등장하여, 전개가 달아오르기 시작하는 중요한 파트다.

엔젤 프레젠트

Dreamcast NEC 인터채널 AVG 2001년 4월 12일 6,800엔

1 | 11- | NET | VGA

애니메이션 신과 액션 파트를 도입한 어드벤처 게임. 자신의 진로에 대한 해답을 찾기 위해 오랜만에 귀향한 그림책 작가 지망생이, 빗속에서 만난 천사를 구해준 것을 계기로 신비한 세계에서 다양한 체험을 하게 되는 환상적인 스토리가 전개된다.

스포츠 잼

세가 SPT 2001년 4월 12일 5,800엔
부들부들 팩, 아케이드 스틱 지원

1-2 | 7 | NET | VGA

다양한 스포츠를 즐기는 아케이드용 게임의 이식작. 수록 종목은 농구·야구·미식축구·축구·테니스·아이스하키·골프·경륜이며, 일부 경기는 여러 가지 룰로 즐길 수도 있다. 이식 과정에서 추가된 오리지널 모드도 수록했다.

클로즈 투 : 기도의 언덕

키드 AVG 2001년 4월 19일 6,800엔
부들부들 팩 지원

1 | 16- | NET | VGA

교통사고를 당해 유령이 된 주인공이, 주인공을 인식하지 못하는 애인에게 자신의 존재를 어필하는 어드벤처 게임. 사고를 계기로 주인공을 잊어버린 애인의 기억을 되찾아주고, 자신을 사랑해주는 사람의 기도를 통해 부활하는 것이 목적이다.

신세기 에반게리온 : 타이핑 E 계획

가이낙스 TBL 2001년 4월 19일 6,800엔
드림캐스트 키보드 필수

1 | 4 | NET | VGA

NERV의 오퍼레이터 '이부키 마야'가 안내해주는 타이핑 소프트. 폭주한 제트 얼론을 멈추기 위해 코드를 연속 입력하는 'LESSON 2', 2호기가 사도에게 잡히기 전에 함선 위를 건너뛰며 이동하는 'LESSON 4' 등, 원작의 명장면을 각색한 레슨 7종이 있다.

어드밴스드 대전략 2001

세가 SLG 2001년 4월 26일 7,800엔
부들부들 팩, 드림캐스트 키보드 지원

1-8 | 194- | NET | VGA

앞서 발매된 같은 시리즈 작품 「~유럽의 폭풍·독일 전격작전」의 마이너 체인지판. 축소 맵을 추가하고 글꼴 크기를 줄이는 등 시인성을 개선했으며, 전투 장면을 강화하고 추가 시나리오 및 신규 룰도 채용하는 등 게임 컨텐츠도 개량했다.

코노하나 : True Report

석세스 AVG 2001년 4월 26일 2,800엔
부들부들 팩 지원

1 | 7 | NET | VGA

학교에서 일어난 연쇄살인사건, 그리고 그 사건과 기묘하게 닮아있는 '사신 전설'의 수수께끼를 파헤치는 어드벤처 게임. 여름이 끝날 무렵 전학해온 주인공이 신문부 신설을 원하는 미아코에게 약점을 잡히면서, 힘을 합쳐 거대한 의문과 맞서게 된다.

WWF 로얄 럼블

유크스 SPT 2001년 4월 26일 3,800엔
아케이드 스틱 지원

1-4 | 3 | NET | VGA

실존 프로레슬러 20명 이상이 등장해 링 위에서 난투하는 3D 프로레슬링 게임. 타이틀명이기도 한 WWE의 명물 '로얄 럼블'은, 계속해서 레슬러들이 난입하는데다 톱로프 위로 넘겨져 링 바깥을 밟은 자는 탈락한다는 룰의 다이내믹한 시합을 말한다.

1-2 플레이 가능 인원 | 99- 메모리 백업 용량 | NET 네트워크 지원 | VGA VGA 박스 지원

해피★레슨

Dreamcast
데이텀 폴리스타 AVG 2001년 4월 26일 6,800엔

1 10 NET VGA

게임잡지 '전격 G's 매거진'의 독자참가형 기획에서 출발한 미디어믹스 작품군 중 하나. 천애고아 고교생이 어머니를 대신하겠다며 찾아온 5명의 '마마 선생님'과 함께 살며, 학교에서는 사제간으로, 집에서는 모자간으로 이중생활을 보낸다는 스토리다.

데스 크림즌 OX

Dreamcast
에콜 소프트웨어 STG 2001년 5월 10일 5,800엔
드림캐스트 건 지원

1-2 8 NET VGA

「데스 크림즌 2」를 기반으로 제작한 아케이드용 건 슈팅 게임의 이식작. 파괴활동을 일삼는 조직 SMO에서 빠져나온 전 조직원 '야나미 코우'가 되어, 고대의 초병기인 쌍권총 '크림즌'을 쥐고 돌격해 레지스탕스의 지도자 격인 여성을 구출해야 한다.

넷 버서스 : 바둑

Dreamcast
앳마크 TBL 2001년 5월 24일 1,900엔
드림캐스트 키보드 지원 / 비주얼 메모리 혹은 메모리 카드 필수

1-2 33- NET VGA

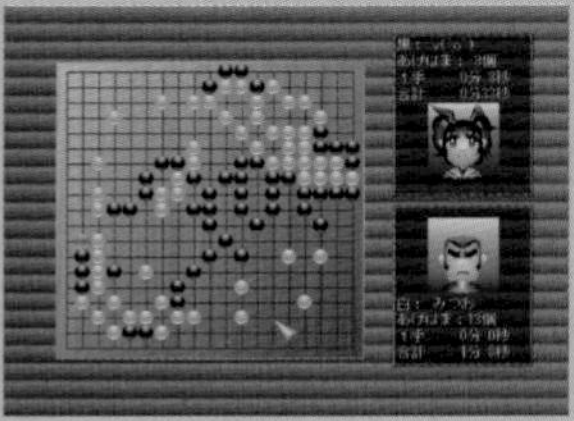

인터넷을 통한 통신대전이 세일즈포인트였던 바둑 소프트. 우선 플레이어의 분신인 오리지널 캐릭터를 만든 후, 은하(서버)를 선택하고 행성(대전용 방)에 처들어가거나, 반대로 행성에서 방어하는 식으로 대전한다. 오프라인 1~2인 대전도 가능하다.

넷 버서스 : 오목과 렌쥬

Dreamcast
앳마크 TBL 2001년 5월 24일 1,900엔
드림캐스트 키보드 지원 / 비주얼 메모리 혹은 메모리 카드 필수

1-2 31- NET VGA

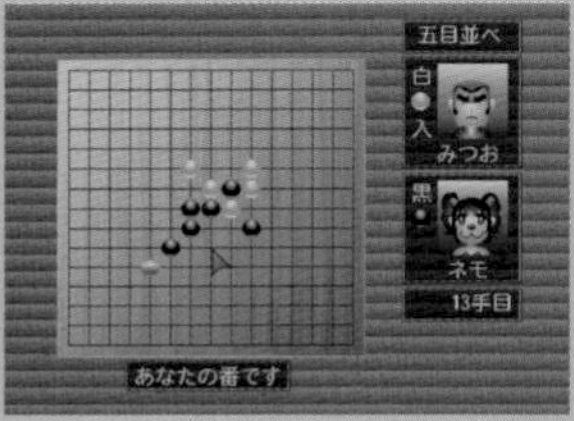

인터넷 대전이 핵심 컨텐츠인 테이블 게임 시리즈 중 하나. 오리지널 캐릭터를 만든 후, 우주를 모티브로 삼은 온라인 대전장에 진출하는 것도 시리즈 공통이다. 이 작품에선 오목과 렌쥬를 플레이할 수 있으며, 각 게임의 상세한 룰도 수록했다.

넷 버서스 : 쇼기

Dreamcast
앳마크 TBL 2001년 5월 24일 1,900엔
드림캐스트 키보드 지원 / 비주얼 메모리 혹은 메모리 카드 필수

1-2 31- NET VGA

인터넷 대전이 핵심 컨텐츠인 테이블 게임 시리즈 중 하나. 오리지널 캐릭터를 만든 후, 우주를 모티브로 삼은 온라인 대전장에 진출하는 것도 시리즈 공통이다. 이 작품에선 쇼기를 플레이할 수 있다. 싱글 플레이와 대국 성적 확인도 가능하다.

넷 버서스 : 체스

Dreamcast
앳마크 TBL 2001년 5월 24일 1,900엔
드림캐스트 키보드 지원 / 비주얼 메모리 혹은 메모리 카드 필수

1-2 31- NET VGA

인터넷 대전이 핵심 컨텐츠인 테이블 게임 시리즈 중 하나. 성별과 얼굴 각부 등을 조합해 오리지널 캐릭터를 만든 후, 우주를 모티브로 삼은 온라인 대전장에 진출하는 것도 시리즈 공통이다. 이 작품에서는 체스를 플레이할 수 있다.

넷 버서스 : 화투

Dreamcast
앳마크 TBL 2001년 5월 24일 1,900엔
드림캐스트 키보드 지원 / 비주얼 메모리 혹은 메모리 카드 필수

1-3 | 29- | NET | VGA

인터넷 대전이 핵심 컨텐츠인 테이블 게임 시리즈 중 하나. 오리지널 캐릭터를 만든 후, 우주를 모티브로 삼은 온라인 대전장에 진출하는 것도 시리즈 공통이다. 이 작품에선 화투로 즐기는 게임인 코이코이·하나아와세·오이쵸카부 3종을 즐길 수 있다.

넷 버서스 : 마작

Dreamcast
앳마크 TBL 2001년 5월 24일 1,900엔
드림캐스트 키보드 지원 / 비주얼 메모리 혹은 메모리 카드 필수

1-4 | 31- | NET | VGA

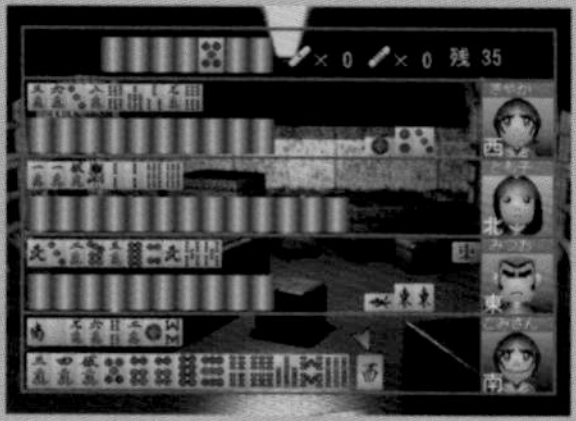

인터넷 대전이 핵심 컨텐츠인 테이블 게임 시리즈 중 하나. 오리지널 캐릭터를 만든 후 온라인 대전장에 진출하게 된다. 대전 상대인 CPU 캐릭터는 빈번히 울기를 시도하는 타입, 베테랑 타입 등 플레이스타일과 실력에 다양한 차이를 두어 준비했다.

넷 버서스 : 리버시

Dreamcast
앳마크 TBL 2001년 5월 24일 1,900엔
드림캐스트 키보드 지원 / 비주얼 메모리 혹은 메모리 카드 필수

1-2 | 29- | NET | VGA

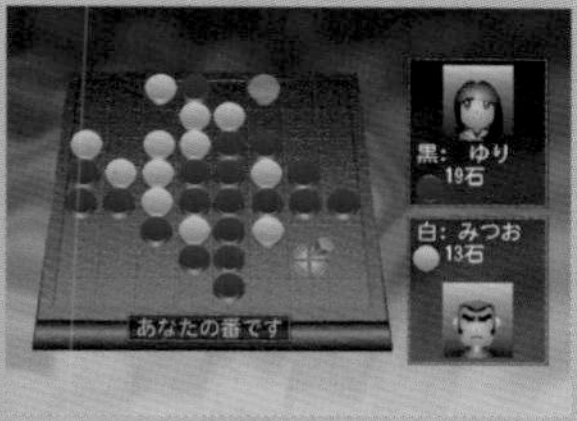

오리지널 캐릭터를 제작해 온라인 대전에 도전할 수 있는 테이블 게임 시리즈 중 하나. 우주를 모티브로 삼아서인지, 테이블 게임답지 않게 장대한 오프닝 동영상을 넣었다. 이 작품에서는 리버시(오델로)를 즐길 수 있다.

바운티 헌터 사라 : 홀리 마운틴의 제왕

Dreamcast
캡콤 AVG 2001년 5월 24일 5,800엔
부들부들 팩 지원

1 | 11 | NET | VGA

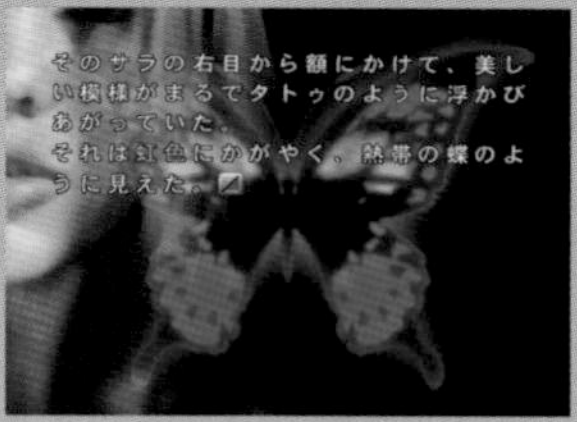

근미래를 살아가는 쿨한 여성 상금 사냥꾼이 주인공인, 여러 시나리오로 구성된 하드보일드 스타일의 SF 액션 노벨. 결단하기까지의 소요시간이 엔딩 후 랭크에 영향을 주는 '카운트다운', 다음 행동을 결정하는 '싱킹' 등의 시스템을 채용하였다.

엑소더스 길티 네오스

Dreamcast
아벨 AVG 2001년 5월 31일 6,800엔

1 | 9- | NET | VGA

칸노 히로유키가 기획·시나리오 등을 맡은 작품에 성우 음성 등을 추가한 보완판. 검과 마법의 세계인 '과거', 과학이 발달한 세계인 '현대', 종말이 온 세계인 '미래'를 무대로 삼아, 다른 시대의 같은 장소에서 벌어진 사건이 상호 영향을 미친다는 스토리다.

크레이지 택시 2

Dreamcast
세가 ACT 2001년 5월 31일 5,800엔
부들부들 팩, 레이싱 컨트롤러 지원

1 | 20- | NET | VGA

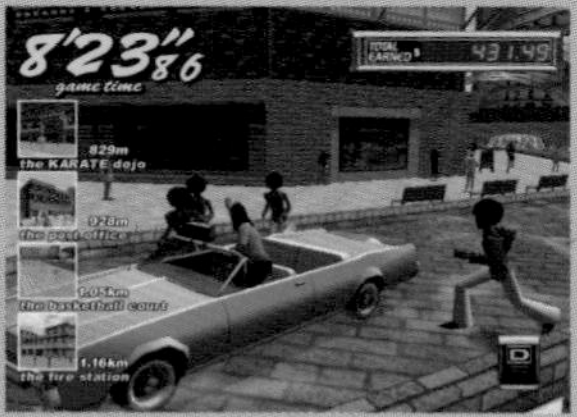

과속에 신호무시를 일삼으며 총알택시를 운전하는 통쾌한 드라이빙 액션 게임의 속편. 차량을 통째로 점프시키는 신규 액션 '크레이지 홉', 뉴욕을 무대로 삼은 신규 코스, '거대 골프'·'풍선 터뜨리기' 등 택시로 도전하는 미니게임들을 추가 수록했다.

엘도라도 게이트 : 제 5권

Dreamcast

캡콤 RPG 2001년 6월 6일 2,800엔
드림캐스트 키보드 지원

1 | 16 | NET | VGA

캡콤의 연작 RPG 제 5권. 제 12화 '몬스터 헌터 소피', 제 13화 '망령의 마을', 제 14화 '부유대륙 무란달'까지 총 3개 에피소드를 수록했다. 전 작품 공통으로 시스템에 상당히 디테일하게 공을 들였으며, 세이브데이터로 아이템 등도 계속 연동된다.

판타지 스타 온라인 Ver.2

Dreamcast

세가 RPG 2001년 6월 7일 4,800엔 부들부들 팩,
드림캐스트 키보드 지원 / 비주얼 메모리 혹은 메모리 카드 필수

1 | 45- | NET | VGA

2000년 발매되었던 「판타지 스타 온라인」에 새로운 모드와 레어 아이템을 추가한 진화판. 전작의 세이브데이터가 연동되며, 최고 난이도인 '얼티밋 모드'도 플레이할 수 있다. 온라인 다운로드로 새로운 퀘스트도 제공했다.

캡콤 VS. SNK : 밀레니엄 파이트 2000 PRO

Dreamcast

캡콤 ACT 2001년 6월 14일 3,800엔
아케이드 스틱, 부들부들 팩, 드림캐스트 키보드 지원

1-2 | 9- | NET | VGA

「캡콤 VS. SNK : 밀레니엄 파이트 2000」(94p)의 리뉴얼 버전. 대전 밸런스를 조정했고, EX 캐릭터 등 이전작에서는 숨겨진 요소였던 것들을 처음부터 개방했다. 신규 캐릭터로는 '히비키 단'과 '죠 히가시'가 추가되었다.

컨피덴셜 미션

Dreamcast

세가 STG 2001년 6월 14일 5,800엔
부들부들 팩, 아케이드 스틱, 드림캐스트 건 지원

1-2 | 3 | NET | VGA

아케이드용 게임 「버추어 캅」의 시스템을 기반 삼아, 스파이 영화를 모티브로 제작한 건 슈팅 게임. 첩보요원이 되어 정체불명의 조직이 꾸미는 모략을 막는다는 스토리로서, DC판은 훈련용 모드와 '어나더 월드'라는 추가 미션도 수록했다.

클레오파트라 포춘

Dreamcast

알트론 PZL 2001년 6월 21일 5,800엔

1-2 | 5 | NET | VGA

아케이드용 낙하계 퍼즐 게임의 이식작. 바위·보석·관·미라 등의 특수한 블록들을 조합하여 복잡한 연쇄를 만들어야 한다. DC판은 그래픽을 전체적으로 강화했으며, 히로인 '파트라코'의 코스프레 그래픽 패턴도 다양하게 늘렸다.

슈퍼 런어바웃 : 샌프란시스코 에디션

Dreamcast

클라이맥스 RCG 2001년 6월 21일 3,800엔
부들부들 팩, 레이싱 컨트롤러 지원

1 | 12- | NET | VGA

「슈퍼 런어바웃」(86p)의 북미판을 일본에 역발매한 작품. 기본적인 게임 컨텐츠는 북미판과 동일하나, 조작성을 개선했으며 일부 차량의 명칭·색상도 변경했다. 정가를 낮춰 발매한 염가판이라는 측면도 있는 타이틀이다.

Pia♡캐럿에 어서 오세요!! 2.5

Dreamcast

NEC 인터채널 SLG 2001년 6월 21일 7,200엔

1 | 25- | NET | VGA

패밀리 레스토랑이 무대인 연애 시뮬레이션 게임. 세가새턴으로 발매했던 「~2」와, 게임보이 컬러로 발매했던 「~2.2」의 합본 이식판이다. 2편의 성애표현은 수위를 마일드하게 낮췄고, 2.2는 CG를 전부 리뉴얼 했으며 음성도 신규 수록했다.

미스 문라이트

Dreamcast

나그자트 / 슈필 AVG 2001년 6월 21일 6,800엔

1 | 35- | NET | VGA

드림캐스트로만 발매된 오리지널 연애 어드벤처 게임. 내전 상태인 나라에서 비밀리에 망명해온 모 중동 국가의 공주 '샌디'와 달콤한 인연을 만들어보자. 샌디 외에도 공략 대상 캐릭터 4명이 등장한다. 출연한 성우들의 열연이 빛나는 타이틀이다.

소닉 어드벤처 2

Dreamcast

세가 ACT 2001년 6월 23일 5,800엔 부들부들 팩 지원

1-2 | 18- | NET | VGA

▲「소닉 어드벤처」(53p)의 속편. 상쾌한 액션은 기본이고, 단순한 권선징악을 넘어서는 심오한 스토리까지도 즐길 수 있다.

압도적인 스피드와 대박력 액션으로 세계의 팬들을 매료시킨 「소닉 어드벤처」의 속편. '히어로'·'다크'의 두 세력으로 플레이 가능하며, 사용 캐릭터가 정해져 있는 3종류의 액션을 준비했다. 스테이지 도중에선 신비한 생물이 사는 '차오 랜드'에 갈 때 필요한 '차오 키'도 얻을 수 있다. 모든 스토리를 클리어해 최종 시나리오에 도전해보자. 더욱 멋져진 그래픽과 수준급 BGM, 뜨거운 보컬 곡 등이 풍부하게 수록되어, 전작 이상으로 만족스럽다.

가이아마스터 : 결전! 세기왕 전설

Dreamcast

캡콤 TBL 2001년 6월 28일 5,800엔
부들부들 팩 지원

1-4 | 24- | NET | VGA

플레이스테이션용 게임의 이식작. 등장하는 캐릭터들이 다채로운 능력을 구사하는 보드 게임이다. 1인 플레이용인 '스토리 모드', 곧바로 뜨거운 배틀을 즐길 수 있는 '퀵 모드', 다인용 대전에 특화된 '대전 모드' 등 다채로운 모드를 탑재했다.

건담 배틀 온라인

Dreamcast

반다이 SLG 2001년 6월 28일 6,800엔
드림캐스트 키보드 지원 / 비주얼 메모리 혹은 메모리 카드 필수

1-4 | 41- | NET | VGA

지구연방군이나 지온 공국군을 선택해, 최대 3척의 전함과 9기의 모빌슈트로 구성된 함대를 지휘하며 싸우는 실시간 시뮬레이션 게임. 최대 4명까지 대전하는 온라인 모드와, 오프라인으로 진행하는 스탠드얼론 모드로 즐길 수 있다.

1-2 플레이 가능 인원 | 99- 메모리 백업 용량 | NET 네트워크 지원 | VGA VGA 박스 지원

대전 넷 기믹 : 캡콤 & 사이쿄 올스타즈

Dreamcast

캡콤 TBL 2001년 6월 28일 5,800엔
부들부들 팩, 드림캐스트 키보드 지원

1 | 9- | NET | VGA

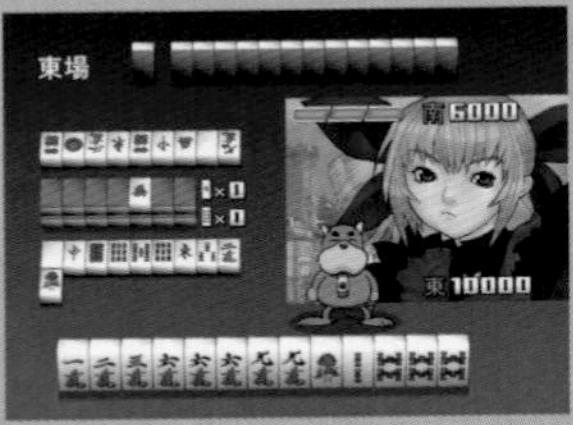

아케이드용 게임 「대전 핫 기믹」을 개변 이식한 작품. 캡콤·사이쿄 양사의 인기 캐릭터들과 2인 마작으로 대국하며, 승리하면 해당 캐릭터의 일러스트가 나온다. 당시엔 온라인 대전을 지원했으며, 다양한 벌칙이 마련돼 있는 '작 파이트 모드'도 제공했다.

매직 더 개더링

Dreamcast

세가 TBL 2001년 6월 28일 6,800엔

1 | 6 | NET | VGA

세계적인 인기 트레이딩 카드 게임을 CPU와의 대전으로 즐기는 소프트. 제 6판의 룰 기반이며, 드림캐스트판 오리지널 카드 등의 추가 카드도 수록했다. 아쉽게도 대인전은 불가능하지만, 이 게임으로 실제 대전시의 룰을 차분히 배워볼 수 있다.

이노우에 료코 : 룸메이트

Dreamcast

데이텀 폴리스타 AVG 2001년 7월 5일 6,800엔
비주얼 메모리 혹은 메모리 카드 필수

1 | 2 | NET | VGA

세가새턴에서 인기가 많았던 「룸메이트」 시리즈의 DC판. 원작의 실제 시간 연동 시스템이 없어져, 전형적인 어드벤처 게임이 되었다. 해외 유학 중이던 이노우에 료코가, 여름방학을 맞아 일본에 일시 귀국해 있는 동안 주인공과 동거하는 생활을 그렸다.

슈퍼 퍼즐 파이터 IIX for Matching Service

Dreamcast

캡콤 PZL 2001년 7월 5일 3,800엔
아케이드 스틱, 부들부들 팩, 드림캐스트 키보드 지원

1-2 | 3- | NET | VGA

캡콤의 인기 캐릭터들이 SD화된 상태로 대전하는 낙하계 퍼즐 게임. 같은 색의 젬끼리 연결하여, 크래시 젬으로 연쇄를 유발시키자. DC판은 'Y 모드'와 'Z 모드'라는 2가지 신규 룰이 추가되었으며, 카운터 젬의 에디트도 가능해졌다.

US Shenmue

Dreamcast

세가 AVG 2001년 7월 5일 3,000엔

1 | 80- | NET | VGA

「쉔무」(74p)의 북미판을 일본에 역발매한 작품. 게임 컨텐츠 자체는 일본판과 동일하나, 음성은 전부 영어로 교체했다. 자막은 일본어·영어 모두 수록했으며, 매뉴얼도 일본어판·영어판을 모두 동봉했다. 가격을 낮춘 염가판이기도 한 타이틀이다.

헤비메탈 : 지오매트릭스

Dreamcast

캡콤 ACT 2001년 7월 12일 5,800엔
아케이드 스틱, 부들부들 팩, 드림캐스트 키보드 지원

1-2 | 4- | NET | VGA

미국의 만화잡지 '헤비메탈'의 작가진이 창조한 캐릭터들이 총과 검을 뺏고 빼앗으며 3D 공간에서 데스 배틀을 전개한다. 드림캐스트판은 제한시간 내에 과제를 클리어해 출구로 나가야 하는 총 32스테이지 구성의 'CHAOSMATRIX' 모드를 추가했다.

HARDWARE
1998
1999
2000
2001
2002
2003
2004
2005
2006
2007
OVERSEA
INDEX

컬드셉트 세컨드

Dreamcast
미디어 팩토리 TBL 2001년 7월 12일 6,800엔 부들부들 팩, 드림캐스트 키보드 지원

1-4 | 50- | NET | VGA

▲ 1997년 세가새턴으로 발매됐던 「컬드셉트」의 속편. 기본 룰은 전작을 거의 그대로 답습했으며, 온라인 지원 등의 다양한 요소를 추가하였다.

보드 게임과 카드 게임을 결합시켜 상당한 재미를 제공해 인기를 누린 「컬드셉트」의 리뉴얼판. 시스템·그래픽·BGM을 쇄신했고, 카드도 459종으로 대폭 늘렸다. 스토리 모드와 로컬 대전 모드, 리플레이와 네트워크 대전 모드를 탑재했다. 그래픽은 전작 이상으로 미려해졌으며, 비주얼 메모리로 스테이터스 확인도 가능하다. 카드용 삽화에는 카토 나오유키부터 카이다 유지·테라다 카츠야 등 당시의 유명 일러스트레이터들이 다수 참가했다.

프린세스 메이커 컬렉션

Dreamcast
제넥스 SLG 2001년 7월 19일 5,800엔

1 | 43- | NET | VGA

자신이 맡게 된 딸을 양육해 다양한 결말로 인도하는 육성 시뮬레이션 게임. 「프린세스 메이커 2」와 「프린세스 메이커 : 꿈꾸는 요정」의 PC판 2개 작품을 합본했으며, 게임 자체는 추가점이 없으나 일러스트집 모드로 시리즈 관련 CG들을 볼 수 있다.

파치슬로 제왕 : 드림 슬롯 HEIWA SP

Dreamcast
미디어 엔터테인먼트 TBL 2001년 7월 26일 5,800엔
부들부들 팩 지원

1 | 50- | NET | VGA

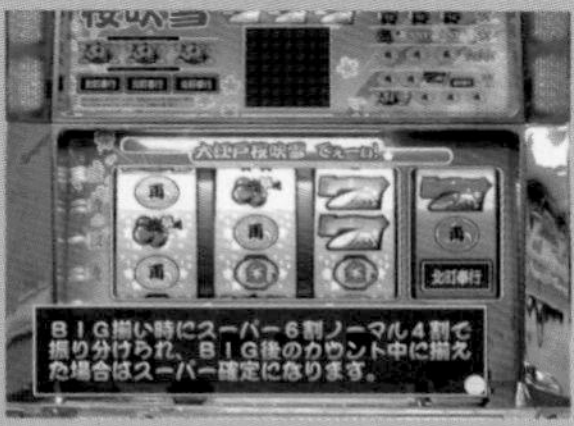

실제 경품을 딸 수 있었던 본격 파친코 시뮬레이터. '루팡 3세'와 '오오에도 사쿠라후부키 2', '이그조스트'까지 3대를 수록하였다. 공략방법을 알려주는 모드와 테크닉을 판정해주는 모드 등을 탑재해, 집에서도 업소의 현장감을 맛볼 수 있다.

비밀 : 유이가 있던 여름

Dreamcast
스타피시 AVG 2001년 7월 26일 5,800엔
부들부들 팩 지원

1 | 12 | NET | VGA

서스펜스 색채가 강한 미소녀 어드벤처 게임. 과거에 어떤 약속을 했던 주인공과 친구들이, 고향에서의 캠핑을 계기로 속죄와 안도를 얻는다는 스토리다. 주인공 일행에게는 어떤 비밀이 있는데, 그것이 캠핑 도중에 발생하는 의문의 사건을 푸는 열쇠다.

프레그런스 테일

Dreamcast
TAKUYO SLG 2001년 7월 26일 5,800엔

1 | 12- | NET | VGA

기적의 프레그런스(향수)를 완성하여 천사와 악마를 화해시켜야 하는 육성 시뮬레이션 게임. 대형 기구 '릴다나'에 사는 소년이 되어, 다양한 향료를 조합해 성스러운 향수를 만들자. 그러려면 요정과 선생님은 물론, 천사·악마 8명의 도움도 받아야 한다.

1-2 플레이 가능 인원 | 99- 메모리 백업 용량 | NET 네트워크 지원 | VGA VGA 박스 지원

꿈의 날개 : fate of heart

Dreamcast
키드 AVG 2001년 7월 26일 5,800엔
부들부들 팩 지원

1 | 27- | NET | VGA

플레이스테이션용 게임의 이식작. 아버지의 유품인 복엽기로 하늘을 나는 것이 꿈인 주인공 '미야마 나오토'와 소꿉친구 '미야마 유키', 돌연 나타난 소녀 '미즈모 시즈쿠'가 얽히는 연애 어드벤처 게임이다. 이식하면서 캐릭터 그래픽을 수정하고 시나리오를 추가했다.

아웃트리거

Dreamcast
세가 STG 2001년 8월 2일 5,800엔
부들부들 팩, 드림캐스트 마우스, 드림캐스트 키보드 지원

1-4 | 8 | NET | VGA

1999년 가동되었던 아케이드용 게임의 이식판. 제한시간 내에 적을 모두 물리치는 FPS형 대전 슈팅 게임이다. 컨트롤러 혹은 키보드와 함께 마우스를 사용하는 PC용 FPS 스타일로 플레이할 수도 있다. 인터넷을 경유하여 최대 6인 대전도 가능했다.

화염성모 : The Virgin on Megiddo

Dreamcast
코비 / 스튜디오 라인 AVG 2001년 8월 2일 6,800엔

1 | 10- | NET | VGA

요코타 마모루가 캐릭터 디자인을 맡은 드림캐스트 전용 어드벤처 게임. 궁극의 하이테크 도시 '이자나미 시'를 무대로, 인체발화 사건의 수수께끼를 파헤친다. 최첨단 과학과 원시종교를 융합시킨 미스터리 스토리에, 매력적인 여성 캐릭터들이 얽혀든다.

CR 필살 청부인 : 파치로 상투 @VPACHI

Dreamcast
핵베리 TBL 2001년 8월 2일 5,800엔
부들부들 팩 지원

1 | 16- | NET | VGA

실제로 호화 경품을 제공했던 인기 파친코 시뮬레이션 게임. 쿄라쿠 산업의 'CR 필살 청부인 Z3'를 수록했으며, 실기 공략 목적의 '공략 모드', 호화 상품 당첨이 가능한 '대회 참가 모드', 제한시간 내에 구슬 수를 경쟁하는 '랭킹 모드' 등을 탑재했다.

쉔무 II

Dreamcast
세가 AVG 2001년 9월 6일 7,800엔

1 | 22- | NET | VGA

▲ 전작으로부터 2년 후에 발매된 시리즈 제 2탄. 무대인 홍콩 거리는 전작처럼 매우 디테일하게 구축했다. 최종장에서는 드디어 메인 히로인 '쉔화'가 등장한다.

드림캐스트를 대표하는 초거대 프로젝트의 2번째 작품. 스토리는 총 11장 중 제 3~6장을 수록했다. 전작에 이어 극한의 리얼리티를 추구한 게임으로서, 무대인 홍콩 시가지를 세부까지 멋지게 구축했다. 주인공 '하즈키 료'가 되어, 무술을 연마하며 아버지의 원수 '란테이'를 찾아내자. 무대는 홍콩부터 구룡성·계림시까지 넓어지며, 드디어 메인 히로인 '쉔화'와도 만나게 된다. 게임 내의 오락실에서는 거의 완전 이식된 「아웃런」·「애프터 버너 II」도 플레이 가능하다.

세가 익스트림 스포츠

Dreamcast
세가 SPT 2001년 9월 6일 5,800엔

1-2 | 10- | NET | VGA

익스트림 스포츠를 소재로 삼은 게임 모음집. 스노보드·스피드 글라이딩·ATV·BMX·번지 점프·스카이 서핑까지, 총 6종목에서 챔피언 자리를 노려보자. 난이도가 상승할수록, 클리어하려면 고도의 트릭과 속도를 구사해야만 한다.

엘도라도 게이트 : 제 6권

Dreamcast
캡콤 RPG 2001년 8월 8일 2,800엔
드림캐스트 키보드 지원

1 | 16- | NET | VGA

2000년 10월부터 격월간으로 발매했던, 캡콤의 연작 유닛 RPG. 제 6권에는 제 15화 '가브리 족 말살계획'과 제 16화 '12명의 귀신들'을 수록했다. 세이브데이터는 각 권간에 호환성이 있으며, 권별로 단독 플레이하는 것도 가능하다.

빙글빙글 온천 2

Dreamcast
세가 TBL 2001년 8월 9일 5,800엔
드림캐스트 키보드 지원 / 브로드밴드 어댑터 필수

1 | 34- | NET | VGA

「모여라! 빙글빙글 온천」 시리즈의 제 2탄. 이번엔 UNO와 포커, 추리 보드 게임 '온천 수사과'를 플레이할 수 있다. 온라인 테마파크 시스템 'open dice'를 지원하며, 기존의 대욕탕에 추가로 '이벤트 채팅'을 탑재했다.

코믹 파티

Dreamcast
아쿠아플러스 AVG 2001년 8월 9일 6,800엔

1 | 10- | NET | VGA

PC용 게임의 이식작. 매달 개최되는 동인지 배포전 참가를 위해 원고를 작업하는 육성 요소와, 히로인들과의 관계를 다지는 연애 요소가 결합된 타이틀이다. 이식하면서 신규 히로인 '미카게 스바루'와 여러 이벤트·엔딩을 추가했으며, 풀 보이스화도 완료했다.

더비츠쿠 2

Dreamcast
세가 SLG 2001년 8월 9일 6,800엔

1 | 182- | NET | VGA

2000년 발매했던 「더비츠쿠 : 더비 말을 만들자!」의 속편. 2001년의 경마 프로그램을 반영한 경주마 육성 시뮬레이션 게임이다. 신규 종마·번식마는 물론, 라이벌 말도 다수 수록했다. 난이도를 낮추고 레이스 스킵도 추가하는 등, 전작의 불만점도 해소했다.

시맨 : 금단의 애완동물 - 2001년 대응판

Dreamcast
비바리움 SLG 2001년 8월 10일 6,800엔
마이크 디바이스 지원

1 | 64- | NET | VGA

인면어와 말을 주고받으며 소통하는 동거형 육성 시뮬레이션 게임의 기능향상판. 시맨의 음성인식 정밀도와 어휘력을 향상시켜 더욱 소통이 원활해졌으며, 대화가 시맨의 성장속도에도 영향을 끼치도록 시스템을 바꿨다. 이전판과는 세이브 파일 호환성이 없다.

1-2 플레이 가능 인원 | 99- 메모리 백업 용량 | NET 네트워크 지원 | VGA VGA 박스 지원

에어로 댄싱 i : 속편까지 못 기다려용~

Dreamcast
CSK 종합연구소 ETC 2001년 8월 23일 3,800엔
부들부들 팩, 드림캐스트 키보드, ASCII 미션 스틱 지원

1-4 | 15- | NET | VGA

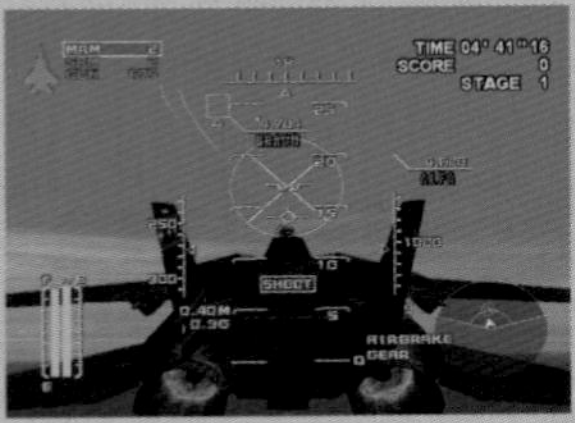

「에어로 댄싱 i」(108p)의 팬 디스크. 4종의 신 기체를 조작 가능하며, 신규 모드로 20종의 미션에 도전할 수 있다. 일본 전국에서 응모한「에어로 댄싱 i」의 슈퍼(혹은 괴짜) 리플레이와 시리즈 클리어 데이터를 수록했다. 멀티플랫폼 통신대전도 지원한다.

카나리아 : 이 마음을 노래에 실어

Dreamcast
NEC 인터채널 AVG 2001년 8월 23일 6,800엔

1 | 7- | NET | VGA

프론트윙 사가 제작한 PC용 성인물 연애 어드벤처 게임의 이식작. 카가와 현 코토히라의 학교로 전학해온 주인공이, 경음악부 친구들과 함께 학교 축제 라이브 성공을 위해 분투하는 사랑과 우정의 이야기다. 음악이 테마인지라, 보컬곡을 다수 수록했다.

겟배스 2

Dreamcast
세가 SPT 2001년 8월 30일 5,800엔
부들부들 팩, 낚시 컨트롤러 지원

1 | 19 | NET | VGA

전작(58p)보다 더욱 진화된 그래픽과 다양한 루어로 돌아온 낚시 시뮬레이션 게임. 계절·날씨 등의 조건을 설정하는 '프리 피싱 모드'와 조작할 앵글러를 선택하는 '캐릭터 모드'를 수록했으며, 낚은 배스를 감상하고 데이터를 확인하는 모드도 있다.

신세기 에반게리온 : 타이핑 보완계획

Dreamcast
가이낙스 TBL 2001년 8월 30일 6,800엔
드림캐스트 키보드 필수

1 | 3 | NET | VGA

인기 애니메이션을 소재로 삼은 타자연습 게임. 카츠라기 미사토의 지도를 받으며 다양한 레슨을 클리어하자. 출제단어를 정확히 입력해 싱크로율을 올리는 레슨, 소녀를 꼬시기 위해 단어를 입력하여 상대의 호감도를 올리는 레슨 등등을 준비했다.

슈퍼로봇대전 α for Dreamcast

Dreamcast
반프레스토 SLG 2001년 8월 30일 7,800엔

1 | 99- | NET | VGA

▲ 드림캐스트로 발매된 유일한「슈퍼로봇대전」. 선행 발매됐던 플레이스테이션판에서 밸런스를 조정했고, 3D 애니메이션 등을 추가 수록했다.

「슈퍼로봇대전 α」 시리즈의 제 1탄이 DC로도 등장했다. 반프레스토가 직접 제작한 첫「슈퍼로봇대전」이며, 대히트한 PS판 이후 1년 3개월 만에 발매되었다. PS판과의 차이는 전투화면 내의 유닛을 3D화한 것이며, 유닛 능력치 등의 전투 밸런스도 조정했다. DC판만의 오리지널 요소는 '기갑세기 G브레이커'의 참전과 시나리오 조정, 바스트업·얼굴 그래픽의 수정, 신규 루트 추가, 그리고「슈퍼로봇대전 64」 이래 간만의 합체공격 시스템 추가다.

프로야구 팀을 만들자! & 놀자!

Dreamcast
세가 SLG 2001년 8월 30일 3,800엔 부들부들 팩, 드림캐스트 키보드 지원 / 비주얼 메모리 혹은 메모리 카드 필수

1-2 | 163- | NET | VGA

프로야구 팀 경영 시뮬레이션 게임 「프로야구 팀을 만들자! 2001」과, 야구 게임 「프로야구 팀을 가지고 놀자! 2001」을 합본 수록한 타이틀. 2001년 6월 시점의 데이터에 기반한 실존 야구선수들이 등장하며, 두 게임 간에 데이터 공유도 가능하다.

제로 거너 2

Dreamcast
사이쿄 STG 2001년 9월 6일 5,800엔 아케이드 스틱, 부들부들 팩 지원

1-2 | 7- | NET | VGA

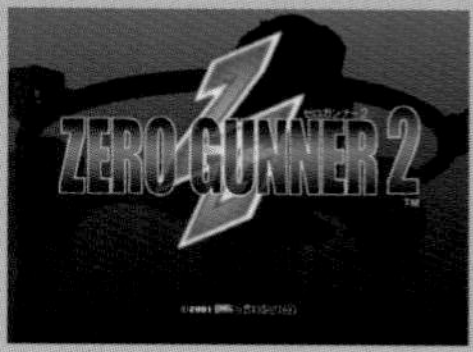

헬리콥터가 플레이어 기체로 등장하는 전방위 스크롤 슈팅 게임. 일반 샷은 물론, 턴 마커 버튼을 이용해 자신의 기체를 임의로 선회시키면 사각지대 없는 공격까지도 가능하다. 선택할 수 있는 헬리콥터는 3종류로서, 저마다 주 공격범위가 다르다.

디지캐럿 판타지

Dreamcast
브로콜리 AVG 2001년 9월 6일 5,800엔

1 | 10 | NET | VGA

게임샵 '게이머즈'에서 이세계로 소환돼버린 청년이 되어, 현지 주민들과 사랑과 우정을 싹틔우면서도 귀환하려 분투하는 연애 어드벤처 게임. 기억을 잃고 연약한 미소녀가 돼버린 데지코를 지키자. 초회한정판엔 캘린더·특제 비주얼 메모리·OST CD를 동봉했다.

RUN=DIM as Black Soul

Dreamcast
아이디어 팩토리 SLG 2001년 9월 6일 5,800엔

1 | 38- | NET | VGA

같은 제목의 TV판 3D 애니메이션이 원작인 시뮬레이션 게임. 케루빔 사에 소속된 '유타카'가 주인공으로서, 라이벌 회사인 운디네와 싸워야 한다. 미션을 클리어하면 보수를 받으며, 그 보수로 자신의 기체를 개조해 강화시킬 수 있다.

AIR

Dreamcast
NEC 인터채널 AVG 2001년 9월 13일 6,800엔

1 | 4- | NET | VGA

▲「Kanon」(92p)에 이은 Key의 2번째 작품. 「Kanon」과 함께 '최루성 게임' 장르를 대표하는 타이틀로서, Key의 브랜드 이미지를 확립시켰다.

히로인과 서브 캐릭터에 음성을 추가한 가정용판. 2000년 발매했던 성인용 PC 게임의 이식작이다. 짜임새 있는 시나리오와 훌륭한 BGM이 특징으로서, 원작은 음악 면에서 성인용 미소녀 게임의 역사를 바꾼 타이틀이라 할 수 있다. 스토리는 'DREAM'·'SUMMER'·'AIR'의 3부로 구성되며, 전작 「Kanon」과 마찬가지로 연애물에 초자연적 요소를 더해 감동에 특화시킨 스토리다. 삽입곡들의 퀄리티가 매우 높기로도 유명해, 주제가 '새의 노래'는 아직도 팬이 많다.

1-2 플레이 가능 인원 | 99- 메모리 백업 용량 | NET 네트워크 지원 | VGA VGA 박스 지원

캡콤 VS. SNK 2 : 밀리어네어 파이팅 2001

Dreamcast
캡콤 ACT 2001년 9월 13일 6,800엔 아케이드 스틱, 부들부들 팩, 드림캐스트 키보드, 네오지오 포켓 접속 케이블 지원

1-2 | 12- | NET | VGA

총 44명의 캐릭터들이 등장하는 대전격투 게임. PS2와의 멀티플랫폼으로 발매되었으며, PS2판과의 통신대전도 지원했다. 6종류의 그루브 시스템과 프리 레이셔 시스템을 채용하여, 팀을 더욱 자유롭게 편성할 수 있도록 했다.

코즈믹 스매시

Dreamcast
세가 SPT 2001년 9월 13일 2,800엔 아케이드 스틱 지원

1 | 2 | NET | VGA

스쿼시와 블록깨기를 융합시킨 3D 액션 게임. 제한시간 내에 스테이지 내의 모든 블록을 볼로 파괴하면 클리어된다. 공을 되칠 때 '트릭'이라 불리는 다채로운 액션을 구사할 수 있으며, 트릭을 다양하게 발동시키면 고득점을 얻게 된다.

나의 테니스 인생

Dreamcast
빔보소프트 SPT 2001년 9월 20일 5,800엔 부들부들 팩 지원

1-4 | 5- | NET | VGA

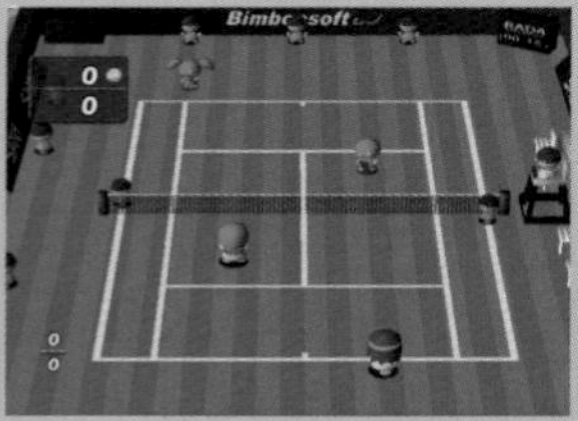

자신만의 선수를 육성해 세계최강을 노리는, 테니스 소재의 스포츠 게임. 주니어에서 시작해 프로까지 차근차근 성장해보자. 선수의 능력치가 총 20항목이나 있어, 자유롭게 선수를 제작할 수 있다. 평범한 테니스 게임처럼 즐길 수도 있다.

아랑 : 마크 오브 더 울브스

Dreamcast
SNK ACT 2001년 9월 27일 5,800엔 아케이드 스틱, 부들부들 팩 지원

1-2 | 6- | NET | VGA

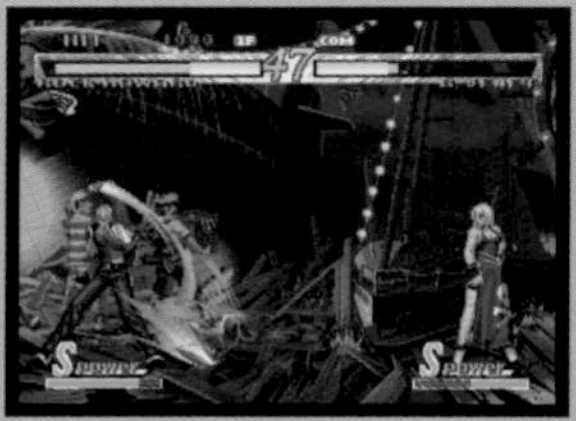

「리얼 바웃 아랑전설」의 10년 후를 그린 대전격투 게임. 테리를 제외한 모든 캐릭터가 교체됐으며, 상대의 공격을 받아내는 '저스트 디펜스', 강화 타이밍을 임의로 선택하는 'T.O.P. 시스템' 등의 여러 오리지널 시스템을 도입해 심오한 대전을 구현했다.

타이핑 오브 더 데이트

Dreamcast
허드슨 TBL 2001년 9월 27일 4,800엔 드림캐스트 키보드 필수

1 | 2 | NET | VGA

3명의 히로인과 데이트를 거듭하며 친숙해지는 것이 목적인 타이틀. 선택지를 일본어 타이핑으로 입력해 대화를 진행하는 방식이다. 로마자 입력식과 가나 입력식을 모두 지원하며, 타이핑하는 단어는 무려 2만 종 이상. 미니게임도 다수 수록했다.

파치슬로 제왕 : 드림 슬롯 OLYMPIA SP

Dreamcast
미디어 엔터테인먼트 TBL 2001년 9월 27일 5,800엔 부들부들 팩 지원

1 | 50- | NET | VGA

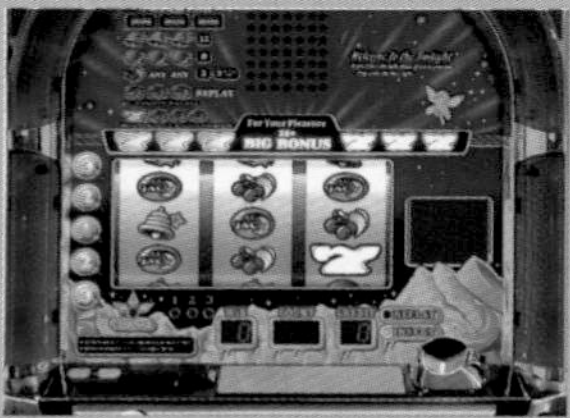

DC판 「파치슬로 제왕」 시리즈의 제 2탄으로서, 이번엔 인기 제조사인 올림피아가 테마다. '아이스 스토리'·'비트 더 드래곤 2'·'핫 로드 퀸' 세 종류를 수록했다. 온라인 모드인 '드림 슬롯 대회'에서 5,000매에 도달하면 10만 엔 상당의 경품을 주었다고 한다.

메모리즈 오프 세컨드

Dreamcast
키드 AVG 2001년 9월 27일 6,800엔 부들부들 팩 지원

1 | 28- | NET | VGA

▲ 메인 히로인 '시라카와 호타루'와는 처음부터 애인이라, 초반부터 달콤한 장면이 연출된다. 고교생으로서의 마지막 여름을 그들은 어떤 마음으로 보내게 될까.

연애 어드벤처 게임「메모리즈 오프」 시리즈의 제 2탄. 전작은 PS판의 이식작이었지만, 이번엔 DC판·PS판을 동시 발매했다. 주인공인 고교생 '이나미 켄'은 동급생 '시라카와 호타루'와 사귀고 있다. 고교 3학년 여름방학, 축구부를 은퇴한 켄과 피아니스트의 꿈을 좇고 있는 호타루는 사소한 계기로 마음이 어긋나 서로간의 관계가 변화하기 시작한다. 주인공에게 처음부터 애인이 있기에 다른 히로인과의 엔딩을 보려면 이별을 맛봐야만 하는, 달콤쌉싸름한 순애 이야기가 펼쳐진다.

파친코의 전당 : CR 나나시

Dreamcast
마이크로캐빈 SLG 2001년 10월 4일 5,800엔

1 | 5 | NET | VGA

인기 기종인 'CR 나나시'를 DC로 재현한 시뮬레이션 게임. 실기의 리얼함을 추구한 그래픽이 특징으로서, 핀까지 3D로 재현해 실기급의 몰입감을 준다. 제조사의 허가를 받아 실기 내부의 패러미터까지 재현하여, 완전한 시뮬레이션을 구현했다.

이노우에 료코 : 라스트 신

Dreamcast
데이텀 폴리스타 ETC 2001년 10월 8일 4,800엔
비주얼 메모리 혹은 메모리 카드 필수

1 | 2 | NET | VGA

'이노우에 료코' 3부작의 마지막 작품에 해당하는 팬 디스크. 내장시계와의 연동 시스템이 부활하여 사소한 대화의 변화를 즐길 수 있게 됐으며, 점술, 꽃말, 다른 미디어믹스 파생작들의 일러스트 모음집, BGM 모음집 등을 보너스 컨텐츠로 제공했다.

엘도라도 게이트 : 제 7권

Dreamcast
캡콤 RPG 2001년 10월 10일 2,800엔
드림캐스트 키보드 지원

1 | 16- | NET | VGA

'연작 유닛 RPG'를 표방한「엘도라도 게이트」 시리즈의 최종편에 해당하며, 제 17화와 제 18화를 수록했다. 신화시대 당시, 라진과 다이오스 간에 무슨 일이 있었는지가 드디어 밝혀진다. 주인공 일행은 과연 라진을 부활시켜 다이오스를 물리칠 수 있을까?

캔디 스트라이프 : 견습 천사

Dreamcast
세가 AVG 2001년 10월 25일 6,800엔

1 | 5- | NET | VGA

병원을 무대로 삼은 연애 어드벤처 게임. 인턴 의사로 근무하는 주인공이 인턴 간호사들과 연애한다는 스토리다. 초회한정판에는 구급상자가 들어있고, 그 안에 알약 케이스·주사기·붕대·스트랩·메모지 등의 굿즈를 동봉했다.

HARDWARE
1998
1999
2000
2001
2002
2003
2004
2005
2006
2007
OVERSEA
INDEX

1-2 플레이 가능 인원 | 99- 메모리 백업 용량 | NET 네트워크 지원 | VGA VGA 박스 지원

D+VINE[LUV] (디바인 러브)

Dreamcast
프린세스 소프트 RPG 2001년 10월 25일 6,800엔
비주얼 메모리 혹은 메모리 카드 필수

1 | 30 | NET | VGA

아보가도 파워즈가 개발한 Windows용 액션 RPG의 이식작. '마법'으로 번영했다는 구세계의 보물을 찾고 있던 한 방랑자가, 거대 동굴에서 신비한 소녀와 만난다는 스토리다. 포인트를 배분해 캐릭터를 육성하는 자유도 높은 시스템과 풍부한 이벤트가 특징.

텐타마 : 1st Sunny Side

Dreamcast
키드 AVG 2001년 10월 25일 6,800엔
부들부들 팩 지원

1 | 23- | NET | VGA

플레이스테이션판을 이식한 어드벤처 게임. 사랑하는 사람을 잃은 청년과, 그를 행복하게 한다는 시험을 수행하려 찾아온 견습천사들을 중심으로 스토리가 전개된다. 드림캐스트로 이식되면서 시나리오에 추가·수정을 가했다.

파워 스매시 2

Dreamcast
세가 SPT 2001년 11월 15일 5,800엔
부들부들 팩, 아케이드 스틱 지원

1-4 | 4 | NET | VGA

풀 폴리곤으로 펼쳐지는 3D 테니스 게임의 제 2탄. 여자 프로 테니스 선수들이 새로 추가되었으며, 드림캐스트판만의 추가요소로서 오리지널 선수를 제작해 세계 랭킹 1위를 목표로 육성시키는 '월드 투어' 모드가 신설되었다.

마리 & 에리의 아틀리에 : 잘부르그의 연금술사 1·2

Dreamcast
쿨 키즈 RPG 2001년 11월 15일 7,800엔
부들부들 팩 지원

1 | 15- | NET | VGA

「마리의 아틀리에」와 「에리의 아틀리에」의 합본 이식작. 세가새턴판 및 플레이스테이션판 「~Plus」에서 추가되었던 요소도 전부 수록했다. 패키지에 동봉한 보너스 디스크에는 오디오 드라마와 스페셜 동영상 등이 담겨 있다.

Rez

Dreamcast
세가 STG 2001년 11월 22일 6,800엔 부들부들 팩 지원

1 | 9 | NET | VGA

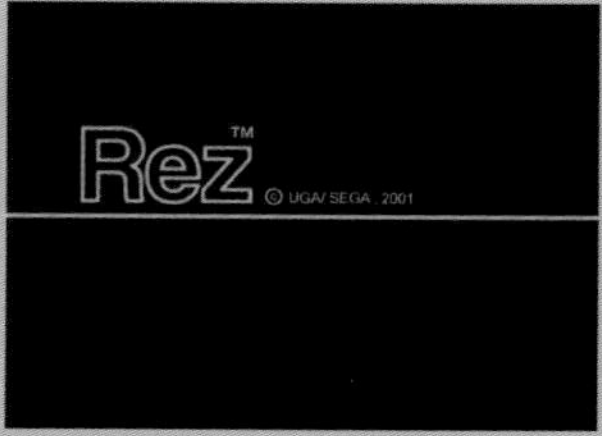

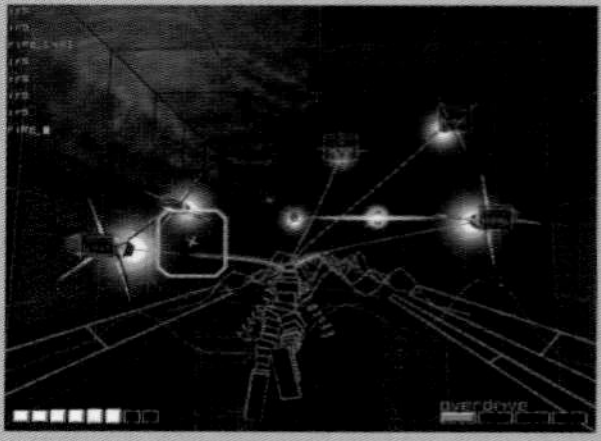
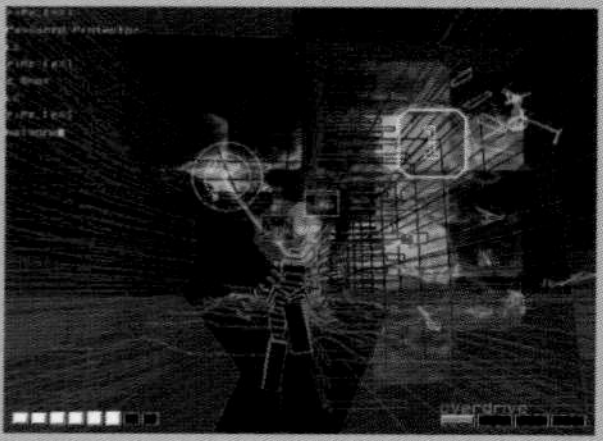

▲ 플레이어는 정해진 경로 상을 자동 이동하므로, 조작계가 철저하게 '적을 조준하여 쏘기'에만 집중돼 있다. 조준한 적 수에 따라 사운드도 변화한다.

화려하게 시각화된 사이버 공간 속으로 다이브하여 바이러스와 방화벽을 파괴해가며 심층에 도달하는 것이 목적인 3D 슈팅 게임으로서, '미드나이트 하이 슈팅'으로 장르를 명명했다. 와이어프레임으로 구성된 공간을 부유 전진하면서 적들을 파괴하자. 적 조준시나 레이저 발사시마다 울리는 독특한 효과음이 트랜스계 BGM과 동기화된다. 소리와 시각효과, '부들부들 팩'의 진동이 한데 어우러져 황홀감과 몰입감을 선사하는 플레이 감각이 신선하다.

프리즘 하트

Dreamcast 키드 SLG 2001년 11월 29일 6,800엔

1 | 33- | NET | VGA

우승자는 기사로 서훈된다는 검술대회의 우승이 목표인 육성 시뮬레이션 게임. 수행에 매진하면서, 왕도에서의 생활 중에 만나는 히로인들과의 연애도 즐겨보자. 파자마 소프트 사가 발매한 PC용 게임의 이식작이며, 초회한정판은 외전 디스크도 동봉했다.

사커츠쿠 특대호 2 : J.LEAGUE 프로 사커 클럽을 만들자!

Dreamcast 세가 SLG 2001년 12월 13일 4,800엔

1 | 132- | NET | VGA

「사커츠쿠 특대호」를 기반으로 삼아, 2001년 J리그 선수·유니폼 및 세컨드 스테이지 선수 리스트 데이터를 적용시킨 업그레이드판. 이 작품에서 작성·육성한 클럽 데이터를 「J리그 스펙터클 사커」(129p)에서 연동시키면 팀을 직접 조작할 수도 있다.

사쿠라대전 온라인 : 제도의 기나긴 나날

Dreamcast 세가 TBL 2001년 12월 20일 5,800엔 드림캐스트 키보드 지원 / 브로드밴드 어댑터, 비주얼 메모리 혹은 메모리 카드 필수

1 | 34- | NET | VGA

온라인으로 일본 전국의 「사쿠라대전」 팬들과 채팅·게임으로 교류하는 테이블 게임 모음집. 제도와 파리가 합쳐진 듯한 가상도시에서 화투·대부호·포커·마작을 즐긴다. 대원을 데리고 돌아다닐 수도 있지만, 처음에 선택 가능한 대원은 제도 화조의 8명뿐이다.

사쿠라대전 온라인 : 파리의 우아한 나날

Dreamcast 세가 TBL 2001년 12월 20일 5,800엔 드림캐스트 키보드 지원 / 브로드밴드 어댑터, 비주얼 메모리 혹은 메모리 카드 필수

1 | 34- | NET | VGA

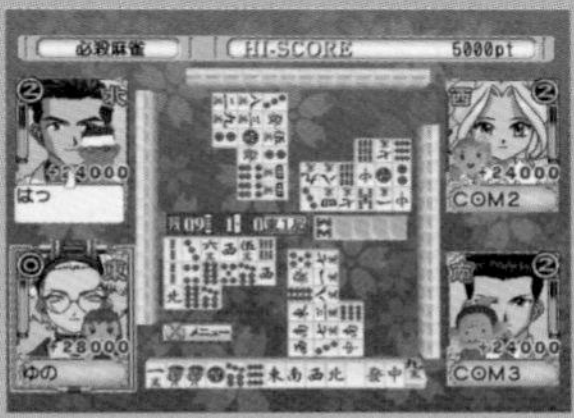

「~제도의 기나긴 나날」의 어나더 버전. 이 버전의 초기 선택 가능 파트너는 파리 화조의 5명뿐이다. 게임을 이겨 파트너의 신뢰도를 올리거나, 날짜에 따라 발생하는 특수 이벤트를 즐겨보자. 제도 버전과 마찬가지로, 「사쿠라대전 4」 프리뷰 디스크를 동봉했다.

요시아 언덕에 누워…

Dreamcast 나그자트 / Mesa AVG 2001년 12월 20일 6,800엔

1 | 35 | NET | VGA

'요시아 언덕'이라 불리는 명소가 있는 온천 마을에서, 대필 작가가 직업인 청년이 다양한 여성들과 만나며 신비한 체험을 한다는 스토리의 어드벤처 게임. '크로스 링크 어드벤처'를 표방하여, 주인공의 선택으로 시나리오가 크게 바뀌는 것이 특징이다.

21 : TwoOne

Dreamcast 프린세스 소프트 AVG 2001년 12월 27일 6,800엔

1 | 37- | NET | VGA

병원 내에서 발생한 연쇄살인사건의 진상을 추적하는 어드벤처 게임. 환자를 구하지 못했던 괴로운 과거를 지닌 젊은 외과의사 키리시마 타쿠야가 주인공이며, 누군가를 믿을지 혹은 의심할지를 선택하면 수사 파트너 및 스토리 전개가 변화되는 시스템이다.

2002

Dreamcast Software All Catalogue

2002년의 드림캐스트용 발매작은 총 52개 타이틀이다. 작년 대비로 무려 절반 아래까지 줄었으니, 세가 하드웨어 사업 철수 보도의 여파가 얼마나 컸는지를 미루어 짐작할 수 있다. 또한 라이벌 기종인 PS2도 발매 2주년을 넘겼기에, 소프트 개발의 주축이 PS2로 넘어간 것도 큰 요인일 것이다.

전년도 해설에서 이미 서술한 대로, 이 시기의 드림캐스트는 개발사들이 하드웨어에 충분히 익숙해졌고 개발 난이도도 낮았다보니 PC용 미소녀 게임의 이식 발매에 활용되는 일이 많아졌다. 그런 가운데에서도 NAOMI의 뛰어난 이식성을 잘 살린 「이카루가」 등, 아케이드판의 퀄리티를 그대로 재현해 낸 고품질 이식작들도 적으나마 꾸준히 발매되어 팬들을 기쁘게 했다.

봄버 헤헤

Dreamcast 후지컴 SLG 2002년 1월 10일 5,800엔
부들부들 팩 지원

1 | 4- | NET | VGA

건물 폭파·해체 전문기업의 일원이 되어 다양한 건조물을 해체하는 시뮬레이션 게임. 건물 안팎에 카메라를 설치해, 박력 넘치는 해체 장면을 연출할 수 있다. 화려하게 폭파시켜보든, 최소한의 폭파로 깔끔하게 해체하든 플레이어의 자유다.

사쿠라대전 : 메모리얼 팩

Dreamcast 세가 AVG 2002년 1월 17일 3,800엔
부들부들 팩 지원

1 | 9- | NET | VGA

「사쿠라대전 4 : 사랑하라 소녀여」의 발매에 앞서, 시리즈 기존 발매작들의 염가판을 한정 생산해 순차 발매한 타이틀 중 하나. 그 제 1탄으로서, 시리즈 첫 작품인 「사쿠라대전」 본편에 '메모리얼 캘린더'를 동봉해 저렴하게 발매한 패키지다.

미싱 파츠 : 더 탐정 스토리즈

Dreamcast 포그 AVG 2002년 1월 17일 5,800엔 부들부들 팩 지원

1 | 30 | NET | VGA

▲ 커맨드 선택에 시간 개념을 도입한 어드벤처 게임. 차근차근 조사해가며 사건을 추적하는 게임으로서, 범인과의 교섭에 중점을 둔 타이틀이다.

총 6화로 구성된 탐정 어드벤처 게임으로서, 그중 제 1·2화를 수록했다. 주인공인 신참 탐정이 등장인물들과 교류하며 난해한 사건을 해결해간다. 특징은 커맨드 선택 시 시간이 경과한다는 점으로서, 장소 이동을 자주 하면 자동으로 다음 이벤트가 진행돼버린다. 각 화별로 별개 사건을 추적하지만, 이 시리즈 전체를 관통하는 거대한 비밀이 숨어있어 모두 정주행하면 전모가 밝혀진다. 주인공의 추리·교섭 결과에 따라, 각 화 종료 후에 표시되는 클리어 랭크가 변화한다.

몰매 꿈의 달인

Dreamcast
후지컴 ETC 2002년 1월 24일 3,300엔
부들부들 팩 지원

1 | 4 | NET | VGA

대학생 켄타의 하루하루가 소재인 미니게임 모음집. 아르바이트를 미니게임으로 제작해, 플레이할수록 돈이 들어온다. 이 돈으로 가구를 구매해 생활환경을 충실하게 채워보자. 켄타의 스트레스가 90%를 넘긴 상태로 잠들면, 전용 미니게임이 나온다.

두근두근 아이돌 스타 시커 Remix

Dreamcast
그래프 PZL 2002년 1월 31일 4,800엔
드림캐스트 마우스 지원

1-2 | 4 | NET | VGA

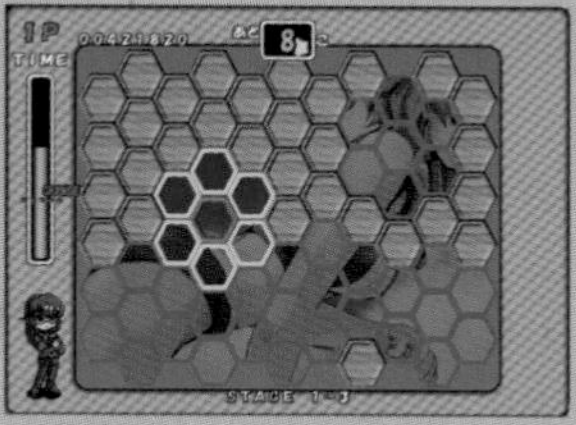

아케이드용 탈의 퍼즐 게임을 이식한 작품. 필드 내에 숨겨진 폭탄을 찾아내, 별 마크를 붙여 둘러싸는 것이 목적이다. 이식 과정에서 탈의 요소는 삭제했지만, 대신 아이돌의 활약을 보여주는 스토리 데모와 신 캐릭터를 추가했고 스테이지도 대폭 덧붙였다.

사쿠라대전 2 : 그대여, 죽지 마오 메모리얼 팩

Dreamcast
세가 AVG 2002년 2월 7일 3,800엔
부들부들 팩 지원

1 | 5- | NET | VGA

「사쿠라대전 4 : 사랑하라 소녀여」의 발매에 앞서, 시리즈 기존 발매작들의 염가판을 한정 생산해 순차 발매한 타이틀 중 하나. 그 제 2탄으로서, '칸자키 스미레 은퇴회견'과 '히로이 오지 프로듀서 인터뷰' 등을 수록한 '메모리얼 DVD'를 동봉했다.

J리그 스펙터클 사커

Dreamcast
세가 SPT 2002년 2월 7일 5,800엔

1-4 | 26- | NET | VGA

「사커츠쿠 특대호」와 「사커츠쿠 특대호 2」의 선수 데이터를 로딩하여 직접 플레이하는 축구 게임. J리그 외에도 잉글랜드·이탈리아·스페인·독일 팀 등, 전 세계 156개국 팀의 약 2,500명에 달하는 선수들이 실명으로 등장한다.

이상한 던전 풍래의 시렌 외전 : 여검사 아스카 등장!

Dreamcast
세가 RPG 2002년 2월 7일 6,800엔 부들부들 팩 지원

1 | 44- | NET | VGA

▲ 인기 시리즈의 외전작. 여검사 '아스카'를 조작하여 다양한 던전을 공략해보자. 기존작의 시스템에 신규 요소를 가미했고, 온라인 기능도 넣었다.

닌텐도 64용 소프트 「풍래의 시렌 2 : 도깨비 습격! 시렌 성!」에 등장했던 여검사 '아스카'가 주인공인 타이틀. 스토리는 천륜국이 무대인 '코가 편'과 재래국이 무대인 '괄마천 편'으로 나뉘며, 엔딩도 2종류다. 특징은 11종의 개성적인 던전으로서, 클리어 후엔 고난이도 던전도 개방된다. 등장 캐릭터도 하나같이 매력적이며, 시리즈 최초로 애니메이션 동영상도 곳곳에 삽입했다. 볼륨 만점의 게임으로서, 발매 후 20년 이상이 지난 지금도 팬이 많은 작품이다.

스페이스 채널 5 Part 2

Dreamcast
세가 ACT 2002년 2월 14일 5,800엔
부들부들 팩 지원

1-2 | 5 | NET | VGA

TV 리포터 '우라라'가 대활약하는 「스페이스 채널 5」(73p)의 속편. 이번 작품에서는 리듬 게임 진행 시 버튼 입력을 두 사람이 분담해 즐기는 '2P 모드'와, 스토리 없이 리듬 게임만 집중적으로 플레이하는 '우라라 댄스'가 추가되었다.

위크니스 히어로 토라우만 DC

Dreamcast
포티파이브 SLG 2002년 2월 28일 6,800엔

1 | 52 | NET | VGA

PC판을 이식한 연애 어드벤처 게임. '토라우만'으로 변신하는 히로인과 같은 학교에 다니며, 그녀들의 약점을 파헤칠지 호감도를 올릴지를 선택한다. 목적은 '타도 토라우만'이지만 연애 요소도 있어, 어느 쪽을 선택할지는 플레이어에게 달려 있다.

이중영(二重影)

Dreamcast
프린세스 소프트 AVG 2002년 2월 28일 6,800엔

1 | 10- | NET | VGA

성인용 PC 게임을 이식한 어드벤처 게임. 쌍둥이만이 태어나며 반드시 한쪽을 죽인다는 풍습을 지키는 섬 '아와시마'에 찾아온 주인공이, 자신의 비밀과 함께 수백 년 만에 단 한번 양쪽이 모두 살아남은 이루·스이 자매의 비밀을 파헤친다는 스토리다.

밀키 시즌

Dreamcast
키드 AVG 2002년 2월 28일 6,800엔
부들부들 팩 지원

1 | 19- | NET | VGA

게임잡지의 독자 참가형 기획이 원작인 어드벤처 게임. 여자기숙사 관리인이 되어 12명의 히로인들과 교류를 즐기자. DC판은 백 로그와 퀵 세이브·로드, 선택지 달성률 파악 등의 시스템을 충실히 구비해, 플레이하기에 편리하다.

미즈이로

Dreamcast
NEC 인터채널 AVG 2002년 3월 7일 6,800엔

5 | 5- | NET | VGA

성인용 PC 게임을 이식한 작품. PC판의 몇몇 장면을 삭제한 대신, 신규 이벤트·CG를 추가했다. 코미디풍의 밝은 분위기가 특징으로서, DC판은 신규 히로인 '이시카와 후유카'를 추가했으며, PC판과는 전개가 다른 히요리의 어나더 루트도 추가 수록했다.

사쿠라대전 3 : 파리는 불타고 있는가 메모리얼 팩

Dreamcast
세가 AVG 2002년 3월 7일 5,800엔
부들부들 팩 지원 / 비주얼 메모리 혹은 메모리 카드 필수

1 | 11- | NET | VGA

「사쿠라대전 4 : 사랑하라 소녀여」의 발매에 앞서, 시리즈 기존 발매작들의 염가판을 한정 생산해 순차 발매한 타이틀 중 하나. 그 제 3탄으로서, 오프닝 보컬곡 '깃발 아래에서'가 수록된 특제 '메모리얼 오르골'을 동봉했다.

빙글빙글 온천 3

Dreamcast
세가 TBL 2002년 3월 14일 4,800엔
드림캐스트 키보드 지원 / 브로드밴드 어댑터 필수

1 | 34- | NET | VGA

온라인 게임만을 수록한 시리즈의 제 3탄. 이번에는 나폴레옹·리버시(오델로)·대부호·마작·화투까지 5개 게임을 수록했다. 이 작품의 리버시는 4명이 동시 대전할 수 있는 오리지널 룰이며, 나폴레옹은 1편 수록 후 부활 요청이 많아 재수록된 게임이다.

사쿠라대전 COMPLETE BOX

Dreamcast
세가 AVG 2002년 3월 21일 18,000엔
부들부들 팩 지원 / 사용 메모리 블록 수는 소프트별로 다름

1 | - | NET | VGA

「사쿠라대전 4 : 사랑하라 소녀여」와 동시 발매된, 시리즈 제 1편부터 제 4편까지를 총망라해 디스크 10장으로 합본한 말 그대로의 '풀 패키지'. 병풍 형태로 제작한 초호화 패키지에, 일반판과는 디자인이 다른 픽처 레이블 디스크를 수납한 특별판이다.

사쿠라대전 4 : 사랑하라 소녀여

Dreamcast
세가 AVG 2002년 3월 21일 6,800엔 부들부들 팩 지원 / 비주얼 메모리 혹은 메모리 카드 필수

1 | 9- | NET | VGA

▲ 드림캐스트 생산 중지 결정에 따라 제작이 시작된 타이틀. 제국화격단과 파리화격단이 함께 싸우는 타이틀로서, 오오가미 이치로가 주인공인 마지막 작품이다.

인기 시리즈의 제 4탄. 제도를 무대로, 제국화격단·파리화격단의 전 멤버가 등장해 '오오가미 화격단'이 편성된다는 시리즈 집대성 격의 타이틀이다. 스토리는 에피소드 구분을 없애, 극장판과 비슷한 구성이 되었다. 두 화격단에서 한 명씩을 골라 삼각관계를 즐겨보자. 오프닝·엔딩도 호화롭고, 3편과 동일하게 ARMS를 채용한 전투 파트의 템포도 경쾌하며, 시리즈 팬을 열광시키는 전개도 속출한다. 동시 발매된 한정판에는 특전으로 스트랩을 동봉했다.

NFL 2K2

Dreamcast
세가 SPT 2002년 3월 28일 5,800엔
부들부들 팩 지원

1-4 | 163 | NET | VGA

2001년 9월 시점의 데이터 기반으로 제작한, 미식축구 프로리그 NFL의 선수들이 등장하는 스포츠 게임. 쿼터백이 되어 시합을 컨트롤하며 팀을 승리로 이끌자. 프랜차이즈 모드가 있어, 플레이어가 팀 운영에 직접 관여하는 것도 가능하다.

카드 오브 데스티니 : 빛과 어둠의 통합자

Dreamcast
아벨 RPG 2002년 3월 28일 6,800엔

1 | 32- | NET | VGA

'살짝 야한 RPG'를 표방했던 PC용 게임의 이식판. 운명의 기사 '아스'가 되어 대륙에 숨겨진 비밀을 밝혀내는 것이 목적이다. 마법 대신 '가디아'라 불리는 정령의 힘이 깃든 카드를 사용하는 전투 시스템이 게임의 특징이다.

1-2 플레이 가능 인원 | 99- 메모리 백업 용량 | NET 네트워크 지원 | VGA VGA 박스 지원

시스터 프린세스 : 프리미엄 에디션

Dreamcast
미디어웍스 AVG 2002년 3월 28일 9,800엔

1 52- NET VGA

게임잡지의 독자 참가형 기획이 원작인 PS용 소프트의 이식판. 인기 연애 어드벤처 게임으로서, 12명의 여동생과 연애를 즐길 수 있다. 게임 본편과 번외편「~퓨어 스토리즈」를 합본 수록했으며, 새로 그린 12장의 이벤트 CG를 추가했다.

나코루루 : 그 사람이 준 선물

Dreamcast
쿨 키즈 AVG 2002년 3월 28일 6,800엔
부들부들 팩, 드림캐스트 키보드, 드림캐스트 마우스 지원

1 10- NET VGA

「사무라이 스피리츠」1편 이후, 싸움을 마치고 고향 카무이코탄으로 돌아온 나코루루와 마을 사람들의 생활을 그린 어드벤처 게임. 스토리는 나코루루의 시종 '미카토'의 시점으로 전개된다. 이식하면서 원작인 Windows판에 있었던 버그 등을 수정했다.

기동전사 건담 : 연방 vs. 지온 & DX

Dreamcast
반다이 ACT 2002년 4월 11일 6,800엔
아케이드 스틱, 부들부들 팩, 드림캐스트 키보드 지원

1 3- NET VGA

'기동전사 건담'의 기체들로 팀 배틀을 즐기는 게임. 유일한 이식작인 시리즈 1편「~연방 vs. 지온」과, 신규 기체 및 미라이의 오퍼레이터 음성 등의 요소를 추가한「~DX」두 작품을 즐길 수 있다. 오프라인 상태로는 1인 플레이만 가능하니 주의하자.

신세기 에반게리온 : 아야나미 육성계획

Dreamcast
브로콜리 SLG 2002년 4월 18일 7,800엔
드림캐스트 키보드, 드림캐스트 마우스 지원

1-2 145 NET VGA

'신세기 에반게리온'이 소재인 육성 시뮬레이션 게임. 아야나미 레이의 보호관찰 주임이 되어, 공부를 가르쳐주거나 정신건강을 관리해주며 그녀를 육성하자. 육성법에 따라 레이는 오타쿠가 되기도 하고, 코스프레 사진 촬영에 응해주기도 한다.

월드 시리즈 베이스볼 2K2

Dreamcast
세가 SPT 2002년 4월 18일 4,800엔
부들부들 팩 지원

1-2 186 NET VGA

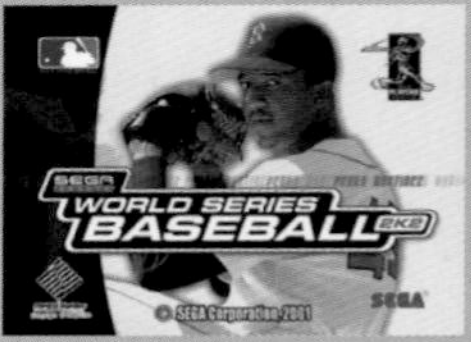

드림캐스트 다이렉트 전매로만 발매했던 스포츠 게임. 북미판을 그대로 발매했으므로 게임 내의 모든 컨텐츠가 영어다. 선수들의 개성적인 모션을 충실하게 재현해 리얼함을 추구한 타이틀로서, 홈런 더비 모드도 수록했다.

마이 메리 메이

Dreamcast
키드 AVG 2002년 4월 25일 6,800엔
부들부들 팩 지원

1 25- NET VGA

인간을 꼭 닮은 인공생명체 '레프리스'인 소녀와, 그녀의 오빠 노릇을 하게 된 소년의 성장을 그린 어드벤처 게임. 드림캐스트판은 공식 사이트에서 다운로드로 제공되는 신규 시나리오를 즐길 수 있었던 '내장 어펜드'라는 기능을 탑재했다.

문어 마리네

Dreamcast
마이크로캐빈 PZL 2002년 5월 16일 3,980엔

1 | 7 | NET | VGA

나쁜 마법사에 사로잡힌 사람들을 구하러 가는 퍼즐 게임. 주인공 '마리네'에게 지시를 내려, 코스의 다양한 장치들을 활용하며 골 지점까지 잘 유도하는 형태의 게임이다. 이 작품의 매력은 역시 주인공 마리네로서, 행동 하나하나가 귀엽기 그지없다.

NBA 2K2

Dreamcast
세가 SPT 2002년 5월 23일 5,800엔
부들부들 팩 지원

1-4 | 157 | NET | VGA

2001~2년 데이터를 반영한 NBA 29개 팀의 전 선수들은 물론, 마이클 조던을 포함해 레전드 선수 5명이 등장한다. 제너럴 매니저가 되어 팀을 운영하는 '프랜차이즈 모드'와, 길거리 농구를 즐길 수 있는 '스트리트 모드'도 탑재했다.

동창회 2 : again & refrain

Dreamcast
NEC 인터채널 AVG 2002년 6월 27일 6,800엔

1-2 | 4- | NET | VGA

테니스부 동창회가 무대인 연애 스토리로서, 'again' 편과 'refrain' 편을 하나로 통합한 타이틀. 처음의 선택으로 루트가 분기되므로, 두 작품의 스토리가 엮이는 일은 없다. 음성은 PC판 데이터를 그대로 사용했기 때문에, 메인 히로인만 음성이 있다.

메탈 울프

Dreamcast
프린세스 소프트 AVG 2002년 6월 27일 6,800엔
부들부들 팩 지원

1-2 | 15- | NET | VGA

기업이 지배하는 황폐한 세계를 무대로, 민원처리과의 말단 샐러리맨 '호죠 미나기'가 주인공인 어드벤처 게임. 미나기가 만난 소녀 '라리사'의 잃어버린 기억을 둘러싸고 벌어지는 스토리다. 초회한정판에는 AM-DVL이 신규 작화한 전화카드를 동봉했다.

NHL 2K2

Dreamcast
세가 SPT 2002년 7월 11일 4,800엔
부들부들 팩 지원

1-4 | 126 | NET | VGA

수많은 상을 수상한 명 선수 크리스 드러리가 표지를 장식한 스포츠 게임. 당시 NHL의 총 30개 팀과 각국의 14개 대표팀, 올스타 4개 팀이 실명으로 등장한다. 아이스하키 시합 자체의 플레이는 물론, 트레이드 등의 다채로운 모드도 탑재했다.

캐슬 판타지아 : 성마대전

Dreamcast
Studio e·go! SLG 2002년 7월 11일 8,800엔

1-2 | 12- | NET | VGA

PC판을 이식한, 중세 유럽풍 판타지 세계가 무대인 시뮬레이션 게임. '성마대전'이라 불리는, 200년간이나 계속되어 온 전쟁에 종지부를 찍는다는 스토리다. 스토리를 따라가는 어드벤처 파트와, 전투를 펼치는 시뮬레이션 파트로 나뉘어 있다.

1-2 플레이 가능 인원 | 99- 메모리 백업 용량 | NET 네트워크 지원 | VGA VGA 박스 지원

스이카 : SUIKA

Dreamcast
프린세스 소프트 AVG 2002년 7월 18일 6,800엔

1 | 7- | NET | VGA

PC판을 이식한 연애 어드벤처 게임. 한여름의 토키와 마을이 무대로서, 애정과 생명의 무게를 테마로 삼아 총 4장으로 구성된 시나리오를 전개한다. 이식 과정에서, PC판에서는 서브 캐릭터였던 '와카바야시 미에'가 연애 대상 히로인으로 승격되었다.

엘뤼시온 : 영원의 생츄어리

Dreamcast
NEC 인터채널 AVG 2002년 7월 25일 6,800엔

1 | 6- | NET | VGA

PC판을 이식한 어드벤처 게임. 산타 마리아 섬에 세워진 서양식 저택에 주치의로 부임해온 주인공이, 저택 내를 조사하며 어떤 비밀에 다가간다는 스토리다. 이식 과정에서 신규 히로인과, PC판보다 더욱 진상에 근접한 시나리오를 새로 추가했다.

더 킹 오브 파이터즈 2000

Dreamcast
플레이모어 ACT 2002년 8월 8일 5,800엔
아케이드 스틱, 부들부들 팩 지원

1 | 20 | NET | VGA

인기 격투 게임 「KOF」 시리즈의 제 7탄으로서, 원작은 구 SNK 명의로 출시된 마지막 KOF였다. 전작에서 추가된 스트라이커 시스템을 발전시킨 '액티브 스트라이커 시스템'이 특징이다. 신 캐릭터로 라몬·바네사·세스·린·시죠 히나코 등이 참전하였다.

퍼스트 Kiss☆이야기 II : 그대가 있기에

Dreamcast
브로콜리 AVG 2002년 8월 8일 5,800엔

1 | 26- | NET | VGA

전작으로부터 4년 후의 아키즈키 시가 무대인 어드벤처 게임. 오랜만에 아키즈키 시를 찾아온 주인공 '혼고지 카이토'와 히로인들 간의 연애 이야기를 그렸다. 플레이어가 선택지를 고르다보면 심리 테스트가 진행되며, 그 결과로 전개가 변화한다는 특징이 있다.

Ever17 : the out of infinity

Dreamcast
키드 AVG 2002년 8월 29일 6,800엔 부들부들 팩 지원

1 | 26- | NET | VGA

▲ 해저에 고립된 테마파크를 무대로 삼은 어드벤처 게임. '인피니티' 시리즈의 제 2탄으로서, 이후 발매되는 시리즈 연작들의 시발점이 되었다.

「Never7」(104p)에 이어, 연애와 SF 미스터리를 융합시킨 작품. 스토리 도처에 숨겨진 비밀을 밝혀내자. 사고로 바다 속 해양 테마파크 내에 고립된 사람들의 군상극을 그린 작품으로서, 시나리오는 SF 중심이지만 철학·오컬트까지 포괄한다. 원안·시나리오는 전작에 이어 우치코시 코타로가 맡았다. 첫 번째 시나리오를 넘긴 시점에선 오히려 의문이 불어나지만, 전부 클리어하고 마지막 시나리오에 도달하면 노도의 전개와 함께 그동안의 모든 수수께끼가 풀린다.

이카루가

Dreamcast

트레저 / ESP STG 2002년 9월 5일 6,800엔 아케이드 스틱, 부들부들 팩 지원

1-2 | 34 | NET | VGA

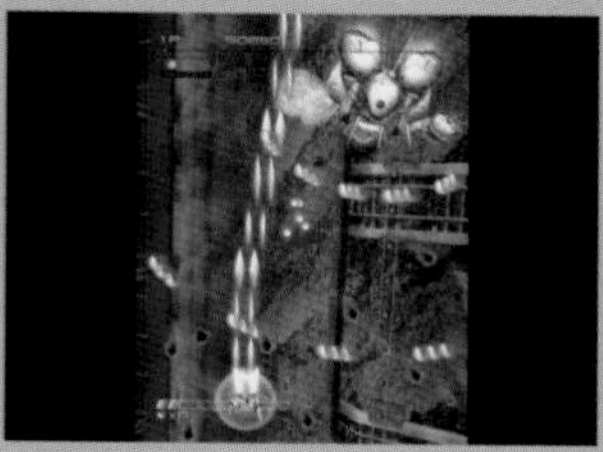

▲ 시스템이 매우 독자적이고, 그래픽·연출·음악 공히 극도로 예술성이 높은 타이틀. 아케이드판을 충실하게 이식했으며, 스테이지 셀렉트도 가능하다.

2001년 가동된, 총 5스테이지의 아케이드용 탑뷰 종스크롤 슈팅 게임의 이식작. 플레이어 기체는 백색·흑색 속성을 즉시 전환 가능하며, 같은 색 적탄은 맞아도 미스되지 않고 오히려 흡수해버리는 독자적인 시스템이 특징이다. 흡수한 적탄은 호밍탄으로 발사 가능. 난이도는 3단계이며, 고난이도 모드에서는 동일 속성의 적기를 파괴하면 반격탄이 날아온다. 그래픽·연출·BGM 모두 수준이 높아, 발매된 지 20년이 넘은 지금 즐겨도 완성도가 뛰어나다.

SIMPLE 2000 시리즈 DC Vol.1 : BITTERSWEET FOOLS - THE 연애 어드벤처

Dreamcast

D3 퍼블리셔 AVG 2002년 8월 29일 2,000엔

1-2 | 99- | NET | VGA

PC로 발매되었던 성인용 게임을 이식한 작품. 이탈리아의 피렌체를 무대로, 주인공 청년과 순진한 히로인 간의 만남을 그렸다. 이식하면서 모든 그래픽을 리뉴얼했고 풀 보이스화하였으며, 신규 시나리오도 2개 추가했다.

판도라의 꿈

Dreamcast

NEC 인터채널 AVG 2002년 9월 12일 6,800엔 부들부들 팩 지원

1-2 | 99- | NET | VGA

파자마 소프트의 성인용 게임 이식작. 친구들과 함께 보낸 여름방학 마지막 일주일간을 몇 번이고 반복하는 루프물이다. DC판은 성인용 장면을 삭제한 대신 신규 이벤트·CG를 추가했고, 외길인 루트에도 새로운 전개를 넣었다. 팬 디스크의 컨텐츠도 수록했다.

그대가 바라는 영원

Dreamcast

알케미스트 AVG 2002년 9월 26일 7,400엔 부들부들 팩 지원

1 | 29- | NET | VGA

▲ 2001년 발매했던 PC용 게임의 이식작. 원작은 주인공과 히로인이 얽힌 진흙탕 삼각관계를 교묘한 시나리오로 잘 그려낸, 개발사 아쥬의 출세작이다.

PC로 발매했던 성인용 게임을 개변 이식한 타이틀. 당시엔 미소녀 게임의 금기였던 농후한 삼각관계 전개를, 찐득하면서도 교묘하게 잘 연출한 어드벤처 게임이다. 스토리는 총 2부 구성이며, 원작은 발매 시 제 1부 전체를 체험판으로 배포해 화제가 되었다. DC판은 오리지널 요소인 캐릭터 입술 애니메이션 추가 덕에, 성우의 명연기와 어우러져 스토리가 더 드라마틱해졌다. 부들부들 팩도 지원해, 진행 도중의 다양한 감정변화 등을 체험할 수도 있다.

1-2 플레이 가능 인원 | 99- 메모리 백업 용량 | NET 네트워크 지원 | VGA VGA 박스 지원

SIMPLE 2000 시리즈 DC Vol.2 : 여름빛 Celebration - THE 연애 시뮬레이션

Dreamcast

D3 퍼블리셔 SLG 2002년 9월 26일 2,000엔

1 | 5 | NET | VGA

PC용 연애 시뮬레이션 게임의 이식작. 고교생 '칸자키 코우스케'가 하계 학원강습·아르바이트 등의 과정에서 히로인들과 만나 관계를 쌓아간다는 스토리다. 게임을 새로 시작할 때마다 게임의 전개나 이동 가능 장소가 변화하는 시스템을 탑재했다.

SIMPLE 2000 시리즈 DC Vol.3 : 만남 - THE 연애 시뮬레이션

Dreamcast

D3 퍼블리셔 SLG 2002년 9월 26일 2,000엔

1 | 21 | NET | VGA

하계 학원강습 아르바이트로 만나게 된 소녀와의 연애를 그린 시뮬레이션 게임. 수험 실패로 좌절한 상태였던 주인공이, 학원 강사 일로 만나게 된 5명의 귀여운 여고생들과 사제로서 교류하다 친해지면서, 이윽고 연애로 발전하게 된다.

SIMPLE 2000 시리즈 DC Vol.4 : 오카에릿! - THE 연애 어드벤처

Dreamcast

D3 퍼블리셔 AVG 2002년 9월 26일 2,000엔

1 | 18 | NET | VGA

DC판 'SIMPLE 2000 시리즈'의 마지막 타이틀. 교육실습생으로 고향 히메카미 섬에 돌아온 주인공의 연애를 그렸다. 사카모토 마아야·이케자와 하루나 등 당시 인기 성우들을 기용했으며, 캐릭터 디자인은 인기 일러스트레이터 타다노 카즈코가 맡았다.

나와, 우리들의 여름

Dreamcast

키드 AVG 2002년 9월 26일 7,800엔

부들부들 팩 지원

1 | 22- | NET | VGA

PC로 발매했던 성인용 연애 어드벤처 게임을 이식한 타이틀. 모두에게 마음의 고향이었던 마을이 댐 건설로 수몰된다는 소문을 듣고 찾아온 주인공 '코세키 타카오'가, 친구들과 깊이 교류하며 사랑의 아련함을 깨닫는다는 스토리를 그렸다.

미싱 파츠 2 : 더 탐정 스토리즈

Dreamcast

포그 AVG 2002년 10월 24일 4,800엔

부들부들 팩 지원

1 | 33 | NET | VGA

신출내기 탐정이 난해한 사건을 해결한다는 스토리의 연재형 어드벤처 게임 제 2탄. 이 작품에는 제 3화 '맡겨진 페이퍼나이프', 제 4화 '뜯어진 테디베어' 두 화가 수록되었다. 클리어 후에 평가도 나오니, A랭크를 노려보자.

메이☆플

Dreamcast

프린세스 소프트 AVG 2002년 10월 24일 6,800엔

1 | 7- | NET | VGA

PC판을 이식한 순애 어드벤처 게임. 로봇 공학자인 아버지가 제작한 메이드 로봇 '리노'와 데이터 수집을 목적으로 동거하게 되면서 스토리가 시작된다. 이식 과정에서 신규 시나리오와 CG를 추가했고, 음성도 완전 풀 보이스화했다.

룸메이트 아사미 : 사모님은 여고생 Director's Edition

Dreamcast
데이텀 폴리스타 AVG 2002년 11월 21일 6,800엔
부들부들 팩 지원

1 | 5 | NET | VGA

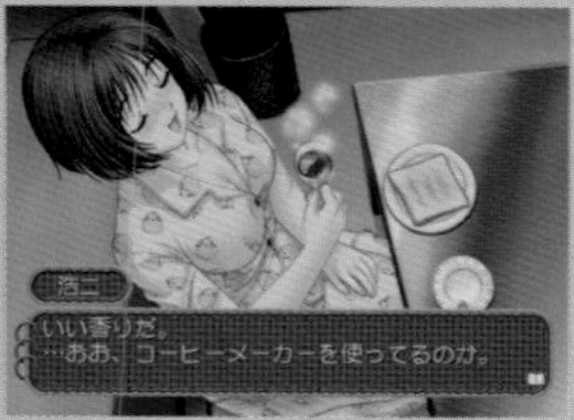

코바야시 히요코의 만화 '사모님은 여고생'을 원작으로 삼은 타이틀. 본체 내장시계와 연동되는 형태로 이벤트가 발생하는 「룸메이트」 시리즈 계열 신작이기도 하다. 플레이어는 학교 교사가 되어, 여고생 제자인 아사미와 비밀의 결혼생활을 보낸다.

추억으로 바뀌는 그대 : 메모리즈 오프

Dreamcast
키드 AVG 2002년 11월 28일 6,800엔

1 | 22- | NET | VGA

「메모리즈 오프」 시리즈의 제 3탄. 대학생이 주인공인, 실험성 강한 작품이다. 주인공 카가 쇼고가 치하야 지역의 인기 카페 'cubic cafe'에서 옛 연인 쿠로스 카나타와 재회하며, 스토리가 본격적으로 움직인다. 카나타 외에도 6명의 히로인이 등장한다.

코노하나 2 : 닿지 않는 레퀴엠

Dreamcast
석세스 AVG 2002년 11월 28일 3,800엔
부들부들 팩 지원

1 | 33- | NET | VGA

전작과 동일하게, 아카호리 사토루의 창작 집단 'SATZ'가 기획·제작한 어드벤처 게임. 농구부 부실에서 화재로 3학년생 1명이 사망하는 사건이 일어난다. 주인공 '메구루'와 히로인 '미아코'는, 전학생 사쿠라다 시노부와 추리 승부를 펼치며 사건을 파고든다.

더 킹 오브 파이터즈 2001

Dreamcast
플레이모어 ACT 2002년 12월 26일 5,800엔
아케이드 스틱, 부들부들 팩 지원

1-2 | 7 | NET | VGA

네스츠 편 3부작의 최종장에 해당하는 타이틀로서, 원작은 플레이모어 사 명의로 출시된 첫 KOF다. 캐릭터 일러스트도 노나가 새로 담당했다. 4명이 한 팀을 이루며, 그중 스트라이커 수를 0~3명까지 자유롭게 설정하는 '택티컬 오더 시스템'을 도입했다.

무사피의 초코 마커

Dreamcast
에콜 소프트웨어 PZL 2002년 12월 26일 5,800엔

1-2 | 8 | NET | VGA

아케이드판을 이식한 입체 퍼즐 게임. '초코'라 불리는 블록을 같은 색 초코 사이에 끼우면 없어진다는 룰이며, 이 룰을 게임 내에서는 '잼'이라 호칭한다. 클리어 조건은 'BOSS' 표시가 있는 검은색 보스 초코를 제외한 나머지 초코를 전부 없애는 것이다.

눈 이야기

Dreamcast
TAKUYO AVG 2002년 12월 26일 6,800엔

1 | 9- | NET | VGA

PC로 발매되었던 연애 어드벤처 게임의 이식작. 주인공이 다니는 학교의 스키 교실이, 매년 협조해주었던 여관의 개수공사로 인해 개최장소가 변경된다. 그렇게 도달한 새 장소는 설녀 전설이 전해 내려오는 산이었는데, 그곳에서 신비한 사건을 마주하게 된다.

1-2 플레이 가능 인원 | 99- 메모리 백업 용량 | NET 네트워크 지원 | VGA VGA 박스 지원

2003

Dreamcast Software All Catalogue

2003년에 발매된 드림캐스트용 소프트 발매 수는 27개 타이틀. 전년도에서 다시 절반으로 줄어, 누가 보아도 내리막길에 접어들었음을 실감할 만한 해였다. 미소녀 게임 전용 기기라는 경향성도 한층 강화되어, 27개 타이틀 중 미소녀 게임이 아닌 타이틀은 「더 킹 오브 파이터즈 2002」·「보더 다운」·「괴도 애프리컷」 단 세 작품이라는 압도적 소수가 되었다.

뒤집어 말하면, 미소녀 게임 팬에게는 자신이 애호하는 장르의 게임들이 지속적으로 발매되는 플랫폼이었던 데다 개발사 입장에서도 고정적인 판매량이 보장되었다는 의미도 되므로, 양쪽의 수요와 공급 밸런스가 절묘하게 맞아들어 말기의 드림캐스트 시장을 이끌어가게 되었다.

Wind : a breath of heart

Dreamcast 알케미스트 AVG 2003년 1월 30일 6,800엔 부들부들 팩 지원

1 | 5- | NET | VGA

PC용 연애 어드벤처 게임을 이식한 작품. 10년 만에 고향으로 돌아온 주인공과, 카즈네 시의 히로인들 간의 이야기를 그렸다. 등장하는 히로인들이 모두 특별한 능력을 지닌 것이 특징. 이 작품의 오프닝 동영상과 삽입 동영상은 신카이 마코토가 제작했다.

Pia♡캐럿에 어서 오세요!! 2

Dreamcast NEC 인터채널 SLG 2003년 2월 6일 3,800엔

1 | 25 | NET | VGA

합본 이식작이었던 「Pia♡캐럿에 어서 오세요!! 2.5」(117p)에서 2편만 분리해 저렴하게 재발매한, 사실상의 염가판. 발매를 1개월 앞둔 상태였던 3편(139p)의 판촉 성격도 겸비한 작품인지라, 3편의 캐릭터가 선행 등장하는 드라마 CD를 동봉했다.

하늘을 나는 날개 : Blue-Sky-Blue[s]

Dreamcast 레인디어 AVG 2003년 2월 26일 6,800엔

1 | 8 | NET | VGA

PC로 발매된 성인용 게임을 이식한 작품. 아버지의 전근으로 이사를 가게 된 주인공과, 그를 따라가기 위해 주인공의 아버지와 결혼해버린 소꿉친구 '미사'를 중심으로 하여, 새로운 학교에서 만난 '푸른하늘 클럽' 친구들과의 스토리가 전개된다.

해피~ 브리~딩

Dreamcast 프린세스 소프트 AVG 2003년 2월 27일 6,800엔

1 | 25- | NET | VGA

PC용 연애 어드벤처 게임을 이식한 작품. '전래동화 멀티 엔딩 어드벤처'를 표방한 작품으로서 강아지귀가 달린 소녀, 고양이꼬리가 있는 소녀 등 동물의 특징을 지닌 소녀들이 등장하는 게임이다. 비현실적인 분위기이긴 하나, 게임 내용 자체는 밝고 즐겁다.

괴도 애프리컷

Dreamcast TAKUYO AVG 2003년 3월 6일 6,800엔

1 | 7- | NET | VGA

PC에서 대히트했던 같은 제목 어드벤처 게임의 이식작. 주인공 '모치즈키 안즈'가 여괴도 '애프리컷'으로 데뷔하려면, 5명의 남성 중 누군가의 마음을 훔치는 시험을 통과해야 한다. PC판에서는 공략 불가능이었던 3명의 이벤트 및 엔딩이 추가되었다.

인터루드

Dreamcast NEC 인터채널 AVG 2003년 3월 13일 6,800엔

1 | 9- | NET | VGA

SF적인 세계관이 특징인 어드벤처 게임. 평범한 인간인 주인공 '아이자와 나오야'가 '와츠지 아야'와의 만남을 계기로 조금씩 일상이 무너지기 시작해, 이윽고 비일상의 세계로 진입하여 세계의 진실을 알게 된다는 스토리다. 후일 OVA로도 출시되었다.

Pia♡캐럿에 어서 오세요!! 3

Dreamcast NEC 인터채널 SLG 2003년 3월 27일 6,800엔

1 | 18- | NET | VGA

▲ 기존의 패러디 중심에서 왕도 러브 스토리로 노선을 변경한 타이틀. 드림캐스트판의 패키지에는 신규 작화된 일러스트를 사용했다.

일본에서 PC로 대히트했던, 패밀리 레스토랑을 무대로 삼아 연애 어드벤처와 육성 시뮬레이션을 결합시킨 게임 시리즈의 제 3탄. 주인공 '칸나즈키 아키히코'가 되어 새로 오픈한 피아캐럿 4호점에서 여름방학 1개월 동안 일하며, 등장하는 미소녀들과 친목을 다지자. 외모·체력 등의 능력치를 올려가며, 가끔 발생하는 이벤트를 통해 소녀들의 호감을 사야 한다. PC판 기반으로 신규 이벤트·그래픽을 추가했다. 이 게임의 후일담 격인 작품이 GBA로 발매되기도 했다.

Princess Holiday : 굴러가는 사과정의 천일야화

Dreamcast 알케미스트 AVG 2003년 5월 29일 6,800엔 부들부들 팩 지원

1 | 11- | NET | VGA

▲ PC로 발매했던 성인용 미소녀 게임의 이식판. 드림캐스트판은 신규 히로인을 추가했고, 엔딩도 각 히로인별로 2개씩을 두어 총 12종류로 늘렸다.

대인기 미소녀 게임의 이식판. '심포니아 왕국'이란 작은 나라의 수도에 있는 주점 '굴러가는 사과정'을 무대로, 주인공 음유시인과 성을 빠져나온 공주님이 스토리를 이끈다. 원화 담당인 벳칸코가 디자인한 귀여운 미소녀들이 인기가 많았다. DC판 오리지널 요소로서, 원작에서는 딱 한 장면에만 나왔던 백작가의 영애 '디아나 페쉬카 홀리 애링기'가 신규 공략대상 캐릭터로 추가됐다. 또한 엔딩에 보컬 곡이 들어갔고, 신규 시나리오·그래픽도 추가했다.

카페 리틀 위시

Dreamcast

프린세스 소프트 AVG 2003년 5월 29일 6,800엔

1 | 25- | NET | VGA

PC용으로 발매된 성인용 게임이자, 브랜드 '파티세'의 데뷔작이기도 한 게임을 이식한 작품. '카페 리틀 위시'에서 숙식하며 일하게 된 기억상실증 주인공 '레온'이, 근교에 사는 소녀들과 깊이 교류해가는 어드벤처 게임이다.

더 킹 오브 파이터즈 2002

Dreamcast

플레이모어 ACT 2003년 6월 19일 6,800엔
아케이드 스틱, 부들부들 팩 지원

1-2 | 7 | NET | VGA

이오리스 사가 관련된 마지막 KOF이자, 세가 게임기로는 최후의 SNK계 소프트. 네스츠 편의 집대성격인 작품으로서, 스트라이커 제를 폐지하고 '98까지 채용됐었던 3 : 3 배틀을 부활시켰다. 대전 시의 게임 밸런스도 호평받아, 시리즈 중에서도 인기가 높은 작품.

백힐초화 : EPISODE OF THE CLOVERS

Dreamcast

NEC 인터채널 AVG 2003년 6월 26일 6,800엔 부들부들 팩 지원

1 | 5- | NET | VGA

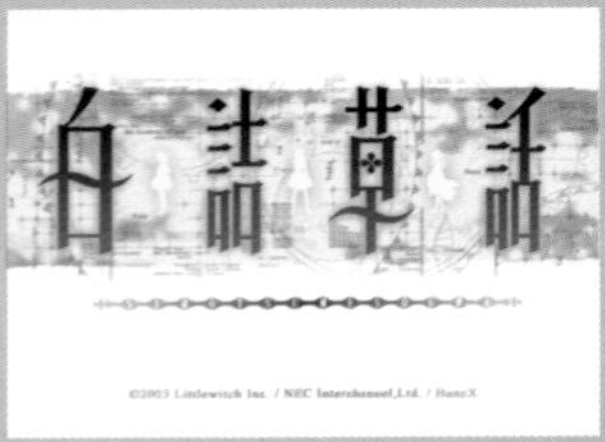

▲ 'NOCCHI' 오오야리 아시토의 팬은 꼭 거쳐야 할 타이틀. 오오야리가 Littlewitch 대표로서 원화뿐만 아니라 시나리오·연출까지 총괄하며 자신의 취향을 관철한 작품이다.

2002년 발매했던 PC 게임의 이식작. 미소녀들의 훈훈한 일상과, 쓸쓸하면서도 생동감 있는 묘사로 인기를 얻었다. 특징은 그림과 대사를 만화 컷·말풍선처럼 보여주는 FFD(Floating Frame Director) 시스템으로서, 기존 미소녀 게임과 뚜렷이 구분되는 연출을 구현했다. 주인공이 개발한 3명의 미소녀형 군사 안드로이드 '엑스트라'와, 그녀들을 군사적으로 이용하려는 군과의 싸움이 주요 스토리다. 이식하면서 풀보이스화해, 드라마에 현장감을 배가했다.

마녀의 다과회

Dreamcast

NEC 인터채널 AVG 2003년 6월 26일 6,800엔
부들부들 팩 지원

1 | 11- | NET | VGA

PC로 발매된 성인용 연애 어드벤처 게임을 이식한 작품. 인간과의 교류를 위해 파견된 어린 마녀들과, 인간 주인공 '노나카 로쿠스케' 간의 교류를 그린 작품이다. 이식 과정에서 이벤트·캐릭터를 새롭게 추가하였다.

마이 메리 메이비

Dreamcast

키드 AVG 2003년 7월 10일 6,800엔
부들부들 팩 지원

1 | 26 | NET | VGA

「마이 메리 메이」(132p)의 속편인 연애 어드벤처 게임. 인공생명체 '레프리스' 소녀를 둘러싸고 '삶'과 '죽음'이 소재인 에피소드가 동시다발적으로 전개되는, 드라마성이 강한 작품이다. 전작에서 해결되지 않았던 수수께끼의 해답도 이 작품에서 밝혀진다.

마지 : MARGINAL

Dreamcast 프린세스 소프트 AVG 2003년 7월 17일 6,800엔

1 | 19- | NET | VGA

서양식 저택이 무대인 PC용 판타지 메이드 연애 어드벤처 게임의 이식작. 주인공 '아자나'가 조부로부터 물려받은 저택에 들어와 보니, 아자나를 기다리는 5명의 메이드가 있었다. 게임을 클리어하다 보면 주인공의 비밀이 서서히 밝혀지는 구조의 게임이다.

포 심포니 : with all one's heart

Dreamcast TAKUYO AVG 2003년 7월 31일 6,800엔

1 | 5- | NET | VGA

사춘기를 테마로 삼은 어드벤처 게임. 주인공의 성별을 플레이어가 정할 수 있다. 등장하는 캐릭터는 남성 4명과 여성 4명으로서, 이성 상대와 연인이 되든 동성과 친구가 되든 플레이어의 자유다. 관계가 깊어질수록 상대의 의외의 일면이 보이기 시작한다.

미싱 파츠 3 : 더 탐정 스토리즈

Dreamcast 포그 AVG 2003년 7월 31일 4,800엔
부들부들 팩 지원

1 | 33 | NET | VGA

미스터리가 소재인 어드벤처 게임의 제 3탄. 수록된 스토리는 제 5화 '망설임의 회중시계', 제 6화 '추억의 펜던트' 두 가지다. 제 1탄부터 이어져온 6가지 사건 사이에는 희미한 연결고리가 있는데, 이 작품에서 드디어 숨겨져 있던 연관성이 드러나게 된다.

동거인 : 햇살과 그녀의 실내복

Dreamcast NEC 인터채널 AVG 2003년 8월 7일 6,800엔
부들부들 팩 지원

1 | 12- | NET | VGA

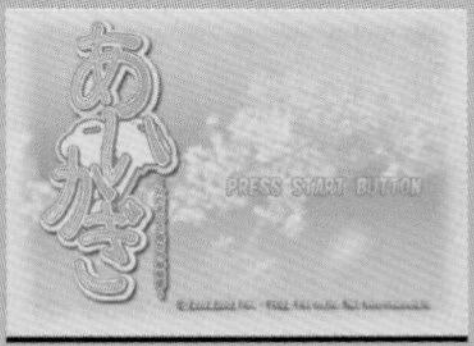

PC용 연애 어드벤처 게임을 이식한 작품. 아버지의 교통사고 사망을 계기로, 주인공은 반 담임이면서 동급생의 언니이기도 한 '하즈키 아야네'의 집에 졸업 시까지 얹혀 살기로 한다. 오리지널 일러스트의 전화카드를 동봉한 한정판도 발매됐다.

Iris : 이리스

Dreamcast 키드 AVG 2003년 8월 7일 6,800엔
부들부들 팩 지원

1 | 23 | NET | VGA

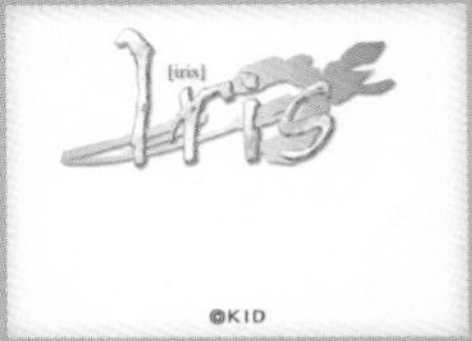

PS2로 발매했던 연애 어드벤처 게임의 이식작. 고교 입시를 앞둔 중학생이 주인공인 스토리로서, 중학교 3학년의 3학기라는 단기간에 피어나는 연애를 그렸다. 퀵 로드 기능과 스킵 기능 등의 편의성 시스템이 충실해, 반복 플레이가 매우 간편하다.

에르데 : 노간주나무 아래서

Dreamcast 키드 AVG 2003년 8월 7일 6,800엔
부들부들 팩 지원

1 | 21 | NET | VGA

현실세계와 가상세계 '타운'이라는 두 세계를 무대로 삼아 전개되는 어드벤처 게임. 오토바이 사고로 알게 된 방랑자 '요코'의 '넓은 세계를 경험해본다'는 사고방식에 감화되어, 주인공 타쿠미도 자신의 미래를 진지하게 고민하기 시작한다는 스토리다.

SNOW

Dreamcast

NEC 인터채널 AVG 2003년 9월 25일 6,800엔 부들부들 팩 지원

1 | 6- | NET | VGA

▲ 2003년 발매했던 미소녀 게임의 이식작. 구성·작풍에 Key의 「Kanon」과 「Air」의 영향이 크며, 아예 해당 브랜드의 감수까지 받았다.

스튜디오 뫼비우스가 발매한 성인용 미소녀 게임의 이식판. 인기 원화가 아스카뿅이 디자인한 미소녀와, 1년 내내 눈에 뒤덮인 마을에서 전개되는 애절한 스토리로 호평받은 작품이다. 600종 이상의 효과음과 특수효과를 풍성히 활용한 영상미, 스토리 진행에 따른 강설 유무 변화, 특정 캐릭터에 적용되는 '포옹 시스템' 등, 연출 면에서도 공을 들인 작품이다. DC판은 신규 비주얼을 추가하고 인기 성우진으로 풀 보이스화했으며, 고양이에까지 보이스를 넣었다.

보더 다운

Dreamcast

그레프 STG 2003년 9월 25일 6,800엔 아케이드 스틱, 부들부들 팩 지원

1 | 7 | NET | VGA

▲ 2003년 가동했던 아케이드용 게임의 이식작. 아케이드판을 재현한 모드와, 적의 패턴 및 BGM을 변경한 어레인지 모드를 탑재했다.

'평행세계'를 테마로 삼은 횡스크롤 슈팅 게임. 화성연합의 전투기 안타레스(통칭 '레드 와스프')를 조작해 정체불명의 적 'F·A'와 싸우자. 특징은 난이도에 따라 GREEN·YELLOW·RED로 루트가 나뉘는 '보더 시스템'으로서, 주인공은 원격 시스템으로 각 루트를 동시에 진행하고 있다는 설정이다. 보더의 난이도가 높을수록 고득점이지만, 미스하면 한 단 아래 난이도로 강제 이행된다. 샷 파워는 5단계로 변화하며, 화면 하단 게이지가 많을수록 샷이 강해진다.

Ever17 : the out of infinity PREMIUM EDITION

Dreamcast

키드 AVG 2003년 11월 27일 4,800엔 부들부들 팩 지원

1 | 26- | NET | VGA

▲ 2002년 발매했던 「Ever17」(134p)에 추가요소를 덧붙인 버전. 이벤트 CG와 바스트업 일러스트를 추가했고, 일부 오류를 수정했다.

PC로 선행 발매했던 완전판 「Ever17」의 이식작. 컨텐츠 자체는 이전 발매했던 「Ever17」과 동일하며, 사고가 벌어진 해양 테마파크 'LeMU'(레뮤) 내에 고립된 남녀 7명의 탈출극을 그렸다. 레뮤에 놀러 온 청년 '타케시', 혹은 기억을 잃은 '소년' 중 하나를 선택해 해저를 탈출하자. 시나리오는 타케시 편 2종류와 소년 편 2종류로서, 이를 전부 클리어하면 최종 루트가 개방된다. 이후 계속되는 「인피니티」 시리즈의 작풍을 결정지은 작품이다.

스위~트 시~즌

Dreamcast TAKUYO AVG 2003년 10월 23일 6,800엔

1 | 4- | NET | VGA

쇼기부의 1학년생 주인공이, 같은 쇼기부 부원인 소녀 '진구지 아유미'와 만나 친해져가는 연애 어드벤처 게임이다. 특징은 부 활동·대회에서 쇼기를 두는 장면이 나올 때 쇼기 관련 문제가 80종 이상 출제되며, 정답을 맞히면 대국 결과가 변화한다는 것이다.

연애 CHU! : 해피 퍼펙트

Dreamcast GN 소프트웨어 AVG 2003년 11월 27일 6,800엔

1 | 11- | NET | VGA

PC판을 이식한 연애 어드벤처 게임. 어느 날 기숙사의 주인공 방에 전학생이 함께 입주하게 된다. 전학생은 실은 주인공의 메일 친구였던 NANA로서, 남장까지 하고 있었다는 스토리다. 이식되면서 추가 시나리오·이벤트 CG를 덧붙였으며, 엔딩도 추가했다.

쇼콜라 : maid cafe "curio"

Dreamcast 알케미스트 AVG 2003년 12월 25일 6,800엔 부들부들 팩 지원

1 | 11- | NET | VGA

▲ 2003년 발매했던 미소녀 게임의 이식판. 원화 담당인 네코냥과 시나리오 담당인 마루토 후미아키의 조합이 시너지를 일으켜 처음으로 주목받은 작품이다.

인기 시리즈의 첫 작품. 성인용 미소녀 게임의 이식작으로서, 훗날 아키하바라를 휩쓰는 메이드 카페 붐에 결정적 영향을 끼친 작품으로도 유명하다. 재혼한 아버지 대신, 고풍스런 분위기의 찻집 '큐리오'의 점장대리로 활약하자. 게임 기간은 3개월. 그동안 주인공은 의붓여동생과 동거하고 순진무구한 소녀·전 동급생·소꿉친구·찻집 점원 등등과 친목을 다지며, 경영책임자로서 찻집의 활기를 되찾아야 한다. 호감도 시스템이 있으며, 각 히로인별로 노멀·트루 엔딩을 준비했다.

센티멘털 그래피티 : 약속

Dreamcast NEC 인터채널 AVG 2003년 12월 25일 3,800엔

1 | 2 | NET | VGA

게임잡지 '전격 G's 매거진'에 연재된 소설이 소재인 비주얼 노벨. 소설 단행본의 상권 내용을 담고 있으며, 어린 시절의 히로인 12명과 주인공 간의 추억 및 이별을 그려냈다. 소설의 하권 내용을 담은 「재회」 편도 발매 예정이었으나, 결국 취소되었다.

모에컴

Dreamcast 프린세스 소프트 AVG 2003년 12월 25일 6,800엔

1 | 27- | NET | VGA

PC판을 이식한 어드벤처 게임. 주인공은 메이드를 육성하는 훈련소가 있는 '모에코 섬'의 소장으로 좌천된 전직 최강 용병이다. 등장하는 히로인 전원이 메이드라는 독특한 세계관이 특징이며, 배틀과 시리어스 전개에 중점을 둔 작품이다.

1-2 플레이 가능 인원 | 99- 메모리 백업 용량 | NET 네트워크 지원 | VGA VGA 박스 지원

2004

Dreamcast
Software
All Catalogue

2004년의 드림캐스트용 소프트 발매 수는 불과 17개 타이틀이다. 이미 세가의 가정용 하드웨어 사업 철수 발표 후 3년이나 경과한지라, 시장 자체가 서서히 죽어가는 느낌이 강했다.

그런 와중에서도 마지막까지 드림캐스트 시장을 지탱한 게임은 아케이드용 게임 이식작들로서, NAOMI로 개발되었던 「뿌요뿌요 피버」·「식신의 성 Ⅱ」·「사이바리아 2 : THE WILL TO FABRICATE」가 이 해에 발매되었다.

한편, 이 즈음부터 회사 내의 드림캐스트 재고가 완전 소진되었기에, 세가는 잔여 수리부품을 재조립한 리퍼비시(재생품) 본체를 발매했다. 이것이 말 그대로 '최후의 드림캐스트'가 되었다.

IZUMO : 이즈모

Dreamcast
Studio e·go!　RPG　2004년 1월 29일　7,800엔

1　24-　NET　VGA

일본 신화를 모티브로 삼은 PC용 롤플레잉 게임의 이식작. 야마모토 카즈에가 디자인한 소녀들이 미려한 그래픽으로 등장한다. 어느 날 갑자기 고대 일본으로 워프돼 버린 주인공이, 수호신의 힘을 빌리며 현대로 돌아가기 위해 싸움에 몸을 던진다.

타마큐

Dreamcast
NEC 인터채널　AVG　2004년 1월 29일　6,800엔
부들부들 팩 지원

1　18-　NET　VGA

PC용 연애 어드벤처 게임을 이식한 작품. 큐피드 '멜'의 수행을 돕게 된 주인공이, 주변 캐릭터들 간의 연애를 성사시켜주며 에너지를 모으는 것이 목적이다. 자신이 직접 히로인과의 연애를 성취할 수도 있다.

뿌요뿌요 피버

Dreamcast
세가　PZL　2004년 2월 24일　4,980엔　부들부들 팩 지원

1-2　4-　NET　VGA

▲ 인기 낙하계 퍼즐 게임「뿌요뿌요」시리즈의 리부트 신작. 세가 내부 개발작으로서, 시스템부터 세계관·등장 캐릭터까지 전부 새로 디자인했다.

2003년 가동했던 아케이드용 게임의 이식작. 컴파일 사로부터 권리를 사들인 세가가 직접 개발하여, 새 주인공으로 '아미티'를 내세웠고 기타 캐릭터도 아르르·카방클 외에는 전원 교체했다. 세계관·색조도 발랄하게 바뀌고, 게임 분위기에도 이를 반영했다. 시스템은「뿌요뿌요 투」기반이면서도, '연쇄의 씨앗'으로 일발역전을 노리는 '피버 모드'를 추가해 초보자라도 호쾌한 대연쇄가 가능하다. '묶음뿌요'를 추가해, 상급자에게도 신선한 재미를 준다.

HARDWARE 1998 1999 2000 2001 2002 2003 2004 2005 2006 2007 OVERSEA INDEX

Dreamcast 사이바리아 2 : THE WILL TO FABRICATE

석세스 STG 2004년 2월 26일 5,800엔 아케이드 스틱, 부들부들 팩 지원

1 | 12 | NET | VGA

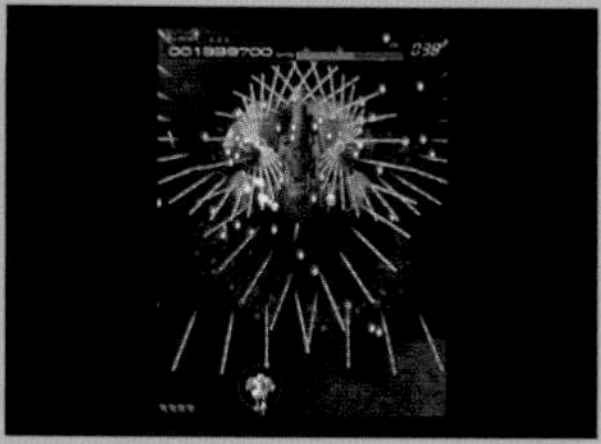

▲ 탄막계 슈팅 장르의 대표작 중 하나. 「사이바리아 : REVISION」의 속편으로서, BUZZ·롤링 시스템으로 '탄막을 파고드는' 쾌감이 일품이다.

2003년 가동했던 아케이드용 게임의 이식판. 무수한 적탄 사이를 파고들며 진행하는 종스크롤 탄막계 슈팅 게임이다. 특징은 적 기체나 적탄에 아슬아슬하게 스치면 파워 업되는 'BUZZ' 시스템으로서, 적기를 물리치거나 BUZZ를 유발시키면 경험치를 얻으며, 레벨 업하면 샷 레벨도 올라간다. 기체를 롤링시키면 이동속도가 오르거나 피탄판정이 작아지기도 한다. '슈팅 중시형'과 'BUZZ 중시형'으로 경험치 획득에 차이를 둔 2종류의 기체를 제공한다.

Dreamcast After… : 잊지 못할 인연

피오네소프트 AVG 2004년 2월 26일 6,800엔

1 | 12- | NET | VGA

PC용 연애 어드벤처 게임을 이식한 작품. 반더포겔부 부원인 '타카와시 유이치'가 친구들과 함께 '일본의 알프스'로 불리는 호타카다케 산의 종주를 목표로 한다는 스토리다. 2부 구성으로서, 모든 스토리를 클리어하면 어나더 스토리가 개방된다.

Dreamcast 손바닥을, 태양에

프린세스 소프트 AVG 2004년 3월 25일 7,500엔

1 | 27- | NET | VGA

PC판을 이식한 어드벤처 게임. 아름다운 자연에 둘러싸인 마을 스이고쵸에 사는 '하루노 아키오'가 '나츠노모리 토와'라는 소녀와 만나며 스토리가 시작된다. 그녀와 친해질수록 되살아나는 기억. 우울한 전개도 있으나, 스토리 면에서는 호평이 많은 작품이다.

Dreamcast 식신의 성 II

알파 시스템 STG 2004년 3월 25일 6,800엔 아케이드 스틱, 부들부들 팩 지원

1-2 | 61 | NET | VGA

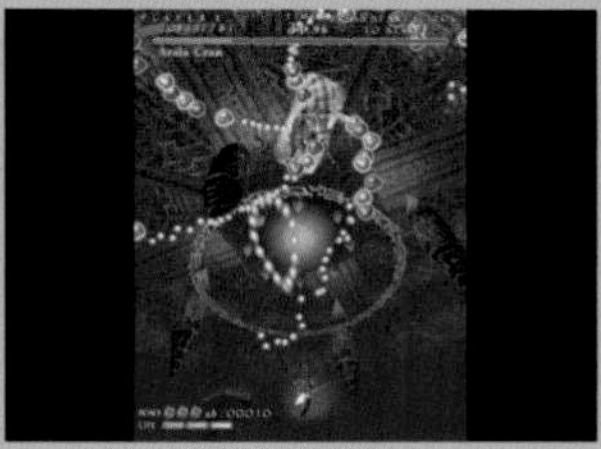

▲ 탄막계 슈팅 장르의 히트작 「식신의 성」의 속편. 개성적인 캐릭터들이 펼치는 비장감 넘치는 스토리와 화려한 탄막으로 인기를 모았다.

2003년 가동했던 아케이드용 게임의 이식작. 원작의 개발사가 직접 이식해 이식도가 충실하며, 다양한 게임 모드를 추가했다. 도쿄 상공에 부상한 거대한 성을 둘러싼 스토리로서, 사용 가능 캐릭터는 총 7명. 특징은 캐릭터별로 설정된 '식신'으로서, 식신 공격은 '1식'·'2식' 중에서 고를 수 있다. 적기나 적탄에 근접할수록 득점과 획득 코인이 늘어나는 오리지널 시스템이 있으며, 식신 공격을 사용했을 때는 적이 드롭한 코인이 자동으로 습득된다.

1-2 플레이 가능 인원 | 99- 메모리 백업 용량 | NET 네트워크 지원 | VGA VGA 박스 지원

바람의 노래

Dreamcast 레인소프트웨어 AVG 2004년 4월 15일 7,500엔

1 | 6- | NET | VGA

PC용 연애 어드벤처 게임을 이식한, 훈훈하면서도 애절한 하트풀 스토리가 전개되는 작품. 해변의 시골마을을 무대로, 히로인들과 만나 그녀가 지닌 마음의 상처를 어루만져 치유시켜 주자. 드림캐스트판은 신규 CG와 신규 음성을 수록했다.

오렌지 포켓 : 코르넷

Dreamcast 피오네소프트 AVG 2004년 4월 28일 6,800엔

1 | 13- | NET | VGA

PC용 연애 어드벤처 게임을 이식한 작품. 원작에 없었던 신 캐릭터 한 명이 추가되었다. 자연에 파묻힌 시골 마을을 무대로 삼아 즐거운 나날이 계속될 것만 같았건만, 도시에서 전학생이 오는 시점을 경계로 커다란 변화가 찾아오기 시작한다.

체리 블러섬

Dreamcast TAKUYO AVG 2004년 4월 28일 6,800엔

1 | 4- | NET | VGA

보이즈 러브를 소재로 다룬 연애 어드벤처 게임. 주인공은 남자고교 재학생이자 학생회 서기인 '오세 사츠키'로서, 사츠키의 휴대폰에 오기 시작한 문자메시지를 계기로 스토리가 시작된다. 한정판에는 미니 드라마를 수록한 보너스 CD를 동봉했다.

피치카토 폴카 : 연쇄현야

Dreamcast 키드 AVG 2004년 6월 17일 6,800엔

1 | 33- | NET | VGA

알프스 산맥을 낀 관광도시 헥센부르그가 무대인 PC용 어드벤처 게임의 이식작. 선배인 이쿠시마 시즈카를 찾아 도시를 방문한 주인공이 연쇄살인사건을 알게 되어 이를 조사하는 과정에서, 헥센부르그에 전해 내려오는 마녀 전설에 접근해간다.

달은 동쪽에, 해는 서쪽에 : Operation Sanctuary

Dreamcast 알케미스트 AVG 2004년 6월 24일 6,800엔

1 | 19- | NET | VGA

▲ 2003년 발매했던 성인용 미소녀 게임의 이식작. 원 개발사인 어거스트가 전작에 이어 히트시켜, 업계 내에서 브랜드의 입지를 다져낸 작품이다.

미소녀 게임 브랜드인 어거스트의 명작을 이식한 작품으로서, 원작은 일본에선 '하니하니'라는 약칭으로도 유명하다. 벳칸코가 디자인한 귀여운 소녀들과, 학교가 무대인 시끌벅적 코미디가 특징. 주인공 '쿠즈미 나오키'가 되어 소꿉친구·반 친구·친척 여동생 등의 미소녀들과 교류하자. DC판은 원작의 속옷 노출 등을 그대로 재현했고, 신규 루트도 추가했다. 또한 PC판의 서브 캐릭터 '아키야마 후미오'가 공략 대상으로 승격됐고, 신 히로인 '히로세 유카'도 등장한다.

노래하는♪ 텀블링 다이스

Dreamcast

레인디어 AVG 2004년 6월 24일 6,800엔

1 | 20 | NET | VGA

PC판을 이식한 어드벤처 게임. 사장의 유산을 상속해준다는 말만 믿고 서류에 도장을 찍었다가 막대한 빚을 지게 된 주인공이, 상속받은 노래방 업소의 점장이 되어 미소녀 자매 3명과 협력하여 업소를 부흥시키기까지를 그린 스토리다.

파티셰 냥코 : 첫사랑은 딸기맛

Dreamcast

피오네소프트 AVG 2004년 9월 22일 6,800엔

1 | 15- | NET | VGA

성인용 PC 어드벤처 게임을 이식한 작품. 착각으로 인해 밤이면 고양이(냥코)로 변하는 고양이 마법에 걸린 주인공이, 마법을 풀기 위해 소녀들의 협력을 받으며 다양한 사건을 겪게 된다. DC판에서는 새로운 엔딩이 추가되었다.

발드 포스 EXE

Dreamcast

알케미스트 AVG 2004년 10월 28일 7,100엔 아케이드 스틱, 부들부들 팩, 드림캐스트 키보드, 드림캐스트 마우스 지원

1 | 25- | NET | VGA

▲ 2003년 발매했던 미소녀 게임의 이식작. 가정용 이식판인지라 성애장면은 삭제됐지만, 중후한 스토리와 수준 높은 액션이 재미있다.

성인용 미소녀 어드벤처 장르에 로봇 액션을 가미한 타이틀. 원작은 인기 시리즈의 4번째 작품으로서, 사이버 공간을 무대로 '슈미크람'이라는 툴(전투용 로봇)로 싸우는 게임이다. 주인공 '소마 토오루'가 되어 테러리스트 조직을 무찌르자. 슈미크람은 게임에 등장하는 60종류 이상의 병기를 장비할 수 있으며, 탑재된 무기의 조합에 따라 오리지널 콤보가 발동된다. 어드벤처 파츠에선 선택지에 따라, 액션 파트에선 전투 승패에 따라 스토리가 분기된다.

스이게츠[水月] : 흔들리는 마음

Dreamcast

키드 AVG 2004년 10월 28일 6,800엔
부들부들 팩 지원

1 | 45- | NET | VGA

순수한 스토리로 큰 호평을 받았던 성인용 PC 게임을 이식한 작품. 민속학을 모티브로 삼아 스토리를 전개하는 어드벤처 게임이다. 사고로 기억을 잃어버린 주인공 앞에 자칭 '메이드'인 유키와, 꿈에서 만난 소녀를 꼭 닮은 소녀가 나타난다.

카오스 필드

Dreamcast

마일스톤 STG 2004년 12월 16일 4,800엔
아케이드 스틱, 부들부들 팩 지원

1 | 2- | NET | VGA

시작부터 끝까지 거대 보스와의 전투가 계속 이어지는 '보스 러시'가 메인 컨텐츠인 종스크롤 슈팅 게임. 오더 필드로 아이템을 모아 특수공격을 축적한 후, 카오스 필드로 전환하여 특수공격을 펼쳐 콤보를 늘리는 방식으로 격파하는 호쾌한 작품이다.

HARDWARE | 1998 | 1999 | 2000 | 2001 | 2002 | 2003 | 2004 | 2005 | 2006 | 2007 | OVERSEA | INDEX

2005

Dreamcast Software All Catalogue

2005년에 발매된 드림캐스트용 소프트 발매작 수는 2개 타이틀이다. 사실상 플랫폼으로서의 시장은 이미 막을 내렸고, 명맥을 지탱해왔던 미소녀 게임 이식작들조차도 시장 규모가 훨씬 큰 플레이스테이션 2와 플레이스테이션 포터블로 옮겨간 상태였기에, 이 해에 발매된 「엔젤 위시 : 너의 미소에 쪽!」이 최후의 미소녀 게임 이식작이 되었다.

한편 NAOMI 기반 아케이드용 게임이 조금씩이나마 꾸준히 출시되다 보니, 드림캐스트 이식판도 동반하여 꾸준히 발매되었다. 이 페이지에서 소개한 「트라이질」도 그 중 하나로서, 이 작품 언저리부터는 신작 소프트가 발매될 때마다 '이것이 드림캐스트 최후의 소프트일까?'가 화제로 오르기 시작했다.

엔젤 위시 : 너의 미소에 쪽!

Dreamcast

피오네소프트 AVG 2005년 2월 24일 6,800엔

1 | 55- | NET | VGA

▲ 원 개발사인 FAVORITE와, 원화를 맡았던 시다 카즈히로의 데뷔작. 왕도적인 학원물 스토리이며, 동신이 낮은 캐릭터가 많다.

2004년 발매됐던 미소녀 게임의 이식판. 돌연히 자신이 스텔라 왕국의 왕세자라는 출생의 비밀을 알게 된 주인공이 되어 학창생활을 보내자. 학교생활을 감시하던 최고궁무관이 정자를 과다 분비시키는 과일을 억지로 먹이고는, 흘러넘치는 성욕의 진정을 명목으로 미소녀 시종을 잔뜩 데려온다. 히로인 격인 미소녀는 총 7명. 초회한정판은 사토 히로미의 엔딩 송과 히로인의 보이스 컬렉션, 휴대폰 클리너가 달린 스트랩과 마우스 패드 등을 동봉했다.

트라이질

Dreamcast

트라이앵글 서비스 STG 2005년 4월 7일 6,800엔 아케이드 스틱 지원

1-2 | 4 | NET | VGA

▲ 드림캐스트 말기에 발매된 슈팅 게임. 작품 자체보다, 사장이 직접 홈페이지에서 '회사가 위기'라고 호소한 사건으로 더 화제가 된 타이틀이기도 하다.

2004년 가동했던 아케이드용 게임의 이식작. 8방향 레버와 3버튼을 사용하는 종스크롤 슈팅 게임이다. B 버튼으로 플레이어 기체가 3단계 변형되며, 와이드·미사일·레이저 등의 무기를 전환 사용할 수 있다. DC판은 본체가 생산 중지된 지 3년이나 지난 시점에 발매된 탓에 초기 판매량이 저조했으나, 사장이 직접 '트라이앵글 서비스가 위기입니다!'라고 자사 홈페이지에 호소문을 올리자 판매량이 급상승해, 개발사가 개발비용 변제에 성공했음은 물론 2007년엔 재발매까지 되었다.

2006

Dreamcast Software All Catalogue

이 해에 발매된 드림캐스트용 타이틀은 「라디르기」와 「언더 디피트」 두 작품뿐. 양쪽 모두 NAOMI 기반으로 제작된 아케이드용 슈팅 게임의 드림캐스트 이식판이다. 아케이드도 해마다 고성능·고가격화로 치닫던 터였으나, 전형적인 슈팅 게임이라면 스펙이 높을 필요가 없으므로, 업소에 충분히 보급되어 염가 공급이 가능했던 NAOMI로도 무난히 돌아가니 염가에 출시할 수 있었다. 게다가 아케이드판의 개발자원이 그대로 드림캐스트로도 돌아가므로 최소한의 이식작업으로 신작을 낼 수 있으니, 그야말로 일석이조였던 셈이다.

그런 각자의 사정이 기적적으로 맞물린 결과이긴 하나, 어쨌든 그렇게라도 드림캐스트로 신작이 계속 발매될 수 있었으니 고마울 따름이다.

라디르기

Dreamcast

마일스톤 STG 2006년 2월 16일 5,800엔 아케이드 스틱, 부들부들 팩 지원

1 | 4 | NET | VGA

▲ 당시 보급률이 높았던 '피처폰'을 모티브로 삼은 타이틀. 비주얼에 툰 렌더링 기술을 사용한 탓에, 발랄한 색조의 그래픽이 특징이다.

2005년 가동했던 아케이드용 게임의 이식작. 전파 알레르기 환자인 주인공 소녀가, 알레르기의 특효약이 관련된 테러에 말려든 아버지를 구출하려 친구가 만든 단말 슈트 '코지로'를 타고 싸운다. 게임 내에 피처폰에서 따온 요소가 가득해, 득점 배율과 잔기 수 등이 마치 피처폰 화면처럼 표시되며, 스테이지 시작시의 힌트와 적 대사도 문자메시지 식으로 연출된다. 버튼을 일정 시간 누르지 않고 있으면 주변에 실드가 쳐져, 적의 공격을 어느 정도 무효화시켜준다.

언더 디피트

Dreamcast

그레프 STG 2006년 3월 23일 5,800엔 아케이드 스틱, 부들부들 팩 지원

1-2 | 3- | NET | VGA

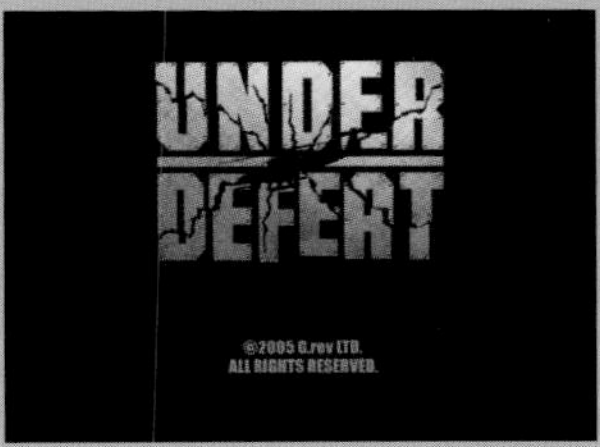

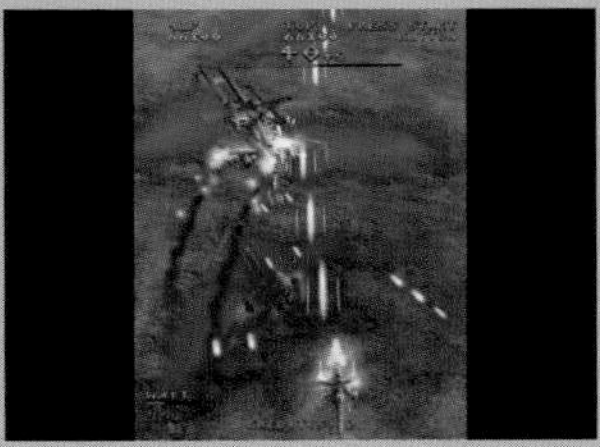

▲ 고전적인 2D 슈팅 장르를 3D 그래픽으로 표현한 타이틀. 시스템은 하프 탑뷰 시점의 종스크롤이며, 기체의 독특하고 디테일한 거동감각이 특징이다.

2005년 가동했던 아케이드용 게임의 이식작. 얼핏 보면 3D 게임이지만, 실은 전형적인 종스크롤 슈팅이라는 독특한 디자인이 특징이다. 플레이어가 소속된 제국은 구 독일군처럼, 적군은 미국 중심의 연합군처럼 디자인해 2차대전을 연상시킨다. 공중전차를 조작하여, 가공할 위력의 신병기가 속속 앞을 가로막는 가혹한 전장을 돌파하자. 플레이어 선택 시 등장하는 여성 군인은, 스테이지 클리어 후 결과화면에서 점차 섹시한 모습으로 바뀌어간다.

1-2 플레이 가능 인원 | 99- 메모리 백업 용량 | NET 네트워크 지원 | VGA VGA 박스 지원

2007

Dreamcast Software All Catalogue

이 해에 발매된 드림캐스트용 타이틀은 「트리거하트 이그젤리카」와 「카라스」 두 작품. 양쪽 모두 아케이드 기판 NAOMI용으로 제공됐던 슈팅 게임의 드림캐스트 이식판에 해당한다. 신작이 나올 적마다 되풀이되던 '이게 바로 드림캐스트 최후의 소프트일까?'라는 화제도, 「카라스」로 완전히 끝을 맺었다.

요즘 들어 고전 게임기의 복각상품이 붐을 이루고 있으나, 드림캐스트는 지금 시점에서도 고도의 하드웨어인지라 패미컴·메가 드라이브·PC엔진처럼 에뮬레이터 기술로 간단히 재구현할 만한 단계에는 아직 이르지 못한 것이 현실이다. 그래도 일부 드림캐스트용 소프트가 이식 형태로나마 타 기종으로 발매된 바도 있으니, 미래를 기대해보도록 하자.

트리거하트 이그젤리카

Dreamcast

와라시 STG 2007년 2월 22일 5,800엔 아케이드 스틱 지원

1 | 8 | NET | VGA

▲ 2006년 가동했던 아케이드용 게임의 이식작. 다른 행성의 인간형 병기인 레오타드 소녀들이, 무기로 중무장하고 싸우는 종스크롤 슈팅 게임이다.

근미래적인 중무장 소녀들이 싸우는 고기동 슈팅 게임. 'TH60 이그젤리카'와 'TH32 크루얼티어' 중 하나를 골라, 밀려오는 적들을 섬멸하자. 특징은 B 버튼으로 구사하는 '앵커 숏'으로서, 앵커로 적을 잡아 끌어당겨 방패로 삼거나 휘둘러 다른 적에게로 던지는 등 다채로운 액션이 가능하다. 플레이어의 실력에 맞춰 보스의 공격이 변화하는 'V.B.A.S' 시스템이 있어, 초보자라면 적당히 봐주지만 상급자에겐 탄막계 슈팅급으로 격렬한 공격을 퍼붓는다.

카라스

Dreamcast

마일스톤 STG 2007년 3월 8일 5,800엔 아케이드 스틱, 부들부들 팩 지원

1 | 4 | NET | VGA

▲ 「라디르기」의 속편격 타이틀. 시스템은 「라디르기」를 답습했고 그래픽도 툰 렌더링 기술을 썼지만, 색조는 차분한 모노크롬 위주로 조정했다.

일본 최후의 드림캐스트용 타이틀이자, 2006년 가동했던 아케이드용 게임의 이식작. 전작 「라디르기」(149p)를 진화시킨 시스템에, 난이도 선택과 경험치에 따른 무기 레벨 업 개념을 추가했다. 주인공 '카라스'가 탑승한 기체 '디펙트'를 조작해, 아버지가 남긴 유언인 '신의 피'를 찾아 지상으로 향하자. 특징은 소드를 능숙하게 구사하면 맛볼 수 있는 통쾌함으로서, 폭탄도 병행하여 경쾌하게 플레이할 수 있다. 세계관과 캐릭터 디자인도 유저들로부터 호평받았다.

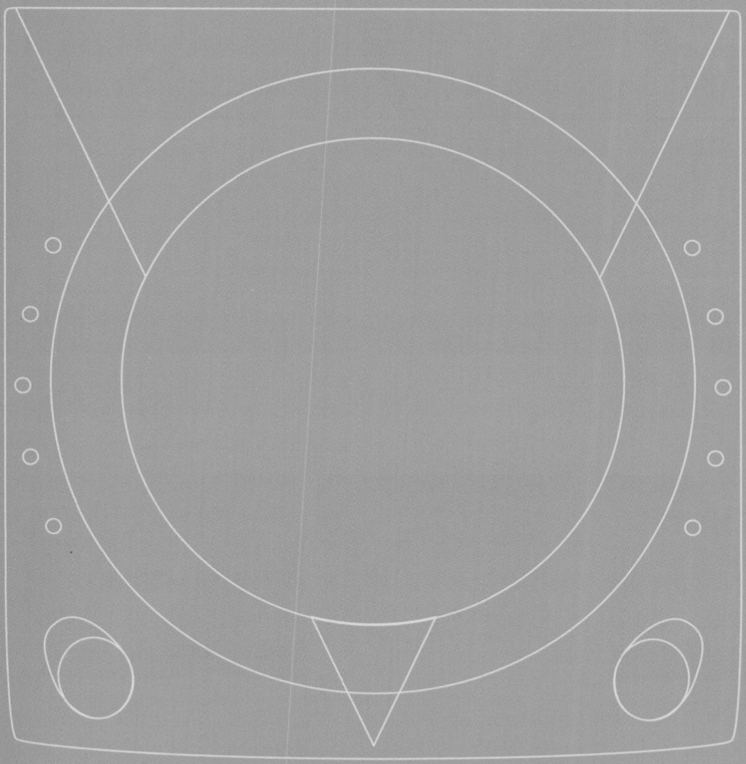

CHAPTER 3

드림캐스트 서양 소프트 카탈로그

Dreamcast Overseas Software All Catalogue

해설 드림캐스트가 남겨준 것들

COMMENTARY OF DREAMCAST #3

하드웨어·소프트웨어·서비스가 삼위일체화된 프로젝트

드림캐스트가 모뎀을 표준 탑재했을 만큼 인터넷 연결을 전제로 개발했던 하드웨어라는 점은, 앞서의 해설에서도 여러 번 서술한 바 있다. 어째서 세가는 이렇게까지 '인터넷 연결'에 집착했던 것일까?

여기서부터는 어디까지나 필자의 추측일 뿐이지만, 아마도 개발 초기 단계에서는 그리 인터넷 연결이 중요시되지 않았었고, 어디까지나 세가새턴 설계 단계에서 얻어낸 경험과 과제를 바탕으로 하여 '3D 성능에 특화시킨 고성능 게임기'를 개발목표로 삼았으리라 여겨진다. 앞서 해설한 것처럼 세가새턴의 후계기 프로젝트는 두 갈래로 진행되었는데, 일본 본사가 주도했던 Dural(후일의 Katana)은 영국 비디오로직+NEC 사와의 공동개발이었고, 미국 지사에서 진행하던 Blackbelt는 미국 3Dfx 사와의 공동개발이었던 바, 양쪽 모두 3D 그래픽 강화에 중점을 둔 하드웨어 설계임이 명백하기 때문이다. 최종적으로 일본 설계품인 Dural이 Katana로 재명명되어 차세대기로 확정되고 하드웨어 사양을 가다듬어가는 과정에 들어서서야, 하드웨어 스펙 이외의 명확한 세일즈포인트로서 '네트워크'에 주목한 것이 아니었을까?

드림캐스트 이전에도 수많은 게임기 제조사들이 주변기기 형태로 모뎀을 발매했던 바가 있으나, 대부분은 결국 보급에 실패했다. '일단 발매하고 보는' 수준에 지나지 않았기 때문이다. 지금처럼 인터넷망 인프라가 충분히 깔려 있는 상황이 아니었던 만큼, 플랫폼사가 직접 온라인 서비스를 구축해 지속적으로 운영하려면 당연히 인프라 구축에 따르는 막대한 투자와 충원이 선행되어야 했다. 허나 아무리 인터넷의 미래가 유망하다 한들, 고양이 목에 방울을 달겠다고 먼저 나서는 회사가 당시에는 없었다.

그런 시대에 '네트워크'라는 분야로의 진출을 강하게 밀어붙인 장본인이 바로, 세가의 모회사였던 CSK 및 세가의 회장 오오카와 이사오였다. 당시엔 세가 단독으로는 드림캐스트의 하드웨어·소프트웨어 개발 및 판매만으로도 힘에 부쳤기에, 온라인 서비스 사업 인프라의 투자와 운영까지는 도저히 손댈 수 없던 상황이었다. 따라서 CSK가 온라인 서비스 운영 쪽을 맡는 것으로 대략적인 구도가 잡혀, '하드웨어'·'소프트웨어'·'서비스'가 삼위일체화되는 형태로 드림캐스트 사업의 전체적인 구상도가 완성되었다.

CSK가 전개했던 서비스는 ISP(인터넷 서비스 공급자) 사업인 '세가 프로바이더' 및 'isao.net'부터 통신판매 웹사이트 '드림캐스트 다이렉트', 웹 매거진 'dricas', 간이 인터넷 화상전화 '비주얼 파크' 등에 이르기까지 실로 다방면에 걸쳐 있었다. 또한 드림캐스트를 구입한 유저는 인터넷을 접하는 것 자체가 처음이리라고 상정하여, 번잡한 계약·설정 등은 전부 본체에 동봉한 「드림 패스포트」 내에서 진행하거나, 세가 및 ISAO(세가·CSK의 공동출자로 설립된 ISP 회사) 쪽에서 처리해주도록 서비스를 깔끔하게 설계했다. 심지어 드림캐스트 관련 온라인 서비스 결제시 우대혜택이 있는 VISA/NICOS 제휴 신용카드 'ISAO 카드'까지도 제공하는 등, 당시의 일본 내에서만큼은 드림캐스트라는 생태계 내라면 어떤 인터넷 활용도 커버할 수 있었던 풀 서비스 패키지를 구축했다고 해도 무방했다.

참고로 본문에서 여러 번 등장한 회사명인 'ISAO'는 당연히 오오카와 이사오 회장의 이름에서 따온 것이니, 오오카와 회장이 드림캐스트에 건 열정이 얼마나 각별했는지를 엿볼 수 있다. 세가 역시 인터넷을 어려워하는 초보자용으로 '인터넷 스타터 키트'를 발매해, 유저 지원과 인터넷 보급에 매진했다.

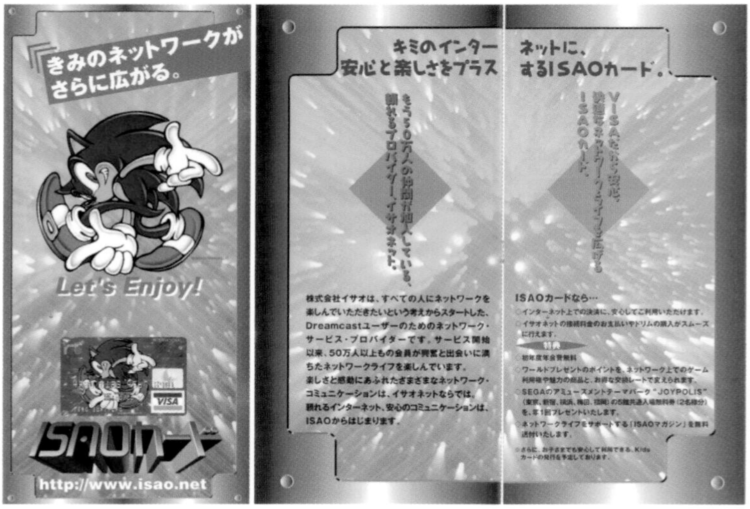

▲ 'ISAO 카드'의 안내 팸플릿. 인터넷을 이용하려면 신용카드가 있는 게 편리하기는 하나, 당시에 신용카드 서비스까지 제공해가며 온라인 게임 인프라 정비에 심혈을 기울였던 게임회사가 세가 외에 또 있었을까!?

다양한 캠페인을 전개하였음에도, 결국 암운을 걷어내지 못하다

1999년 당시 일본의 세대 당 인터넷 보급률은 불과 7% 정도였기에, 세가는 드림캐스트 유저들의 인터넷 이용을 적극 촉진하기 위해 총액 1억 엔의 당첨금을 건 게임 「유카와 전 전무의 보물찾기」, 하와이 여행권을 내건 '손수건 돌려주기 캠페인' 등, 인터넷·이메일을 활용한 갖가지 판촉 캠페인을 진행했다. 특히 이메일은 주고받을 상대가 있어야만 비로소 성립되는 소통수단이므로, 본체 가동률을 올린다는 의미에서도 시의적절한 기획이었다.

허나, 발매 초기의 충분한 기기물량 확보 실패로 첫걸음부터 발을 헛디뎠던 드림캐스트는 이후로도 좀처럼 이 수렁에서 벗어나지 못했다. 선행발매의 이점을 살리지 못했다는 것은, 뒤집어 말하면 1~2년 전 기준의 낡은 스펙을 지닌 게임기로 최신 스펙의 타사 게임기들과 싸워야 한다는 의미이기 때문이다. 결국 일본 내 최다 판매량을 기록한 드림캐스트용 소프트는 「시맨 : 금단의 애완동물」의 52만 장으로서, 끝내 밀리언셀러를 배출하지 못했다(서양의 경우, 북미에서 「소닉 어드벤처」가 126만 장을 달성했다). 세가는 2000년도 연말상전의 매출액 결과를 검토한 끝에, 결국 운명의 결단을 내린다.

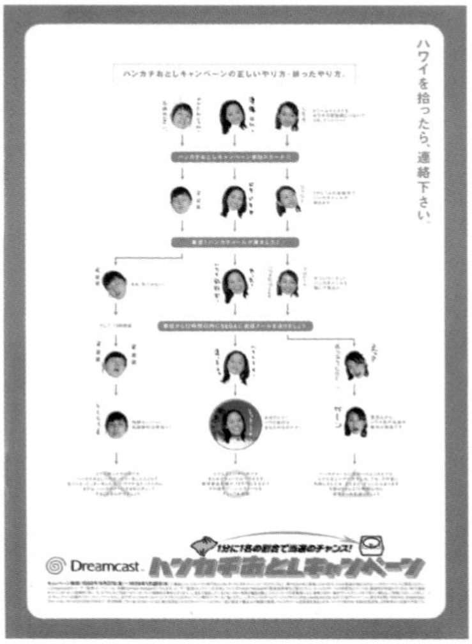

▲ 일본의 인터넷 이용률을 올리기 위한 판촉 캠페인이었던 '유카와 전 전무의 보물찾기'와 '손수건 돌려주기 캠페인'.

가정용 게임기 사업 철수와, 그 이후

세가는 2001년 1월 31일 '구조개혁 플랜'이란 이름의 기자회견을 개최하여, 이 자리에서 드림캐스트 생산 중지와 가정용 게임기 사업 철수, PS2·Xbox 등 타사 게임기로의 소프트 공급 방침을 발표했다. 이에 따라 200만 대의 본체 불량재고 정리와 일본 외 판매 자회사 청산을 행하여, 2001년 3월기 연결결산에서 811억 엔이라는 거액의 특별손실을 계상했다. 이를 끝으로, 1983년 이래 18년간 7세대에 걸쳐 이어져온 세가의 가정용 게임기 역사는 막을 내리게 된다.

드림캐스트 부진의 책임을 지고 사임한 이리마지리의 후임으로서 2000년 세가 사장에 취임한 오오카와는, 마이크로소프트가 가정용 게임기 사업 참여를 선언하고 Xbox 개발을 발표한 시점에서 당시 회장이었던 빌 게이츠와 수차례 직접 면담해, Xbox에 드림캐스트용 소프트 호환기능을 넣어주기를 강하게 요청했다. 이를 위해 세가의 타이틀 자산을 Xbox에 제공하겠다고까지 제안했는데, 그가 열과 성을 다해 구축했던 드림캐스트 시장 및 유저·개발사 생태계를 지켜내고자 했던 간절한 마음이 있었기 때문이었다고 한다.

하지만 오오카와가 Xbox에 인터넷 환경은 필수라고 강하게 주장한 반면 마이크로소프트 쪽은 당시까지만 해도 인터넷을 딱히 중시하지 않았기에, 설계방침이 결국 합의되지 못하여 제휴는 무산되었고, Xbox의 드림캐스트 호환성 역시 백지화돼 버렸다. 오오카와는 결과적으로 드림캐스트의 명맥이 끊기고 만 것을 깊이 안타까워했고, 후일인 2001년 2월 "내가 만들어버린 문제이니, 이것으로 다소나마 보탬이 되겠는가?"라는 말과 함께, 가정용 게임기 사업 철수를 결단한 세가에 개인 자산 850억 엔을 증여했다. 그로부터 불과 2개월 후 세가 가정용 게임기 사업의 종언을 지켜본 오오카와는 별세했고, 이후의 세가는 소프트 제작사로서 경영자원을 집중하게 된다.

드림캐스트는 결과만 놓고 보면 성공하지 못한 하드웨어일지도 모르나, 「판타지 스타 온라인」이라는 첫 일본산 본격 온라인 게임의 밑바탕이 되는 등 수많은 성과를 낳은 것도 사실이며, 특히 일본에 온라인 게임이라는 문화를 보급시킨 공로가 막대하다. 인터넷 연결은 이제 널리 보편화된 기술이 되었으니, 세가가 당시 내다보았던 네트워크 시대로의 로드맵 자체는 실로 정확한 예견이었다 아니할 수 없다.

드림캐스트 일본 미발매 게임 카탈로그

Dreamcast Overseas Software All Catalogue

여기서부터는 서양에만 발매된 일본 미발매 타이틀 134종을 게재한다. 게재순서는 발매일 순이지만, 유럽·북미 발매일이 각기 다른 소프트는 지역에 상관없이 먼저 발매된 쪽의 발매일로 기재했다.

드림캐스트는 일본보다 일본 외 시장에서 더 많이 판매되었기에, 전 세계 판매대수 913만 대 중 633만 대가 일본 외 지역 판매량이다. 반면 일본 발매 소프트가 505종인 데 비해 일본 외 발매 소프트는 272종으로서 일본 대비 절반 정도인지라, 한 타이틀 당 평균 판매량은 상대적으로 일본보다 많았으리라 추측된다. 판매량 상위에 랭크된 타이틀은 「소닉 어드벤처」를 제외하면 주로 스포츠 게임 류라, 국가별 선호 장르의 차이도 엿보인다.

Hydro Thunder

Dreamcast
Midway Games RCG 1999년 9월 9일
비주얼 메모리, 부들부들 팩 지원

1-2 | - | NET | VGA

드림캐스트의 북미 런칭 타이틀로서, 북극권의 빙해부터 뉴욕까지 13곳의 위험한 코스를 근미래적인 보트로 달리며 순위를 경쟁하는 레이싱 게임. 터보차저로 부스트를 발동시키면 빅 점프도 할 수 있는 등, 상쾌함이 넘치는 타이틀이다.

Mortal Kombat Gold

Dreamcast
Midway Games ACT 1999년 9월 9일
부들부들 팩 지원

1-2 | - | NET | VGA

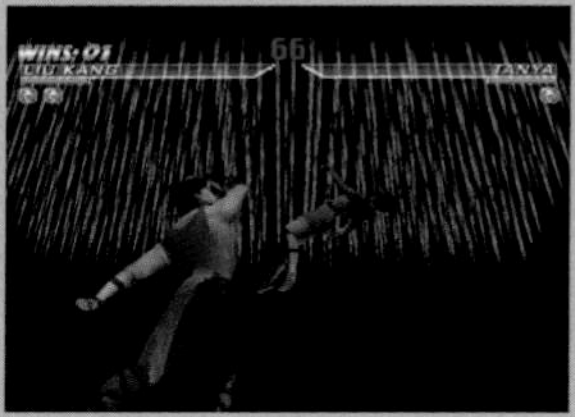

드림캐스트의 북미 런칭 타이틀이자, 드림캐스트로 발매된 유일한 「모탈 컴뱃」 관련작. 「모탈 컴뱃 4」의 이식작이며, 이식 과정에서 키타나·사이랙스 등 6명의 캐릭터를 추가했다. 4편의 엔진 기반이지만, 아케이드판보다 화질이 뛰어나다.

NFL Blitz 2000

Dreamcast
Midway Games SPT 1999년 9월 9일
비주얼 메모리, 부들부들 팩 지원

1-4 | - | NET | VGA

미국의 미식축구 프로리그인 NFL을 소재로 삼은 스포츠 게임. 새로운 오펜스·디펜스, 리얼한 기상조건 등을 신규 도입했으며, 롱 패스의 대책으로서 수비 측도 블리츠를 발동하기 쉽도록 조정하여 플레이가 더욱 치열해졌다.

TrickStyle

Dreamcast
Acclaim Entertainment SPT 1999년 9월 9일
비주얼 메모리 지원

1-2 | - | NET | VGA

일본 외 지역의 런칭 타이틀 중 하나. 공중에서 서핑할 수 있는 '호버 라이드'라는 기술이 근미래에 개발됐다는 설정으로서, 이를 사용해 레이스를 펼치는 게임이다. 트릭을 구사하거나 필살기를 잘 활용하여, 레이스를 유리하게 전개하자.

Jeremy McGrath Supercross 2000

Dreamcast
Acclaim Sports RCG 1999년 9월 29일
비주얼 메모리, 부들부들 팩 지원

1-2 | - | NET | VGA

챔피언 '제레미 맥그래스' 등의 실존 슈퍼 라이더들 8명과 대전할 수 있는 슈퍼크로스 레이싱 게임. 8종의 스타디움 트랙과 8종의 야외 트랙을 수록했으며, 플레이어가 직접 오리지널 트랙을 디자인해 플레이할 수도 있다.

Armada

Dreamcast
Metro3D STG 1999년 10월 31일
비주얼 메모리 지원

1-4 | - | NET | VGA

우주전쟁을 소재로 삼은 슈팅 게임. 갑작스레 인류를 침략해온 기계생물 '아르마다'를 물리치는 것이 목적이다. 우주를 탐색하며 아르마다 세력을 몰아내거나, 임무를 수행해 크레딧을 벌어 함선을 업그레이드하여 아르마다를 섬멸하자.

Centipede

Dreamcast
Hasbro Interactive STG 1999년 10월 31일
비주얼 메모리 지원

1-2 | - | NET | VGA

1980년 아케이드로 가동됐던 「센티피드」의 3D 풀 리메이크판이다. 마법의 숲 속에 갇혀버린 주인공이, 살아남기 위해 지네와 거미는 물론 새로 등장한 벼룩·바퀴벌레 등을 퇴치하며 진행한다. 클래식 모드를 통해 원작 게임도 즐겨볼 수 있다.

NBA Showtime : NBA on NBC

Dreamcast
Midway Games SPT 1999년 10월 31일
비주얼 메모리 지원

1-4 | - | NET | VGA

「NBA JAM」의 후계작으로서, 1998~99년 NBA 시즌 데이터를 기반으로 삼아 130명 이상의 선수와 숨겨진 캐릭터가 등장하는 스포츠 게임. 28곳의 공식 경기장을 전부 수록했다. 전통의 5 : 5 시합은 물론, 2 : 2 시합도 가능한 것이 특징이다.

NFL Quarterback Club 2000

Dreamcast
Acclaim Sports SPT 1999년 10월 31일
아케이드 스틱, 비주얼 메모리 지원

1-4 | - | NET | VGA

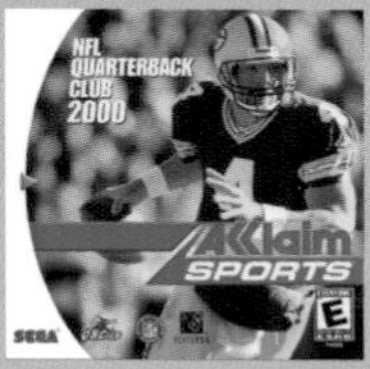

미식축구가 소재인 스포츠 게임 시리즈의 제 7탄. 1,200종 이상의 신규 모션을 도입해, 선수들의 움직임 면에서 전에 없었던 현실감을 구현했다. 트레이드·드래프트 등의 팀 관리는 물론, 오리지널 플레이북의 제작도 가능하다.

Slave Zero

Dreamcast
Infogrames ACT 1999년 10월 31일
비주얼 메모리, 부들부들 팩 지원

1-4 | - | NET | VGA

거대 로봇을 조종해 이제까지 설계된 가장 크고 가장 세련된 병기를 입수하는 것이 목적인 액션 게임. 지구를 지배하는 SovKhan을 물리치려면 이 최강의 병기를 반드시 확보해야만 한다. 거대 로봇으로 마구 날뛰는 통쾌함이 일품이다.

Soul Fighter

Dreamcast
Mindscape ACT 1999년 10월 31일
비주얼 메모리 지원

1-4 | - | NET | VGA

판타지 세계관의 3D 액션 게임. 플레이어는 전사·마법사·여성 스파이 중 하나를 선택해, 안테아 여왕의 저주에 의해 마물로 변해버린 주민들을 구해내야 한다. 아케이드 모드와 어드벤처 모드의 두 가지 게임 모드를 준비했다.

South Park : Chef's Luv Shack

Dreamcast
Acclaim Entertainment ACT 1999년 10월 31일

1-4 | - | NET | VGA

'셰프의 러브 쉑'이란 TV프로에 참가해, 누가 더 많은 상금을 획득할지를 경쟁하는 게임. '사우스 파크' 관련 퀴즈가 출제되며, 정답을 맞히면 룰렛을 돌려 상금을 받거나 잃기도 하고, 미니게임이 시작되기도 한다. 수록된 미니게임은 20종류 이상이다.

WWF Attitude

Dreamcast
Acclaim Entertainment ACT 1999년 11월 1일
비주얼 메모리 지원

1-4 | - | NET | VGA

어클레임 사가 제작한 최후의 WWF(현 WWE) 소재 작품이자, 사고로 사망했던 오언 하트에의 헌정작이기도 한 액션 게임. 전작의 모드 구성을 유지하면서도 '페이 퍼 뷰' 모드를 새로 탑재했으며, 해설자로 셰인 맥맨과 제리 롤러가 등장한다.

Fighting Force 2

Dreamcast
Eidos Interactive ACT 1999년 11월 30일
비주얼 메모리 지원

1 | - | NET | VGA

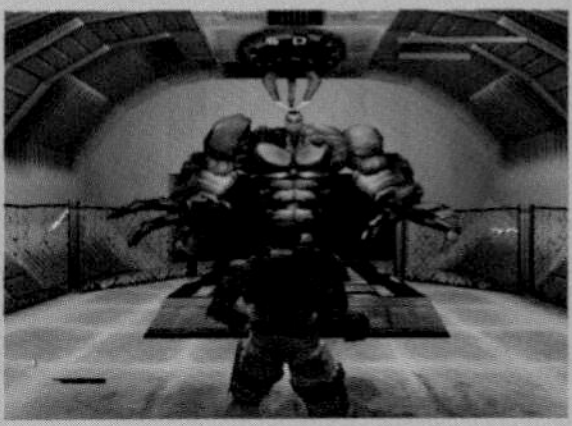

벨트스크롤 액션 장르를 3D 폴리곤화해 제작한 액션 게임. 근미래 세계를 무대로, 국제조약 위반이 의심되는 기업 내에 용병 '호크 맨슨'이 침입하여 비밀리에 조사를 벌인다는 스토리다. 전작과 마찬가지로 백병전 중심의 게임이다.

Shadow Man

Dreamcast
Acclaim Entertainment ACT 1999년 11월 30일
비주얼 메모리 지원

1 | - | NET | VGA

부두교 주술사의 힘을 빌려 '섀도우 맨'이 된 마이클 르로이가 주인공인 액션 게임. 섀도우 맨에겐 현실세계와 망자의 세계 간을 왕래 가능한 능력이 있어, 이를 활용해 역사상의 연쇄살인범을 물리치고 아마겟돈을 저지하는 것이 목적이다.

Test Drive 6

Dreamcast
Infogrames RCG 1999년 11월 30일
비주얼 메모리, 레이싱 컨트롤러 지원

1-2 | - | NET | VGA

런던·파리·이집트 등의 다양한 도시를 무대로, 40대의 스포츠카·머슬카와 20대의 트럭이 스피드를 겨루는 레이싱 게임. 메인 모드인 '커리어 모드'에서는 레이스로 상금을 벌어 차량을 구입하거나 업그레이드할 수 있다.

Worms Armageddon

Dreamcast

Hasbro Interactive SLG 1999년 11월 30일
비주얼 메모리, 부들부들 팩 지원

1-4 | - | NET | VGA

커스터마이징의 자유도가 매우 뛰어난 턴제 시뮬레이션 게임. 최대 8마리의 웜을 조작해 적을 물리치자. 싱글 플레이용인 '트레이닝 미션'·'캠페인'·'데스매치'와, '멀티플레이어' 및 '온라인 멀티플레이어'까지 총 5가지 게임 모드를 탑재했다.

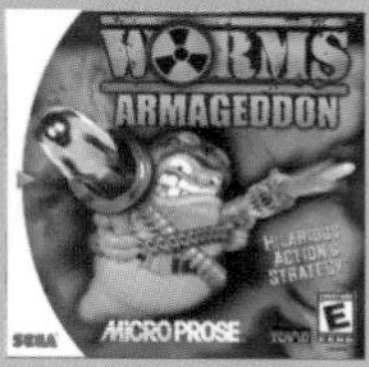

Sega Worldwide Soccer 2000

Dreamcast

Sega SPT 1999년 12월 1일
비주얼 메모리, 부들부들 팩 지원

1-4 | - | NET | VGA

세가새턴판으로 인기가 많았던 축구 게임의 속편. 클럽 팀과 인터내셔널 팀이 다수 등장하며, '챔피언십'·'엑시비션 매치'와 월드컵풍의 모드 '엘름 컵' 등 기본적인 모드는 대부분 탑재했다. 참고로, 유럽에만 발매된 작품이다.

Wetrix+

Dreamcast

Eidos Interactive PZL 1999년 12월 31일
비주얼 메모리, 부들부들 팩 지원

1-2 | - | NET | VGA

「테트리스」처럼 다양한 형태의 조각이 내려오며, 착지시 효과로 지면의 기복이 변화되는 퍼즐 게임. 지형을 오목하게 다듬고 '물' 조각을 넣어 호수를 만든 후 여기에 '파이어볼' 조각을 떨어뜨리면 득점한다. 닌텐도 64판의 그래픽을 강화해 리메이크했다.

Jimmy White's 2 : Cueball

Dreamcast

Virgin Interactive ETC 2000년 1월 7일
비주얼 메모리, 아케이드 스틱 지원

1 | - | NET | VGA

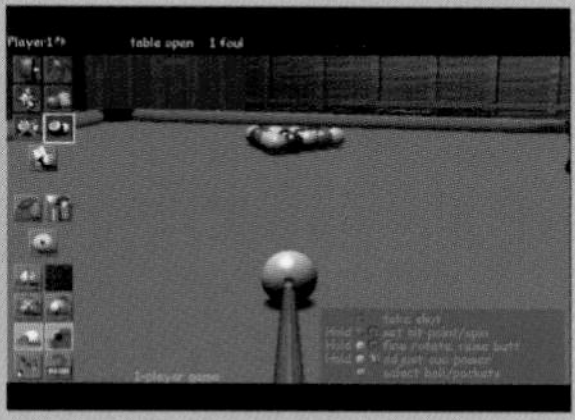

세계 타이틀 3관왕에 빛나는 영국의 유명 프로 스누커 플레이어, 지미 화이트와 계약을 맺고 제작한 게임. 스누커 룸 외에 풀 룸도 존재하며, 여기서는 다트 보드, 드래프트 테이블, 슬롯머신 등의 미니게임을 즐길 수 있다.

Legacy of Kain : Soul Reaver

Dreamcast

Eidos Interactive ACT 2000년 1월 27일
비주얼 메모리, 부들부들 팩 대지원

1 | - | NET | VGA

「Blood Omen : Legacy of Kain」의 속편으로서, 흡혈귀 '라지엘'이 주인공인 액션 게임이다. 라지엘은 전작의 주인공인 '케인'에 의해 추방당했기에, 케인에게 복수하는 것이 목적이다. 100종이 넘는 동영상을 삽입해, 어두운 스토리의 몰입감을 높여준다.

Wild Metal

Dreamcast

Rockstar Games ACT 2000년 2월 1일
비주얼 메모리 지원

1-2 | - | NET | VGA

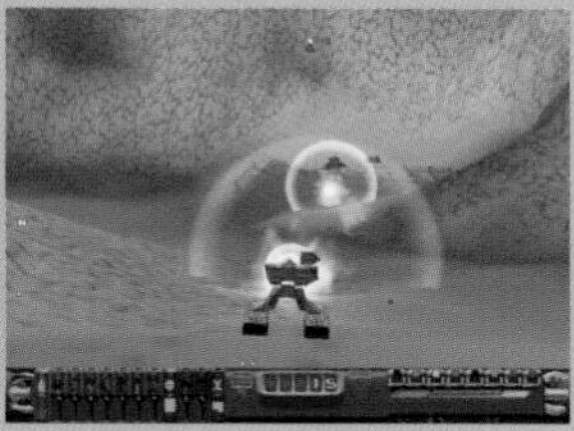

병기의 폭주로 인해 인류가 행성에서 쫓겨난 후, 행성을 되찾기 위해 전차에 탑승하여 싸우는 액션 게임. 각기 색과 성능이 다른 5종류의 전차가 있다. 황량한 산맥을 전장으로 삼아, 적이 지키는 8개의 파워 코어를 수집하는 것이 목적이다.

1-2 플레이 가능 인원 | 99- 메모리 백업 용량 | NET 네트워크 지원 | VGA VGA 박스 지원

NHL 2K

Dreamcast
Sega SPT 2000년 2월 9일
비주얼 메모리 지원

1-4 | 190 | NET | VGA

북미의 아이스하키 프로 리그인 NHL의 1999~2000년도 시즌 팀·선수·경기장을 전부 실명으로 수록해 망라한 스포츠 게임. 엑시비션과 올스타 게임은 물론, 총 82개 시합을 치르는 2가지 시즌 모드를 내장하고 있다.

ECW : Hardcore Revolution

Dreamcast
Acclaim Entertainment ACT 2000년 2월 29일
비주얼 메모리 지원

1-4 | - | NET | VGA

미국의 프로레슬링 단체 'ECW'를 소재로 삼아 제작한 프로레슬링 게임. 랍 밴 댐 등 33명의 실존 레슬러를 사용할 수 있다. 게임 자체는 「WWF Attitude」(156p)의 엔진으로 제작되었으며, 데스매치·철조망 링 매치 등의 모드를 수록했다.

Ready 2 Rumble Boxing : Round 2

Dreamcast
Midway Games SPT 2000년 3월 10일
비주얼 메모리, 부들부들 팩, 아케이드 스틱 지원

1-2 | 4 | NET | VGA

만화적인 표현이 특징인 권투 게임으로서, 개성적인 외모의 캐릭터가 다수 등장하기로도 유명한 시리즈의 제 2탄이다. 숨겨진 캐릭터로 샤킬 오닐과 마이클 잭슨 2명을 수록했으며, 여전히 코믹한 스타일의 매치가 펼쳐진다.

MDK 2

Dreamcast
Interplay Entertainment ACT 2000년 3월 31일
비주얼 메모리, 부들부들 팩 지원

1 | - | NET | VGA

전작의 엔딩 직후부터 스토리가 시작되는 3인칭 슈터 게임. 이번엔 성능에 차이가 있는 3명의 캐릭터 중 하나를 선택할 수 있게 되었다. 또한 플랫포머 장르와 퍼즐 풀이에 중점을 둔 디자인이라, 전작과는 다른 플레이 감각을 제공한다.

Star Wars Episode I : Racer

Dreamcast
LucasArts RCG 2000년 4월 4일 비주얼 메모리, 부들부들 팩 지원

1-2 | - | NET | VGA

▲ 아나킨 스카이워커가 되어, 다양한 레이스에서 실력을 겨뤄보자. 물론 라이벌 캐릭터도 사용할 수 있다.

영화 '스타워즈 에피소드 1 : 보이지 않는 위험'의 극중에 등장했던 포드 레이스 경기를 레이싱 게임화한 작품. 영화에 등장했던 레이서들뿐만 아니라, 게임판의 오리지널 레이서도 등장한다. 다양한 행성들의 환경적 특징을 살려 여러 코스를 수록했다. 토너먼트 모드·프리 레이스 모드·멀티플레이어 모드의 3가지 모드로 구성돼 있으며, 토너먼트 모드에서 승리해 상금을 얻으면 포드 부품 구매, 드로이드 수리, 코스·레이서 개방 등을 할 수 있다.

Red Dog : Superior Firepower

Dreamcast
Crave Entertainment ACT 2000년 4월 21일
비주얼 메모리, 부들부들 팩 지원

1-4 | - | NET | VGA

인류에게 우호적이었던 외계종족 하크가, 실은 비밀리에 지구를 침략하고 있었다는 사실이 밝혀졌다. 하크에 사로잡힌 사람들을 구출하기 위해, 험지 이동형 공격차량 '레드 독'을 타고 뛰어들자. 멋진 그래픽과 뛰어난 스토리로 호평받은 작품이다.

4 Wheel Thunder

Dreamcast
Midway Games RCG 2000년 5월 4일
비주얼 메모리, 부들부들 팩 지원

1-2 | - | NET | VGA

몬스터 트럭, 험지형 차량, 버기 등의 다양한 자동차들이 등장하는 레이싱 게임. 야외·실내로 2가지 코스가 존재하며, 코스에는 지름길도 마련돼 있다. 차량에는 터보 기능이 있어, 잘 활용하면 쫓아오는 라이벌과의 거리를 단숨에 벌릴 수 있다.

Grand Theft Auto 2

Dreamcast
Rockstar Games ACT 2000년 5월 2일 비주얼 메모리 지원

1 | - | NET | VGA

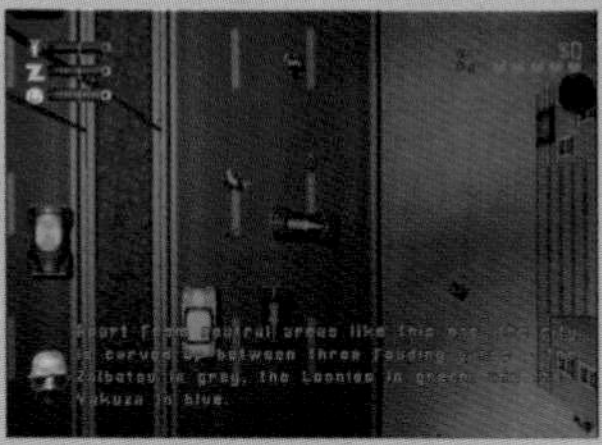

▲ 플레이어가 범죄를 저지르면 수배도가 상승하며, 추적해오는 적도 수배도에 따라 경찰에서 SWAT, 특별수사관, 군대로 점차 강화된다.

가상의 미래도시를 무대로 삼아 다양한 범죄조직의 의뢰를 수행하며 출세하는, 범죄 소재의 액션 게임. 도시에는 7개의 범죄조직이 있으며, 플레이어는 어떤 조직의 의뢰라도 받을 수 있다. 의뢰를 해결하면 해당 조직이 주인공을 높이 평가하지만, 당연히 적대 조직의 평가는 내려가게 된다. 따라서 플레이어는 어느 조직에 붙을지 잘 결정해야 한다. 조직의 의뢰 외에, 돈벌이로 택시운전사 일을 하는 등의 사이드 미션도 다수 있다.

Tom Clancy's Rainbow Six

Dreamcast
Majesco Entertainment ACT 2000년 5월 9일 비주얼 메모리, 부들부들 팩 지원

1 | - | NET | VGA

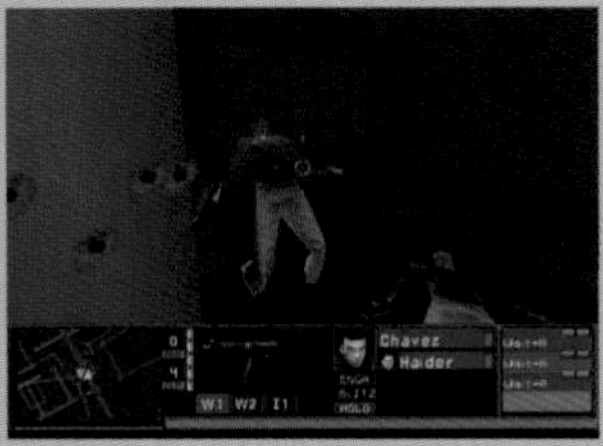

▲ 리얼리티를 추구한 작품이라, 대원이 단 한 발의 피격으로도 사망할 수 있다. 화력전으로 쓸어버리던지, 들키지 않고 은밀하게 움직여야 한다.

일본에서는 플레이스테이션으로만 발매된, 시리즈 첫 작품. 원작 「레인보우 식스」와 추가 미션 팩 「이글 워치」를 합본한 완전판이다. 신설된 다국적 테러대책반 '레인보우'의 지휘관이 되어, 범죄자에 사로잡힌 인질을 구출하거나 여객기를 점거한 테러리스트를 제압하는 등의 다양한 미션에 도전한다. 차례차례 펼쳐지는 테러행위에 대처하다보면 모든 사건이 어떤 기업에 의한 대규모 계획의 일환이었음이 점차 밝혀져가는, 현실감 넘치는 스토리로도 인기를 얻었다.

HARDWARE | 1998 | 1999 | 2000 | 2001 | 2002 | 2003 | 2004 | 2005 | 2006 | 2007 | OVERSEA | INDEX

Gauntlet Legends

Dreamcast

Midway Games ACT 2000년 5월 30일 비주얼 메모리, 부들부들 팩 지원

1-4 | - | NET | VGA

▲ 과거에 소환되었던 '스콘'이라는 악마를 명계로 추방하는 것이 게임의 목적이다. 이를 위해서는 우선 열쇠를 모아야 한다.

세계적인 대히트작 「건틀릿」의 속편이며, 원작인 아케이드판을 가장 충실히 이식한 버전이다. 핵 앤 슬래시 게임이지만 단순히 적을 물리치기만 하는 작품은 아니며, 맵에 숨겨진 열쇠·룬을 찾아내야 하는 탐색 요소와, 적을 물리쳐 얻은 경험치로 캐릭터 레벨을 올리는 RPG 요소도 겸비했다. DC판은 원작의 4가지 오리지널 렐름(난이도가 다른 퀘스트를 의미)을 수록한 유일한 버전으로서, 맵의 특정 장치를 사용 가능하게 하는 등 원작을 여러 모로 개선했다.

Test Drive V-Rally

Dreamcast

Infogrames RCG 2000년 5월 26일
비주얼 메모리, 레이싱 컨트롤러, 부들부들 팩 지원

1-4 | - | NET | VGA

1999년 월드 랠리 챔피언십에 출전했던 랠리 카들을 라이선스해 실명으로 등장시킨 게임. 드림캐스트판은 12개국 이상이 신규 참가했으며, 트랙도 80개 이상 추가됐다. 챔피언십 모드에서는 차량 파손도 발생하는 등, 리얼한 랠리를 체험할 수 있다.

Omikron : The Nomad Soul

Dreamcast

Eidos Interactive AVG 2000년 6월 1일
비주얼 메모리 지원

1 | - | NET | VGA

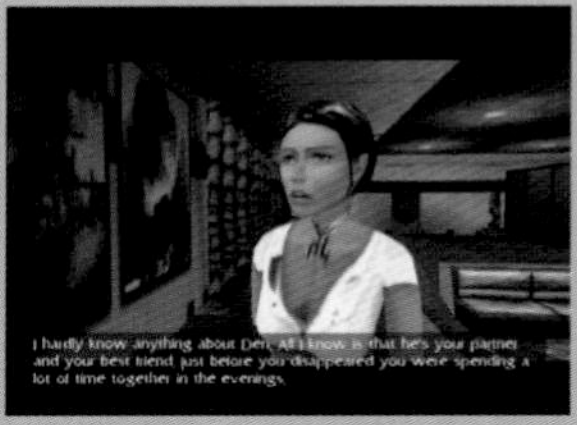

가상의 미래도시 '오미크론'을 무대로 삼아, 기묘한 살인사건을 수사하는 어드벤처 게임. 주인공은 다른 차원의 존재로서, 혼을 이동시켜 빙의하는 방식으로 총 41명의 캐릭터가 되어 수사를 진행한다. 독특한 스토리 전개가 매력적인 작품이다.

Nightmare Creatures II

Dreamcast

Konami ACT 2000년 6월 9일
비주얼 메모리, 부들부들 팩, 아케이드 스틱 지원

1 | - | NET | VGA

코나미 사가 제작한 서바이벌 호러 게임. 전작에서도 등장했던 흑마술사 '아담 크로울리'가 런던에 몬스터들을 풀어놓는다. 플레이어는 주인공 '허버트 월레스'가 되어, 크로울리를 물리치고 납치당한 연인 레이첼을 구출해야 한다.

Caesars Palace 2000 : Millennium Gold Edition

Dreamcast

Interplay Entertainment TBL 2000년 6월 16일
비주얼 메모리 지원

1-4 | - | NET | VGA

라스베가스의 명소 '시저스 팰리스'를 무대로 삼은 갬블 게임. 시저스 팰리스의 라이선스를 받아, 6종류의 카드 게임과 테이블 게임, 5종류의 슬롯머신 등 다양한 도박을 실제 시저스 팰리스에서 시행하는 룰로 플레이할 수 있다.

Draconus : Cult of the Wyrm

Dreamcast

Crave Entertainment ACT 2000년 6월 22일
비주얼 메모리, 부들부들 팩 지원

1 · - · NET · VGA

전사와 마법사 중 하나를 선택해, 중세 판타지스러운 검과 마법의 세계를 모험하는 핵 앤 슬래시 게임. 사악한 주술사가 소환해낸 악의 세력과 맞서기 위해 모든 종족을 단결시키는 것이, 주인공의 사명이다.

Fur Fighters

Dreamcast

Acclaim Entertainment ACT 2000년 6월 23일
비주얼 메모리, 부들부들 팩 지원

1-4 · - · NET · VGA

사로잡힌 아이들을 구출하기 위해 싸우는 액션 게임. 퍼즐 등의 상황에 맞춰 캐릭터를 교체하면서 진행하자. 조작 가능 캐릭터로는 개·고양이·캥거루 등이 등장하며, 저마다 독자적인 능력을 지니고 있다. 이를 잘 활용하면 퍼즐을 풀어낼 수 있다.

Silver

Dreamcast

Infogrames ACT 2000년 6월 23일
비주얼 메모리, 부들부들 팩 지원

1 · - · NET · VGA

사악한 마술사 '실버'가, 모든 여성들을 자신이 지배하는 섬으로 납치해 버렸다. 주인공 데이비드도 아내 제니퍼를 빼앗기고 만다. 그녀를 되찾기 위해 섬으로 향해야 한다. 게임 자체는 실시간으로 전투하며 진행하는 액션 RPG 스타일이다.

Namco Museum

Dreamcast

Namco ETC 2000년 6월 25일
비주얼 메모리, 부들부들 팩, 아케이드 스틱 지원

1-2 · - · NET · VGA

남코의 고전 인기 게임들을 디스크 한 장에 담아낸 버라이어티 타이틀. 수록된 게임은 「팩맨」·「미즈 팩맨」·「갤러그」·「갤럭시안」·「폴 포지션」·「디그더그」까지 총 6작품이다. 하이스코어 등의 진행 정보는 비주얼 메모리에 저장 가능하다.

Wacky Races

Dreamcast

Infogrames RCG 2000년 6월 26일
비주얼 메모리, 부들부들 팩 지원

1-4 · - · NET · VGA

한국에선 '괴짜 레이스' 등의 제목으로 방영되었던, 해나-바베라 프로덕션의 TV 만화영화가 원작인 레이싱 게임. 특색이 강한 차량 11종의 장단점을 원작대로 잘 재현했으며, 게임만의 오리지널 요소도 있다. 원작을 잘 살린 시끌벅적 레이스가 펼쳐진다.

Midway's Greatest Arcade Hits : Volume 1

Dreamcast

Midway Games ETC 2000년 6월 27일
비주얼 메모리 지원

1-2 · - · NET · VGA

미드웨이 사의 유명 타이틀들을 모은 옴니버스 소프트. 수록작은 「디펜더」·「디펜더 Ⅱ」·「자우스트」·「로보트론 : 2084」·「시니스타」·「버블스」의 총 6작품이다. 이중 「디펜더 Ⅱ」와 「버블스」는 드림캐스트판에만 수록돼 있다.

1-2 플레이 가능 인원 · 99- 메모리 백업 용량 · NET 네트워크 지원 · VGA VGA 박스 지원

Tony Hawk's Pro Skater

Dreamcast
Crave Entertainment SPT 2000년 6월 29일
비주얼 메모리, 부들부들 팩 지원

1-2 - NET VGA

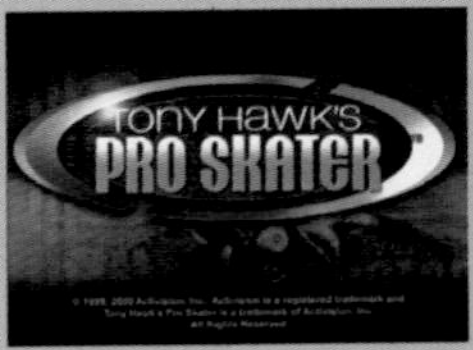

스케이트보드계의 신이라는 별명으로까지 불리는 토니 호크가 주인공인 시뮬레이터 게임. 각 에리어별로 슬로프·하프파이프 등의 지형지물이 다수 배치돼 있어, 이를 이용하면 멋진 트릭을 펼칠 수 있다. 트릭을 연속 구사하면 고득점을 얻게 된다.

Disney/Pixar Toy Story 2 : Buzz Lightyear to the Rescue

Dreamcast
Activision ACT 2000년 6월 30일
비주얼 메모리, 부들부들 팩 지원

1 - NET VGA

픽사의 애니메이션 '토이 스토리 2'를 소재로 삼은 액션 게임. 버즈 라이트이어를 조작해, 사로잡힌 우디를 구출하자. 플레이 도중, 피자 플래닛의 토큰을 모으거나 퍼즐을 푸는 등 다양한 재미거리가 등장한다. 버즈를 강화하면서 클리어를 노려보자.

Railroad Tycoon II

Dreamcast
Gathering of Developers SLG 2000년 6월 30일
비주얼 메모리 지원

1 - NET VGA

철도회사를 경영하는 시뮬레이션 게임. Windows판 원작 및 확장팩에 포함된 시나리오는 물론이고, 드림캐스트판만의 오리지널 시나리오도 수록했다. 그래픽도 3D로 풀 리메이크하여, 완전히 새로운 작품으로 완성시켰다.

Sega Worldwide Soccer 2000 : Euro Edition

Dreamcast
Sega SPT 2000년 6월 30일
비주얼 메모리, 부들부들 팩 지원

1-4 - NET VGA

유럽 축구만을 소재로 삼은 「세가 월드와이드 사커」 시리즈의 신작. 전작에서 그래픽 엔진을 강화했고, UEFA EURO 2000을 플레이할 수 있도록 했다. 월드컵·국내 리그·국제 리그·엑시비션 매치의 4가지 기본 모드도 제공한다.

South Park Rally

Dreamcast
Acclaim Entertainment RCG 2000년 6월 30일
비주얼 메모리, 부들부들 팩 지원

1-4 5 NET VGA

미국의 애니메이션 '사우스 파크'를 소재로 삼은 레이싱 게임. TV 시리즈의 인기 캐릭터들이 등장하여, 경찰차·지프 등을 모티브로 디자인한 카트에 탑승해 순위를 겨룬다. 파워 업될 때 등장하는 캐릭터들도 '사우스 파크'답게 온갖 블랙 조크를 날린다.

Roadsters

Dreamcast
Titus Interactive RCG 2000년 7월 7일
비주얼 메모리, 레이싱 컨트롤러, 부들부들 팩, 아케이드 스틱 지원

1-4 - NET VGA

미쓰비시·알파 로메오·로터스 등 실존 브랜드를 라이선스한 차량부터 가상 브랜드의 차량까지, 총 34차종이 뒤섞여 달리는 레이싱 게임. '로드스터 트로피'·'멀티플레이어'·'퀵 레이스'·'타임 트라이얼'로 총 4가지 게임 모드를 수록했다.

Hidden & Dangerous

Dreamcast

TalonSoft ACT 2000년 7월 9일
비주얼 메모리, 부들부들 팩, 드림캐스트 키보드 지원

1 | - | NET | VGA

2차대전 도중의 1941년, 영국의 특수부대인 SAS 팀원들이 탑승중이던 수송기가 격추되어 적국의 오지에 추락한다. 4명의 특수부대 팀이 국경까지 무사히 탈출하는 것이 목적인 액션 게임. 액션 모드와 전략 모드를 잘 활용해 임무를 완수하자.

Mag Force Racing

Dreamcast

Crave Entertainment RCG 2000년 7월 13일
비주얼 메모리, 부들부들 팩, 레이싱 컨트롤러 지원

1-4 | - | NET | VGA

미래가 무대인 하이스피드 레이싱 게임. 자기력으로 공중 부양하는 글라이더를 조작해, 제트코스터처럼 커브·루프가 연속되는 코스를 주파하자. 코스 곳곳에는 라이벌을 방해할 수 있는 무기가 배치돼 있다. 이를 잘 활용해 승리를 차지하자.

Walt Disney World Quest : Magical Racing Tour

Dreamcast

Eidos Interactive RCG 2000년 7월 19일
비주얼 메모리, 부들부들 팩, 레이싱 컨트롤러 지원

1-4 | - | NET | VGA

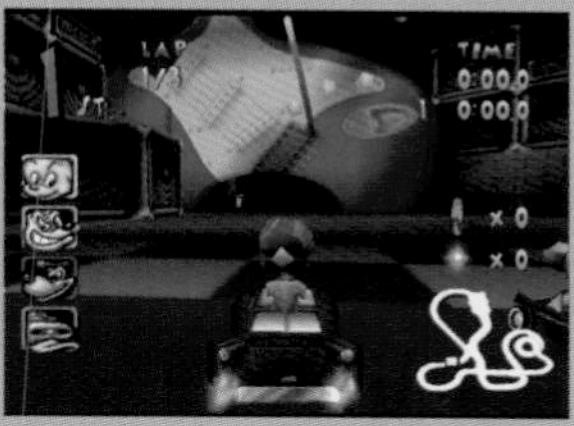

칩과 데일이 '다람쥐 구조대' 복장으로 등장하는 카트 레이싱 게임. 13개 코스가 제공되며, 이 코스들은 모두 '헌티드 맨션'·'스플래시 마운틴' 등 월트 디즈니 월드 내의 실제 인기 어트랙션을 기반으로 하여 디자인한 것이다.

NFL QB Club 2001

Dreamcast

Acclaim Entertainment SPT 2000년 7월 30일
비주얼 메모리, 부들부들 팩, 아케이드 스틱 지원

1-4 | - | NET | VGA

모든 팀과 선수가 실명으로 등장하는, 미식축구 리그 NFL 소재의 스포츠 게임. 실제 통계를 기반으로 제작해, 시뮬레이션 성향이 강하다. 모드로는 엑시비션·시즌·프랙티스·프로 보울을 수록했다. 과거의 슈퍼보울 경기도 플레이할 수 있다.

Deep Fighter

Dreamcast

UBISOFT SLG 2000년 8월 22일
비주얼 메모리, 부들부들 팩 지원

1 | - | NET | VGA

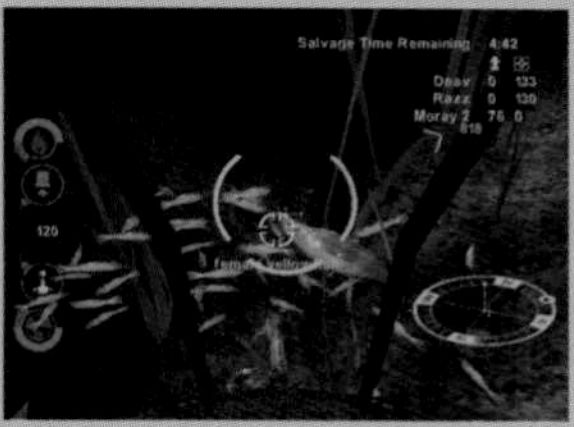

1997년 발매했던 「Sub Culture」의 정신적 후속작 격인 작품. 해저세계가 무대로서, 잠수함으로 적과 싸우며 해저를 탐색해 파손된 설비 등을 수리해야 한다. 최종 목적은, 남아있는 문명을 지키기 위해 거대모함 '리바이어던'을 건조하는 것이다.

San Francisco Rush 2049

Dreamcast

Midway Games RCG 2000년 9월 6일
비주얼 메모리, 부들부들 팩 지원

1-4 | 6 | NET | VGA

아케이드용으로 발매된 같은 제목의 레이싱 게임을 이식한 작품. 최대 4명까지 동시 플레이가 가능하다. 미래의 샌프란시스코가 무대로서, 차량이 점프하는 도중에 윙을 펼쳐 공중에서 자세를 제어하는 등의 독특한 장치가 가득하다.

1-2 플레이 가능 인원 | 99- 메모리 백업 용량 | NET 네트워크 지원 | VGA VGA 박스 지원

NFL Blitz 2001

Dreamcast

Midway Games SPT 2000년 9월 14일
비주얼 메모리 지원

1-4 | 110 | NET | VGA

전작(154p)과 마찬가지로, 미국의 미식축구 리그인 NFL을 소재로 삼은 미식축구 게임. 인스턴트 리플레이 기능과 5가지 미니게임을 새롭게 추가했다. 미니게임으로 컨트롤과 스킬을 연마하여, 본 시합에 도전하자.

Disney/Pixar Buzz Lightyear of Star Command

Dreamcast

Activision ACT 2000년 9월 26일
비주얼 메모리, 부들부들 팩 지원

1 | 2 | NET | VGA

'토이 스토리'의 인기 캐릭터 '버즈 라이트이어'가 주인공인 액션 게임. 행성 8곳과 14종류의 미션이 있으며, 미션의 마지막에는 슈퍼 빌런이 기다리고 있으니 대결하여 체포하자. 그 외에도 동료 로봇의 파츠를 찾는 등의 여러 보조 미션이 있다.

Hoyle Casino

Dreamcast

Sierra Attractions TBL 2000년 9월 29일
비주얼 메모리, 부들부들 팩 지원

1-4 | 12 | NET | VGA

PC로 발매되었던 원작을 드림캐스트로 이식한, 카지노 소재의 갬블 게임. 블랙잭·포커·슬롯 등, 라스베가스 스타일의 게임 8종류를 수록했다. 당신은 과연 5,000달러로 시작해 얼마까지 소지금을 불릴 수 있을까?

Who Wants to Be a Millionaire?

Dreamcast

Eidos Interactive TBL 2000년 9월 29일

1-4 | - | NET | VGA

영국에서 대인기였던 같은 제목의 TV 퀴즈 프로가 원작인 퀴즈 게임. 100만 파운드를 목표로 퀴즈에 도전하자. 실제 해당 프로의 진행자였던 크리스 태런트가 게임에서도 진행을 맡는다. 영국에서만 100만 장이 넘는 판매량을 기록했던 작품이다.

Frogger 2 : Swampy's Revenge

Dreamcast

Hasbro Interactive ACT 2000년 9월 30일
비주얼 메모리 지원

1-4 | 7 | NET | VGA

과거의 「프로거」 시리즈에서는 프로거의 발판에 불과했던 악어 '스웜피'가, 프로거에게 복수하기 위해 프로거의 여자친구 '릴리'의 동생들을 납치해갔다. 프로거와 릴리를 조작해, 모두를 구출하고 원흉인 악어 스웜피를 물리치자.

Urban Chaos

Dreamcast

Eidos Interactive ACT 2000년 10월 6일
비주얼 메모리, 부들부들 팩, 아케이드 스틱 지원

1 | 2 | NET | VGA

햇병아리 경찰관 '다아시 스턴'을 조작해 범죄자와 싸우는 액션 게임. 갱단 '와일드캣츠'와 싸우던 도중 밝혀지는 흑막은 시장 후보인 맥 베인이었고, 알고 보니 별도 사건으로 추적중이었던 잔인한 살인자와도 연관돼 있던 등의 숨 막히는 전개가 매력이다.

Star Wars Episode I : Jedi Power Battles

Dreamcast
LucasArts ACT 2000년 10월 13일
비주얼 메모리, 부들부들 팩 지원

1-2 | 16 | NET | VGA

제다이를 조작해 무역연합을 상대로 싸우는 액션 게임. 영화 '스타워즈 에피소드 1 : 보이지 않는 위험' 관련작으로서, 작중 등장하는 제다이도 파다완인 오비완 케노비부터 마스터인 콰이곤 진·메이스 윈두·아디 갈리아·플로 쿤까지 총 5명이다.

Demolition Racer : No Exit

Dreamcast
Infogrames ACT 2000년 10월 23일
비주얼 메모리, 드림캐스트 건, 레이싱 컨트롤러 지원

1-2 | 8 | NET | VGA

차량을 고의 충돌시켜 상대 차량을 철저히 파괴하며 끝까지 살아남아야 하는 레이싱 액션 게임. 코스는 14종류다. 차량이 파손되면 불붙거나 연기를 뿜기도 하며 타이어가 덜덜거려 제대로 속도가 나지 않는 등, 대미지 표현도 제법 리얼한 편이다.

Quake III Arena

Dreamcast
Sega ACT 2000년 10월 22일 비주얼 메모리, 부들부들 팩, 드림캐스트 마우스, 드림캐스트 키보드 지원

1-4 | 25 | NET | VGA

▲ 근접 공격용인 건틀릿, 중~원거리 공격용인 머신건·샷건·플라즈마 건 등의 친숙한 무기들이 이식을 거쳐 조정되어 등장한다.

유명한 1인칭 슈터 게임 「퀘이크」 시리즈의 3번째 작품으로서, 멀티플레이 아레나에 초점을 맞춘 타이틀. 오프라인일 때는 AI가 조작하는 적과 1 : 1 대전하며, 서서히 난이도를 올려 실력을 연마할 수 있다. 멀티플레이는 최대 4명까지 참가 가능하며, 인원수에 따라 맵이 자동 선택된다. 수록된 모드는 데스매치·팀 데스매치·토너먼트·캡처 더 플래그의 4종류다. P2P를 지원하기에, 북미에서는 지금도 온라인 대전 플레이가 이루어지고 있는 작품이다.

Spec Ops II : Omega Squad

Dreamcast
Ripcord Games ACT 2000년 10월 24일
비주얼 메모리, 부들부들 팩 지원

1 | - | NET | VGA

1인칭 시점의 슈터 게임. 드림캐스트로 발매된 유일한 「Spec Ops」 시리즈 작품이다. 특수부대의 일원이 되어 세계 각지의 전장에서 적 병기 파괴, 인질 구출 등의 미션을 해결하자. 플레이어는 부대의 멤버 중 한 명으로서 전장을 누비게 된다.

KISS : Psycho Circus - The Nightmare Child

Dreamcast
Take-Two Interactive ACT 2000년 10월 29일
비주얼 메모리 지원

1 | 3 | NET | VGA

토드 맥팔레인의 만화 'KISS : 사이코 서커스'의 세계관에 기반한 1인칭 시점의 액션 게임. KISS의 트리뷰트 밴드인 주인공 4인방이 4대 지옥의 영역을 탐색하며, 앞길을 가로막는 크리처들을 상대로 대학살을 펼친다.

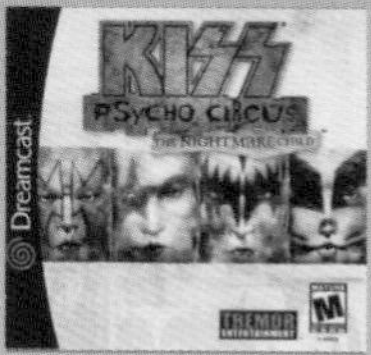

HARDWARE
1998
1999
2000
2001
2002
2003
2004
2005
2006
2007
OVERSEA
INDEX

1-2 플레이 가능 인원 | 99- 메모리 백업 용량 | NET 네트워크 지원 | VGA VGA 박스 지원

4×4 Evo

Dreamcast

Gathering of Developers RCG 2000년 10월 30일
비주얼 메모리, 레이싱 컨트롤러, 드림캐스트 키보드 지원

1-2 | 40 | NET | VGA

쉐보레·포드·닷지·닛산·토요타 등 유명 자동차사들의 픽업트럭과 SUV가 등장하는 레이싱 게임. 개발사가 같은 작품인 「Monster Truck Madness」 기반의 스핀오프작이다. 온라인 멀티 기능을 탑재해, 최대 4명까지 레이스에서 경쟁할 수 있다.

Army Men : Sarge's Heroes

Dreamcast

Midway Games ACT 2000년 10월 30일
비주얼 메모리, 부들부들 팩 지원

1-4 | 3 | NET | VGA

영화 '토이 스토리'에도 등장했던 올리브 그린 컬러의 군인 장난감 '아미맨'을 소재로 삼은 3인칭 시점의 슈터 게임. 플레이어는 일개 병사인 '사지'가 되어, 아군을 습격해온 적군 '탠'에게 사로잡혀있는 동료들을 구출하는 것이 목적이다.

The Grinch

Dreamcast

Konami ACT 2000년 10월 31일
비주얼 메모리 지원

1 | 3 | NET | VGA

플레이어는 크리스마스를 매우 싫어하는 '그린치'가 되어, 후빌 마을의 눈사람·크리스마스 선물 등을 파괴하거나 포스터에 낙서하는 식으로 크리스마스를 망쳐야 한다. 마을에서 청사진을 입수하면 새로운 장비를 만들어 그린치를 강화시킬 수 있다.

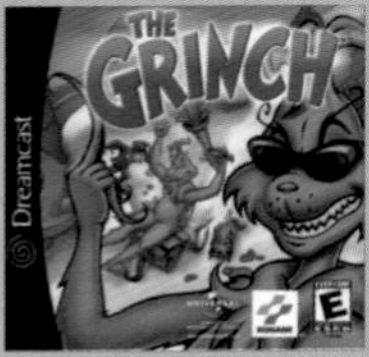

Tony Hawk's Pro Skater 2

Dreamcast

Activision SPT 2000년 11월 6일
비주얼 메모리 지원

1-2 | 19 | NET | VGA

DC용 「토니 호크의 프로 스케이터」 시리즈의 제 2탄. 전작(162p)을 기반으로, 신규 트릭을 다수 수록했다. 세계 곳곳의 인기 스케이트 파크에서 달려보거나 오리지널 스케이트 파크를 제작 가능하며, 제작한 파크를 다른 플레이어와 공유할 수도 있다.

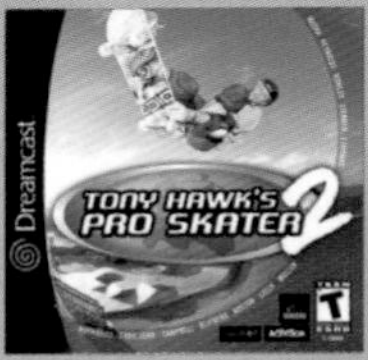

Metropolis Street Racer

Dreamcast

Sega RCG 2000년 11월 3일 비주얼 메모리, 레이싱 컨트롤러, 부들부들 팩 지원

1-2 | - | NET | VGA

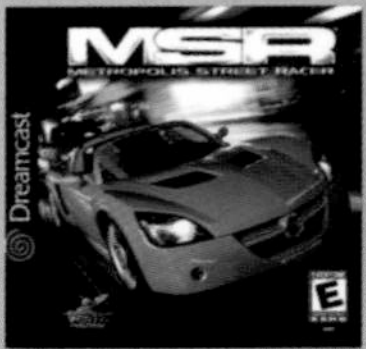

▲ 멀티플레이에서는 8명까지 동시 대전이 가능하다. 플레이할수록 게임 모드와 차량 등이 차례차례 개방되니 꾸준히 게임을 즐겨보자.

서양권의 드림캐스트용 레이싱 게임 중 가장 호평받았던 타이틀. 런던·도쿄·샌프란시스코 등 250종 이상의 서킷을 수록한 게임으로서, 미려한 그래픽으로 재현된 도심을 실존 차량으로 달리는 상쾌함이 일품이다. 각 코스마다 챌린지도 있어, 클리어하면 게임 내 화폐인 '쿠도스'(찬사)를 받는다. 아우디 TT, 메르세데스-벤츠 SLK 클래스, 포드 머스탱, 마쓰다 MX-5 등 유명 자동차 브랜드의 스포츠카를 40대 이상 수록했다. 드림 카를 직접 운전해보자.

MTV Sports : Skateboarding Featuring Andy MacDonald

Dreamcast
THQ SPT 2000년 11월 9일
비주얼 메모리 지원

1-4 22 NET VGA

앤디 맥도널드 등의 유명 스케이트보더들 30명이 등장하는 스포츠 게임. 제한시간 내에 다양한 트릭을 구사하여 최대한 많은 포인트를 벌어내 경쟁하는 게임이다. 스케이트보드와 코스튬을 구매하여 캐릭터를 코디네이트하는 것도 재미있다.

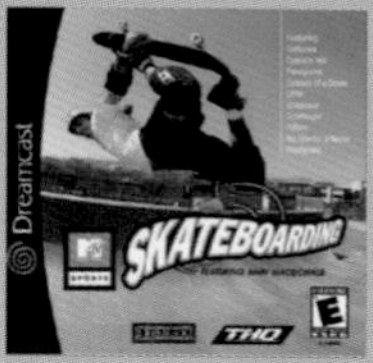

Chicken Run

Dreamcast
Eidos Interactive ACT 2000년 11월 13일
비주얼 메모리 지원

1 10 NET VGA

욕심쟁이 양계장 주인 '트위디 부인'의 마수를 벗어나, 모든 닭을 도망시키는 것이 목적인 액션 게임. 플레이어는 주인공 '진저'를 조작해, 트위디 부인과 경비견에 들키지 않도록 하며 비행기 부품을 모아야 한다. 독특한 잠입 플레이가 재미있는 작품.

Ms. Pac-Man : Maze Madness

Dreamcast
Namco ACT 2000년 11월 13일
비주얼 메모리, 부들부들 팩 지원

1-4 16 NET VGA

마녀 메즈메렐다로부터 팩 랜드를 지키기 위해 '미즈 팩맨'이 맞서는 액션 게임. 기본적인 플레이는 「팩맨」 원작과 동일하며, 여기에 다양한 장치로 퍼즐 요소를 가미한 180종 이상의 맵을 제공한다. 멀티플레이로 4명까지 동시에 즐길 수도 있다.

Disney's 102 Dalmatians : Puppies to the Rescue

Dreamcast
Eidos Interactive ACT 2000년 11월 15일
비주얼 메모리 지원

1 3 NET VGA

크루엘라 드 빌에게 잡히지 않은 '아드볼'과 '도미노'가 형제·양친을 구하려 바삐 뛰어다닌다는 스토리의 액션 게임. 맵 여기저기에 갇혀있는 형제들을 필드 탐색으로 전부 구출해내는 것과, 뼈 100개를 모으는 것이 게임의 목적이다.

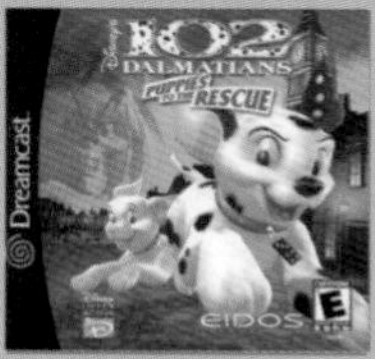

Looney Tunes : Space Race

Dreamcast
Infogrames RCG 2000년 11월 17일
비주얼 메모리 지원

1-4 7 NET VGA

인기 애니메이션 '루니 튠즈'의 캐릭터들이 대거 등장하는 레이싱 게임. 대피 덕과 벅스 버니 등, 9명의 인기 캐릭터들이 순위를 다툰다. 코스에 놓여있는 상자를 획득하면 다양한 아이템이 나오며, 이를 적절히 사용하면 라이벌을 방해할 수 있다.

Star Wars Demolition

Dreamcast
LucasArts ACT 2000년 11월 19일
비주얼 메모리, 부들부들 팩 지원

1-4 6 NET VGA

'스타워즈'의 세계에서 개최되는 데몰리션 더비 대회라는 설정의 작품. 평범한 차량 위주의 레이싱 게임이냐 하면 천만의 말씀이다. 맨몸에 로켓 팩만 짊어진 '보바 펫'부터, 정신조종 상태인 괴물 '랭커'에 이르기까지 차량조차 아닌 캐릭터도 다수 출전한다.

1-2 플레이 가능 인원 | 99- 메모리 백업 용량 | NET 네트워크 지원 | VGA VGA 박스 지원

Tomb Raider Chronicles

Dreamcast
Eidos Interactive ACT 2000년 11월 19일
비주얼 메모리, 부들부들 팩 지원

1 | 17 | NET | VGA

「툼 레이더」 시리즈의 제 5탄. 라라가 사망한 후, 라라의 친구들이 그녀의 모험을 회고한다는 스토리다. 모험담은 로마에서의 '현자의 돌' 탐색, 해저에서의 '롱기누스의 창' 탐색, 스푸키 섬의 악마 추방, 폰 크로이가 가져간 '아이리스'의 탈환까지 총 4종류.

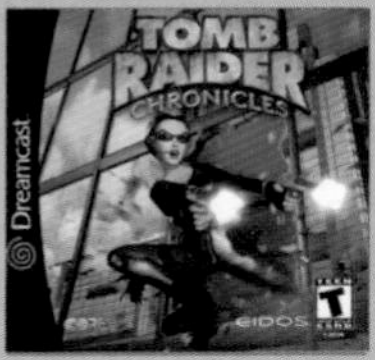

Dave Mirra Freestyle BMX

Dreamcast
Acclaim Max Sports SPT 2000년 11월 20일
비주얼 메모리 지원

1-2 | 18 | NET | VGA

BMX 세계 챔피언을 10회나 따낸 명 선수, 데이브 미라의 이름을 내건 익스트림 스포츠 게임. 플레이어는 미라 등의 BMX 챔피언을 조작해 고득점을 노린다. 베일 트레일 등 12종류의 필드를 수록했으며, 1,300종 이상의 트릭을 구사 가능하다.

ESPN NBA 2night

Dreamcast
Konami SPT 2000년 11월 20일
비주얼 메모리, 부들부들 팩 지원

1-4 | 43 | NET | VGA

ESPN의 라이선스 하에 제작해, 모든 NBA 팀·선수가 실명으로 등장하는 스포츠 게임. 오리지널 선수를 제작할 수도 있다. 트레이닝, 프리시즌, NBA 시즌, 인핸스드 시즌, 토너먼트로 총 5가지 게임 모드를 탑재하였다.

Tom Clancy's Rainbow Six : Rogue Spear

Dreamcast
Red Strom Entertainment ACT 2000년 11월 20일
비주얼 메모리, 드림캐스트 마우스, 드림캐스트 키보드 지원

1-4 | 100 | NET | VGA

특수부대의 일원이 되어 테러조직과 싸우는 「레인보우 식스」 시리즈의 제 2탄. 소비에트 연방이 해체된 후의 러시아와 구 동유럽이 무대로서, 붕괴 후의 혼란을 틈타 병기급 플루토늄을 탈취한 범죄조직 및 이를 팔아넘기려는 무기상인과 대적한다.

Disney's Dinosaur

Dreamcast
UBISOFT ACT 2000년 11월 24일
비주얼 메모리 지원

1 | 4 | NET | VGA

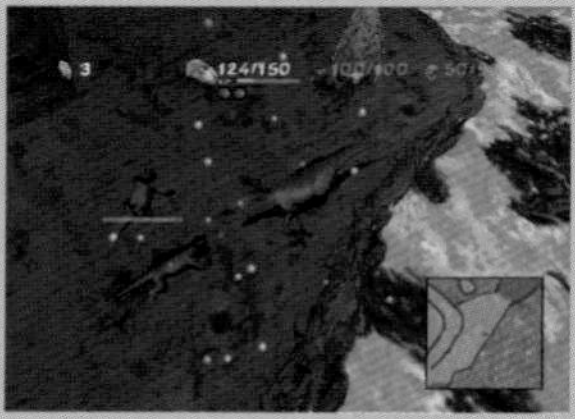

같은 제목의 영화(한국에선 '다이너소어'로 개봉)가 소재인 어드벤처 게임. 탑뷰 시점의 게임이며, 퍼즐을 풀면서 진행한다. 사용중인 캐릭터는 인텔리전트 포인트를 지불해 능력을 강화할 수 있다. 계속 강화시켜 게임을 유리하게 풀어나가자.

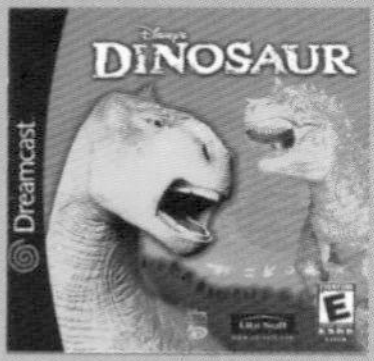

Moho

Dreamcast
Take-Two Interactive ACT 2000년 11월 24일
비주얼 메모리 지원

1-2 | - | NET | VGA

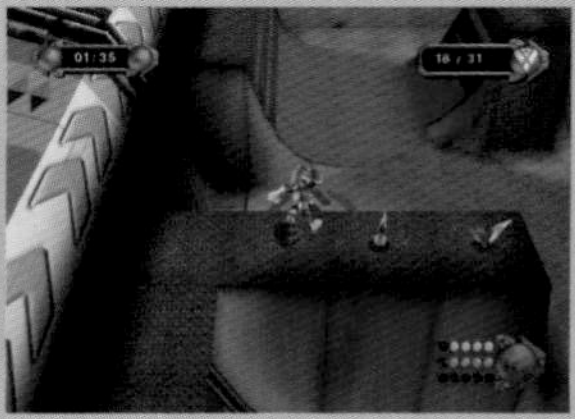

억울한 죄를 뒤집어쓰고 수감돼버린 주인공이 자유를 되찾기 위해 경기에 참가한다는 스토리의 3인칭 액션 게임. 수록된 게임은 총 7종류로서, 고대의 검투사처럼 치열한 경기 끝에 끝까지 살아남는 것이 최대 목적이다.

StarLancer

Dreamcast
Crave Entertainment　SLG　2000년 11월 27일
비주얼 메모리, 드림캐스트 키보드 지원

1-6　10　NET　VGA

우주공간을 무대로 삼아, 조종석 시점으로 진행하는 우주선 슈팅 게임. 2160년, 동방 연맹이 빼앗아간 영토를 탈환하기 위해 서방 연합의 신입 파일럿이 되어 전장에 투신하자. 온라인도 지원하여, 최대 8명까지 동시 플레이 가능하다.

Q*bert

Dreamcast
Hasbro Interactive　ACT　2000년 11월 30일
비주얼 메모리, 부들부들 팩 지원

1-2　10　NET　VGA

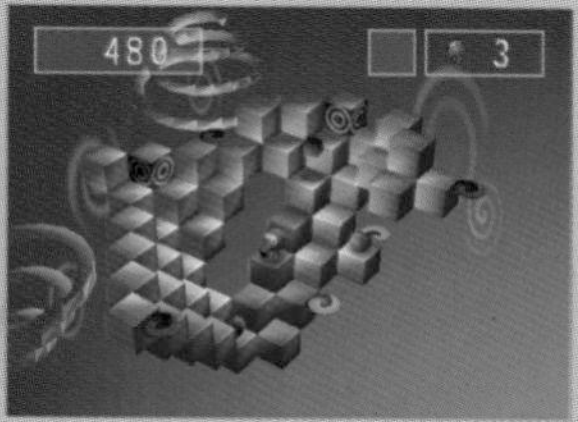

사로잡힌 친구를 구출하러, '큐버트'가 4가지 세계를 여행하는 3D 퍼즐 게임. 모든 발판 색깔을 지정된 컬러로 바꾸면 클리어된다. '스토리 모드', 아케이드와 룰이 같은 '아케이드 모드', 원작의 그래픽으로 플레이하는 '클래식 모드'가 있다.

Sno-Cross : Championship Racing

Dreamcast
Infogrames　RCG　2000년 11월 30일
비주얼 메모리, 부들부들 팩 지원

1-2　18　NET　VGA

스노모빌 레이스를 소재로 삼은 익스트림 스포츠 게임. 500cc·600cc·700cc로 3가지 클래스가 있으며, 나가노 올림픽·애스펀 등 7곳의 경기장을 수록했다. 야마하 사의 라이선스를 받아 제작했기 때문에, 등장하는 스노모빌이 전부 실존 모델이다.

Taxi 2

Dreamcast
UBISOFT　RCG　2000년 11월 30일
레이싱 컨트롤러, 부들부들 팩, 비주얼 메모리 지원

1　-　NET　VGA

프랑스 영화 '택시 2'를 소재로 제작한 레이싱 게임. 영화의 장면을 재현한 5가지 미션을 진행하는 '스토리 모드'와, 스토리 모드에서 클리어한 코스를 유명 레이서인 장-루이 슐래서와 대전하는 '아케이드 모드'의 2가지 모드를 탑재했다.

Who Wants to Beat Up a Millionaire?

Dreamcast
Simon & Schuster Interactive　ACT　2000년 12월 1일
비주얼 메모리 지원

1-4　10　NET　VGA

세계적인 대인기 TV 퀴즈쇼 'Who Wants to Be A Millionaire?'를 패러디한 퀴즈 게임. 원작은 퀴즈를 맞힐수록 백만장자에 가까워지지만, 이 게임은 5명의 백만장자가 모여 퀴즈를 풀며 서로의 돈을 서로 뺏고 뺏기는 식으로 진행한다.

Maximum Pool

Dreamcast
Sierra Sports　ETC　2000년 12월 4일
비주얼 메모리, 드림캐스트 키보드 지원

1-4　9　NET　VGA

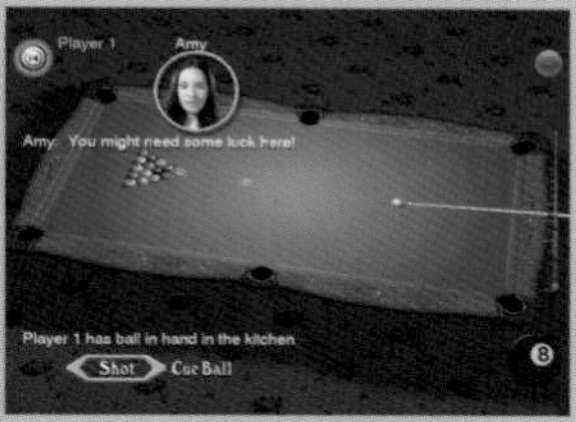

1~4명까지 당구를 즐기는 스포츠 게임. 에이트볼·스누커 등 7종류의 게임과, 숨겨진 미니게임인 '크레이지 보너스 게임' 5종류를 즐길 수 있다. 온라인 모드에서는 드림캐스트 키보드를 사용하는 텍스트 채팅도 제공한다.

1-2 플레이 가능 인원　99- 메모리 백업 용량　NET 네트워크 지원　VGA VGA 박스 지원

Planet Ring

Dreamcast
Sega PZL 2000년 12월 4일
비주얼 메모리, 드림캐스트 키보드, 마이크 디바이스 지원

2-32 | - | NET | VGA

영국에서 공식 드림캐스트 매거진을 통해 무료 배포된 온라인 전용 미니게임 모음집. 마이크와 키보드 이용을 촉진한다는 목적이 있어, 간단한 음성채팅 등도 지원했다. '드림 도로보', '볼 버블' 등 게임 4작품을 수록했다.

POD : Speedzone

Dreamcast
UBISOFT RCG 2000년 12월 5일
비주얼 메모리, 레이싱 컨트롤러, 부들부들 팩, 드림캐스트 키보드 지원

1-2 | 6 | NET | VGA

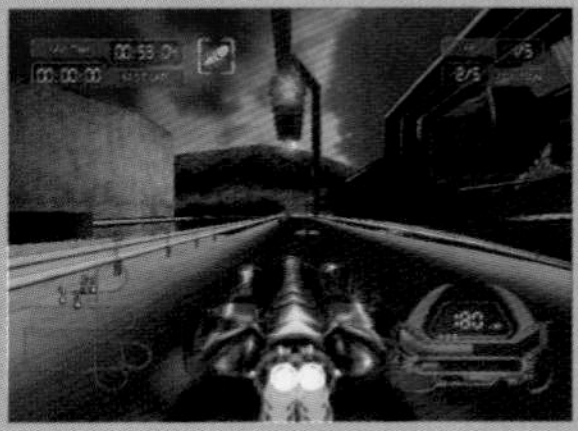

외계의 바이러스가 기생하고 있는 독특한 형태의 차량을 타고 순위를 겨루는 레이싱 게임. 게임 모드는 '아케이드'·'투 플레이어즈'·'네트워크' 3종류다. 차량마다 가속력·브레이크·실드의 3가지 능력치가 있으며, 성능에 차이를 둔 차량 8종류가 등장한다.

Prince of Persia : Arabian Nights

Dreamcast
Mattel Interactive ACT 2000년 12월 6일 비주얼 메모리 지원

1 | 18 | NET | VGA

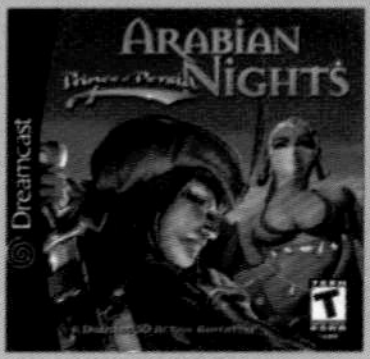

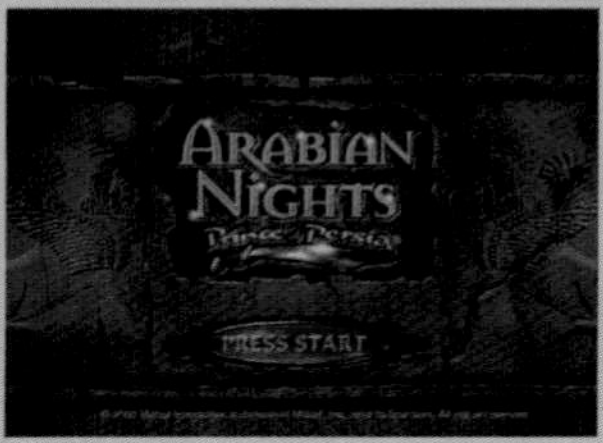

▲ 사로잡혀 지하감옥에 갇힌 왕자가 탈출하면서 게임이 시작된다. 감옥을 탈출하여 냉혹한 하프 타이거 '러그너'를 타도하고 아내인 공주를 구하자.

주인공의 부드러운 모션과 기요틴·스파이크 등의 즉사함정이 인상적이었던 명작 「페르시아의 왕자」의 속편이, 3D 폴리곤 3인칭 액션 게임으로 등장했다. Windows판 「페르시아의 왕자 3D」의 이식작으로서, 원작의 여러 버그를 수정했다. 페르시아의 공주와 결혼해 왕자가 된 주인공이 다시 지하감옥에 갇힌 후, 그곳을 탈출해 공주를 구출하는 것이 목적이다. 포복전진으로 칼날 함정 아래를 기어가 피하는 등의 3D 액션을 추가했으며, 전투도 스피디해지는 등 여러 모로 진화되었다.

Kao the Kangaroo

Dreamcast
Titus Software ACT 2000년 12월 8일
비주얼 메모리, 부들부들 팩 지원

1 | 8 | NET | VGA

캥거루 '카오'가 주인공으로 활약하는 액션 게임. 사냥꾼에게 사로잡힌 카오가 탈출하여 자신의 터전으로 귀환하기까지를 그린 작품이다. 카오는 권투가 특기로서, 펀치로 장애물을 부수거나 적을 물리치는 등 다채로운 액션을 보여준다.

UEFA Dream Soccer

Dreamcast
Sega / Infogrames SPT 2000년 12월 8일
비주얼 메모리, 아케이드 스틱, 부들부들 팩 지원

1-4 | - | NET | VGA

유럽축구연맹(UEFA)의 이름을 내건 스포츠 게임. 「Sega Worldwide Soccer 2000」(157p)과 동일한 엔진을 기반으로 제작되었다. 모션 캡처 기술을 활용해 200,000프레임 이상의 모션을 업데이트한 것도 이 작품의 특징이다.

Championship Surfer

Dreamcast
Mattel Interactive SPT 2000년 12월 11일
비주얼 메모리, 부들부들 팩 지원

1-4 | 20 | NET | VGA

서핑을 모티브로 삼은 스포츠 게임. 세계의 유명 해변 10곳을 수록했으며, 게리 로페즈·셰인 베센 등의 유명한 서퍼 8명이 등장한다. 실제 서핑의 감각을 훌륭히 재현해, 그저 파도를 타기만 해도 재미가 느껴지는 작품이다.

Disney's Donald Duck Goin' Quackers?!

Dreamcast
UBISOFT ACT 2000년 12월 13일
비주얼 메모리, 부들부들 팩 지원

1 | 4 | NET | VGA

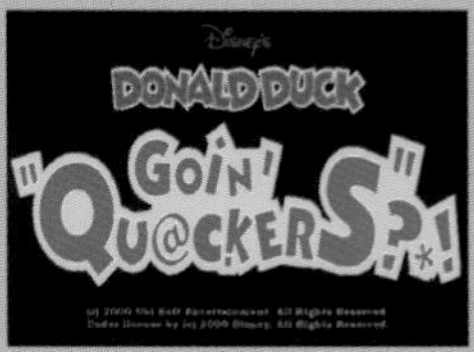

도널드 덕이 사악한 마법사 멀록에게 사로잡힌 애인 데이지 덕을 구출하러 전진하는 3D 액션 게임. 횡스크롤 액션과 3인칭 시점의 3D 액션이라는 두 게임 장르를 번갈아 진행하는 것이, 이 작품의 독특한 점이다.

Speed Devils : Online Racing

Dreamcast
UBISOFT RCG 2000년 12월 13일
비주얼 메모리, 레이싱 컨트롤러, 부들부들 팩, 드림캐스트 키보드 지원

1-5 | 19 | NET | VGA

전작 「Speed Devils」(68p)에 차량·코스를 추가하고 온라인 기능도 지원되도록 한 레이싱 게임. 모든 코스에서 리버스·미러링 플레이가 가능하다. 기본적으로는 온라인 플레이 전용 게임이며, 오프라인 모드일 때는 연습만 할 수 있다.

Evil Dead : Hail to the King

Dreamcast
THQ ACT 2000년 12월 17일
비주얼 메모리, 부들부들 팩 지원

1 | 23 | NET | VGA

영화 '이블 데드'의 스토리에서 8년 후의 사건을 묘사한 서바이벌 호러 게임. 주인공은 원작 영화와 동일하게, 전기톱으로 무장한 애시 윌리엄스다. 다시 그를 습격해온 사악한 존재를 전기톱으로 썰어버리고, 납치당한 제니를 구출하자.

Bang! Gunship Elite

Dreamcast
Red Storm Entertainment SLG 2000년 12월 18일
비주얼 메모리, 부들부들 팩 지원

1 | 8 | NET | VGA

조종석 시점의 우주전투 시뮬레이터. 적군 '섹타'와 그 동맹국인 '모르고스'로부터 자국을 지키려, 파일럿으로서 전장으로 간다는 스토리다. 3D화된 광대한 전장에서, 적기체를 플레이어 단독으로 격추하며 진격하는 쾌감이 일품인 게임이다.

The Next Tetris : On-line Edition

Dreamcast
Crave Entertainment PZL 2000년 12월 20일
비주얼 메모리, 부들부들 팩 지원

1-2 | 24 | NET | VGA

타 기종으로 발매되었던 「더 넥스트 테트리스」에 온라인 기능을 추가한 타이틀. 1인 플레이·2인 플레이·마라톤·연습까지 총 4가지 모드를 수록하였다. 게임 자체는 일체 변경점이 없으나, 그래픽과 음악을 리뉴얼했고 신규 기능도 탑재했다.

1-2 플레이 가능 인원 | 99- 메모리 백업 용량 | NET 네트워크 지원 | VGA VGA 박스 지원

Vanishing Point

Dreamcast
Acclaim Entertainment RCG 2000년 12월 21일
비주얼 메모리, 부들부들 팩 지원

1-2 41 NET VGA

실존 차량을 운전할 수 있는 레이싱 게임. 폭스바겐 마이크로버스부터 닷지 바이퍼까지, 다양한 성능의 차량을 선택 가능하다. 라이벌 차와 직접 경쟁하지 않으며 코스 클리어 타임만을 겨루는 게임이라, 코스의 다른 차량은 사실상 장애물에 가깝다.

Aqua GT

Dreamcast
Take-Two Interactive RCG 2000년 12월 22일
비주얼 메모리 지원

1-2 - NET VGA

런던·암스테르담·뉴욕 등의 주요 도시에 있는 운하를 무대로 삼은 모터보트 레이싱 게임. 20대 이상의 보트가 등장하며, 각자 속도·가속도 등이 다르다. 코스에는 시간 개념도 존재하므로, 밤낮이나 만조·간조 등의 조건을 세팅해 레이스할 수도 있다.

Toy Racer

Dreamcast
Sega RCG 2000년 12월 22일
레이싱 컨트롤러, 드림캐스트 키보드, 비주얼 메모리, 부들부들 팩 지원

1-4 - NET VGA

「돌격! 아장아장!! 토이 레인저」(76p)의 속편 격 작품으로서, 전작의 레이싱 파트만 떼어내 확장시킨 타이틀. 유럽에서는 불과 5파운드(약 8,000원) 가격으로 판매되었으며, 그중 1파운드(약 1,600원)를 유럽 내 여러 자선단체에 기부하였다.

ECW Anarchy Rulz

Dreamcast
Acclaim Entertainment ACT 2000년 12월 30일
비주얼 메모리 지원

1-4 - NET VGA

미국의 프로레슬링 단체 'ECW'를 소재로 삼은 스포츠 게임. 토미 드리머, 저스틴 크레더블, 타지리 요시히로 등 60명이 넘는 레슬러들이 등장한다. 전작에는 없었던 시합형식을 추가해, 테이블 매치·인페르노 매치 등 총 6종류의 시합 모드를 탑재했다.

Sega SmashPack Volume 1

Dreamcast
Sega ETC 2001년 1월 31일
비주얼 메모리, 드림캐스트 건, 아케이드 스틱 지원

1-4 - NET VGA

메가 드라이브의 히트작들을 모은 컬렉션의 DC판. 「수왕기」·「컬럼스」·「골든 액스」·「판타지 스타 Ⅱ」·「샤이닝 포스」·「벡터맨」·「슈퍼 시노비」·「소닉 더 헤지혹」·「베어 너클 Ⅱ」·「레슬 워」에, 「세가 스월」·「버추어 캅 2」를 추가 수록했다.

F1 Racing Championship

Dreamcast
UBISOFT RCG 2001년 2월 2일
레이싱 컨트롤러, 부들부들 팩, 비주얼 메모리 지원

1-2 - NET VGA

FIA의 라이선스를 취득하여 제작해, 1999년도 F1 시즌의 공식 코스 16곳과 22명의 드라이버, 11개 팀을 전부 수록한 레이싱 게임. 실제 물리학에 기반하여 구현한 머신의 거동과 핸들링 감각, 그리고 깔끔한 그래픽이 특징이다.

Ducati World : Racing Challenge

Dreamcast
Acclaim Entertainment RCG 2001년 2월 13일
비주얼 메모리, 부들부들 팩 지원

1-2 | 8 | NET | VGA

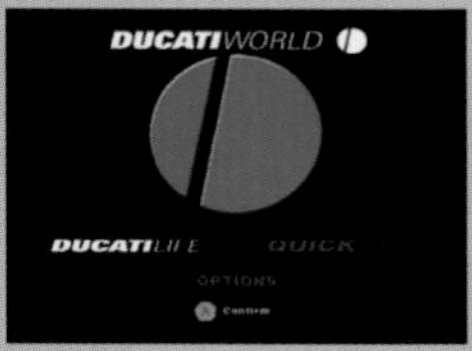

두카티 사의 라이선스를 획득해 제작한 바이크 레이싱 게임. 1960년대의 데이토나 350부터 748·996까지, 다양한 바이크로 레이스를 달린다. 커리어 모드도 있어, 바이크·헬멧 등을 구입하거나 바이크 커스터마이즈를 즐길 수도 있다.

NBA Hoopz

Dreamcast
Midway Games SPT 2001년 2월 13일
비주얼 메모리 지원

1-4 | 160 | NET | VGA

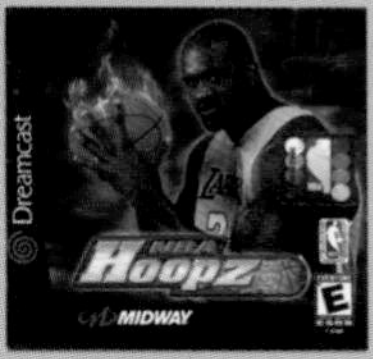

NBA의 선수들로 3-on-3 시합을 즐기는 스포츠 게임. '어라운드 더 월드'라는 미니게임도 플레이할 수 있다. 30피트 높이로 뛰어오르는 수직 점프나 20피트 거리에서 꽂는 덩크슛이 오가는 등, 리얼함보다는 호쾌함과 재미를 추구한 작품이다.

European Super League

Dreamcast
Virgin Interactive SPT 2001년 3월 2일
비주얼 메모리 지원

1-4 | - | NET | VGA

AC 밀란·바이에른 뮌헨 등, 유럽 각국의 축구리그에서 뽑은 16개 팀이 실명으로 등장하는 스포츠 게임. 게임 초보자도 즐기기 쉽도록 간략화한 시스템과, 복잡하지만 디테일한 플레이가 가능한 시스템의 2가지 조작법 중 하나를 고를 수 있다.

Unreal Tournament

Dreamcast
Infogrames ACT 2001년 3월 13일
비주얼 메모리, 부들부들 팩, 드림캐스트 마우스, 드림캐스트 키보드 지원

1-4 | 8 | NET | VGA

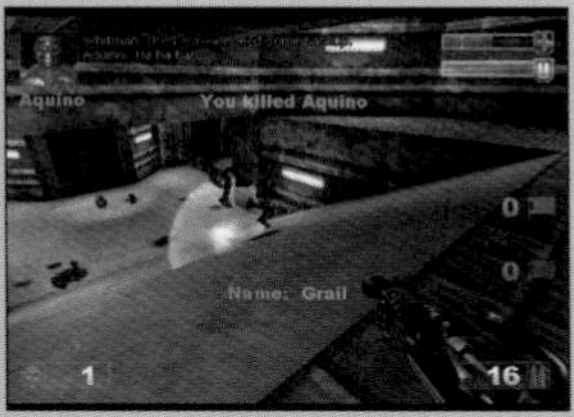

1인칭 시점으로 치열한 전투를 펼치는 슈터 게임. 도미네이션·캡처 더 플래그·어설트 등의 게임 모드를 수록했다. 모든 모드가 싱글·멀티 어떤 쪽으로든 플레이 가능하며, 싱글 플레이 시에는 봇이 플레이어의 동료를 조작한다.

Spider-Man

Dreamcast
Activision ACT 2001년 4월 19일
비주얼 메모리, 부들부들 팩 지원

1 | 7 | NET | VGA

공식 '스파이더맨' 게임 중에선 최초로 3D 액션 장르를 채택한 작품. 웹 슈터를 사용해 뉴욕의 마천루들 사이를 자유 이동할 수 있다. 원작의 캐릭터들뿐만 아니라 휴먼 토치와 퍼니셔, 심지어 캡틴 아메리카까지도 등장한다.

Worms World Party

Dreamcast
Titus Interactive SLG 2001년 4월 27일
비주얼 메모리, 부들부들 팩, 드림캐스트 키보드 지원

1-4 | - | NET | VGA

포병 웜들을 조작해, 다채로운 무기를 활용하여 적들을 물리치는 턴제 전술 시뮬레이션 게임. 웜은 도보이동 외에도 닌자 로프나 낙하산 등의 아이템을 사용해 이동할 수도 있어, 예상외의 장소로도 이동하는 발군의 기동성을 보여준다.

Giant Killers

Dreamcast
AAA SPT 2001년 5월 11일
비주얼 메모리 지원

1 | - | NET | VGA

프리미어 리그와 컨퍼런스 리그를 소재로 삼은 축구팀 경영 시뮬레이션 게임. 플레이어는 텍스트로 팀의 상태를 체크하며, 시합 당일이 되면 멤버를 선정하고 포메이션·전술을 지시한다. 선수를 적절히 트레이드해 가며 이상적인 팀을 만들어보자.

Exhibition of Speed

Dreamcast
Titus Software RCG 2001년 5월 18일
비주얼 메모리, 부들부들 팩, 레이싱 컨트롤러 지원

1-4 | - | NET | VGA

20대 이상의 가상 차량으로 랩 타임을 겨루는 레이싱 게임. 시각·기상조건이 다양한 15개 코스를 수록했다. 퀵 레이스와 타임 트라이얼이 가능한 싱글 모드와, 4명까지 동시에 플레이할 수 있는 멀티플레이어 모드를 탑재하였다.

Stupid Invaders

Dreamcast
UBISOFT AVG 2001년 5월 18일
비주얼 메모리, 드림캐스트 마우스 지원

1 | 7 | NET | VGA

지구에 불시착해버린 외계인 5명이, 우주선을 수리해 우주로 귀환하기 위해 분투한다는 스토리의 어드벤처 게임. 외계인 수집가인 사카린 박사에게 사로잡힌 5명을 조작해 무사히 탈출하는 것이 게임의 목적이다.

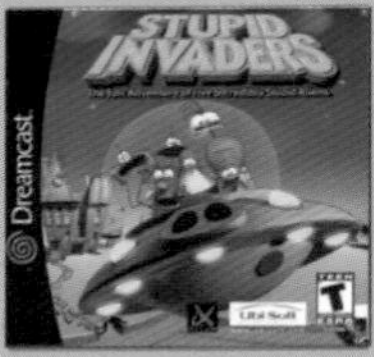

Max Steel : Covert Missions

Dreamcast
Mattel Interactive ACT 2001년 5월 30일
비주얼 메모리 지원

1 | 37- | NET | VGA

완구회사 마텔이 발매하여 TV 애니메이션화까지 되었던 액션 피규어 시리즈가 소재인 3인칭 액션 게임. 맥스의 목적은 숙적 사이코와 그의 주인인 드레드를 물리쳐 세계 평화를 지키는 것이다. 생물병기로 무장한 적을 격파해 드레드의 야망을 저지하자.

Pro Pinball : Trilogy

Dreamcast
Empire Interactive ACT 2001년 6월 8일
비주얼 메모리, 부들부들 팩 지원

1-2 | - | NET | VGA

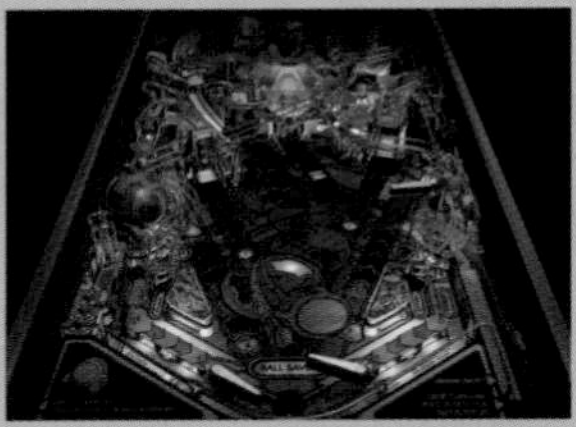

멋진 그래픽과 리얼한 감각으로 핀볼을 즐기는 「프로 핀볼」 시리즈 중, 3개 작품을 패키지 하나로 합본한 타이틀. PC로 발매된 바 있는 「타임쇼크!」·「빅 레이스 USA」·「판타스틱 저니」 3종류의 핀볼 게임을 즐길 수 있다.

Stunt GP

Dreamcast
EON Digital Entertainment RCG 2001년 6월 8일
레이싱 컨트롤러, 아케이드 스틱, 비주얼 메모리, 부들부들 팩 지원

1-2 | - | NET | VGA

16종류의 RC 카를 조종할 수 있는 레이싱 게임. RC 카는 3가지 클래스로 나뉘며, 각각 특징적인 조작감각을 자랑한다. 배터리·타이어·서스펜션 등의 파츠를 다양하게 교체해 가며 RC 카를 튜닝할 수도 있다.

Alone in the Dark : The New Nightmare

Dreamcast
Infogrames ACT 2001년 6월 22일
비주얼 메모리, 부들부들 팩 지원

1 | 12 | NET | VGA

주인공의 친구인 찰스가 섀도우 아일랜드 부근에서 사망한 채로 발견되었다. 친구의 죽음에 얽힌 비밀을 풀기 위해, 섀도우 아일랜드로 향한다. 전작까지의 주인공인 '에드워드 칸비'와, 신 캐릭터인 여성 '얼린 세드락' 중 하나를 골라 플레이한다.

Atari Anniversary Edition

Dreamcast
Infogrames ETC 2001년 7월 2일

1-4 | - | NET | VGA

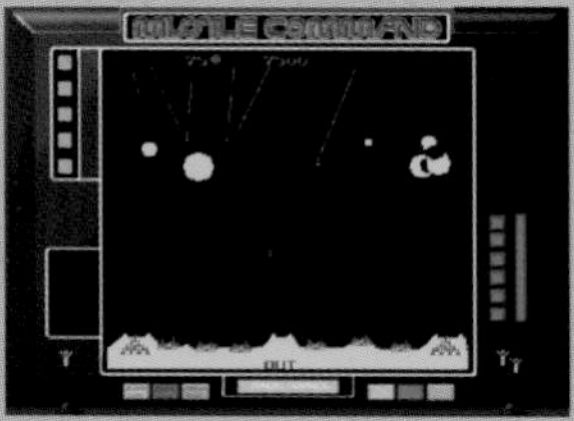

아타리 사의 고전 아케이드 게임 12개 작품을 합본한 옴니버스 소프트. 대히트작 「퐁」을 비롯해 「센티피드」·「미사일 커맨드」 등의 슈팅 게임, 「크리스탈 캐슬」 등의 액션 게임에 이르기까지 다양한 장르의 작품들을 수록했다.

Soldier of Fortune

Dreamcast
Crave Entertainment ACT 2001년 7월 13일
비주얼 메모리, 드림캐스트 마우스, 드림캐스트 키보드 지원

1 | 16 | NET | VGA

강렬한 잔혹묘사로 유명했던 PC판 원작을 그대로 이식했다. 주인공은 'The Shop'이라는 대 테러 비밀조직에 소속된 전직 군인인 존 멀린스로서, 핵무기를 훔쳐내 전 세계에 분쟁을 일으키려 하는 테러조직을 궤멸시키는 것이 게임의 목적이다.

Floigan Bros. Episode 1

Dreamcast
Sega ACT 2001년 7월 30일
비주얼 메모리 지원

1 | 20 | NET | VGA

폐품처리장에 사는 플로이건 형제가 주인공인 액션 어드벤처 게임. 플레이어는 동생 '호이글'을 조작해, 형 '모이글'을 놀라게 할 발명품을 만들 부품들을 모아야 한다. 부품은 퍼즐을 풀거나, 폐품처리장을 노리는 남작의 부하를 물리치면 얻는다.

Razor : Freestyle Scooter

Dreamcast
Crave Entertainment SPT 2001년 8월 8일
비주얼 메모리, 부들부들 팩 지원

1-2 | 3 | NET | VGA

스쿠터(한국에서 말하는 '킥보드'를 영미권에서 일컫는 명칭)로 자유롭게 달리며 다양한 트릭을 펼치는 익스트림 스포츠 게임. 「토니 호크의 프로 스케이터」처럼 트릭을 구사해 점수를 따내는 식이며, 필드에 흩어진 바퀴를 획득하면 제한시간이 늘어난다.

Alien Front Online

Dreamcast
Sega STG 2001년 8월 9일
마이크 디바이스, 부들부들 팩, 비주얼 메모리 지원

1 | 8 | NET | VGA

지구를 침공해온 외계인들을 탱크로 격파하는 슈팅 게임. 지구 진영과 외계인 진영 어느 쪽으로든 플레이할 수 있다. 오프라인 모드일 때는 각 진영 당 30종의 미션을 제공하며, 플레이 결과에 따라 엔딩이 변화하는 멀티 엔딩 시스템이다.

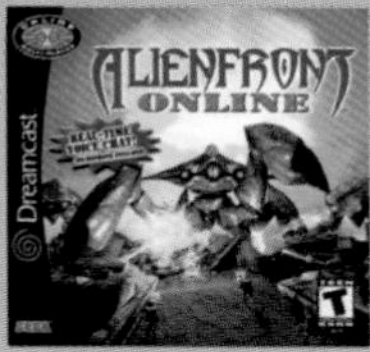

1-2 플레이 가능 인원 | 99- 메모리 백업 용량 | NET 네트워크 지원 | VGA VGA 박스 지원

Dragon Riders : Chronicles of Pern

Dreamcast
UBISOFT AVG 2001년 8월 9일
비주얼 메모리 지원

1 | 66 | NET | VGA

앤 맥카프리의 사이언스 판타지 소설 '퍼언 연대기' 시리즈가 원작인 어드벤처 게임. 플레이어는 황폐해진 세계를 구하기 위해, 황금드래곤을 다룰 수 있는 용기사를 찾아내라는 계시를 받고서 행성 '퍼언'을 모험하게 된다.

NCAA College Football 2K2

Dreamcast
Sega SPT 2001년 8월 29일
부들부들 팩, 비주얼 메모리, 드림캐스트 키보드 지원

1-4 | 192 | NET | VGA

미국에서는 굴지의 인기를 자랑하는 대학 교간 미식축구 대항전 'NCAA 칼리지 풋볼'을 소재로 삼은 스포츠 게임. 엑시비션·시즌·레거시 모드를 수록했으며, 자신이 좋아하는 팀을 팔로우할 수도 있다.

Ooga Booga

Dreamcast
Sega ACT 2001년 9월 13일 부들부들 팩, 비주얼 메모리, 드림캐스트 키보드 지원

1-4 | 2 | NET | VGA

▲ 플레이어가 많을수록 기하급수적으로 재미있어지는 타이틀. 온라인 모드가 특히 호평이었던 게임이며, 시간 가는 줄 모르고 왁자지껄 즐길 수 있다.

북미에서만 발매된, 신비한 열대 섬들을 무대로 삼은 배틀로얄 게임. 타이틀명인 「Ooga Booga」는 '화산의 여신'의 이름이다. 최대 4명까지 플레이 가능하며, 제한시간 내에 최대한 많이 포인트를 버는 것이 목적이다. 플레이 감각이 「대난투 스매시브라더스」에 가까워 여럿이 플레이할수록 재미있는 작품으로서, 오프라인·온라인 멀티플레이를 모두 지원한다. 특히 온라인의 경우, 캡처 더 플래그·킹 오브 더 힐 등 여러 모드를 제공해 게임의 매력을 배가시킨다.

Mat Hoffman's Pro BMX

Dreamcast
Activision SPT 2001년 9월 11일
비주얼 메모리, 부들부들 팩 지원

1-2 | 10 | NET | VGA

세계적인 BMX 라이더로 유명한 맷 호프먼의 이름을 타이틀명에 장식한 스포츠 게임. 「토니 호크의 프로 스케이터」처럼, 트릭을 성공시켜 포인트를 따자. 스트리트·버트·더트의 3종류 코스를 수록했다. 각 코스별로 제공되는 레벨을 클리어해 보자.

90 Minutes : Sega Championship Football

Dreamcast
Sega SPT 2001년 10월 25일
비주얼 메모리 지원

1-4 | - | NET | VGA

잉글랜드·프랑스 등 7종의 유럽 국가별 리그 및 대표팀들이 등장하는 축구 게임. 일본에서 발매했던 「J리그 스펙터클 사커」(129p)를 유럽 사정에 맞춰 현지화한 작품이다. 월드 챔피언십과 각 국가별 리그전을 게임 모드로 수록했다.

Bomberman Online

Dreamcast
Sega ACT 2001년 10월 30일
비주얼 메모리 지원

1-4 | 5 | NET | VGA

드림캐스트로 발매된 유일한 「봄버맨」 관련 작품. 아쉽게도 정작 일본에선 발매되지 않았다. 1~4명까지 대전할 수 있는 오프라인 모드와, 1~8명까지 대전할 수 있는 온라인 모드를 제공한다. 스테이지는 5종류이며, 각각 특수한 룰이 설정돼 있다.

Midway's Greatest Arcade Hits Volume 2

Dreamcast
Midway Games ETC 2001년 11월 15일
비주얼 메모리 지원

1-2 | 10 | NET | VGA

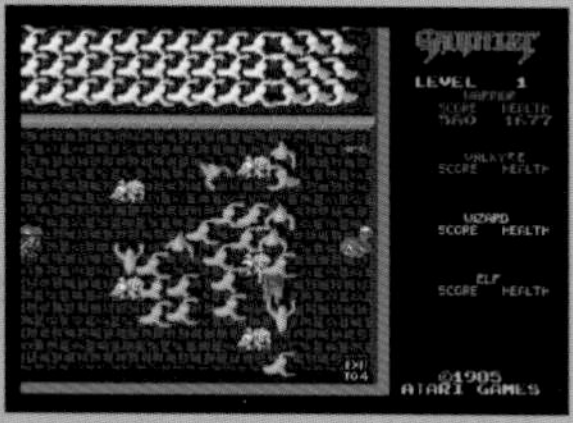

「Midway's Greatest Arcade Hits Volume 1」(161p)의 속편. 「문 패트롤」·「페이퍼보이」·「720°」·「스파이 헌터」·「램페이지」·「건틀릿」 등, 아시아권에서도 유명한 미드웨이 사의 인기 고전 아케이드 게임 6종을 수록했다.

Headhunter

Dreamcast
Sega ACT 2001년 11월 16일 비주얼 메모리, 부들부들 팩 지원

1 | - | NET | VGA

▲ 기억을 잃은 탓에, 이전에 보유했던 무기·장비의 사용권한도 전부 박탈된 상태로 시작한다. 라이선스를 다시 획득해가며 수사를 진행하자.

3인칭 시점의 액션 게임. 21세기, 갱단들의 격렬한 테러·범죄로 경찰 조직만으로는 역부족이 된 탓에 민간 법률집행조직 'ACN'이 발족된 세계가 게임의 무대다. 플레이어는 범죄에 휘말려 기억을 잃은 전직 경찰관 '잭'이 되어, '헤드헌터'라는 일개 바운티 헌터로서 ACN에 취업하게 된다. 기억상실 탓에 모두 실효돼 버린 라이선스를 다시 취득하면서 지명수배중인 범죄자들을 체포해가는 와중에, 자신에게 과연 무슨 일이 벌어졌는지를 밝혀낸다는 스토리다.

Conflict Zone

Dreamcast
UBISOFT SLG 2001년 12월 15일
비주얼 메모리, 부들부들 팩 지원

1 | 200 | NET | VGA

실시간 전략 시뮬레이션 게임. 국제적인 부대 'ICP'를 지휘하여 비밀결사 '고스트'와 싸우자. 부대를 항상 언론매체들이 감시하고 있어, 인질 구조 등의 임무를 수행해 얼마나 높은 평가를 받는지가 진행상의 중요 포인트다. 고스트 진영으로도 플레이 가능하다.

Evil Twin : Cyprien's Chronicles

Dreamcast
BigBen Interactive ACT 2002년 4월 12일
비주얼 메모리, 부들부들 팩 지원

1 | - | NET | VGA

고아 소년 '시프리언'이 여덟 섬을 돌며 모험하는 액션 게임. 어둡고 불길한 분위기로 가득한 섬들 어딘가에, 고아원의 친구들과 테디베어 '레니'가 잡혀있다. 주인공은 아이템을 입수하면 '슈퍼시프'라는 이름의 히어로로 변신할 수 있다.

일본 및 북미·유럽의 소프트 발매 상황을 확인할 수 있는

드림캐스트 전 세계 소프트 리스트

Dreamcast Worldwide Software List

이 페이지에서는 일본 및 북미·유럽에서 각각 발매된 드림캐스트용 소프트를 통합해 리스트화하여 게재했다. 상표등록 등의 각 국가별 사정으로 타이틀명을 변경해 발매한 경우도 존재하므로, 일본판·서양판 양쪽 명칭을 병기했다. 일본판과 북미·유럽판 타이틀명을 연관시켜 확인하고자 할 때 활용하기 바란다.

발매일과 발매사의 경우, 지면 관계상 각 지역별 내용을 개별적으로 기재하기 어려워 '가장 먼저 발매된 지역의 발매년월일과 발매사'를 기준으로 삼았다. 아무쪼록 독자의 양해를 바란다.

발매일	페이지	일본 타이틀명	북미·유럽 타이틀명	발매사	일본	북미	유럽
1998.11.27	52	버추어 파이터 3tb	**Virtua Fighter 3tb**	세가	■	■	■
1998.11.27	52	고질라 제네레이션즈		세가	■		
1998.11.27	52	July		포티파이브	■		
1998.11.27	53	펭펭 트라이아이슬론	**Pen Pen Trilcelon**	제너럴 엔터테인먼트	■	■	■
1998.12.17	53	인커밍 : 인류 최종결전	**Incoming**	이매지니어	■	■	■
1998.12.23	53	세븐스 크로스	**Seventh Cross**	NEC 홈 일렉트로닉스	■	■	
1998.12.23	53	소닉 어드벤처	**Sonic Adventure**	세가	■	■	■
1998.12.23	53	테트리스 4D		BPS	■		
1999.1.14	54	센고쿠 TURB		NEC 홈 일렉트로닉스	■		
1999.1.21	54	신기세계 에볼루션	**Evolution**	세가	■	■	■
1999.1.28	55	세가 랠리 2	**Sega Rally Championship 2**	세가	■	■	■
1999.2.25	54	파워 스톤	**Power Stone**	캡콤	■	■	■
1999.2.25	55	팝픈 뮤직		코나미	■		
1999.3.4	55	에어로 댄싱 : featuring Blue Impluse	**AeroWings**	CSK 종합연구소	■	■	■
1999.3.4	55	사이킥 포스 2012	**Psychic Force 2012**	타이토	■	■	■
1999.3.4	55	뿌요뿌요		세가	■		
1999.3.4	56	마작대회 II Special		코에이	■		
1999.3.11	56	모나코 그랑프리 레이싱 시뮬레이션 2	**Monaco Grand Prix**	UBISOFT	■	■	■
1999.3.11	56	리얼 사운드 : 바람의 리그렛		워프	■		
1999.3.18	56	북으로. : White Illumination		허드슨	■		
1999.3.20	56	유카와 전 전무의 보물찾기		세가	■		
1999.3.25	57	삼국지 VI		코에이	■		
1999.3.25	57	더 하우스 오브 더 데드 2	**The House of the Dead 2**	세가	■	■	■
1999.3.25	57	슈퍼 스피드 레이싱	**Flag to Flag**	세가	■	■	
1999.3.25	57	노부나가의 야망 : 장성록 with 파워업 키트		코에이	■		
1999.3.25	57	블루 스팅어	**Blue Stinger**	세가	■	■	■
1999.3.25	58	마블 VS. 캡콤 : 클래시 오브 슈퍼 히어로즈	**Marvel vs. Capcom: Clash of Super Heroes**	캡콤	■	■	■
1999.4.1	58	겟배스	**Sega Bass Fishing**	세가	■	■	■
1999.4.8	58	디지털 경마신문 : 마이 트랙맨		쇼에이 시스템	■		
1999.4.15	58	모리타의 최강 쇼기		랜덤 하우스	■		
1999.4.15	58	모리타의 최강 리버시		랜덤 하우스	■		
1999.4.22	59	웹 미스터리 : 예지몽을 꾸는 고양이		뫼비우스 / 세가	■		
1999.4.29	59	레드라인 레이서	**Suzuki Alstare Extreme Racing**	이매지니어	■	■	■
1999.5.27	59	엘리멘탈 기믹 기어	**Elemental Gimmick Gear**	허드슨	■	■	
1999.5.27	59	다이너마이트 형사 2	**Dynamite Cop**	세가	■	■	■
1999.6.24	59	더 킹 오브 파이터즈 드림 매치 1999	**The King of Fighters: Dream Match 1999**	SNK	■	■	
1999.6.24	60	자이언트 그램 : 전일본 프로레슬링 2 IN 닛폰 부도칸		세가	■		
1999.6.24	60	수도고 배틀	**Tokyo Xtreme Racer**	겐키	■	■	■
1999.6.24	60	생체병기 익스펜더블	**Expendable**	이매지니어	■	■	■
1999.7.8	60	영세명인 III : 게임 크리에이터 요시무라 노부히로의 두뇌		코나미	■		
1999.7.8	60	스트리트 파이터 ZERO 3 : 사이코 류 도장	**Street Fighter Alpha 3**	캡콤	■	■	■
1999.7.8	60	초발명 BOY 카니팡 : 폭주 로보토의 수수께끼?		세가	■		
1999.7.8	61	버기 히트	**Buggy Heat**	CSK 종합연구소	■	■	■
1999.7.15	61	프레임 그라이드		프롬 소프트웨어	■		
1999.7.15	61	월드 네버랜드 플러스 : 오룰루드 왕국 이야기		리버힐 소프트	■		
1999.7.22	61	진 본격 화투		알트론	■		
1999.7.22	61	세계 불가사의 발견! 트로이		TBS	■		
1999.7.22	61	전파소년적 응모생활 소프트 : 나스비의 방		허드슨	■		
1999.7.29	62	아키하바라 사이버 팀 : 파타Pies!		세가	■		
1999.7.29	62	에어포스 델타	**Airforce Delta**	코나미	■	■	■

발매일	페이지	일본 타이틀명	북미·유럽 타이틀명	발매사	일본	북미	유럽
1999.7.29	62	시맨 : 금단의 애완동물	**Seaman**	비바리움	■	■	
1999.7.29	62	마리오넷 핸들러		마이크로네트	■		
1999.8.5	62	북으로. : Photo Memories		허드슨	■		
1999.8.5	63	프로야구 팀을 만들자!		세가	■		
1999.8.5	63	소울 칼리버	**Soulcalibur**	남코	■	■	■
1999.8.26	63	기동전함 나데시코 : NADESICO THE MISSION		카도카와쇼텐/ESP	■		
1999.8.26	63	기동전사 건담 외전 : 콜로니가 떨어진 땅에서…	**Gundam Side Story 0079: Rise from the Ashes**	반다이	■	■	
1999.8.26	63	쿨 보더즈 번!	**Rippin' Riders Snowboarding**	우엡 시스템	■	■	■
1999.9.2	64	신일본 프로레슬링 : 투혼열전 4		토미	■		
1999.9.2	64	dancing blade 천방지축 복숭아 천사! 완전판		코나미	■		
1999.9.9	154		**Hydro Thunder**	Midway Games		■	■
1999.9.9	154		**Mortal Kombat Gold**	Midway Games		■	■
1999.9.9	154		**NFL Blitz 2000**	Midway Games		■	■
1999.9.9	154		**TrickStyle**	Acclaim Entertainment		■	■
1999.9.14	64	팝픈 뮤직 2		코나미	■		
1999.9.15	64	클라이맥스 랜더즈	**Time Stalkers**	세가	■	■	■
1999.9.23	64	아이돌 작사를 만들어보자♡		잘레코	■		
1999.9.23	64	모여라! 빙글빙글 온천		세가	■		
1999.9.23	65	에스피오네이전츠	**Industrial Spy: Operation Espionage**	NEC 홈 일렉트로닉스	■	■	
1999.9.23	65	환상의 달밤		심스	■		
1999.9.29	155		**Jeremy McGrath Supercross 2000**	Acclaim Sports		■	■
1999.9.30	65	그라우엔의 새장 : Kapitel 1 – '계약'		세가	■		
1999.9.30	65	J리그 프로 사커 클럽을 만들자		세가	■		
1999.9.30	65	dancing blade 천방지축 복숭아 천사 II 완전판 : Tears of Eden		코나미	■		
1999.9.30	65	블랙 매트릭스 어드밴스드		NEC 인터채널	■		
1999.10.7	66	플러스 플럼		TAKUYO	■		
1999.10.7	66	마리오넷 컴퍼니		마이크로캐빈	■		
1999.10.14	66	소닉 어드벤처 인터내셔널		세가	■		
1999.10.21	66	꿈의 마권 '99 인터넷		샹그릴라	■		
1999.10.28	66	리바이브... : 소생		데이터 이스트	■		
1999.10.31	155		**Armada**	Metro3D		■	
1999.10.31	155		**Centipede**	Hasbro Interactive		■	
1999.10.31	155		**NBA Showtime: NBA on NBC**	Midway Games		■	■
1999.10.31	155		**NFL Quarterback Club 2000**	Acclaim Sports		■	■
1999.10.31	155		**Slave Zero**	Infogrames		■	■
1999.10.31	156		**Soul Fighter**	Mindscape		■	■
1999.10.31	156		**South Park: Chef's Luv Shack**	Acclaim Entertainment		■	■
1999.11.1	156		**WWF Attitude**	Acclaim Entertainment		■	■
1999.11.3	67	창강의 기병 : 스페이스 그리폰		판사 소프트웨어	■		
1999.11.3	67	랑그릿사 밀레니엄		메사이야	■		
1999.11.11	67	기가 윙	**Giga Wing**	캡콤	■	■	■
1999.11.11	67	슈퍼 프로듀서즈 : 노려라! 쇼 비즈니스 업계		허드슨	■		
1999.11.11	67	츄츄 로켓!	**ChuChu Rocket!**	세가	■	■	■
1999.11.11	68	다나카 토라히코의 울토라 류 쇼기 : 앉은비차 굴곰 편		아크시스템웍스	■		
1999.11.18	68	기태평 골드		넷빌리지	■		
1999.11.18	68	스피드 데빌	**Speed Devils**	UBISOFT	■	■	■
1999.11.18	68	일본프로마작연맹 공인 테츠만 : 면허개전		나그자트	■		
1999.11.25	68	F1 월드 그랑프리 for Dreamcast	**F1 World Grand Prix**	비디오 시스템	■	■	■
1999.11.25	68	그라우엔의 새장 : Kapitel 2 – '새장'		세가	■		
1999.11.25	69	전환천사 대전마작 : 샹그릴라		마벨러스 엔터테인먼트	■		
1999.11.25	69	죠죠의 기묘한 모험 : 미래를 위한 유산	**Jojo's Bizarre Adventure**	캡콤	■	■	■
1999.11.25	69	데스 크림즌 2 : 메라니트의 제단		에콜 소프트웨어	■		
1999.11.25	69	좀비 리벤지	**Zombie Revenge**	세가	■	■	■
1999.11.25	69	넷파치 : 10연속 잭팟으로 라스베가스 여행		다이고쿠 전기	■		
1999.11.25	70	헬로키티의 가든 패닉		세가	■		
1999.11.25	70	헬로키티의 러블리 프루츠 파크		세가	■		
1999.11.25	70	마검 X	**Maken X**	아틀라스	■	■	■
1999.11.30	156		**Fighting Force 2**	Edios Interactive		■	■
1999.11.30	156		**Shadow Man**	Acclaim Entertainment		■	■
1999.11.30	156		**Test Drive 6**	Infogrames		■	
1999.11.30	157		**Worms Armageddon**	Hasbro Interactive		■	■
1999.12.1	157		**Sega Worldwide Soccer 2000**	Sega			■
1999.12.2	70	선라이즈 영웅담		선라이즈 인터랙티브	■		
1999.12.2	70	버추어 스트라이커 2 Ver.2000.1	**Virtua Striker 2**	세가	■	■	■
1999.12.2	70	버밀리온 데저트		리버힐 소프트	■		
1999.12.9	71	소·리·넣·기 : 드림캐스트 시퀀서		와카 제작소	■		
1999.12.9	71	골프하자	**Tee Off**	바텀 업	■	■	■
1999.12.9	71	제트코스터 드림	**Coaster Works**	빔보소프트/바텀 업	■	■	■
1999.12.9	71	스타 글래디에이터 2 : 나이트메어 오브 빌슈타인	**Plasma Sword: Nightmare of Bilstein**	캡콤	■	■	■
1999.12.9	71	전뇌전기 버추얼 온 : 오라토리오 탱그램	**Cyber Troopers Virtual-On Oratorio Tangram**	세가	■	■	
1999.12.9	72	드림 플라이어		세가	■		
1999.12.9	72	폭렬무적 반가이오	**Bangai-O**	트레저/ESP	■	■	■
1999.12.16	72	앙화봉신 : 앙화가 필 무렵		ESP/미디어웍스	■		
1999.12.16	72	크리스마스 시맨 : 마음을 전하는 또 하나의 방법(프레즌트 디스크)		비바리움	■		

발매일	페이지	일본 타이틀명	북미·유럽 타이틀명	발매사	일본	북미	유럽
1999.12.16	72	크리스마스 시맨 : 마음을 전하는 또 하나의 방법(메시지 키트)		비바리움	■		
1999.12.16	72	스트리트 파이터 Ⅲ : 더블 임팩트	**Street Fighter III: Double Impact**	캡콤	■	■	■
1999.12.16	73	스페이스 채널 5	**Space Channel 5**	세가	■	■	■
1999.12.16	73	노부나가의 야망 : 열풍전		코에이	■		
1999.12.16	73	뿌요뿌요DA! featuring ELLENA System		컴파일	■		
1999.12.16	73	베르세르크 : 천년제국의 매 편 상실화의 장	**Sword of the Berserk: Guts' Rage**	아스키	■	■	■
1999.12.22	73	바이오하자드 2 : Value Plus	**Resident Evil 2**	캡콤	■	■	■
1999.12.22	74	판처 프론트		아스키	■		
1999.12.22	74	유구환상곡 3 : Perpetual Blue		ESP/미디어웍스	■		
1999.12.23	74	우리반 짱돌이 : 짱돌이 왕국 대분쟁!		세가	■		
1999.12.23	74	고질라 제네레이션즈 : 맥시멈 임팩트		세가	■		
1999.12.23	75	쉔무 : 1장 요코스카	**Shenmue**	세가	■	■	■
1999.12.23	75	신기세계 에볼루션 2 : 머나먼 약속	**Evolution 2**	ESP/스팅	■	■	■
1999.12.23	75	센고쿠 TURB : Fanfan I♡me Dunce-doublentendre		NEC 홈 일렉트로닉스	■		
1999.12.23	75	D의 식탁 2	**D2**	워프	■	■	
1999.12.23	74	도쿄 버스 안내		포티파이브	■		
1999.12.23	74	프로야구 팀을 가지고 놀자!		세가	■		
1999.12.31	157		**Wetrix+**	Eidos Interactive		■	■
2000.1.6	76	돌격! 아장아장!! 토이 레인저	**Toy Commander**	세가	■	■	■
2000.1.6	76	화조대전 컬럼스 2		세가	■		
2000.1.7	157		**Jimmy White's 2: Cueball**	Virgin Interactive			■
2000.1.13	76	초강전기 키카이오	**Tech Romancer**	캡콤	■	■	■
2000.1.13	76	레디 투 럼블 복싱 : 치고 박고 웃기는 메가톤 펀치!!	**Ready 2 Rumble Boxing**	세가	■	■	■
2000.1.20	77	에어로 댄싱 : 토도로키 대장의 비밀 디스크		CSK 종합연구소	■		
2000.1.20	77	NFL 2K	**NFL 2K**	세가	■	■	
2000.1.20	77	전차로 GO! 2 : 고속편 3000번대		타이토	■		
2000.1.20	77	7곳의 비관(祕館) : 전율의 미소		코에이	■		
2000.1.20	77	레인보우 코튼		석세스	■		
2000.1.27	77	언더커버 : A.D.2025 Kei		펄스 인터랙티브	■		
2000.1.27	78	크레이지 택시	**Crazy Taxi**	세가	■	■	■
2000.1.27	78	그라우엔의 새장 : Kapitel 3 – '함정'		세가	■		
2000.1.27	78	룸매니아 #203		세가	■		
2000.1.27	157		**Legacy of Kain: Soul Reaver**	Eidos Interactive		■	■
2000.2.1	157		**Wild Metal**	Rockstar Games		■	■
2000.2.3	78	슈퍼 마그네틱 뉴뉴	**Super Magnetic Neo**	겐키	■	■	■
2000.2.3	79	바이오하자드 CODE : Veronica	**Resident Evil – Code: Veronica**	캡콤	■	■	■
2000.2.9	158		**NHL 2K**	Sega		■	■
2000.2.10	79	팝픈 뮤직 3 : 어펜드 디스크		코나미	■		
2000.2.17	79	세가 GT : 호멀러게이션 스페셜	**Sega GT**	세가	■	■	■
2000.2.17	79	댄스 댄스 레볼루션 2nd MIX : Dreamcast Edition		코나미	■		
2000.2.17	79	트레저 스트라이크		키드	■		
2000.2.24	80	에어로 댄싱 F	**AeroWings 2: Air Strike**	CSK 종합연구소	■	■	■
2000.2.24	80	오오가미 이치로 분투기 : 사쿠라대전 가요 쇼 '붉은도마뱀'에서		세가	■		
2000.2.24	80	캐리어	**Carrier**	잘레코	■	■	■
2000.2.24	80	미아 골렘		캐러멜팟	■		
2000.2.24	80	링	**The Ring: Terror's Realm**	카도카와쇼텐/아스믹 에이스	■	■	
2000.2.29	158		**ECW Hardcore Revolution**	Acclaim Entertainment		■	■
2000.3.2	80	버추어 캅 2		세가	■		
2000.3.9	81	건버드 2	**Gunbird 2**	캡콤	■	■	■
2000.3.10	158		**Ready 2 Rumble Boxing: Round 2**	Midway Games		■	■
2000.3.16	81	상하이 DYNASTY		석세스	■		
2000.3.16	81	퍼즐 보블 4	**Bust-A-Move 4**	사이버프론트	■	■	■
2000.3.23	81	비질란테 8 : 세컨드 배틀	**Vigilante 8: 2nd Offense**	시스컴 엔터테인먼트	■	■	■
2000.3.23	81	트윙클 스타 스프라이츠		SNK	■		
2000.3.23	82	NBA 2K	**NBA 2K**	세가	■	■	■
2000.3.23	82	레이크 마스터즈 PRO : Dreamcast plus!		다즈	■		
2000.3.23	82	레이맨 : 해적선에서 탈출!	**Rayman 2: The Great Escape**	UBISOFT	■	■	■
2000.3.30	82	위닝 포스트 4 : 프로그램 2000		코에이	■		
2000.3.30	82	그라우엔의 새장 : Kapitel 4 – '해후'		세가	■		
2000.3.30	82	GET!! 콜로니즈		세가	■		
2000.3.30	83	더 킹 오브 파이터즈 '99 EVOLUTION	**The King of Fighters '99: Evolution**	SNK	■	■	
2000.3.30	83	더 타이핑 오브 더 데드	**The Typing of the Dead**	세가	■	■	
2000.3.30	83	실황 파워풀 프로야구 : Dreamcast Edition		코나미	■		
2000.3.30	83	헬로키티의 매지컬 블록		세가	■		
2000.3.30	83	프로 마작 키와메 D		아테나	■		
2000.3.30	84	마블 VS 캡콤 2 : 뉴 에이지 오브 히어로즈	**Marvel vs. Capcom 2**	캡콤	■	■	■
2000.3.30	84	월드 네버랜드 2 플러스 : 플루토 공화국 이야기		리버힐 소프트	■		
2000.3.31	158		**MDK2**	Interplay Entertainment		■	■
2000.4.4	158		**Star Wars Episode I Racer**	LucasArts		■	■
2000.4.6	84	삼국지 VI with 파워업 키트		코에이	■		
2000.4.6	84	슈퍼 유로 사커 2000	**Striker Pro 2000**	이매지니어	■	■	■
2000.4.13	84	헬로키티의 '소리 나는' 이메일		세가	■		
2000.4.20	84	사쿠라 모모코 극장 : 코지코지		마벨러스 엔터테인먼트	■		
2000.4.21	159		**Red Dog: Superior Firepower**	Crave Entertainment		■	■

발매일	페이지	일본 타이틀명	북미·유럽 타이틀명	발매사	일본	북미	유럽
2000.4.27	85	기상천외 보이'S 강가강		세가	■		
2000.4.27	85	삼바 DE 아미고	Samba de Amigo	세가	■	■	■
2000.4.27	85	소서리언 : 칠성마법의 사도		빅터 인터랙티브 소프트웨어	■		
2000.4.27	85	댄스 댄스 레볼루션 CLUB VERSION : Dreamcast Edition		코나미	■		
2000.4.27	85	파워 스톤 2	Power Stone 2	캡콤	■	■	■
2000.5.2	85	빅쿠리맨 2000 : 비바! 페스티바!		세가 토이즈	■		
2000.5.2	159		Grand Theft Auto 2	Rockstar Games		■	■
2000.5.4	159		4 Wheel Thunder	Midway Games		■	■
2000.5.9	159		Tom Clancy's Rainbow Six	Malesco Entertainment		■	■
2000.5.11	86	통신대전 로직 배틀 : 대설전		포티파이브	■		
2000.5.18	86	구원의 반 : 재림조		포그	■		
2000.5.18	86	마리오넷 컴퍼니 2		마이크로캐빈	■		
2000.5.25	86	그라우엔의 새장 : Kapitel 5 – '속죄'		세가	■		
2000.5.25	86	사쿠라대전		세가	■		
2000.5.25	86	슈퍼 런어바웃	Super Runabout: San Francisco Edition	클라이맥스	■	■	■
2000.5.25	87	렌타 히어로 No.1		세가	■		
2000.5.26	160		Test Drive V-Rally	Infogrames		■	■
2000.5.30	160		Gauntlet Legends	Midway Games		■	■
2000.6.1	160		Omikron: The Nomad Soul	Eidos Interactive		■	■
2000.6.8	87	포켓여친 : 유미·시즈카·후미오		데이텀 폴리스타	■		
2000.6.9	160		Nightmare Creatures II	Konami		■	■
2000.6.15	87	아니마스타		아키	■		
2000.6.16	160		Caesars Palace 2000: Millennium Gold Edition	Interplay Entertainment		■	■
2000.6.22	87	어드밴스드 대전략 : 유럽의 폭풍·독일 전격작전		세가	■		
2000.6.22	87	수도고 배틀 2	Tokyo Xtreme Racer 2	겐키	■	■	■
2000.6.22	88	인생게임 for Dreamcast		타카라	■		
2000.6.22	161		Draconus: Cult of the Wyrm	Crave Entertainment		■	■
2000.6.23	161		Fur Fighters	Acclaim Entertainment		■	■
2000.6.23	161		Silver	Infogrames		■	■
2000.6.25	161		Namco Museum	Namco		■	
2000.6.26	161		Wacky Races	Infogrames		■	■
2000.6.27	161		Midway's Greatest Arcade Hits Volume 1	Midway Games		■	■
2000.6.29	88	임페리얼의 매 : FIGHTER OF ZERO	Iron Aces	글로벌 A 엔터테인먼트	■	■	■
2000.6.29	88	젯 셋 라디오	Jet Set Radio	세가	■	■	■
2000.6.29	88	스트리트 파이터 III 3rd STRIKE : Fight for the Future	Street Fighter III: 3rd Strike	캡콤	■	■	■
2000.6.29	89	기동전사 건담 : 기렌의 야망 – 지온의 계보		반다이	■		
2000.6.29	89	미스터 드릴러	Mr. Driller	남코	■	■	■
2000.6.29	89	메모리즈 오프 컴플리트		키드	■		
2000.6.29	89	룸메이트 노벨 : 사토 유카		데이텀 폴리스타	■		
2000.6.29	89	로도스도 전기 : 사신강림	Record of Lodoss War: Advent of Cardice	카도카와쇼텐	■	■	■
2000.6.29	162		Tony Hawk's Pro Skater	Crave Entertainment		■	■
2000.6.30	162		Disney/Pixar Toy Story 2: Buzz Lightyear to the Rescue	Activision		■	■
2000.6.30	162		Railroad Tycoon II	Gathering of Developers		■	■
2000.6.30	162		Sega Worldwide Soccer 2000 Euro Edition	Sega			■
2000.6.30	162		South Park Rally	Acclaim Entertainment		■	■
2000.7.7	162		Roadsters	Titus Interactive		■	■
2000.7.9	89	넷파치 II @VPACHI : CR 파렴치 학원		다이코쿠 전기	■		
2000.7.9	163		Hidden & Dangerous	TalonSoft		■	■
2000.7.13	90	리볼트	Re-Volt	어클레임/타이토	■	■	■
2000.7.13	163		Mag Force Racing	Crave Entertainment		■	■
2000.7.19	90	툼레이더 4 : 라스트 레벌레이션	Tomb Raider: The Last Revelation	캡콤	■	■	■
2000.7.19	163		Walt Disney World Quest: Magical Racing Tour	Eidos Interactive		■	■
2000.7.27	90	그라우엔의 새장 : Kapitel 6 – '전율'		세가	■		
2000.7.27	90	주사 바사		리얼 비전	■		
2000.7.27	90	센티멘털 그래피티 2		NEC 인터채널	■		
2000.7.27	90	더비츠쿠 : 더비 말을 만들자		세가	■		
2000.7.27	91	특촬 모험활극 : 슈퍼 히어로 열전		반프레스토	■		
2000.7.27	91	NET으로 파라다이스		TAKUYO	■		
2000.7.27	91	버추어 애슬리트 2K	Virtua Athlete 2K/2000	세가	■	■	■
2000.7.30	163		NFL QB Club 2001	Acclaim Sports		■	
2000.8.3	91	F355 챌린지	F355 Challenge	세가	■	■	■
2000.8.3	91	그란디아 II	Grandia 2	게임 아츠	■	■	■
2000.8.3	92	골프하자 : 코스 데이터집 어드벤처 편		소프트맥스	■		
2000.8.10	92	뱀파이어 크로니클 for Matching Service		캡콤	■		
2000.8.10	92	리듬 코믹 : 쿨쿨 툰		SNK	■		
2000.8.10	92	자이언트 그램 2000 : 전일본 프로레슬링 3 – 영광의 용사들		세가	■		
2000.8.10	92	스폰 인 더 데몬즈 핸드	Spawn: In the Demon's Hand	캡콤	■	■	■
2000.8.10	93	도구우 전기 : 패왕		빅터 인터랙티브 소프트웨어	■		
2000.8.10	93	헬로키티의 두근두근 쿠키즈		세가	■		
2000.8.10	93	프로야구 팀을 가지고 놀자 NET!		세가	■		
2000.8.22	163		Deep Fighter	UBISOFT		■	■
2000.8.24	93	프리즈머티컬리제이션		아크시스템웍스	■		
2000.8.24	93	룬캐스터		노이지아	■		
2000.8.24	93	룬 제이드		허드슨	■		

발매일	페이지	일본 타이틀명	북미·유럽 타이틀명	발매사	일본	북미	유럽
2000.8.31	94	힘내라! 일본! 올림픽 2000	ESPN International Track & Field	코나미	■	■	■
2000.8.31	94	쟈멍		비지트	■		
2000.9.6	94	캡콤 VS. SNK : 밀레니엄 파이트 2000	Capcom vs. SNK	캡콤	■	■	■
2000.9.6	95	디노 크라이시스	Dino Crisis	캡콤	■	■	■
2000.9.6	163		San Francisco Rush 2049	Midway Games		■	■
2000.9.14	94	Kanon		NEC 인터채널	■		
2000.9.14	164		NFL Blitz 2001	Midway Games		■	
2000.9.21	95	사쿠라대전 2 : 그대여, 죽지 마오		세가	■		
2000.9.21	95	데스피리아		아틀라스	■		
2000.9.26	164		Disney/Pixar Buzz Lightyear of Star Command	Activision		■	■
2000.9.28	95	실전 파치슬로 필승법! @VPACHI : 콩덤		맥스벳	■		
2000.9.28	95	성령기 라이블레이드		윙키 소프트	■		
2000.9.28	95	데드 오어 얼라이브 2	Dead or Alive 2	테크모	■	■	■
2000.9.28	96	넷파치 III @VPACHI : CR 명랑 개구리 2·CR 명랑 개구리 H		다이코쿠 전기	■		
2000.9.28	96	해피★레슨 : 퍼스트 레슨		데이텀 폴리스타	■		
2000.9.28	96	더욱더 프로야구 팀을 만들자!		세가	■		
2000.9.28	96	러브히나 : 갑작스러운 인게이지 해프닝		세가	■		
2000.9.29	164		Hoyle Casino	Sierra Attractions		■	
2000.9.29	164		Who Wants to Be a Millionaire?	Eidos Interactive			■
2000.9.30	164		Frogger 2: Swampy's Revenge	Hasbro Interactive		■	
2000.10.5	96	이터널 아르카디아	Skies of Arcadia	세가	■	■	■
2000.10.5	96	이터널 아르카디아 : @barai판		세가	■		
2000.10.6	164		Urban Chaos	Eidos Interactive		■	■
2000.10.9	97	NET으로 테니스		캡콤	■		
2000.10.10	97	엘도라도 게이트 : 제 1권	18 Wheeler: American Pro Trucker	캡콤	■	■	■
2000.10.12	97	에이틴 휠러		세가	■		
2000.10.12	97	사일런트 스코프	Silent Scope	코나미	■	■	■
2000.10.12	97	팝픈 뮤직 4 : 어펜드 디스크		코나미	■		
2000.10.13	165		Star Wars Episode I: Jedi Power Battles	LucasArts		■	■
2000.10.19	97	세가 마린 피싱	Sega Marine Fishing	세가	■	■	
2000.10.19	98	내플 테일 : Arsia in Daydream		세가	■		
2000.10.19	98	열투 골프		세가	■		
2000.10.22	165		Quake III Arena	Sega		■	■
2000.10.23	165		Demolition Racer: No Exit	Infogrames		■	
2000.10.24	165		Spec Ops II: Omega Squad	Ripcord Games		■	■
2000.10.26	98	시드니 2000	Sydney 2000	캡콤	■	■	■
2000.10.26	98	죠죠의 기묘한 모험 : 미래를 위한 유산 for Matching Service		캡콤	■		
2000.10.26	98	네오 골든 로그레스		석세스	■		
2000.10.26	98	헤이세이 마작장		마이크로네트	■		
2000.10.29	165		KISS: Psycho Circus: The Nightmare Child	Take-Two Interactive		■	■
2000.10.30	166		4x4 Evo	Gathering of Developers		■	
2000.10.30	166		Army Men: Sarge's Heroes	Midway Games		■	■
2000.10.31	99	모여라! 빙글빙글 온천 BB		세가	■		
2000.10.31	166		The Grinch	Konami		■	■
2000.11.2	99	L.O.L. LACK OF LOVE		아스키	■		
2000.11.2	99	제트코스터 드림 2		빔보소프트	■		
2000.11.3	166		Metropolis Street Racer	Sega		■	■
2000.11.6	166		Tony Hawk's Pro Skater 2	Activision		■	■
2000.11.9	99	드림스튜디오		세가	■		
2000.11.9	99	트리콜로르 크라이시스		빅터 인터랙티브 소프트웨어	■		
2000.11.9	99	마즈 매트릭스	Mars Matrix	캡콤	■	■	
2000.11.9	100	마리오넷 핸들러 2		마이크로네트	■		
2000.11.9	167		MTV Sports: Skateboarding Featuring Andy MacDonald	THQ		■	■
2000.11.13	167		Chicken Run	Eidos Interactive		■	■
2000.11.13	167		Ms. Pac-Man Maze Madness	Namco		■	
2000.11.15	167		Disney's 102 Dalmatians: Puppies to the Rescue	Eidos Interactive		■	■
2000.11.16	100	에어로 댄싱 F : 토도로키 츠바사의 첫 비행		CSK 종합연구소	■		
2000.11.16	100	바이오하자드 3 : LAST ESCAPE	Resident Evil 3: Nemesis	캡콤	■	■	■
2000.11.16	100	요정전설 : end of the century		NEC 인터채널	■		
2000.11.17	167		Looney Tunes: Space Race	Infogrames		■	■
2000.11.19	167		Star Wars: Demolition	LucasArts		■	■
2000.11.19	168		Tomb Raider: Chronicles	Eidos Interactive		■	■
2000.11.20	168		Dave Mirra Freestyle BMX	Acclaim Max Sports		■	■
2000.11.20	168		ESPN NBA 2 Night	Konami		■	
2000.11.20	168		Tom Clancy's Rainbow Six: Rogue Spear	Red Storm Entertainment		■	■
2000.11.22	100	F1 월드 그랑프리 II for Dreamcast	F1 World Grand Prix II	비디오 시스템	■		■
2000.11.23	101	세가 테트리스		세가	■		
2000.11.23	101	파워 스매시	Virtua Tennis	세가	■	■	■
2000.11.24	168		Disney's Dinosaur	UBISOFT		■	■
2000.11.24	168		Moho	Take-Two Interactive			■
2000.11.27	169		StarLancer	Crave Entertainment		■	■
2000.11.30	101	퀴즈 오! 나의 여신님 : 싸우는 날개와 함께		세가	■		
2000.11.30	169		Q*Bert	Hasbro Interactive		■	
2000.11.30	169		Sno-Cross Championship Racing	Infogrames		■	■

발매일	페이지	일본 타이틀명	북미·유럽 타이틀명	발매사	일본	북미	유럽
2000.11.30	169		**Taxi 2**	UBISOFT			■
2000.12.1	169		**Who Wants to Beat Up a Millionaire?**	Simon&Schuster Interactive		■	
2000.12.4	169		**Maximum Pool**	Sierra Sports		■	
2000.12.4	170		**Planet Ring**	Sega			■
2000.12.5	170		**POD: Speedzone**	UBISOFT		■	■
2000.12.6	170		**Prince of Persia: Arabian Nights**	Mattel Interactive		■	
2000.12.7	101	CHARGE'N BLAST	**Charge 'N Blast**	심스	■	■	■
2000.12.7	101	청의 6호 : 세월부대인(歲月不待人) TIME AND TIDE		세가	■		
2000.12.7	102	불타라! 저스티스 학원	**Project Justice**	캡콤	■	■	■
2000.12.8	170		**Kao the Kangaroo**	Titus Software		■	■
2000.12.8	170		**UEFA Dream Soccer**	Sega, Infogrames			■
2000.12.11	171		**Championship Surfer**	Mattel Interactive		■	■
2000.12.12	102	엘도라도 게이트 : 제 2권		캡콤	■		
2000.12.13	171		**Disney's Donald Duck: Goin' Quackers**	UBISOFT		■	■
2000.12.13	171		**Speed Devils: Online Racing**	UBISOFT		■	■
2000.12.14	102	길티기어 젝스		사미	■		
2000.12.14	102	삼바 DE 아미고 Ver.2000		세가	■		
2000.12.14	102	데지코의 마이 브라우저		세가	■		
2000.12.14	103	넷파치 Ⅳ @VPACHI : CR 아아!! 꽃의 응원단 3		다이코쿠 전기	■		
2000.12.14	103	넷파치 Ⅴ @VPACHI : CR 몬스터 하우스		다이코쿠 전기	■		
2000.12.17	171		**Evil Dead: Hail to the King**	THQ		■	■
2000.12.18	171		**Bang! Gunship Elite**	Red Storm Entertainment		■	
2000.12.20	171		**The Next Tetris: On-line Edition**	Crave Entertainment		■	■
2000.12.21	103	건스파이크	**Cannon Spike**	캡콤	■	■	■
2000.12.21	103	사커츠쿠 특대호 : J.LEAGUE 프로 사커 클럽을 만들자!		세가	■		
2000.12.21	103	탐정신사 DASH!		아벨	■		
2000.12.21	104	소닉 셔플	**Sonic Shuffle**	세가	■	■	■
2000.12.21	104	데이토나 USA 2001	**Daytona USA 2001**	세가	■	■	■
2000.12.21	104	Never7 : the end of infinity		키드	■		
2000.12.21	104	도쿄 버스 안내 : 미인 버스 가이드 동승 팩		포티파이브	■		
2000.12.21	104	막말낭만 제 2막 월화의 검사 : Final edition	**The Last Blade 2: Heart of the Samurai**	SNK	■	■	
2000.12.21	105	판타지 스타 온라인	**Phantasy Star Online**	세가	■	■	■
2000.12.21	105	배스 러시 드림 : ECOGEAR PowerWorm Championship		비스코	■		
2000.12.21	172		**Vanishing Point**	Acclaim Entertainment		■	■
2000.12.22	105	슈퍼 스트리트 파이터 II X for Matching Service		캡콤	■		
2000.12.22	172		**Aqua GT**	Take-Two Interactive			■
2000.12.22	172		**Toy Racer**	Sega			■
2000.12.28	105	카드캡터 체리 : 지수의 비디오 대작전		세가	■		
2000.12.28	105	사쿠라대전 : 키네마트론 화조 메일		세가	■		
2000.12.30	172		**ECW Anarchy Rulz**	Acclaim Entertainment		■	■
2001.1.1	106	데 라 젯 셋 라디오		세가	■		
2001.1.18	106	기가 윙 2	**Giga Wing 2**	캡콤	■	■	
2001.1.18	106	초강전기 키카이오 for Matching Service		캡콤	■		
2001.1.18	106	파이팅 바이퍼즈 2	**Fighting Vipers 2**	세가	■		■
2001.1.25	107	얼티밋 파이팅 챔피언십	**Ultimate Fighting Championship**	캡콤	■	■	■
2001.1.25	107	에코 더 돌핀 : DEFENDER OF THE FUTURE	**Ecco the Dolphin: Defender of the Future**	세가	■	■	■
2001.1.25	107	골프하자 2 : 새로운 도전		소프트맥스	■		
2001.1.25	107	나는 도라에몽		세가 토이즈	■		
2001.1.31	172		**Sega Smash Pack Vol. 1**	Sega		■	
2001.2.1	107	더 심리 게임		비지트	■		
2001.2.2	107	엘도라도 게이트 : 제 3권		캡콤	■		
2001.2.2	172		**F1 Racing Championship**	UBISOFT			■
2001.2.8	108	헌드레드 소드 : @barai판		세가	■		
2001.2.13	173		**Ducati World Racing Challenge**	Acclaim Entertainment		■	■
2001.2.13	173		**NBA Hoopz**	Midway Games		■	■
2001.2.15	108	에어로 댄싱 i		CSK 종합연구소	■		
2001.2.15	108	스트리트 파이터 ZERO 3 : 사이쿄 류 도장 for Matching Service		캡콤	■		
2001.2.15	108	넷파치 Ⅵ @VPACHI : CR 보물 탐험대		다이코쿠 전기	■		
2001.2.15	108	헌드레드 소드		세가	■		
2001.2.22	108	서풍의 광시곡		소프트맥스	■		
2001.2.22	109	피시 아이즈 와일드	**Reel Fishing: Wild**	빅터 인터랙티브 소프트웨어	■	■	
2001.2.22	109	마크로스 M3		쇼에이샤	■		
2001.3.1	109	파이어 프로레슬링 D		스파이크	■		
2001.3.2	173		**European Super League**	Virgin Interactive			■
2001.3.13	173		**Unreal Tournament**	Infogrames		■	■
2001.3.15	109	배틀 비스터		스튜디오 원더 이펙트	■		
2001.3.15	109	르망 24 아워즈	**Test Drive Le Mans**	세가	■	■	■
2001.3.22	109	이브 제로 완전판 : ark of the matter		게임빌리지	■		
2001.3.22	110	사쿠라대전 3 : 파리는 불타고 있는가		세가	■		
2001.3.22	110	바이오하자드 CODE : Veronica 완전판		캡콤	■		
2001.3.22	110	하루사메 요일		NEC 인터채널	■		
2001.3.22	110	파워 제트 레이싱 2001	**Surf Rocket Racers**	CSK 종합연구소	■	■	■
2001.3.22	110	월드 시리즈 베이스볼 2K1	**World Series Baseball 2K1**	세가	■	■	
2001.3.29	111	일블리드	**Illbleed**	세가	■	■	

발매일	페이지	일본 타이틀명	북미·유럽 타이틀명	발매사	일본	북미	유럽
2001.3.29	111	NFL 2K1	**NFL 2K1**	세가	■	■	
2001.3.29	111	NBA 2K1	**NBA 2K1**	세가	■	■	
2001.3.29	111	세가가가		세가	■		
2001.3.29	112	러브히나 : 스마일 어게인		세가	■		
2001.4.5	112	에스		TV 아사히/세가	■		
2001.4.5	112	캔버스 : 세피아 빛깔의 모티브		NEC 인터채널	■		
2001.4.5	112	스피리트 오브 스피드 1937	**Spirit of Speed 1937**	어클레임/타이토	■	■	■
2001.4.12	112	엘도라도 게이트 : 제 4권		캡콤	■		
2001.4.12	112	엔젤 프레젠트		NEC 인터채널	■		
2001.4.12	113	스포츠 잼	**Sports Jam**	세가	■	■	
2001.4.19	113	클로즈 투 : 기도의 언덕		키드	■		
2001.4.19	113	신세기 에반게리온 : 타이핑 E 계획		가이낙스	■		
2001.4.19	173		**Spider-Man**	Activision		■	■
2001.4.26	113	어드밴스드 대전략 2001		세가	■		
2001.4.26	113	코노하나 : True Report		석세스	■		
2001.4.26	113	WWF 로얄 럼블	**WWF Royal Rumble**	유크스	■	■	■
2001.4.26	114	해피★레슨		데이텀 폴리스타	■		
2001.4.27	173		**Worms World Party**	Titus Interactive		■	■
2001.5.10	114	데스 크림즌 OX	**Death Crimson OX**	에콜 소프트웨어	■	■	
2001.5.11	174		**Giant Killers**	AAA			■
2001.5.18	174		**Exhibition of Speed**	Titus Software			■
2001.5.18	174		**Stupid Invaders**	UBISOFT		■	■
2001.5.24	114	넷 버서스 : 바둑		앳마크	■		
2001.5.24	114	넷 버서스 : 오목과 렌쥬		앳마크	■		
2001.5.24	114	넷 버서스 : 쇼기		앳마크	■		
2001.5.24	114	넷 버서스 : 체스		앳마크	■		
2001.5.24	115	넷 버서스 : 화투		앳마크	■		
2001.5.24	115	넷 버서스 : 마작		앳마크	■		
2001.5.24	115	넷 버서스 : 리버시		앳마크	■		
2001.5.24	115	바운티 헌터 사라 : 홀리 마운틴의 제왕		캡콤	■		
2001.5.30	174		**Max Steel: Covert Missions**	Mattel Interactive		■	
2001.5.31	115	엑소더스 길티 네오스		아벨	■		
2001.5.31	115	크레이지 택시 2	**Crazy Taxi 2**	세가	■	■	■
2001.6.6	116	엘도라도 게이트 : 제 5권		캡콤	■		
2001.6.7	116	판타지 스타 온라인 Ver.2	**Phantasy Star Online Ver. 2**	세가	■	■	■
2001.6.8	174		**Pro Pinball Collection**	Empire Interactive			■
2001.6.8	174		**Stunt GP**	EON Digital Entertainment			■
2001.6.14	116	캡콤 VS. SNK : 밀레니엄 파이트 2000 PRO		캡콤	■		
2001.6.14	116	컨피덴셜 미션	**Confidential Mission**	세가	■	■	■
2001.6.21	116	클레오파트라 포춘		알트론	■		
2001.6.21	116	슈퍼 런어바웃 : 샌프란시스코 에디션		클라이맥스	■		
2001.6.21	117	Pia♡캐럿에 어서 오세요!! 2.5		NEC 인터채널	■		
2001.6.21	117	미스 문라이트		나그자트/슈필	■		
2001.6.22	175		**Alone in the Dark: The New Nightmare**	Infogrames		■	■
2001.6.23	117	소닉 어드벤처 2	**Sonic Adventure 2**	세가	■	■	■
2001.6.28	117	가이아마스터 : 결전! 세기왕 전설		캡콤	■		
2001.6.28	117	건담 배틀 온라인		반다이	■		
2001.6.28	118	대전 넷 기믹 : 캡콤 & 사이쿄 올스타즈		캡콤	■		
2001.6.28	118	매직 더 개더링		세가	■		
2001.7.2	175		**Atari Anniversary Edition**	Infogrames		■	
2001.7.5	118	이노우에 료코 : 룸메이트		데이텀 폴리스타	■		
2001.7.5	118	슈퍼 퍼즐 파이터 II X for Matching Service		캡콤	■		
2001.7.5	118	US Shenmue		세가	■		
2001.7.12	118	헤비메탈 : 지오매트릭스	**Heavy Metal: Geomatrix**	캡콤	■	■	■
2001.7.12	119	컬드셉트 세컨드		미디어 팩토리	■		
2001.7.13	175		**Soldier of Fortune**	Crave Entertainment		■	■
2001.7.19	119	프린세스 메이커 컬렉션		제넥스	■		
2001.7.26	119	파치슬로 제왕 : 드림 슬롯 HEIWA SP		미디어 엔터테인먼트	■		
2001.7.26	119	비밀 : 유이가 있던 여름		스타피시	■		
2001.7.26	119	프레그런스 테일		TAKUYO	■		
2001.7.26	120	꿈의 날개 : fate of heart		키드	■		
2001.7.30	175		**Floigan Bros.**	Sega		■	■
2001.8.2	120	아웃트리거	**Outtrigger**	세가	■	■	■
2001.8.2	120	화염성모 : The Virgin on Megiddo		코비/스튜디오 라인	■		
2001.8.2	120	CR 필살 청부인 : 파치로 상투 @VPACHI		핵베리	■		
2001.8.6	120	쉔무 II	**Shenmue II**	세가	■		■
2001.8.6	121	세가 익스트림 스포츠	**Sega Extreme Sports**	세가	■	■	■
2001.8.8	121	엘도라도 게이트 : 제 6권		캡콤	■		
2001.8.8	175		**Razor Freestyle Scooter**	Crave Entertainment		■	■
2001.8.9	121	빙글빙글 온천 2		세가	■		
2001.8.9	121	코믹 파티		아쿠아폴리스	■		
2001.8.9	121	더비츠쿠 2		세가	■		
2001.8.9	175		**Alien Front Online**	Sega		■	
2001.8.9	176		**Dragon Riders: Chronicles of Pern**	UBISOFT		■	■

발매일	페이지	일본 타이틀명	북미·유럽 타이틀명	발매사	일본	북미	유럽
2001.8.10	121	시맨 : 금단의 애완동물 – 2001년 대응판		비바리움	■		
2001.8.23	122	에어로 댄싱 i : 속편까지 못 기다려용~		CSK 종합연구소	■		
2001.8.23	122	카나리아 : 이 마음을 노래에 실어		NEC 인터채널	■		
2001.8.29	176		**NCAA College Football 2K2**	Sega		■	
2001.8.30	122	겟배스 2	**Sega Bass Fishing 2**	세가	■	■	
2001.8.30	122	신세기 에반게리온 : 타이핑 보완계획		가이낙스	■		
2001.8.30	122	슈퍼로봇대전 α for Dreamcast		반프레스토	■		
2001.8.30	123	프로야구 팀을 만들자! & 놀자!		세가	■		
2001.9.6	123	제로 거너 2		사이쿄	■		
2001.9.6	123	디지캐럿 판타지		브로콜리	■		
2001.9.6	123	RUN=DIM as Black Soul		아이디어 팩토리	■		
2001.9.11	176		**Mat Hoffman's Pro BMX**	Activision		■	
2001.9.13	123	AIR		NEC 인터채널	■		
2001.9.13	124	캡콤 VS. SNK 2 : 밀리어네어 파이팅 2001		캡콤	■		
2001.9.13	124	코즈믹 스매시		세가	■		
2001.9.13	176		**Ooga Booga**	Sega		■	
2001.9.20	124	나의 테니스 인생		빔보소프트	■		
2001.9.27	124	아랑 : 마크 오브 더 울브스	**Fatal Fury: Mark of the Wolves**	SNK	■	■	
2001.9.27	124	타이핑 오브 더 데이트		허드슨	■		
2001.9.27	124	파치슬로 제왕 : 드림 슬롯 OLYMPIA SP		미디어 엔터테인먼트	■		
2001.9.27	125	메모리즈 오프 세컨드		키드	■		
2001.10.4	125	파친코의 전당 : CR 나나시		마이크로캐빈	■		
2001.10.8	125	이노우에 료코 : 라스트 신		데이텀 폴리스타	■		
2001.10.10	125	엘도라도 게이트 : 제 7권		캡콤	■		
2001.10.25	125	캔디 스트라이프 : 견습 천사		세가	■		
2001.10.25	126	D+VINE[LUV] (디바인 러브)		프린세스 소프트	■		
2001.10.25	126	텐타마 : 1st Sunny Side		키드	■		
2001.10.25	176		**90 Minutes: Sega Championship Football**	Sega			■
2001.10.30	176		**Bomberman Online**	Sega		■	
2001.11.15	126	파워 스매시 2	**Virtua Tennis 2**	세가	■	■	■
2001.11.15	126	마리 & 에리의 아틀리에 : 잘부르그의 연금술사 1·2		쿨 키즈	■		
2001.11.15	177		**Midway's Greatest Arcade Hits Volume 2**	Midway Games		■	
2001.11.16	177		**Headhunter**	Sega			■
2001.11.22	126	Rez	**Rez**	세가	■		■
2001.11.23	177		**Monaco Grand Prix 2 Racing Simulation**	UBISOFT			■
2001.11.29	127	프리즘 하트		키드	■		
2001.12.13	127	사커츠쿠 특대호 2 : J.LEAGUE 프로 사커 클럽을 만들자		세가	■		
2001.12.15	177		**Conflict Zone**	UBISOFT		■	■
2001.12.20	127	사쿠라대전 온라인 : 제도의 기나긴 나날		세가	■		
2001.12.20	127	사쿠라대전 온라인 : 파리의 우아한 나날		세가	■		
2001.12.20	127	요시아 언덕에 누워…		나그자트/Mesa	■		
2001.12.27	127	21 TwoOne		프린세스 소프트	■		
2002.1.10	128	봄버 헤헤		후지컴	■		
2002.1.17	128	사쿠라대전 : 메모리얼 팩		세가	■		
2002.1.17	128	미싱 파츠 : 더 탐정 스토리즈		포그	■		
2002.1.24	129	몰매 꿈의 달인		후지컴	■		
2002.1.31	129	두근두근 아이돌 스타 시커 Remix		그레프	■		
2002.2.7	129	사쿠라대전 2 : 그대여, 죽지 마오 메모리얼 팩		세가	■		
2002.2.7	129	J리그 스펙터클 사커	**90 Minutes: Sega Championship Football**	세가	■		■
2002.2.7	129	이상한 던전 풍래의 시렌 외전 : 여검사 아스카 등장		세가	■		
2002.2.14	130	스페이스 채널 5 Part 2		세가	■		
2002.2.28	130	위크니스 히어로 토라우만 DC		포티파이브	■		
2002.2.28	130	이중영(二重影)		프린세스 소프트	■		
2002.2.28	130	미즈이로		NEC 인터채널	■		
2002.2.28	130	밀키 시즌		키드	■		
2002.3.7	130	사쿠라대전 3 : 파리는 불타고 있는가 메모리얼 팩		세가	■		
2002.3.14	131	빙글빙글 온천 3		세가	■		
2002.3.21	131	사쿠라대전 COMPLETE BOX		세가	■		
2002.3.21	131	사쿠라대전 4 : 사랑하라 소녀여		세가	■		
2002.3.28	131	NFL 2K2	**NFL 2K2**	세가	■	■	
2002.3.28	131	카드 오브 데스티니 : 빛과 어둠의 통합자		아벨	■		
2002.3.28	132	시스터 프린세스 : 프리미엄 에디션		미디어웍스	■		
2002.3.28	132	나코루루 : 그 사람이 준 선물		쿨 키즈	■		
2002.4.11	132	기동전사 건담 : 연방 vs. 지온 & DX		반다이	■		
2002.4.12	177		**Evil Twin: Cyprien's Chronicles**	BigBen Interactive			■
2002.4.18	132	신세기 에반게리온 : 아야나미 육성계획		브로콜리	■		
2002.4.18	132	월드 시리즈 베이스볼 2K2	**World Series Baseball 2K2**	세가	■	■	
2002.4.25	132	마이 메리 메이		키드	■		
2002.5.16	133	문어 마리네		마이크로캐빈	■		
2002.5.23	133	NBA 2K2	**NBA 2K2**	세가	■	■	■
2002.6.27	133	동창회 2 : again & refrain		NEC 인터채널	■		
2002.6.27	133	메탈 울프		프린세스 소프트	■		
2002.7.11	133	NHL 2K2	**NHL 2K2**	세가	■	■	
2002.7.11	133	캐슬 판타지아 : 성마대전		Studio e·go!	■		

발매일	페이지	일본 타이틀명	북미·유럽 타이틀명	발매사	일본	북미	유럽
2002.7.18	134	스이카 : SUIKA		프린세스 소프트	■		
2002.7.25	134	엘뤼시온 : 영원의 생츄어리		NEC 인터채널	■		
2002.8.8	134	더 킹 오브 파이터즈 2000		플레이모어	■		
2002.8.8	134	퍼스트 Kiss☆이야기 II : 그대가 있기에		브로콜리	■		
2002.8.29	134	Ever17 : the out of infinity		키드	■		
2002.8.29	135	SIMPLE 2000 시리즈 DC Vol.1 : BITTERSWEET FOOLS - THE 연애 시뮬레이션		D3 퍼블리셔	■		
2002.9.5	135	이카루가		트레저/ESP	■		
2002.9.12	135	판도라의 꿈		NEC 인터채널	■		
2002.9.26	135	그대가 바라는 영원		알케미스트	■		
2002.9.26	136	SIMPLE 2000 시리즈 DC Vol.2 : 여름빛 Celebration - THE 연애 어드벤처		D3 퍼블리셔	■		
2002.9.26	136	SIMPLE 2000 시리즈 DC Vol.3 : 만남 - THE 연애 시뮬레이션		D3 퍼블리셔	■		
2002.9.26	136	SIMPLE 2000 시리즈 DC Vol.4 : 오카에릿! - THE 연애 어드벤처		D3 퍼블리셔	■		
2002.9.26	136	나와, 우리들의 여름		키드	■		
2002.10.24	136	미싱 파츠 2 : 더 탐정 스토리즈		포그	■		
2002.10.24	136	메이☆플		프린세스 소프트	■		
2002.11.21	137	룸메이트 아사미 : 사모님은 여고생 Director's Edition		데이텀 폴리스타	■		
2002.11.28	137	추억으로 바뀌는 그대 : 메모리즈 오프		키드	■		
2002.11.28	137	코노하나 2 : 닿지 않는 레퀴엠		석세스	■		
2002.12.26	137	더 킹 오브 파이터즈 2001		플레이모어	■		
2002.12.26	137	무사피의 초코 마커		에콜 소프트웨어	■		
2002.12.26	137	눈 이야기		TAKUYO	■		
2003.1.30	138	Wind a breath of heart		알케미스트	■		
2003.2.6	138	Pia♡캐럿에 어서 오세요!! 2		NEC 인터채널	■		
2003.2.26	138	하늘을 나는 날개 : Blue-Sky-Blue[s]		레인디어	■		
2003.2.27	138	해피~ 브리~딩		프린세스 소프트	■		
2003.3.6	139	괴도 애프리컷		TAKUYO	■		
2003.3.13	139	인터루드		NEC 인터채널	■		
2003.3.27	139	Pia♡캐럿에 어서 오세요!! 3		NEC 인터채널	■		
2003.5.29	139	Princess Holiday : 굴러가는 사과정의 천일야화		알케미스트	■		
2003.5.29	140	카페 리틀 위시		프린세스 포스트	■		
2003.6.19	140	더 킹 오브 파이터즈 2002		플레이모어	■		
2003.6.26	140	백힐초화 : EPISODE OF THE CLOVERS		NEC 인터채널	■		
2003.6.26	140	마녀의 다과회		NEC 인터채널	■		
2003.7.10	140	마이 메리 메이비		키드	■		
2003.7.17	141	마지 : MARGINAL		프린세스 소프트	■		
2003.7.31	141	포 심포니 : with all one's heart		TAKUYO	■		
2003.7.31	141	미싱 파츠 3 : 더 탐정 스토리즈		포그	■		
2003.8.7	141	동거인 : 햇살과 그녀의 실내복		NEC 인터채널	■		
2003.8.7	141	Iris : 이리스		키드	■		
2003.8.7	141	에르데 : 노간주나무 아래서		키드	■		
2003.9.25	142	SNOW		NEC 인터채널	■		
2003.9.25	142	보더 다운		그레프	■		
2003.10.23	143	스위~트 시~즌		TAKUYO	■		
2003.11.27	142	Ever17 : the out of infinity PREMIUM EDITION		키드	■		
2003.11.27	143	연애 CHU! : 해피 퍼펙트		GN 소프트웨어	■		
2003.12.25	143	쇼콜라 : maid cafe "curio"		알케미스트	■		
2003.12.25	143	센티멘털 그래피티 : 약속		NEC 인터채널	■		
2003.12.25	143	모에컴		프린세스 소프트	■		
2004.1.29	144	IZUMO : 이즈모		Studio e·go!	■		
2004.1.29	144	타마큐		NEC 인터채널	■		
2004.2.24	144	뿌요뿌요 피버		세가	■		
2004.2.26	145	사이바리아 2 : THE WILL TO FABRICATE		석세스	■		
2004.2.26	145	After… : 잊지 못할 인연		피오네소프트	■		
2004.3.25	145	손바닥을, 태양에		프린세스 소프트	■		
2004.3.25	145	식신의 성 II		알파 시스템	■		
2004.4.15	146	바람의 노래		레인소프트웨어	■		
2004.4.28	146	오렌지 포켓 : 코르넷		피오네소프트	■		
2004.4.28	146	체리 블러섬		TAKUYO	■		
2004.6.17	146	피치카토 폴카 : 연쇄현야		키드	■		
2004.6.24	146	달은 동쪽에, 해는 서쪽에 : Operation Sanctuary		알케미스트	■		
2004.6.24	147	노래하는♪ 텀블링 다이스		레인디어	■		
2004.9.22	147	파티셰 냥코 : 첫사랑은 딸기맛		피오네소프트	■		
2004.10.28	147	발드 포스 EXE		알케미스트	■		
2004.10.28	147	스이게츠[水月] : 흔들리는 마음		키드	■		
2004.12.16	147	카오스 필드		마일스톤	■		
2005.2.24	148	엔젤 위시 : 너의 미소에 쪽!		피오네소프트	■		
2005.4.7	148	트라이질		트라이앵글 서비스	■		
2006.2.16	149	라디르기		마일스톤	■		
2006.3.23	149	언더 디피트		그레프	■		
2007.2.22	150	트리거하트 이그젤리카		와라시	■		
2007.3.8	150	카라스		마일스톤	■		

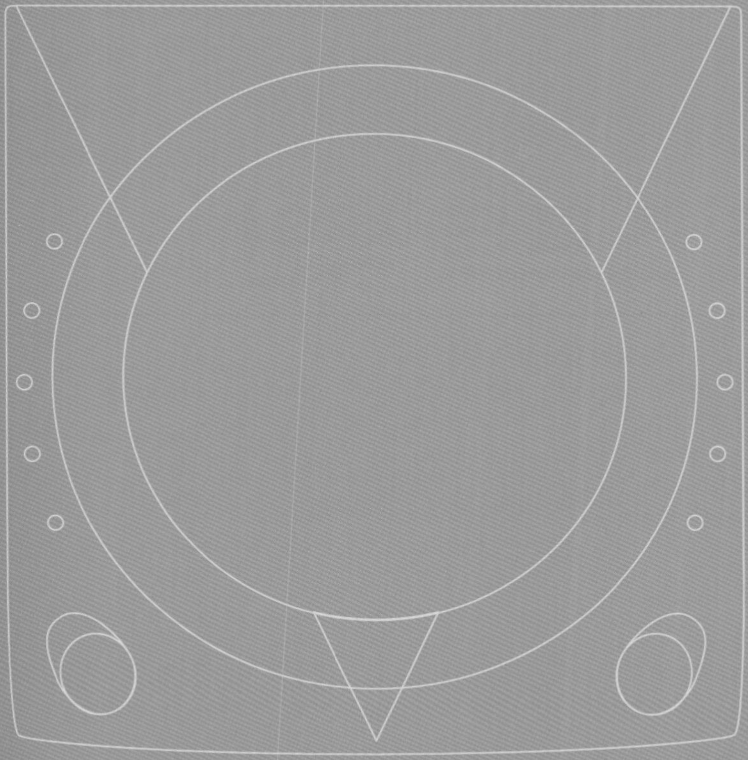

CHAPTER 4

드림캐스트 일본 소프트 가나다순 색인

Dreamcast Software Index

원하는 타이틀을 바로 찾아낼 수 있는

일본 발매 드림캐스트 소프트 색인

Dreamcast Software Index

이 페이지는 일본에서 발매된 드림캐스트용 게임 소프트 총 510개 타이틀을 가나다순으로 정렬한 색인이다.

이 책에 수록한 해당 게재 페이지도 병기했으니, 추억의 게임을 찾는 데 참고자료로 활용해준다면 감사하겠다.

또한, 본 색인에서는 지면 관계상 일부 시리즈명 및 부제목 등을 생략해 표시한 경우가 있으니 독자의 양해를 바란다.

범례

검은색 타이틀명 …… GD-ROM
붉은색 타이틀명 …… 게임 내장형 비주얼 메모리

드림캐스트
퍼펙트 카탈로그

1판 1쇄 | 2022년 5월 30일
1판 2쇄 | 2023년 10월 10일
감 수 | 마에다 히로유키, 조기현
옮 긴 이 | 김경문
발 행 인 | 김인태
발 행 처 | 삼호미디어
등 록 | 1993년 10월 12일 제21-494호
주 소 | 서울특별시 서초구 강남대로 545-21 거림빌딩 4층
www.samhomedia.com
전 화 | (02)544-9456(영업부) (02)544-9457(편집기획부)
팩 스 | (02)512-3593

ISBN 978-89-7849-657-5 (13690)